语文：深深浅浅之间

肖培东语文新课品读

肖培东 —— 著

长江出版传媒

长江文艺出版社

图书在版编目（CIP）数据

语文：深深浅浅之间：肖培东语文新课品读 / 肖
培东著. -- 武汉：长江文艺出版社，2020.11（2022.8 重印）
（大教育书系）
ISBN 978-7-5702-1835-6

Ⅰ. ①语… Ⅱ. ①肖… Ⅲ. ①语文教学－教学研究
Ⅳ. ①H193

中国版本图书馆 CIP 数据核字(2020)第 197585 号

责任编辑：施柳柳　　　　　　　　责任校对：毛季慧
封面设计：天行健设计　　　　　　责任印制：邱　莉　杨　帆

出版：长江出版传媒　长江文艺出版社
地址：武汉市雄楚大街 268 号　　　邮编：430070
发行：长江文艺出版社
http://www.cjlap.com
印刷：武汉珞珈山学苑印刷有限公司

开本：710 毫米×970 毫米　　　1/16　印张：26.5　　插页：2 页
版次：2020 年 11 月第 1 版　　　2022 年 8 月第 3 次印刷
字数：355 千字

定价：45.00 元

因为懂你，更爱语文

无锡市教育科学研究院　张春华

培东约我给他的新书写序，让我着实吃了一惊。

"你是懂我的。"他说。

这句话很有铺垫感，有穿透力。

在浮躁的繁华之中，"懂"是一个有点奢侈的字眼。我如果再托词拒绝，怕有负"懂"的这一份情谊。尽管，"肖培东"这三个字每次从我口中说出时，我都带着由衷的钦佩和欣赏。

他说，你就写写你了解的培东，写一写你熟悉的培东的语文吧。

这两句话给了我一些灵感，给我逐渐清晰起来的思路。他的提醒也是如此智慧，如沐春风。

和培东每年都有几次相见的机会，但是更多时候他都是来去匆匆。偶有聚会，举杯小酌，酒至微醺，谈谈语文，聊聊人生，倒也尽兴。除此之外，就与各位喜欢培东和培东语文课的朋友一样，常常通过"微信"，牵挂他受伤的膝盖，提醒他不要太多奔波，提醒他不要熬夜，不要透支自己的健康；也通过微信走进他的语文生活，看他晒洋溢青春的课堂，看他晒真诚的文字，晒他的怀旧唱片、他的永嘉山水、他的乡下老屋……

培东阳光睿智，这种气质让与他交往的朋友能感受到人情的温度和生活的五色斑斓。面对教育困境，他常常"四两拨千斤"，让人顿悟释然；面对遭受非议的语文教育，培东总是一言"化为绕指柔"，让人心态平和。但是他也会发出"我要这样生活"的呐喊；面对终将逝去的老屋，抒发他难以割舍的留恋；面对被台风侵袭的楠溪江，发出"永嘉的父老乡亲受苦了"的哀叹！

有情怀的人，自带光芒。培东就是这样的人。和他交往，总能在言谈中得到鼓励、宽慰和温暖，绝没有抱怨和霸气、戾气。在这个浮躁的时代，我们多么需要这种言辞温润、心态平和的理性与修养。

培东又是纯粹的。在"乱花渐欲迷人眼"的语文界，培东纯粹到"我就想浅浅地教语文"，这即是他对纷扰现实给予的理性、自信的回应。与谁都不争，与谁争都不屑，正是他"大方无隅"的赤子本色。培东的"浅浅"常常让人读出"新"和"深"，更读出语文的温度。

培东主持《语文学习》"镜头"专栏 6 年。众多创意者贡献了一个个特色鲜明的教学镜头，而培东则用智慧把这些没有预约的镜头串联起来，把"语文教学艺术镜头"串成一部语文教学设计的"微电影"，让人常读常新。

我欣赏《教育的美好姿态》，它不仅让我们领略到语文世界的肖培东，更让我们看到一个站在讲台上，去追求阳光、追求幸福、享受生活、享受教育的肖培东。

听过他的《假如我有九条命》《神的一滴》《让生活材料走进考场》等示范课，也从他主持的《语文建设》《中学语文教学参考》等杂志的专栏中及时读到他更新的课例。培东常上新课，而且不畏挑战。其实，上课对他来说，根本不是挑战，而是一种享受。似乎"神采奕奕"最能准确地刻画他给我的阳光印象。他给负担过重的教师带来诗意生活的向往。文质彬彬，然后君子。

培东的语文课大气，这种大气不是刻意的追求，而是天性。他的大气从来不会给人务虚之感，也不让人觉得粗糙，而是细腻入微。

培东很少讲语文教育理论，也很少使用语文术语，或者自创新名词，但是他在真诚实践语文专业的事，致力于培养学生实实在在的语文素养，培育师生热爱语文的"种子"。

培东的语文课充满智慧，但他不会为求创新而忽略语文的根本。例如《一棵小桃树》的教学，开场白似乎没有什么特殊的创意，就是"老老实实"教语文。利用提示、旁批等自读资源，将自读落实在课堂上。他没有强调语文教学的情境价值，而是在教学实践中注意把握一切可以运用的情境，引导学生认认真真学语文，真情投入学语文。他从来不会忽略直达文本和作者、读者心灵深处的细节。因为，魔鬼在细节！

在《老王》的课堂上，他精心设计了这样一个小情境：

我强笑说："老王，这么新鲜的大鸡蛋，都给我们吃？＿＿＿"
他只说："我不吃。＿＿＿＿"
他赶忙止住我说："我不是要钱。＿＿＿＿"
师：现在你给补上去，试试看。如果当时情况下，说话者还能再说一句话，这句话可能是什么？

这是带着学生进行基于文本解读的语言训练，更是思维训练。他的语文课，许多都是这样植根于语言文字运用的"走一步，再走一步"。

在《外国诗二首》中，他巧妙地将《未选择的路》和《假如生活欺骗了你》整合在一起诵读品味，尤其是在《假如生活欺骗了你》的诵读时，以"这个七月，你想把这首诗送给谁？"开启了学生的心扉，让学生在不同的生活情境中感受诗歌的力量，送给自己，送给中高考学生，从而把"假如生活欺骗了你"诵读成"假如生活欺骗了我"，自然又深刻地感悟诗歌的内蕴哲理。这是诗歌的魔力，更是培东潜心设计和引导的魅力！

尽管培东的语文课驾轻就熟，但是他从来不会"玩"语文。他对语文是虔诚的，对学生是真诚的，对课堂是热诚的，这是赤子之心的写照。"我一遍一遍地阅读《老王》，想把其中的每个字都读烫，读出光亮，读到自己心上。"这样的语文课必然不缺乏真诚，这样的语文课正是在文字与心灵的交融中引导学生崇尚和践行真善美。

我鲜明地记得，在钱钟书的母校辅仁高中，培东执教《瓦尔登湖》的节选《神的一滴》时一个特殊的镜头。这个美丽的镜头，让人领略到培东"教科书"式的教育魔力：

"来，如果你用文中直接描写湖光山色的句子来给瓦尔登湖配上几句宣传语，你会选用哪几句？"坐在第一排的一个男生，高高举起了手，他充满感情地朗诵了自己书写的句子，却因为答非所问被老师否定了。男生失望的眼神没有逃过培东的眼睛，一个优秀的教师应该有洞察秋毫的敏感和智慧。培东给了他第二次机会："读得慢，但不能读得破碎。一个词一个词连起来，孩子，别急。"培东很认真地指出他的不足，也很真诚地鼓励他，可是这个男生难以承受现场的些许笑声。我的心跳了一下，担心培东会陷入尴尬，担心活跃的课堂因此陷入沉默。

"你告诉老师，你为什么喜欢'眉毛'和'睫毛'呢？"培东想让所有人的注意力都集中在文本探究上。他智慧的引导让我期待着转机。

这个男孩却用"不知道，没有理由，不知道这是为什么！"来回复，显然是在对抗和发泄。这是一个不容忽略的教育细节，我相信培东不会漠视，而且能化险为夷。

培东的确没有错过这样的教育契机，他避开男生情绪的锋芒，给他一点鼓励的暗示。培东的教育行为总是令人感到舒服。

如果用"我"在瓦尔登湖的感受作为宣传语，你又会怎么说？来吧，对，这位同学第一次回答的其实就是现在我们要说的，来，你再给大家说说。

这个同学显然没有想到老师仍会让他回答问题，而且如此得体地夸奖了他。他的眼睛由黯淡转为光亮，大胆准确的发言赢得了培东发自肺腑的称赞，师生们都报以热烈的掌声。这个掌声是给这位男生的，也应该是给培东的！

在培东的课堂上，教学是一种成全。教语文，更教人。教人向学，更教人向阳。

成全是教学的即时点拨：

如果重新再写，你觉得哪些是我们好久不见的？

成全是带着学生"走一步，再走一步"的智慧：

我们还可以把视角打开，不一定就得写"我"好久不见。天上的一只鸟，好久不见什么？地上的一只蚂蚁，好久不见什么？

于是，学生的写作酵母被激活，学生的思维和灵感被点亮。你听，"鸟儿好久不见天空""虫儿好久不见月亮"。你看，"鱼儿好久不见清澈的溪流"，甚至"大树好久不见自己的叶子"。你想，"猫好久不见爷爷奶奶的笑容""蚂蚁好久不见芬芳的土地"。最感动的是写给我们语文老师的温馨提示，"黑板好久不见文字"。每一个学生的灵感绽放，都是在师生相融的教学氛围中自然生成的。"把作文题变一变，'又见什么'，你会写什么呢？"在不经意之中，学生已被培东带着历经几个回合的写作训练，在浅浅中向纵深处漫溯。

语文课少慢差费，一直被人诟病。学生不喜欢语文，可能是语文教师惹的祸。你看培东的语文课堂，不用说学生很快就被他独特的魅力带进情境，听课的老师也每每被鼓舞着，甚至因此对自己的教学有了更深刻的反思，对语文教学树立了新的自信。这就是培东语文的魅力吧。谁还会说学生怕写作文呢？学生不正是在老师的引导下，写出一串串闪着星光的句子吗？学生不正是在老师的精妙设计下，翻越了写作的一座又一座高山吗？这样的写作课是令人兴奋的，有成就感的。跟着培东上写作课，是幸福的。

文言文教学很容易误入单纯文言知识教学的歧途，本来鲜活的传统文化教学很易板结僵化。培东激励学生把课堂变成充分自主阅读和自主表达的舞台。无论是自读正音、自读释词，都让学生根据情境来揣摩比较，而不是简单地告诉。读周亚夫的"真"，就是从最传统的"复述"入手，就是借助教材的"思考探究"，在复述故事中熟悉文本和故事，在复述中展开对"真将军"的解读交流。然后继续"思考探究"，与学生一同探究"天子之真"。以生为本，以题为媒，以读促解，以文识人，所谓"大巧若拙"，真语文也。

在《傅雷家书》的教学现场，培东和与他儿子同龄的学生聊天，开启他"走心"的教学：

你和父母之间都没有小摩擦吗？你跟在场的同学们和老师们说一说，你和父母之间发生的一些小故事，好不好？

这是一个优秀教师开启教学的循循善诱，更是一位慈爱的父亲与孩子打开心扉的教育智慧。教师随即引出傅雷父子的通信片段，让学生在默读中深切感悟彼此的内心。这样的教学把"整本书阅读"融入了学生自己的生活，更让学生明白了阅读名著的意义。

在新疆克拉玛依"怎样写诗"的课堂上，培东顺时而教，借诗而作：

再过几天，我们就要迎来我们伟大的共和国70周年的华诞了。那么，同学们，如果从我们第一单元选出一首诗献给我们的共和国，你会选哪首诗？

于是，就有了艾青的《我爱这土地》、毛泽东的《沁园春·雪》、余光中的《乡愁》的诵读热身，然后以《秋叶》为媒，读诗，品诗，改诗，写诗；接着从怎样写诗起步，集体创作《秋天来了》；再仿照艾青的《我爱这土地》，仿写"假如我是一枚秋天的叶"。写诗，读诗，荐诗，攀登了读诗、写诗的又一个台阶。与其说这是一堂关于怎样写诗的写作课，不如说这堂课就是师生共同创作的一首诗。所以他坦言："我不是来教写诗的，我是来和你们一起寻找诗歌的，我们要领略到它带给我们的无比温暖与美好的感觉。"我们都感受到了这种温暖。

培东极善于借力实现教学智慧。课堂是一个圆融和谐的整体，并不是每堂课都要"制造"出别出心裁的设计，文本解读也不靠标新立异出彩，课堂教学需要"清水出芙蓉，天然去雕饰"。看似极简的课堂设计，恰是最智慧的教学选择。从平淡中走向深刻，在自然中生出七彩。

培东从来没有忽视学生，因为语文教学是"人学"。"心中有本"是教学的基础，"目中有人"才是教学的根本。他的课多是借班上课，但是他的课总能从学情出发，从一个个利于教学的情境开启，低起点，小步子，螺旋式，引学助学。他的话语交流充满魔力，善于激学，学生乐学，最终实现由浅入深的思维、情感和素养的进阶。

他对生活的热爱、对教育的热爱、对语文的热爱，都弥漫于他的语文课堂上。在《一棵小桃树》的结尾，他这样与孩子们真诚交流：

让我们把目光投向黑板上这一个个美好的字！也许，你的人生路上会有而且必然会有一段可怜的时光，但是，请记住，这个世界总有人、物和你同病相怜。只要你拥有梦想，敬畏生命，想着远方热爱你和系念你的那个人，坚强面对，那么，你就能够在人生的风雨中找到自我，最后让生活抵达美好！！

他总是在传播"正能量"，因为他自带光芒和温度，让在场的人与他感同身受，而不是刻意地给课堂加上一个叠砌的"花环"，更不是声嘶力竭地煽情。

培东自言"浅浅"的语文之旅，却留下了一串串深深的脚印，种下了一颗颗热爱语文的"种子"。去年，河南省濮阳语文校本培训自发搜集印刷了培东的多个课例和有关文章供集体研讨。我想对培东说，这也是你出版新著的理由，让热爱语文、喜欢听你语文课的老师们可以省力地阅读你精心整理过的课例。

培东是懂教学规律的，所以他的课堂总是游刃有余；培东是懂孩子的，所以他的语文课常常从"浅浅地教"起步，但不会为展示"精彩"放弃任何一个孩子；培东是懂自己的，所以他的课堂常常折射出真诚、温和、灵动和智慧。

培东有语文，更具神采精神；语文有培东，更添温和魅力。或许，培东就是为语文而生的！

许多人佩服培东语文总有"神来之笔"，其实，他只是按照自然所启示的经验实践于语文教学。

许多人佩服培东真诚、温和、智慧，其实，经常保持孩子一般纯洁的心灵，怀乐观之心做事，用坦荡的情怀待人，自然快乐自在。

如此，深深浅浅，培东走过了 30 年的语文路。

时间真快。懂得，就是真的好。

目 录 | CONTENTS

《走一步，再走一步》

浅浅小语

我们的遥远，拼接着每一步蹒跚与不安。我们的深刻，汇聚着每一滴卑微与清浅。风，留下风的苍茫。星辰大海，却会记住，最初的微光与浅浅的流淌。走一步，再走一步，直至我们的远方。

——肖培东

课堂再现

执　　教：肖培东

点　　评：王俊珍　向　浩

教学背景：2018 年 12 月 1 日，江苏省南京市第十三中学。

一、关注"阅读提示"，明确学法

师：这节课呢，我们学习《走一步，再走一步》。文章读过的举手。（生大多举手）

师：好，放下去。这篇文章很适合你们读，它不难，看上去非常简单，那么同学们——（台下突然响起一声惊叫，有位女教师坐了个空，现场嘈杂，尴尬）

师：听，这就是爬悬崖时候"我"内心深处的那声惊叫。（掌声，笑

1

声) 老师给我们做了一个心理示范，这其实也是莫顿·亨特童年时遭遇过的那种惊吓。(笑声，掌声) 同学们说是不是啊？(学生们笑着点头) 哎，这个故事就这样开始了。那么同学们，这篇课文，编教材的老师希望我们怎么学它？

(短暂沉默，学生翻看书本)

师：这篇课文，编者希望我们怎么去学习它呢？找到了的同学举手。你知道吗？

生1：我觉得应该是第29段。

师：什么？

生1 (读)：此后，我生命中有很多时刻，面对一个遥不可及的目标，或者一个令人畏惧的情境，当我感到惊慌失措时，我都能够轻松应对——因为我回想起了很久以前悬崖上的那一课。我提醒自己不要看下面遥远的岩石——

师：好。这是文章的道理。这篇课文该怎么去阅读，去学习？你能从学法上去思考吗？怎么学它，知道吗？哟，那位同学看到了。

生2：这篇文章应该自读，因为目录上说标注 * 字形的是自读课文。

师：聪明，这是一篇自读课文，有同学知道了，而且这篇自读课文编者已经给出了一个"阅读提示"。大家有没有看过呢？在哪啊？第几页？

生：第80页。

师：80页"阅读提示"告诉我们阅读这篇文章的方法。我们平时不看"阅读提示"，那是错的。读自读课文，一定要看"阅读提示"。哪个同学能找到编者希望我们阅读和学习它的方法？来，你给大家读一读。

生3 (读)：默读课文，勾画出文中标志事件发展和描写"我"不同阶段心理活动的语句，试着复述这个故事。

师：这就是自读方法。来，我们一起来读一读。"默读课文"，一起读。

生 (齐读)：默读课文，勾画出文中标志事件发展和描写"我"不同阶段心理活动的语句，试着复述这个故事。

师：哎，原来这篇文章的学法是在"阅读提示"当中告诉我们大家的。

二、 以 "冒险" 为例， 学习复述

师：好，接下来，我们默读课文，要画出两个东西，一个是"标志事件发展的语句"，还有一个是"描写心理活动的语句"。莫顿·亨特童年的时候去爬悬崖，"阅读提示"又告诉我们，这个事情的过程是怎样的。

生4：讲述了自己从冒险到遇险，再到脱险的全过程。

师：哎，三个步骤，第一个步骤叫什么？

生（齐）：冒险。

师：第二个——

生（齐）：遇险。

师：第三个——

生（齐）：脱险。

师：好，我们先来默读"冒险"部分。文章哪一页？（学生说"76页"）。就看76页，默读，然后拿笔画出"标志事件发展的语句"，开始。

（生默读，按要求圈画。师巡视）

师：你给大家读一读，你画出的哪个句子是标志事件发展的？

生5（读）：和我在一起的五个男孩子已经厌倦了玩弹珠，以及用透镜在干树叶上烧洞的游戏，正在寻觅其他好玩的事。

师：这个句子引出"我们"决定去做一件事情。课文是按时间顺序展开叙事的，标志事件发展的语句究竟是哪几句？我们再来找。你来说。

生6：应该是这句，"嗨，我有主意了。我们很久没去爬悬崖了"。

师：这是小内德的语言描写。我们大家要考虑的是"事件发展"。什么叫事件发展呢？第一步，第二步，第三步，事情发展的不同阶段，我们通过这几个句子就知道事件发展的过程了。哎，你来说。

生7（读）：我们穿过公园，进入树林，最后来到一块空地上。

师：非常好，看出过程了，一起来读。"我们穿过公园"，预备齐。

生（齐读）：我们穿过公园，进入树林，最后来到一块空地上。

师："我们穿过公园，进入树林，最后来到一块空地上。"哎，这里就

3

知道了，事件进展的过程，现在是到了空地上了。好，这是这一页最后一段的句子，再往前面找。最开始，要找哪句话？你来说。

生8：嗯……应该是……嗯……

师：你给别人讲一个故事，讲事情的发生，你先要交代哪句话？

生8：应该是第一句"那是在费城，一个酷热的七月天"。

师：对了，大家划出来，"一个酷热的七月天"。好了，大家再看，"一个酷热的七月天"这句话是交代什么的？

生（齐）：时间。

师：时间！在事件发展的过程当中，时间的推进最能够交代事情的进程。好，还有哪句话？你来读。

生9（读）：然后他们出发了，气喘吁吁地一路小跑，就像一群迷路的小狗。

师：哪个词很重要？

生（杂）："出发""然后"。

师："然后"！从标志事件发展的作用来看，是"然后"，不是"出发"。"然后"，说明时间在推进，事情在发展。来，我们一起读读同学们找出来的三个句子。第一句，"一个酷热的七月天"，预备齐。

生（齐读）：一个酷热的七月天。

师：第二句——

生（齐读）：然后他们出发了。

师：第三句——

生（齐读）：我们穿过公园，进入树林，最后来到一块空地上。

师：大家发现，这三个句子都有什么共同点？你来说。

生10：都有表示时间的词。

师：哎！都有表示时间的词。一个事件完整的过程，其实也是时间的推进过程。哪个时间点做哪个事，哪个时间点发生什么事等。最后一个句子哪个词可以看出时间的推进？

生10："最后"这个词。

师："最后"！另外有些词，我们表面上看过去是空间转换，哪些空间呢?(学生说"公园""树林"等)对,公园,树林,空地,其实这也有一个时间推进的过程。

师:这样我们就明白了。表示事件发展的标志性语句,往往是怎样的句子?(稍顿,学生小声说"时间")

师:表示时间推进、地点转换的句子。这样,就能把事情的来龙去脉、事情的整个过程说清楚了。好,三句话,现在我们就学会阅读了。哪位同学能够利用这三句话把"冒险"的故事复述一遍?(稍顿)你来,现在不看课文,你给大家讲一讲。

生11(复述):就是在一个炎热的七月天,然后他们决定去爬悬崖,然后他们就出发了,穿过公园,走过树林,最后来到一块空地上。

师:他讲得非常简单。大家发现了没有,他只把这三句话组织了起来。但是,要复述一个故事,只讲这三句话行不行?别人听过去还不一定明白。所以,你得适当加上一些补充,更完整些。好,你来说。

生12(复述):那是一个酷热的七月天,小伙伴们决定去爬悬崖,然后他们出发了,一路小跑,气喘吁吁地穿过公园,进入树林,来到一块空地上。(掌声)

师:好多了!同学们,老师也试着讲讲,你听。(学生认真听)

师:一个酷热的七月天,"我"的几个小伙伴们厌倦了他们要玩的游戏,想找一个新鲜事儿,决定要去爬悬崖。然后他们就出发了,一路小跑。"我"跟在他们后面开始犹豫,"我"的身体弱,妈妈告诉"我"不可去冒险,"我"该怎么办呢?跟着跟着,"我们"穿过公园,进入树林,最后来到一块空地上。啊,一座悬崖出现在我们面前。

师:哎,复述故事,过程清楚,适当地将关键细节加进去,就更好了。

三、 学以致用, 复述"遇险" 部分

师:好,默读后半部分,再继续画出表示事件发展的语句,开始。

(生默读,画出表示事件发展的语句)

师:好,你画出了哪几句标志事件发展的语句?这位同学举手了,

5

你说。

生13（读）：我犹豫不决，直到其他孩子都爬到了上面，这才开始满头大汗、浑身发抖地往上爬。

师：第几节？

生13：第7节。

师：大家听出来了吗？哪个词表示时间的推进？

生（杂）：直到。

师："直到"！大家画出来，"犹豫不决""直到"，这位同学找得真准。好，还有吗？

生14（读）：几分钟后，他们开始继续往上爬。

师：嗯！"几分钟后，他们开始继续往上爬。"还有吗？来，后面这位同学，不能忘了你。

生15（读）："但是我不能……我……"这句话刺激了他们，他们开始嘲笑我，发出嘘声，然后继续向上爬，这样他们就可以从崖顶绕道回家。

师：读了很多，关键词是哪个？（学生说"继续"）"继续"！"然后"！还有吗？这边的同学举手少一点了。好，你来！

生16：我找的是"在离开之前，他们向下盯着我看"。

师：嗯，"在离开之前，他们向下盯着我看"。还有没有？你来说。

生17：第8段还有一句，"不知何时，我回头向下看了一眼，然后吓坏了"。

师："不知何时"，这其实也是"我"爬悬崖的一个过程。大家往后面再看。78页还有吗？77页呢？这边同学特别肯举手，好，你来。

生18（读）：杰里看起来很担心，但最后还是和其他孩子一起走了。

师：也就是"杰里走了"，这个句子也可以说。标志事件发展更明显的还有吗？来，你再给大家说说。

生19（读）：但是那些男孩子已经爬到了距离悬崖顶部三分之二路程的岩脊上。

师：嗯，别人已经爬到"三分之二路程"，那个时候，"我"在干什么，这也是标志事件发展的，也可以说。还有呢？

生20（读）：时间在慢慢地过去。影子在慢慢拉长。

师："时间在慢慢地过去。影子在慢慢拉长"，再有，18段，我们一起来读读，"暮色中"预备齐。

生（齐读）：暮色中，第一颗星星出现在天空中。

师：行，"暮色中"。文章当中有一些明显的时间词你要注意，一些隐性的、也能够读出这个过程的词和句子，你也要注意。接下来利用这些句子开始复述故事。我们复述什么故事呢？"遇险"的故事！一直说到"我爸爸快来了"。自由地说，自己说给自己听，开始。

（学生自己复述训练）

师：有信心了就举手！"老师，我会复述这个故事了。"抓住表示时间进程的语句，抓住标志事件进程的语句，以它们为框架，开始复述这个故事。（40秒后）有一个同学举手了，我们再等等，别的同学也得有想法。（40秒后）好，同学们，现在把书合上，听这位同学讲"我"在悬崖上遇险的故事。这位同学，你来。

生21（复述）：其他的孩子一个一个接着往上爬，但是"我"趴在崖底下，"我"希望能跟他们一起往上爬，"我"慢慢地慢慢地害怕地往上爬着——（声音小，语速快，不太能听清）

师：停，同学们满意吗？（同学们摇摇头）复述故事，你的语速、语调一定要合理，听懂了吗？要让别人愿意听。来，再开始。

生21（复述）：其他的孩子开始一个接着一个地往上爬，而"我"还在悬崖底下犹豫不决。是爬还是不爬？"我"终于做出了决定，"我"决定往上爬。"我"害怕地、缓慢地往上爬着，当其他的男孩爬到离悬崖顶三分之二路程的时候，"我"还在下面慢慢地往上爬。几分钟后，他们开始继续往上爬，"我"开始央求，让他们停下，等等我，但是，他们只是嘲笑我，就连我最好的朋友也抛下了我。他们爬到了悬崖顶上，"我"还在慢慢地往上爬。爬着爬着，时间过去了，"我"越来越害怕，终于，"我"停滞不前，哭泣着，而时间还在慢慢地过去。（掌声）

师：大家听清楚了没有？那些表示时间进程的、标志事件发展的语句被他说得非常连贯，我们得学他。还有哪个同学也愿意说一下？刚才是位男同学说的，我们希望有女同学来说。好些女同学，上课的时候，就像这个趴在悬崖上的男孩子一样不敢举手，害怕被老师叫到。（面对一女生）说的就是你，你来。

生22（弓着身子复述）：其他的男孩子开始慢慢地往上爬，"我"犹豫不决，然后害怕地跟着他们一起往上爬。他们很快爬到了山脊上，但是"我"还在底下慢慢地往上爬。一会儿以后，"我"终于开始央求他们等等"我"，可是他们不仅没有等我，而且还在嘲笑我。最终他们爬了上去，"我"最好的朋友杰里也弃我而去。"我"慢慢地往上爬，但最终"我"还是害怕地停住脚步。时间在慢慢地过去，夕阳慢慢落下，"我"还伏在那里。（掌声）

师：你说得比他还好，你为什么不举手呢？手举出来了就是迈出第一步，然后，再站直一点，就迈出了第二步。好，请坐。

师：同学们，这样我们就发现了，一个比较长的故事，也是有方法可以更好地复述给别人听的。你来说这个方法。

生23：就是讲得不要太快，不然别人会不愿意听的。

师：要让别人听得清楚事情的过程，你得使用什么样的句子？

生24：讲得要富有感情，语速要适当。

师：要有感情和适当的语速。那要让别人听清楚事情的过程，我们还要——

生24：抓住标志时间推进的语句。

师：也就是抓住标志事件发展的语句，讲述清晰。那大家再想，我们这样的复述，与作者原文相比自然还有欠缺，不够生动。大家考虑一下，作者这篇文章，胜在什么地方呢？你来说。

生25：心理描写。

师：真聪明！接下来我们就看心理描写。

四、 写法学习——借助旁批， 学习心理描写

师：这篇自读文章有没有专门对心理描写做出批注？自读课文，经常

会有批注帮助你学习。你给大家讲讲看，出现"心理描写"四个字的是哪个批注？你来读。

生26（读旁批）：进退两难，孤立无援，心理描写细腻、真实。

师：嗯，这个是文章78页的第一段的旁批。同学们看看，"进退两难，孤立无援，心理描写细腻、真实"。怎样才能做到心理描写真实、细腻？你给大家读读作者的这段心理描写。当时"我"在悬崖上，是贴在一块岩石上的，感觉到天旋地转，开始，读下去。大家听听看，他能不能读出这种心理。

生27（读）：我想掉头回去，但知道我绝对回不去了。这太远，也太危险了；在悬崖的中途，我会逐渐感到虚弱、无力，然后松手，掉下去摔死。但是通向顶部的路看起来更糟——更高，更陡，更变化莫测，我肯定上不去。我听见有人在哭泣、呻吟；我想知道那是谁，最后才意识到那就是我。（读得稍显平淡）

师：要想更好地读出"我"在悬崖上的进退两难，哪位同学？又是你举手，我想交给你后面的同学了。你给大家读读。你能不能比刚才这位男同学读得更好？"我想掉头回去"（师范读，读出孩子的害怕感），开始读。

生28（读）：我想掉头回去，但知道我绝对回不去了。这太远，也太危险了——（"太"重读了）

师：嗯，你给大家说说看，"这太远，也太危险了"，哪个字要特别读好？

生（齐）："太"字。

师："太"字要读好。出现了几次啊？（生说"两次"）你再来读。

生28（读）：这太远，也太危险了；在悬崖的中途，我会逐渐感到虚弱、无力，然后松手，掉下去摔死。（"太远""太危险"有进步，后几句还需要好好读）

师：好，就读这句"在悬崖的中途，我会逐渐感到——"。读这句话的时候，要一边读，一边想掉下去摔死的场景，是不是？读起来就一定更逼真。大家想想，怎么读好？（学生自读）

师："我会逐渐感到虚弱"，然后呢，"无力"，然后，"松手"，哇不得了，要掉下去"摔死"啦。（师模拟场景，颤声朗读示范）所以他就在想那个可怕的过程。读的时候，一定得那个过程读出来。读读，就读这句话。

生29（读）：在悬崖的中途，我会逐渐感到虚弱、无力，然后松手，掉下去摔死。（进入情境）

师：读得真好，仿佛就看到了那个场景，掉下去摔死啦，等等，莫顿·亨特在上面真是怕啊。所以，同学们，这几句很是逼真的心理描写，你读的时候要带入场景想象。你再来给大家"摔"一次，读。

生30（读）：在悬崖的中途，我会逐渐感到虚弱、无力，然后松手，掉下去摔死。（读得有节奏，有画面感）

师：哟，莫顿·亨特啊，真是越想越害怕，但是"通向顶部的路看起来更糟"！哎，掉头回去要摔死，那爬上去多好。可是一看，上面——哎，这个时候，文中哪个词出现频率很高？

生（齐）："更"字。

师：哎哟，"更"！前面是"太"，这里是"更"。这几个"更"又该怎么读？来，"更"读读。

生31（读）：但是通向顶部的路看起来更糟——更高，更陡，更变化莫测。（比较平淡，未能突出"更"字）

师：我咋一点都听不出你的害怕呢？哎，要读好这几个"更"字儿，心理描写。你来读。

生32（读）：但是通向顶部的路看起来更糟——更高，更陡，更变化莫测。（突出"更"字儿，语速稍快）

师：别那么快。你来读。

生33（读）：但是通向顶部的路看起来更糟——更高，更陡，更变化莫测。（突出"更"字，很投入，读出了内心的害怕）

师：全在这几个"更"字上。把这几个"更"字去掉，同学们读读看，是什么样的心理？（学生读）高，陡，变幻莫测。但是"更"字加进去就更不得了了，一比较那就"更糟糕"。我们一起来读读，品品心理描写。"但是通向顶部的路看起来更糟"，预备起——

生（齐读）：但是通向顶部的路看起来更糟——更高，更陡，更变化莫测。

师：这几个"更"字儿，你是越读越害怕，最后声音都会颤抖起来的。

师：好，同学们，你看，编者还给我们提供了另一条关于心理描写的旁批。莫顿·亨特，他写心理描写特别有本事。刚才我们读的是直接的心理描写——"我想"，课文有没有其他不是通过直接的"我想"但也能够品出心理的？大家注意到哪个旁批啦？哎，角落里的同学，你给大家读读。

生34（读旁批）：写外在行为表现，实际在写心理状态。

师：哎，这告诉我们心理描写还有其他窍门，"写外在行为表现，实际在写心理状态"，大家画出来。（学生画出旁批）你给大家读读这段话里外在的行为描写，开始——

生35（读）：我犹豫不决，直到其他孩子都爬到了上面，这才开始满头大汗、浑身发抖地往上爬。手扒在这儿，脚踩在那儿，我的心在瘦弱的胸腔中怦怦地跳动，我努力往上爬着。

师：她读的这部分里，外在行为，是哪几个词？

（生找出了几个动词"爬""扒""踩"，还有同学读出心"跳动"）

师：这几个动词得读好，你再来，别读那么快，要读出害怕感。开始读。

生35（读）：手扒在这儿，脚踩在那儿，我的心在瘦弱的胸腔中怦怦地跳动，我努力往上爬着。（语速放慢了一点，读出了紧张感）

师：嗯，很好。还有哪位同学再来读一读？体会一下外在的行为表现怎么就写出了当时的心理状态。你来读读。

生36（读）：我犹豫不决，直到其他孩子都爬到了上面，这才开始满头大汗、浑身发抖地往上爬。手扒在这儿，脚踩在那儿，我的心在瘦弱的胸腔中怦怦地跳动，我努力往上爬着。（读得投入，读出内心的恐惧）

师：很好。同学们，除了写外在的行为表现，能表现出心理状态以外，这篇课文还有没有写别的也能表现出心理状态的？自读，自己思考。

（学生看课文）两位同学举手了，还有别的同学吗？自读课，自己去想。这个同学，你来。

生37：第16自然段里的"我往下看，感到阵阵晕眩：一股无名的力量好像正在逼迫我掉下去"。

师：你想说什么？这是写什么？

生37：就写他害怕，非常害怕。

师：你要跟旁批的这个句子一样，"写什么实际也在写心理状态"，尝试着这么说。"看"也是动作。哪位同学试一试？要学会了，这就是能力了。"写什么实际也在写心理状态"，角落里那位同学，你来。

生38：我找的是13段，"但是我不能……我……"中间有两个省略号，说明他说话的声音是颤抖的，这是语言描写，其实也是在写他的心理。

师：非常聪明！"写语言也在写心理状态！"写下来！（学生写）当时别人都爬上去了，"我"要他们等等"我"的时候说了这句话。来，你来读。"喂，等等我。""再见啦！"（师动情朗读）接下来"我"的这句话怎么说的呢？

生38（读"我"的语言）：但是我不能……我……（富有感情）

师：大家考虑一下，"我不能"，他想说的话是什么？"我"不能什么？

生39：他想说"我不能爬上去"。

师（模拟）：但是我不能……不能爬上去。

师：他为什么不把这句话说出来呢？"但是我不能……"，这个时候"我"是什么心理？你来说。

生40：因为"我"当时很害怕，首先这个悬崖很高，我害怕会掉下来；其次"我"怕说出来他们会嘲笑"我"。

师：你把两种想法都说出来了。第一"我"害怕，所以"我"说不出来。还有一个呢，作为一个男孩子，跟在别人后面，别人都爬上去了，"我"再这样说的话，要被别人笑的，所以就没说出来。你给大家读一读。

生40（读）：但是我不能……我……（稍显平淡）

师（示范读）：但是我不能……我……（颤声朗读，逼真）

12

师：你看，话语中的省略号也有心理状态。这里的语言描写也在写心理。好，除了动作、语言，还有什么描写其实也在写心理状态？你来说。

生41：我找到的是第9自然段，"但是那些男孩子已经爬到了距离悬崖顶部三分之二路程的岩脊上，那里大约有五六英尺深，15英尺长"。

师：嗯，你为什么把这个悬崖的深、长告诉大家？

生41：因为这里的环境描写也写出心里的紧张。

师：真好！同学们，又来一句话了。"写环境描写实际也在写心理状态！"也写在书上。（学生写）文中还有哪处环境描写？你给大家读一读。

生42（读）：时间在慢慢地过去。影子在慢慢拉长，太阳已经没在西边低矮的树梢下，夜幕开始降临。

师：这么细致地写太阳，写夜幕，其实也在写什么？你来说。

生43：其实就是在写他趴在悬崖上，时间很长又爬不上去，他很害怕。

师：哎，所以他就特别注意外面的环境，是这意思吧？想想，暮色当中包裹的是一颗怎样害怕的心啊！现在我们又学会了，原来写环境也是为了写心理。莫顿·亨特，心理高手！莫顿·亨特是不是心理专家？注释1这样告诉我们。

生（齐读注释）：莫顿·亨特，美国作家，心理专家。

师：对了，这就是我们阅读这篇文章要重点学习的心理描写。

五、 哲理探究——"我们" 都可以提醒自己

师：好，后来，"我"在爸爸的指导下爬下了悬崖。所以，"我"回忆起这个过程，提醒自己说。你给大家读读最后一段，"我提醒自己"开始。

生44（读）：我提醒自己不要看下面遥远的岩石，而是注意相对轻松、容易的第一小步，迈出一小步，再一小步，就这样体会每一步带来的成就感，直到达成了自己的目标。

师：也就是说，"我"提醒自己在困难发生的时候，要学会——

生（齐）：走一步，再走一步！

师：同学们，"我"是这么提醒"我"自己的，其实文章当中的每个

人都可以通过这件事情提醒自己。请问，如果你是他的爸爸，你是怎么提醒自己的？你来说。

生45：我要告诉儿子不要这么危险，不然的话哪天出意外，那可糟了。

师：这个爸爸特别爱孩子。（笑）如果你是他的爸爸，你还会怎么提醒？你来说。

生46：如果我是他爸爸的话，我认为应该提醒他要多锻炼，把自己的身体锻炼得强壮一点。

师：嗯，也就是说，别等着老爸来救你，要学会——

生46：自己救自己。

师：自己救自己，说得有道理。

师：我们来看看爸爸和儿子说话的那段。爸爸是怎么说的？好好看看。来，现在，我是爸爸，哪个给我当孩子？（笑）哦，你，拿话筒。我们俩一起读读当时的对话。爸爸远远地站在这个悬崖角上，开始喊了——

（师生模拟对话）

师：现在，下来。要吃晚饭了。（语气平和）

生47：我不行！我会掉下去的！我会摔死的！（哭腔，害怕）

师：你能爬上去，你就能下来，我会给你照亮。（鼓励，有力而亲切）

生47：不，我不行！太远了，太困难了！我做不到！（怒吼，又沮丧）

师：听我说，不要想有多远，有多困难，你需要想的是迈一小步，这个你能做到。（满含希望）

师：好，同学们考虑一下。爸爸教"我"爬下悬崖，好像有句话是多余的？哪一句话跟爬下悬崖好像没关系的？

生（杂）：要吃晚饭了。

师："要吃晚饭了"，来，把它删去，这句话就不要了，干脆。

生（杂）：不行。

师：为什么不行？

生48：这样写能写出爸爸心里挺关心"我"，然后才来找"我"的，不然为什么平白无故来找"我"呢。

14

生49：爸爸为了安慰"我"，让"我"不紧张，告诉"我"要吃晚饭了，感觉爬下悬崖这件事是一件很平常的事。他是想让"我"不要紧张。

师：有道理！老师小时候调皮啊，把裤子刮破了，只要我爸说"吃饭啰"，我就知道回去不会挨打了。（笑）这说明什么？爸爸用这句话安慰我，今天啥事没发生，来来来，回家吃饭。好，哪个同学再把爸爸这句话读一读？

生50（读）：现在，下来。要吃晚饭了。（亲切平和）

师：行，你听，老师现在这么读。

师（读）：现在！下来！要吃晚饭了！（严厉，高声，教师用感叹号来读语言）

师：老师把爸爸的话全部改成感叹号，行不行？课本里面都是什么标点符号？

生（齐）：句号。

师：这个爸爸看到自己儿子在悬崖上面怎么就不喊呢？声音再大点呢？

生51：我觉得他用这样命令的口气的话，反而会让"我"更加紧张，觉得回去之后肯定要被打了。

师：有道理。这说明这个爸爸指导"我"爬下来的时候，不仅注意到了说话的内容，还注意到了说话的什么？

生（齐）：语气。

师：对，语气！莫顿·亨特非常幸运，他有一个懂教育的好爸爸，回去要把这个故事讲给你们的爸爸听。

师：好，爸爸是这么提醒的，文中的其他人呢？妈妈呢？小伙伴们呢？杰里呢？

（学生思考）

生52：妈妈提醒自己要保护好自己的孩子，不要让自己的孩子再做出危险的事情。

师：哎，像妈妈。但是，妈妈肯定还会有别的思考，自己的孩子一直都是在自己的护翼之下的。

15

生 53：妈妈提醒自己，不要一直保护自己的孩子，要给他一些挫折，让他战胜自己。因为文中妈妈不让他冒险。

师：既有保护，也要放飞，适当地让他去冒一点能够承受的险，妈妈要学会真正爱孩子。那如果你是那群抛弃"我"离开的小伙伴之一，这件事情发生以后，你又会怎么提醒自己？你来说，小伙伴。

生 54：就是以后不能再抛下自己的朋友，然后自己走了。

师：有的游戏，不能玩，玩大了，就把一个人孤零零地留在悬崖上，很危险。所以啊，同学和同学之间开玩笑，要掌握——

生：分寸！

师：要讲究个度。那如果你是他最好的小伙伴杰里，你会怎么提醒自己？来，杰里！我看谁最像杰里？（笑）你，你会怎么提醒自己？

生 55：以后在自己的朋友遇到危险或者需要自己的时候，一定不能离开。

师：杰里一定在反思，决不能离开。杰里最后的做法也还不错，是他很担心，回去报告给作者的父亲，这是一个好孩子。同时，他也会反思，以后我绝对不能离开。但是，他如果这样想行不行？"我要爬上去把他救下来！"这样行不行？你来说。

生 56：我觉得不行，因为杰里自己也是一个孩子，他的能力也是有限的。

师：所以，同学们，救人，要讲究科学，要智慧，千万别随便冒险！要找大人帮你一起来解决这个事情，是不是？（生点头）

师：因此，我们来看，《走一步，再走一步》这篇文章，受教育的绝不只有作者自己，生活当中的每个人都可以从文章中得到深刻的启迪。最后，我们一起来读读最后一段的句子。"迈出一小步，再一小步"，预备，读。

生（齐读）：迈出一小步，再一小步，就这样体会每一步带来的成就感，直到达成了自己的目标。这个时候，再回头看，就会对自己走过的这段漫漫长路感到惊讶和骄傲。

师：所以，同学们，如果再让你复述这篇课文，你就把这个道理附在

16

你复述的最后，这样，这个故事，人家就既听到了内容，又懂得了——

生57：又听到了道理。

师：嗯，道理！我们学这篇文章，其实就在学三个词儿。第一个词是什么？要知道这个故事的？（生小声：情节）"我"的经历。第二，要把握故事当中"我"的心路。第三，一定要深刻理解文章给人的启迪。（教师板书关键词）最后，千言万语化成一句话，就是——

生（齐）：走一步，再走一步！

师：走一步，再走一步！下课！

教学感言

★老课文，新面貌。在统编本教材中，《走一步，再走一步》这篇文章从译文形式到教学要求都发生了极大的变化，可以称得上是一篇新课文。教参给出了这样的"教学重点"：继续练习默读，在整体感知文章、了解基本故事情节的基础上，争取提高阅读速度，并勾画出关键语句；品味课文中的心理描写，把握人物心理成长的过程；结合自己的生活体验，思考并实践课文所探讨的人生经验。其中，"默读"是单元阅读学习方法，"心理描写"是这篇文章最重要的写作特征，"探讨人生经验"是读者阅读感悟。文本内蕴，编者导引，学生需要，适切的教学内容如此而来。这样，我们大致可以确立文章"教什么"，很清晰地把握编者意图，理解本文的教学目标，按照"整体感知——品味心理描写——深度探讨"的步骤实践本课的自读教学。

★课堂教学中，很多偶发事件是事先预料不到的，也是无法回避的。此课乍一开场，台下就是一声惊叫，慌慌张张的，一位女教师坐了个空，全场注意力瞬时都集中到台下去了。一声激起千层浪，怎么化解尴尬？我提醒自己：在课堂上发生的，都是课堂的一部分，你要学会悦纳，学会转化。女教师突然害怕而惊叫，作者在悬崖上也是那么害怕、恐惧，快速地这么一连，我就微笑着幽默地说："听，这就是爬悬崖时候'我'内心深处的那声惊叫。"台下顿时一片掌声。还有没有更好的化解方法呢？课后，我又想。比如，女教师恐慌、害怕的时候会惊叫，那么作者在悬崖上恐惧无助的时候，又是怎么样的呢？速读文章，找到相关的描写。这样，就将不利条件转化为有利因素，让尴尬为我所用，课堂意外就有机地融进教学了。

★创造性地阅读文本，拓宽解读视野，多角度解读，这篇文章就能收获更多的新的理解和感悟。"我提醒自己不要看下面遥远的岩石，而是注意相对轻松、容易的第一小步，迈出一小步，再一小步，就这样体会每一步带来的成就感，直到达成了自己的目标。"以事传理，这是文中"我"脱险后的人生感悟。那么，变换"我"的身份，如果"我"就是文中的父亲，或者母亲，或者杰里等伙伴，通过这件事，又会得到怎样的提醒？这个问题，就会让学生再次深入文本，细读语言，对文本作出自己的反应、批判与创造，重新建构作品的意义，并从中获取人生智慧。课堂教学靠问题推动，问题设计，体现的又是教师文本研读的功力。解读文本，最后都是在解读自己。那么，怎样的你，才会让学生看到不一样的天空、更广袤的大地？

★你对文本有正确深入的解读吗？你的教学设计合乎语文规律又能具有创造性吗？你能灵活自如地实践课堂教学过程吗？常常，我站在这些问题前，犹豫，惆怅，纠结，甚至愤恨自己。最后，我总说"走一步，再走一步"。

★编者意图是我们在教学中要努力实现的，教学不能太任性。单元目标下的课文教学，绝不能"我的课堂我做主"。对话编者，才能更明白教材的教学价值。一厢情愿地自行解读，任意云里雾里，课堂教学必然有失偏颇。我们要"走一步，再走一步"。这一步，是深入解读文本，理解文本内涵；这一步，是领会编者意图，把握单元教学思路；这一步，是有效的学情分析，尊重学生的学习感受。阅读教学是学生、教师、教科书编者、文本之间对话的过程。备课时的冥思苦想，教学中的匠心独特，都要立足教材资源，尊重编者意图。一句话，要让文本的教学价值得到最大限度的发挥，编者意图不可缺位。

★于漪老师说："教学从来都是创造。"教学的创造要基于文本教学的内容、学生学习的需要以及语文学习的规律。自读课文的教学，要"吃透"并创造性地使用教材的助学系统。《走一步，再走一步》随文设置了九个旁批，如果一一地化为教学问题去建构课堂，这样的自读课显然就变成了老师无需备课就可以"懒教"的教读课。自读课文的旁批分为点评式和问题式，力避结论的直接呈现，强调启发性和引导性，也不是每个旁批都需要在课堂中点出，所以，课堂教学中要有所选择，创造性地使用，在删繁就简中演绎出自读课教学的本真和魅力。

★年轻的时候，我读这篇文章，关注的是自我成长。现在，我读这篇文章，思考的是家庭教育和中美文化差异等。过去读，我就是那个胆怯攀爬的孩子。现在读，我向往成为那个有爱又懂爱的父亲。那座悬崖，也有了不一样的概念。好的文章，在不同的时段给你不同的折射和启迪。教学，也在成就我们自己。

★下一次上这课，你会怎么上？多问自己这样的问题，我们会走好后面的路。

我在现场

★没有PPT，没有多余的话，简简单单。肖老师充分利用阅读提示和旁批，引领学生由浅入深地完成了自读的任务，也为我们如何上好自读课作了一个很好的示范。他对旁批的选择使用很见匠心，只借助两个有关心理描写的旁批作为教学活动的切入口，巧妙自然，学生在老师的引导下走进作者的心理世界。看似可以收束全文，肖老师又让学生触类旁通，引导学生继续探究心理描写的技巧。"写什么，实际也是在写心理状态？"一石激起千层浪，学生的思维风暴被激发出来，课堂教学的高潮也随之被掀起。老师的教不再是"行到水穷处"，而是"坐看云起时"。走一步，再走一步，语文的风景尽在其中。

——广东省陆丰市玉燕中学　戴小慧

★肖老师是教材编排的忠诚执行者。《走一步，再走一步》是统编版七上第四单元的自读课，单元重点是练习默读，目的在于为大量阅读张本。肖老师执教中坚持学生默读，且每次都有指向。该课"阅读提示"也有一句话："默读课文，勾画出文中标志事件发展和描写'我'不同阶段心理活动的语句，试着复述这个故事。"两相结合，肖老师便以"整体感知——品味心理描写——深度探讨"为步骤实践本课的自读教学。肖老师正是在具备教材、单元、文本系统的意识下，把握自读课型，选取教学重点，演绎课堂精彩。现场听课，我写下了这样一段简评："浅浅的课堂，虽浅尤深，如鱼之熟水。'熟'之一字，穿透课堂前后。理念之熟，坐实课堂；借提示旁批，轻贴学情，因势而导。文本之熟，烂熟于心，即便是老文新译，依然游刃有余。课型之熟，拿捏分明，借法用法而得法。"

——广东省陆丰市玉燕中学　林剑峰

★在研读文中"父亲"这一形象时，肖老师用的敲门砖很不起眼，居然是标点。逗号、句号和感叹号，学生在肖老师引导下，变换标点朗读，无需分析就充分品读出父亲的平和、沉稳、智慧和"我"心理的微妙变化。这个细节没有碎问，没有纠缠，只有精彩的朗读，读出了标点的语气，也就读出了父亲和"我"，不失为本课中一大亮点。结尾谈启示谈收获同样精彩。文章结尾一读就懂，如果只问学生在主人公的经历中收获了什么，教学就没有生长点。肖老师设计问题明显有了宽度，极大地拓展了文本的外延，同时增加了思维含量。如果你是文中的父亲、母亲、杰里或者离开"我"的那些伙伴，你又会提醒自己什么呢？学生喜欢有点挑战的问题，果然，稍作停顿后，精彩回答纷纷迸出。

——浙江省长兴县实验中学　范剑萍

★肖老师的课总让人惊喜。从开头对台下尖叫这一突发状况的巧妙化解，肖老师就牢牢地抓住了上课学生和听课教师的心，轻点一笔，悄悄拉回观众的视线，把大家又带入了课本。直至最后千言万语化成一句话"走一步，再走一步"，潇洒而又谦逊地收束课堂，留下深深的回味。这节课，我们可以学到什么？我觉得有以下几点：充分理解教材编写意图，把握文本教学重点；充分利用教材资源，把握自读课教学要求；充分尊重学生，以学生为主体，以"自主合作探究"的方式深度学习；充分把握语文课程特质，牢记"语言学用"的使命；充分发挥教师优势，以自己的深厚学养和人格魅力濡染学生。

——江苏南京市雨花台中学　栾娟

★我们常说，课文阅读，就是领着学生在文字里进进出出有所发现，可是我们常常不知道该怎么进出；我们常说语文学习中，"读"是非常重要的环节，可是我们常常不知道"读"该怎样有效。肖老师的这堂《走一步，再走一步》就是在领着学生们从整体把握到局部关照，一步一步，几进几出，走向深度解读；就是在默读、朗读、品读的综合运用中，领着学生们读懂课文，读懂语文。巧用自读提示，选择最能指向文本艺术的有关"心理描写"的旁批，搭支架，给台阶，顺势而为。思考时，有静气，静中生慧；读书时，情感充沛，神采飞扬。一步一步老老实实地走，一步一步深深浅浅地悟，语文学习就在这样的过程中，自然而真实地发生了。

——重庆 29 中　曾令华

名师点评

一唱三叹意无尽　曲径通幽入妙境

深圳市龙华区教育科学研究院　王俊珍

深圳市龙华区玉龙学校　向　浩

古人云：山无起伏，便是顽山；水无潆洄，便是死水。《走一步，再走一步》初读简单，细读潆洄，尺水微澜，引人入胜。语文教师的眼力，便在于平常之处发现不同凡响，在于简单之处品出无限丰厚，在于似有若无之处读出浩渺天地，在于荒凉僻静之地寻得仙踪妙境。这样的语文课堂，浅浅对话，深深涵咏；一唱三叹，意味无穷；曲径通幽，别有洞天。

一、 唱之前奏： 初入深林， 得法于文

自读课文可以说是语文天地的一片略显荒芜的深林，少有大道，易入歧途。培东老师立足教材，紧扣"自读"这一特点，确定了课堂的教学路径：用教师轻轻的提醒与点拨，引导学生探索"自读"之法，大胆钻入语

言深处，领悟文本幽微要眇。

学生的初始状态是"不得法"，懵懵懂懂。课堂伊始，培东老师提出"这篇课文，编者希望我们怎么去学习它呢"，意图是引导学生去关注、发现、聚焦于"阅读提示"，以此为起点和切入点推进课堂。但学生没有这方面的习惯和基础，对自读课文认识不够，出现师生对话的错位，学生直接找出文章最能体现主旨的句子，培东老师提醒"你能从学法上去思考吗？怎么学它"，聚焦学法，探究学法，带领学生走入"自读课"的深处，习得学法。

通往密林深处的路径是迂回的，针对"阅读提示"中"勾画出文中标志事件发展的语句"，学生并不能理解编者意图。在"冒险"部分，学生找到了"我们"要做的事，明确了事件在推进，但"标志事件发展的语句"，学生不太理解，面对学生的困顿，如何智慧而有效地突破，便考验教师临时改变教学策略的能力了。

在教给学生学法方面，培东老师"迂回"引导，循循善诱，曲径通幽。他没有直接告知学生正确答案，也没有继续在"道理"讲解上下功夫，而是启发学生思考："你给别人讲一个故事，讲事情的发生，你先要交代哪句话？"这个问题切中肯綮，将阅读和自身体验相联系，学生茅塞顿开："应该是第一句'那是在费城，一个酷热的七月天'。"精准的点拨，瞬间帮助学生从困沌走向清晰。在学生充分理解"一个酷热的七月天"这一标志"时间"的词语基础上，培东老师进行简明扼要的知识讲解："在事件发展的过程当中，时间的推进最能够交代事情的进程。"但一波未平，一波又起，学生很快遇到新的难题。"然后他们出发了，气喘吁吁地一路小跑，就像一群迷路的小狗。"这句并没有明确的时间词，学生误把"出发"这一事件当成时间本身，培东老师并没有迎合学生，斩钉截铁地强调"然后"，并讲解"从标志事件发展的作用来看，是'然后'，不是'出发'。'然后'，说明时间在推进，事情在发展"。

教师通过关键信息的追问，唤醒学生的个性体验，以迂回曲折的方式，帮助学生从混沌的整体认识到对文本语言的关注，初步实现了"自读""自悟"。在培东老师指引下，学生明确了"两大法"：关注时间推进和地点转换的句子，准确把握情节；关注关键细节，清楚完整复述故事。激发思维，精准点拨，从之后学生的发言看，颇有点石成金之效。这并非简单的技法学习，更为后续一唱三叹、通往胜境提供指引。

二、 唱之咏叹： 以法为媒， 出入文本

"学法"点拨贯穿课堂始终，借助"学法"，品味语言，感悟情感，对话成长，波澜迭起。

迁移训练，咏叹情节掀微澜。在"遇险"环节，我们惊喜地发现，由于前一环节指导有方，学生得法，很快9位同学发言，呈现出9处推动情节的语句，"标志事件发展"的词语一一冒出水面，故事脉络逐渐明朗。这时的课堂，因师生相互发现和生成，达到了和谐统一的境界。在一趟又一趟的寻觅中，共同还原事件的全貌。以此为框架的"复述"，骨骼齐整，血肉丰满，从文本中来，又进行个性化提取，初步实现了出入自由。

师生共读，咏叹细节激同感。"心理描写"是自读提示中的另一个重点，但也是非常难把握的特点。这里培东老师运用"读"的艺术激发情感波澜，掀起课堂小高潮。通过发挥想象、模拟场景，教师示范读出节奏感、害怕感、画面感，令听者恍若身临其境。我们看到，学生的朗读最初是平淡的，语速和情感均不到位，尤其是朗读"但是我不能……我……"这一小句时，培东老师跟学生一起体会"我"复杂的心理——想爬又不敢，说出来又怕人笑话，并以颤声朗读示范，逼真再现。学生沉浸其中，感同身受。逐渐地，学生自行读出了人物的紧张感，读出"我"内心的恐惧，课堂在朗读吟咏中涤荡内心。

微点探究，咏叹语言解其味。小小语词，激发大大的探究兴致。"太"和"更"，一字之别，其微妙复杂的心理状态，尽在其中。"这太远，也太危险了！"是害怕，是对爬回去的断然否定。而"更高，更陡，更变化莫测"连用三个"更"，反复使用，是对爬上去的极度恐惧，在可怕的想象里，"我"的胆怯、绝望和无助表现得淋漓尽致。只有反复品读、探究，才能深解其味。这已经不再是单纯的情感体验，更是探索语言表达与情感体验之间的秘密通道，给学生们开启了一扇通往言语秘境的大门。他还带

领孩子们，在斑斓的语言世界里，探索语言和思维之间的新路径，果然惊喜不断，精彩纷呈。"写什么实际在写心理状态？"课本提示"写外在行为表现，实际上写心理状态"，以此为模板，学生纷纷发现"写语言，实际在写心理状态"，"写环境，实际在写心理状态"。心理描写已不再单纯，而是上升到写作思维——直接与迂回，表现与显现等。这一探究激发的高潮，让学生从中获得的，不仅是情感体验，更是阅读境界和思维的提升。

一唱三叹，波澜起，入佳境。情至浓处，兴未尽，意无穷。

三、 唱之高音： 妙合无痕， 尺水兴波

整堂课层层递进，不断加码，微波涌起，巨浪酝酿。学法体验越来越深刻，感性认识越来越丰富，情感酝酿越来越浓烈。清代刘熙载《艺概·诗概》说："大起大落，大开大合，用之长篇，比如黄河之百里一曲，千里一曲一直也。然即短至绝句，亦未尝无尺水兴波之法。"如何让学生从感性认识上升到理性空间？如何让看似简单的道理，让学生有切肤之感？如何在自然而然的言语学习中，润物细无声地实现语文学科的人文化功能？整堂课似无大开大合，然而细微之处见精神，尺水兴波，无处不在。试看培东老师的学生活动设计。

还原对话，掀起轩然大波。还原现场，不仅仅考察"表演"的艺术，更见出教师文本解读的功力。选择最有价值、最体现人物形象和故事主旨的还原点，体现出教师文本解读的深度和精准度。培东老师紧扣父子对话"兴风作浪"，师生模拟，体验丰富。

细看这段对话，教师扮演"爸爸"，学生扮演"我"，师生都进入了情境中。"爸爸"以平和的语气喊："现在，下来。要吃晚饭了。"学生用害怕的哭腔回应："我不行！我会掉下去的！我会摔死的！""爸爸"用有力而亲切的语言鼓励："你能爬上去，你就能下来，我会给你照亮。"学生沮丧地怒吼："不，我不行！太远了，太困难了！我做不到！"睿智的爸爸依然平静，但满含希望说："听我说，不要想有多远，有多困难，你需要想的是迈一小步，这个你能做到。"

这一场对话，对出了"我"的万般艰难和恐惧，对出了"父亲"的浓

浓爱意和智慧，对出了课堂的无限深情和丰满，学生的心被融化了，读者的心被感染了。

还原对话场景，更能激发学生思考："要吃晚饭了"到底有没有价值？当"爸爸"亲切平和地讲出这句话，学生感受到了平静、放松。那么，换一种方式呢？改一个标点，换一种语气，"爸爸"变了面孔，面对悬崖上的"我"厉声高喊，学生"我"瞬间感受到了紧张、恐慌，也由此感受到标点符号这样的言语形式运用之妙，更深悟父亲的教育之道："吃晚饭"很平常，然而正因为平常，才更体现出父亲的智慧，爬下悬崖是一件很平常的事，走一步，再走一步，达到目标也很简单。这里，有情感体验，有教育反思，有智慧传递，已经不再是简单的父子情深，更是一种独特的文本表达艺术，于不言之中自言教。

身份置换，拨动学生心弦。"提醒"在文中帮助作者成功爬下了悬崖，培东老师也在轻轻的"身份置换"中，提醒学生从多个角度思考文本，发出自己的声音，获得人生的智慧。"其实文章当中的每个人都可以通过这件事情提醒自己"，"提醒"可以是源于故事本身的反思，无论是爸爸、妈妈，还是小伙伴、杰里，都可以从中得出新的经验和教训，"提醒"今后如何更好地扮演自己的角色，从而避免"故事"中的问题再度出现。"提醒"更是人生之路的指引，我们每个人都可以从中获得有益的、与自身成长相关的启迪，并时时刻刻提醒自己，如何面对困难，如何超越自我，如何实现更好的成长。培东老师紧扣"提醒"二字，催生了文本基础上的理性思考，从故事上升到人生，从感性提升到理性。语文是一门人文性和工具性相结合的学科，人文性的渗透，必须基于语言本身，培东老师在"身份置换"中，自然而然实现着对学生的人文教育。

"提醒"是培东老师以文本解读、自身经历的智慧，为学生投下的打破思维空间的石子，立足文本又超越文本。以对"妈妈"的提醒为例，这应该是学生阅读关注的空白点，但经老师"提醒"，学生从多个角度理解"妈妈"。"妈妈提醒自己要保护好自己的孩子，不要让自己的孩子再做出危险的事情。""妈妈提醒自己，不要一直保护自己的孩子，要给他一些挫折，让他战胜自己。"是保护孩子还是给他挫折，正是学生在文本理解延

25

伸上的难点所在。学生思考的广度、视角发生了变化，显然，他们的认识还有分歧，思辨性还有所缺失。培东老师不失时机地提出，二者兼具才是真正的爱，保护与放飞，适当冒险，智慧爱子，为学生理性思考插上思辨的翅膀。

四、唱之尾声：余音绕梁，意味深长

纵观整堂课，培东老师善用"尺水兴波"之术，巧妙设计多个学生活动，如师生对话、问题探究、批注默读、朗读感悟、集体诵读、角色扮演、情境重现等。随着学生逐步把握自读方法，走入文本深处，课堂逐渐由平静转向高潮，思维由平滑转向深刻。培东老师就像艺术高明的雕刻师，雕一点，再雕一点，在一次次课堂的灵动与跳跃中，学生逐步通向言语和思想的胜境。

课堂结尾收束特别耐人寻味。培东老师用三个"词儿"总结这堂课："我"的经历、"我"的心路、文章的启迪。最妙的是"千言万语化成一句话"——走一步，再走一步，课堂在师生"走一步，再走一步"的激情诵读中走向了尾声。

刻骨铭心的"经历"，艰难复杂的"心路"，深刻丰富的人生启迪，这不也是培东老师的课吗？课堂前后学生经历了复杂的"心路"历程，培东老师投下一颗颗激活学生的石子，看似微小，却实实在在搅动了平静的水面。学生从浮光掠影的阅读到置身其中的剖析，从情节本身的理解到文本之外的思索，走一步，再走一步，在思维的波澜中实现自我成长与超越。

"走一步，再走一步"，师生饱含情感而又坚定自若的诵读，如在耳畔。这是培东老师和他的学生共同演绎的精彩，也是培东老师送给所有人的深情"提醒"——曲径通幽处，尺水兴波澜。

《老王》

🌿 浅浅小语 ░░░

我们总会感动于苦难的内容，却容易忽略苦难的诉说形式。教学的意义，不只是重新舔舐伤痛，还要进入语言的沟沟壑壑、折折痕痕，去认清这种伤痛的独特表达。

——肖培东

🌿 课堂再现 ░░░

执　　教：肖培东

点　　评：贾龙弟

教学背景：2019 年 11 月 9 日，河南濮阳市第一中学。

一、"老王" 和 "我们" ——梳理文章内容

学生课前认真地读了一遍文章。

师：好，同学们，上课！

生（齐）：起立！老师好！

师：请坐！（稍停）刚才你们喊我什么？

生（齐）：老师！

师：那请问，"老师"的"老"和文章中的"老王"的"老"有什么

区别？（学生小声讨论，似有不解）"老王"和"老师"，这两个"老"有什么区别？以你的生活经验，说说看。

生1：老师，这个"老"是那个经验，然后，比我们学识更多；"老王"的话，是指他的岁数老。

师：嗯。谁再来说说？（走向一举手的男生）你姓王吗？（生笑，摇头）生活当中，你的王姓同学，你们会不会叫他"老王"？

生2：不会。

师：你什么时候有可能叫你的王同学"老王"呢？

生2：嗯，年纪大的时候。

师：哦，年纪大的时候。你上了年纪了，他也上了年纪，对吧？好。

生3：关系好的也可以叫他"老王"，一般关系不好不能叫。

师：刚一见面就叫人"老王"，别人会吓一跳的。谁再来说？

生4：我觉得吧，关系好的时候叫他"老王"，关系不好叫人"老王"会觉得比较尴尬。

师：嗯，那一个人做老师，这个"老"跟年纪大小有没有必然关系？

生4：没有，有些老师很年轻的。

师：你们都见过很年轻的人也做老师了，能者为师，我们也是叫他们"老师"的。（学生点头）喊别人"老王"，大家觉得，第一，得年岁大，有一定大的年龄了；第二呢，彼此关系要——

生（杂）：要亲密，要很好，要熟悉。

师：彼此关系好，熟悉，比较亲密的，对不对？

生（齐）：对。

师：那你看看《老王》这篇文章当中，哪些语句写出了杨绛一家和老王关系好的？（一男生举手）那个男同学举手了。（旁边一女生举手后又犹豫地放下）好，你能把这个机会让给你旁边的女同学吗？（生笑）女同学，你能不能读读文章中写他们关系挺好的句子？

生5（读）：那时候我们在干校，我女儿说他是夜盲症，给他吃了大瓶的鱼肝油，晚上就看得见了。

师：杨绛送鱼肝油给老王，关系好。那个时候，一瓶鱼肝油有多么贵重！老师也说不清楚那种贵重，回去问问你们爷爷奶奶。请坐！还有吗？你来说。

生6：文章第一句就是。（读）我常坐老王的三轮。他蹬，我坐，一路上我们说着闲话。

师：关系好，哪个词？

生6："常坐"！

师：还有呢？

生6："他蹬，我坐"，我们"说着闲话"。

师：嗯，一路上说着闲话。（重读"一路上"）还有没有？关系好。

生7：在第6段！（读）他说："我送钱先生看病，不要钱。"我一定要给他钱，他哑着嗓子悄悄问我："你还有钱吗？"我笑着说有钱，他拿了钱却还不大放心。

师：哎，这就是关系好。你对我，我对你，都很好。还有没有？

生8（读）：他"嗯"了一声，直着脚往里走，对我伸出两手。他一手提着个瓶子，一手提着一包东西。

师：送鸡蛋，送香油，那个年代极其贵重稀罕的东西，关系好。还有没有？你来说。

生9（读）：后来，我坐着老王的车和他闲聊的时候，问起那里是不是他的家。他说，住那多年了。

师：这怎么就关系好了？

生9：就是可以问他住哪儿，关系好的才问！

师：关心老王，关系好。还有吗？

生10（读）：有一年夏天，老王给我们楼下人送冰，愿意给我们家带送，车费减半。我们当然不要他减半收费。每天清晨，老王抱着冰上三楼，代我们放入冰箱。他送的冰比他前任送的大一倍。

师：真好。大家都看到了，文章中老王有"三送"，而"我们"呢，也尽量地在接济他。在那个年代，他们的关系真是特别好。这种感动，不仅仅是因为他们关系好，更重要的是因为他们都是苦难年代里的——

生（杂）：好人。善良的人。

二、 闲话重千钧

师：好，两个好人在文章的第一段话里就遇上了，他们一路上还说着闲话。大家都喜欢这段话，那我们就一起来读读这一段。

生（齐读）：我常坐老王的三轮车。他蹬，我坐，一路上我们说着闲话。（学生读得拖腔拿调的，此时教师板书"闲话"）

师：读书能不能读得正常一些？不要一个字一个字地在读，要像我们平时读文章一样连贯，有节奏。（师示范读）"我常坐老王的三轮车。他蹬，我坐——"，来，你来读。

生 11（读）：我常坐老王的三轮车。他蹬，我坐，一路上我们说着闲话。（有感情）

师：你想读出一种什么味道来？

生 11：亲密，亲近。

师：熟人，亲近的感觉。还有吗？你来。"他蹬，我坐"，读。

生 12（读）：他蹬，我坐，一路上我们说着闲话。（有节奏，有感情）

师：你觉得这一次感觉是什么呢？除了"亲密"之外。

生 12：还有一种温暖。

师：嗯，温暖。还有谁再来读一读？这位同学。

生 13（读）：他蹬，我坐，一路上我们说着闲话。（轻快）

师：想象这个镜头，你觉得这种感觉非常的——

生 13：温馨，轻松。

师：温馨，温暖，轻快。"一路上"说着"闲话"！同学们，可以和别人一路上说着闲话，那杨绛先生和老王都说了哪些"闲话"？哪一段写了他们说的闲话？

生（齐）：第 2 段。

师：自由读一下。

生（自由读）：据老王自己讲：北京解放后，蹬三轮的都组织起来；那时候他"脑袋慢"，"没绕过来"，"晚了一步"，就"进不去了"。他感叹自己"人老了，没用了"。老王常有失群落伍的惶恐，因为他是单干户。

他靠着活命的只是一辆破旧的三轮车。有个哥哥，死了，有两个侄儿，"没出息"，此外就没什么亲人。

师：这段话，其实就是我们一路上说闲话说出来的内容。那同学们，我们现在来还原一下当时的说话场景。如果是直接描写对话，这一段话应该怎么写的呢？来，现在，我就是杨绛，你，是老王。哎，谁愿意扮演老王？（环视，无人举手）

师：穷一点、苦一点就不愿意做了？谁愿意做老王这个好人？（一男生举手）来，我是杨绛，我坐你的三轮车。你蹬，我坐，咱们开始聊天。

（师生模拟场景对话）

师：老王，你怎么成了单干户了？（温和，关心）

生14：我那时候脑袋慢，没绕过来，晚了一步，就进不去了。（叹息状）

师：再加一句。

生14：唉，人老了，没用了！（感叹状）

师：哎哟，你太聪明了，课本上没有这"唉"字，你怎么就知道加上呢？

生14：他在感叹自己。

师：有道理。会读书的孩子，他会在书本中还原出当时的对话。我们再来一遍好不好？记住，说得要更像老王一点。

师：老王啊，你怎么成了单干户了呀？（温和，关心）

生14：唉，我那时候脑袋慢，没绕过来，晚了一步，就进不去了。唉，人老了，没用了！（伤感，无奈）

师：老王，你现在靠什么活命的啊？（关切）

生14：蹬三轮。（伤心）

师：尽量用课文中的原句原词语。再来一遍。（模拟）老王，你现在靠什么活命的啊？（关心）

生14：靠的，只是一辆破旧的三轮车。（酸楚）

师：哎，老王，你家里还有什么人？（关切）

生：有个哥哥，死了。有两个侄儿，没出息。此外，哎，就没有什么

亲人了。（痛苦）

　　师：听清楚了吗，同学们？（同学深有感触）如果杨绛先生直接呈现两人一路上的对话，她可能是怎么写的？

　　生（杂）："我"怎么怎么问，老王怎么怎么说。

　　师：老王怎么说呢？杨绛先生直接写对话，老王会是怎样说的？我们可以补充、填上一些形容词来说。说说老王怎么样地说的。

　　生15：老王感叹地说。

　　生16：老王摇摇头，遗憾地说。

　　生17：老王悲伤地、痛苦地说。

　　师：好，请你来。现在，你是老王，我关切地问你了。

　　（师生模拟对话，还原直接写对话）

　　师：老王，你怎么就成了单干户了？这时老王遗憾地说——

　　生17：我那时候脑袋慢，没绕过来，晚了一步，就进不去了。（遗憾）

　　师：他又摇摇头，万分感慨地说——

　　生17：唉，人老了，没什么用。（感叹，无奈）

　　师：老王，你现在靠什么生活的呀？

　　生17：靠的只是一辆破旧的三轮车。（悲伤，酸楚）

　　师：老王悲伤的声音在空气中飘荡。"我"又问："老王，你家里都有什么人？"

　　生17：有个哥哥，不过死了。有两个侄儿，没出息。此外就没有什么亲人了。（痛苦，全班同学开始入境）

　　师：这里老王应该就是这样"悲痛地"说的。同学们，那如果杨绛先生直接就这样写，是不是更好一些？表情达意更加直接一些？"他悲伤地说""他脸上现出了无比的痛苦"……杨绛直接这样写，是不是会更好呢？她为什么在文中用转述来表达？想想看。（学生思考，有学生小声说"更有感情"）直接对话描写是不是情感更明显，更直接呢？那么，转述的目的是什么？

　　生18：转述，就是第三人称带入来写。它能在脑海里浮现那种情景，能够感受到……

师：直接对话描写是不是有利于更好地浮现出情景？（同学们点头，表示同意）直接去描写，写出了人物的神态、语调等，情境就出来了。杨绛为什么用转述？她想做什么事情？她究竟想让我们读者干什么？

生 19：应该是为下文内容做铺垫。

师：这是真会考试啊。（众笑）即便是为下文内容做铺垫，我们直接写对话，就不能为下文做铺垫了吗？听！直接写对话的时候，老王的内心情感，是不是更能感受到了？那作者为什么用转述？

生 20：我觉得作者就是不想让老王那个心情固定下来，而是让我们自己去想。

师：会思考的同学。谁再顺着他的思维说说？

生 21：就是她想让我们自己去体会，去联想。

师：也就是说，杨绛想把情感——

生 21：让我们自己去体会一下，去感受。（其他学生有所悟）

师（面向全体学生）：也就是说，杨绛想——

生（杂）：让我们自己去感受。

师：嗯，藏起来，让读者自己去揣摩。她不想刻意地去表露这种情感，是这个意思吧？（学生点头）

师：所以，杨绛的文字有一个很大的特点，就是看起来平平淡淡，但是如果你细细读，你会读出她的情感，其实是很丰富很深重的。读这样的一位大家的作品，我们一定要扣住她的语言，细细地品。举个例子，来读读看看，杨绛写的这一句话"有个哥哥，死了"。

生（齐读）：有个哥哥，死了，有两个侄儿，没出息，此外就没什么亲人了。

师：这句话，写出了老王的孤独，写出了他的可怜，写出了他家庭的寥落。可是你看，杨绛没有一个明显的情感词放在这里，但好好读过，其实又是能体会到的。同学们，读读看。"有个哥哥"这句话怎么读？

生 22（读）：有个哥哥。（读得平淡）

师：声音是往上的，还是往下的？

生 22：往……往下。

师：确定？你向别人说"我有个哥哥"，"哥哥"两字是往上扬还是下沉？（学生齐说"上扬"）表示开心，对吧。下一句话呢？

生22（读）：死了。（低沉）

师：马上就从上面掉下去了。同学们，读。"有个哥哥"预备起！

生（齐读）：有个哥哥，死了。（前后感情有变化）

师：接下来呢，很悲痛的时候，老王又说什么了？

生（齐读）：有两个侄儿。（声音上扬）

师："有两个侄儿"，还不错，家里毕竟还有其他人。但是下一句——

生（齐读）：没出息。（低落，痛苦）

师：又是什么呀？"没出息。"（声音低沉，苦痛）所以大家发现了吗，这句话，是不是过山车一样地读？感情上上下下，起起落落，也就慢慢品读出了老王内心的苦痛。"有个哥哥"，大家还能为他高兴，下一句却是"死了"，正当很痛苦的时候，他又说"有两个侄儿"，可惜"没出息"。好好读，隐藏的情感就在文字深处。自己读！

生（自由读，有感情）：有个哥哥，死了，有两个侄儿，没出息，此外就没什么亲人了。

师：所以老王的苦，老王的穷，老王的孤，老王的痛，其实都在这平淡的文字当中。你得慢慢去品味。

师：前面有位同学说起了老王家住在哪里。哪个同学说的？（生9站起）你再读读。

生9（读）：经过一个荒僻的小胡同，看见一个破破落落的大院儿，里面有几间塌败的小屋；老王正蹬着他那辆三轮进大院儿去。后来我在坐着老王的车，和他闲聊的时候，问起那里是不是他的家，他说，住那儿多年了。

师：又是一次闲聊。来，现在我是杨绛，你踩三轮，我问你："老王，那是不是你的家？"你怎么说？

生9：住那儿好多年了。

师：平常我们都应该是怎么说的，同学们？

生（杂）：会说"是的"。

师："老王，这是不是你的家?"你怎么回答?

生9：是的，那是我的家。

师：是，那是我的家。有没有发现，文中老王竭力在避开哪个字?

生（齐）："家"字。

师：他是怎么说的?

生（齐）：住那儿好多年了。

师：同学们，考虑一下，老王为什么不愿意说"家"而说"那儿"?你来说。

生23：因为他没有亲人，有亲人才有家。

师："家"这个词对他来讲是一种痛苦。有亲人才有家！顺着这位同学的话（继续说）。有亲人才有家，有什么才有家?

生24：家是港湾，有亲人陪伴，有朋友陪伴才是家。

师：有温暖，有陪伴，才是家。家是什么?你来说。

生25：家是避风港。

师：有一个避风港，有人暖被窝儿的才叫家。可老王什么都没有，他都不好意思说"家"。所以这句话看似轻淡，老王心里却充满着无限的——

生（齐）：悲痛。

师：我们一起来读读看。"他说——"预备读！

生（齐）：他说，住那儿好多年了。（较缓慢，苦痛）

师：所以，同学们，这闲聊，有意思吧?

生（齐）：有。

师：杨绛平平淡淡地写，这些情感也淡淡地写进去，我们读的时候一定要细细地体会。

三、 对话悟"愧怍"

师：好，那课文当中有没有直接写对话的地方?

生（杂）：有，第8段开始。

师：哟，马上找到了。或者说这写了什么事情?

生（杂）：老王送鸡蛋，送香油。

师：这是最后一面。这个时候，杨绛先生不转述了，而是很细致地写出了双方的直接对话了。哪个同学读读？"有一天——"你来读。

生26（读第8段）：有一天，我在家听到打门，开门看见老王直僵僵地镶嵌在门框里……打上一棍就会散成一堆白骨。（有感情）

师：这是老王最后一次来见"我"，那个时候他已经——

生26：病入膏肓了。

师：那个时候他已经形若僵尸了。这一次见面对话作者不用转述了，而改成了直接的描写。我们好好读一读。"我吃惊地说——"，读！

（引导学生读人物语言）

生（齐读）：哎呀，老王，你好些了吗？

师："我"吃惊地说。你们就读"我"说的那句话。再来。"我吃惊地说"，预备读！

生（齐读）：哎呀，老王，你好些了吗？

师：老王给我送来了鸡蛋香油，"我"接了，里面有好多鸡蛋。"我强笑说"，读！

生（齐读）：老王，这么新鲜的大鸡蛋，都给我们吃？

师：他只说——

生（齐读）：我不吃。

师："我"谢了，想给他钱，他赶忙止住"我"说——

生（齐读）：我不是要钱。

师："我"也赶忙解释——

生（齐读）：我知道，我知道——不过你既然来了，就免得托人捎了。

师：我们好好地品味这样几段话。第一句话谁来读？（对生9说）刚才你读得不错，能不能让你的同桌也像你一样读得好？（叫起同桌）来，当时老王啊，直僵僵地站在家门口儿，"我"看到他，他就像棺材里倒出来似的。"我"吃惊地说——

生27（读）：哎呀，老王，你好些了吗？（惊讶）

师：嗯，读得好。你在读的时候体会到了什么呢？

36

生 27：惊讶。

师：惊讶，吃惊，为什么？

生 27：因为没有想到老王已经病入膏肓了。

师：老王当时的外貌特征，很可怕，直僵僵地，所以"我吃惊地说"。这个"吃惊"写出了什么？"我"为什么吃惊地说？

生 27：因为老王的外貌已经很吓人了。

师：这个"吃惊"还表现出"我"的什么呢？一个老朋友变成了这个样子，就站在家门口。

生 27：可惜吧。

师：他觉得有可惜。你觉得是什么？

生 28：我觉得应该还有关心。

师：关心。还有没有？你来说。

生 29：既有心痛、担忧，又有关心。

师：所以，千言万语就化成了这句话，"我吃惊地说"，读。

生 29（读）：我吃惊地说："哎呀，老王，你好些了吗？"（读出吃惊感）

师：这个"哎呀"一定要读出来！好，下面一句话。老王给"我"送鸡蛋，送香油。"我强笑说"，请问这个"强"字能不能去掉？

生 30：不能，这个"强"字有感谢、感动，又有那个难过。

师：百感交集的感觉。（对另一位同学）你觉得"勉强"的"强"放在这里还有什么感觉？

生 31：作者对老王的那种难过，又有悲伤，但是又怕老王多心。

师：一个朋友，病成了这个样子，还给你送鸡蛋和香油，心里是很难过，但是又怕老王看了难受，因此，脸上挤出了一点笑容。所以，这个"强"字，就如同学说的，百感交集的味道就出来了。

师：再看。问老王，这么新鲜的大鸡蛋，都给我们吃，这时老王怎么说？

生（齐读）：他只说："我不吃。"

师：注意，这个时候"老王说"的前面，杨绛多加了一个字，"只"

说。请问，这个"只"字有什么作用？

　　生32："只说"，就是他只说了三个字，说明他——（说不下去）

　　师：想一想当时的场景，一定要去设想那个场景。为什么是"只说"？你来说。

　　生33："只说"，就是，他只说一句，其他的都不说。

　　师：那他为什么不多说一点呢？

　　生33：因为他已经病入膏肓了，他的身体已经不允许他这样做了。

　　师（点头）：这个"只"字里面有没有千言万语？

　　生34：我觉得有的，这是最后一面了。

　　师：有，老王其实还有很多话要说，但最终只化成了三个字。所以这三个字，我们要好好读读。预备，读！

　　生（齐读）：我不吃。

　　师：好！接下来，"我"给他钱，他赶忙止住"我"。"赶忙"写出——

　　生34：他不要钱。

　　生35：他怕我误会。

　　师：然后，"我"也是"赶忙"说。所以，大家可以发现，在整个直接对话描写中，作者加上了副词等，更利于我们大家去想象去展开当时的那个场景，我们就得好好读读这段对话。一起来读。接下来，老师读旁白，你们用心读"我"和"老王"的对话。

　　师（读）：看到老王，打上一棍就会散成一堆白骨。我吃惊地说——

　　生（齐读）：哎呀，老王，你好些了吗？

　　师（读）：老王给我送来了鸡蛋和香油。我忙去接。我强笑说——

　　生（齐读）：老王，这么新鲜的大鸡蛋，都给我们吃？

　　师（读）：他只说——

　　生（齐读）：我不吃。

　　师（读）：他赶忙止住我说——

　　生（齐读）：我不是要钱。

　　师（读）：我也赶忙解释——

生（齐读）：我知道，我知道——不过你既然来了，就免得托人捎了。

师：读到这里了，我们再来思考一个问题：这一段，杨绛先生为什么不像第 2 段一样，也写成转述？写成转述应该怎么写呀？

生（杂）：那一天，"我"问他，他告诉"我"什么什么的。

师：为什么写成直接对话？为什么把这次对话场景直接还原？（学生思考）

生 36：可能就是她觉得，是最后一次，这是老王要见她的最后一面，要表达更加强烈的感情，所以就直说了出来。

师：他说得有没有道理？

生 37：我觉得，是因为她更想表现出老王对她的关心。

师：哦，更加好地去表现。（向另一位同学）你的解释是什么？

生 38：我的解释就是，"我"认为这个老王已经是病入膏肓了，还自己舍不得吃，给我们送鸡蛋和香油。这里面就是写出了老王对我们的关心，同时透露出，杨绛先生对老王生前自己还给他钱的那种愧疚。（师点头）

师：最后一排的同学，这段对话对文章来讲重要不重要？

生 39：重要。

师：对这篇文章的情感抒发很重要，你是从文章哪一段看出来的？

生（杂）：最后一段。

师：有同学说最后一段，我们就来读最后一段。"我回家——"预备读！

生（齐读）：我回家看着还没动用的那瓶香油和没吃完的鸡蛋，一再追忆老王和我对答的话。

师：好，哪个词很重要？

生（杂）："追忆"。

师：还有哪个词？

生（杂）："一再追忆""对答"。

师："一再"！一再追忆和老王对答的话，总觉得心上不安，然后渐渐明白，出现了最后一个极其重要的词。什么呀？

生（齐）：愧怍！（教师板书"愧怍"）

师：因此，这段对话对作者的情感与文章内涵来说，非常重要。而这段话里面，说话者双方好像都收着话来说，没有全部说尽。不知道大家有没有注意到？（出示PPT）

PPT：

我强笑说："老王，这么新鲜的大鸡蛋，都给我们吃？＿＿＿＿＿＿＿
＿＿＿＿＿"

他只说："我不吃。＿＿＿＿＿＿＿＿＿＿"

他赶忙止住我说："我不是要钱。＿＿＿＿＿＿＿＿＿＿＿"

师：现在你给补上去，试试看。如果当时情况下，说话者还能再说一句话，这句话可能是什么？（学生思考，动笔）

师：好，这个男同学举手了，女同学也举手了。把这次机会给这个女同学，来！

生40：老王，这么新鲜的大鸡蛋，都给"我们"吃？你不吃吗？

师：可不可以，同学们？（学生点头）第二句，继续。"他只说"，谁来？

生41："我"不吃，"我"不吃，这都是给你和钱先生的。

师："我"不吃，还有没有别的理由？来，你来说！

生42："我"不吃，这些都是给你们的。

师：有没有不同的表达？你来！

生43："我"不吃，以前多谢您夫妻二人对"我"的关照。

师：嗯，表达感激，还有没有？刚才这位女同学，再给你个机会，能不能比上次更优秀？

生40："我"不吃，"我"都这么大岁数了，年纪大了。

师：还有没有？

生44："我"不吃，"我"都病成这样了，鸡蛋吃不吃都一样，还是你们吃吧。

师：都有道理。"我"不吃，"我"吃也没用了。所以，同学们，说这句话是不会开心的。我们会很悲痛地想象老王当时说话的场景。接下来"我"要给他钱，老王马上说"我不是要钱"。

生45："我"不是要钱，"我"已经没地方用到钱了。

师：嗯，能不能把这句话改一下，"我不是要钱，我要——"，用这样一句话来说。"我不是要钱——"，你来！

生46："我"不是要钱，"我"要……

师：欲言又止，不要钱，他要什么？把这句话想好。（有同学说话）哦，有同学说了，我们先让他试试看。

生47："我"不是要钱，"我"只是想要我死了之后你们还能记得"我"。

师：希望你们真正记住"我"。还有没有？

生48："我"不是要钱，"我"要的，只是能再看你一眼。

师：哦，要你的美好的感情。你来说，老王最想要什么？

生49："我"只是想让你们知道，"我"谢谢你们！

师：想让你们知道"我"，真正地把"我"放在心里。"我"不是要钱——

生50："我"只是想要，感谢你们之前对"我"的好。

师：在那个荒唐的年代里，在那个老王贫苦、卑微的日子里，他最想要的是什么呢？不是要钱，要什么？

生51："我"只是想让你们以后生活能够更好。

师：嗯，希望你们更好。还有没有？你换句话再来说。

生51："我"只是要谢谢你，一直以来，对"我"的照顾。

师：嗯！最后一次。不想要钱，他要什么？

生52："我"只是来单纯地关心你，想让你生活得更好，以后去帮助其他像"我"一样可怜的人。

师：去帮助其他像"我"一样可怜的人！推己及人，让可怜的人真正有尊严！多么真诚、善良的孩子！所以我们可以从多种角度去想，后半句话表达着老王在那个年代内心的渴望、老王美好的愿望。他善良，他也渴望善良；他热情，他也呼唤热情。他尊重这个世界，他也希望这个世界能够给他带来——

生（杂）：尊重，真诚，平等……

师：温暖与尊重。因此，他要真正的关心，要有尊严的关怀，要真正的、不流于形式的、纯真的内心世界里的交流。可是这一切作者有没有真正地给了他？

生53：没有，有点隔膜，哪天死去的也没问……

师：嗯，与老王对"我"相比，多少有些做得不够。一起来读最后一段话。"几年过去了"预备读！

生（齐读）：几年过去了，我渐渐明白，那是一个幸运的人对一个不幸者的愧怍。

师：所以，这个愧怍里面至少有"我"发于内心的一份难过和自责。那老王最希望得到什么？哎，他最想得到什么？

生53：朋友的真关怀。

师：最想得到什么？

生54：真诚的帮助。

生55：发自内心的关心。

生56：尊严。

师：嗯，不要重复。最想得到什么？

生57：亲情。

师：最想得到什么？

生58：内心的平等，内心的温暖。

师：真诚的温暖，等等，包括尊严，包括善良、关心、平等的对待，等等。"我"可能都没完完全全给他，所以这个就造成了"我"后来愧怍的部分原因。

四、 闲笔拓深意

师：所以，杨绛的很多情感都是要通过揣摩语言体悟出来的。这篇文章，还有一些非对话的语句，感觉上是信手拈来闲笔而写的，好像是可有可无，或者是作者轻轻写出来，闲笔一宕宕出来的。但是仔细读读，又会觉得意味深长，很有味道。你能读出来吗？哪句话？（学生思考）

生59：第6段。他哑着嗓子悄悄问我："你还有钱吗？"

师：正面描写老王的语言。闲笔，就是很随意地写出来，看似无关，甚至有些调侃。有吗？

生60：我觉得是第7段，载老先生那个句子。"幸亏有一位老先生愿把自己降格为'货'，让老王运送。"把人都当货了！

师：准确，这句话，大家画出来。"幸亏有位老先生——"，一起读！

生（齐读）：幸亏有一位老先生，愿把自己降格为"货"，让老王运送。

师：这位老先生是谁呀？杨绛的先生是谁？

生（齐）：钱钟书。

师：钱钟书。大家知道吗？

生（齐）：知道！作家！

师：很厉害的，名家！在那个年代，把自己降格为"货"。这句话，看似调侃，却也暗暗透露出当时的年代特点。我们就要回到这篇文章，去了解它所反映的社会背景。当时正是什么时候？

生（齐）："文化大革命"。（有学生说"迫害知识分子"）

师："文化大革命"对知识分子的迫害尤甚。这句话看起来是调侃，其实对时代的讽贬已经表现出了。那个社会，那个动乱的社会，真正地把知识分子，把人，不当人，而当成了——

生（齐）：货。

师：一起再来读读这句话。

生（齐读）：幸亏有一位老先生，愿把自己降格为"货"，让老王运送。

师：还有没有像这样的句子？看似随意，实则深刻，透露出了那个社会的特点。这样的闲笔，你还能不能找到？你举手了，你说。

生62：第3段。"有人说这老光棍大约年轻时不老实，害了什么恶病，瞎掉一只眼。"

师：哦，老王瞎掉了一只眼，有人说。你知道这个"有人"是谁吗？

生62：有可能是街坊邻居。

师：街坊邻居，或者有可能就是跟他一样骑三轮车过生活的普通人。他们都在嘲笑老王。他们有没有给过苦难的老王真诚的帮助呀？（生说"没有，只有嘲笑"）没有！同学们，当一些伤害来自和你同样处于底层的人的时候，这种伤害就显得特别有深意，特别有思考力度了。还有吗？

生63：第5段。"老王是其中最老实的，他从没看透我们是好欺负的主顾。他大概压根儿没想到这点。"

师：老王是"最老实的"，我们"好欺负"。嗯，有想法了。还有吗？读读第6段。

生（齐读）："文化大革命"开始，默存不知怎么的，一条腿走不得路了。

师：默存就是钱钟书。作为他的妻子，杨绛知不知道她丈夫为什么一条腿走不得路了？原因知不知道呢？

生（杂）：知道。

生64：知道，故意不说。

师：那是什么原因呢？（有生说"文革"）对，"文化大革命"的迫害！那个年代，那个动乱的年代的迫害所致。但杨绛轻描淡写地说了一句什么话？

生64（读）：不知怎么的。

师：这个"不知怎么的"就是要让你去思考，这个年代到底发生了什么事儿。可见，同学们，老王的悲剧，是不是个人的悲剧？

生（杂）：不是，跟那个年代有关系。

师：跟那个颠倒黑白、那个动荡不安、那个人心失控人性扭曲的年代有关系！因此，为老王愧怍的，绝对不应该仅仅是谁？杨绛吗？

生（杂）：是这个社会，所有的人。

师（动情地说）：我们是不是对这样底层的人，给予了公正的关爱和帮助？我们是不是给他们同样真诚的温暖？或者，我们是不是也是袖手旁观，甚至恶语相向的人？我们，我们的社会，对老王这样的人，又该承担

44

着怎样的责任？因此到最后，我们其实发现这个"愧怍"，还应该是杨绛在代替谁愧怍？

生65：为那个时代，还有所有的人。

师：所以这样我们就读出了知识分子的良知，知识分子的担当精神，也读出了每个人都需要思考的人性追问。最后，我们一起来读读文章的结尾，"几年过去了"，预备读！

生（齐读）：几年过去了，我渐渐明白，那是一个幸运的人对一个不幸者的愧怍。（很深沉）

师：读得有感觉了！再读！

生（齐读）：几年过去了，我渐渐明白，那是一个幸运的人对一个不幸者的愧怍。（深沉，有感染力）

师：因此，这堂课我们就叫？四个字！闲话——谁？

生：老王！（教师在"闲话"后板书：老王）

师：下课！

板书：

"闲话"老王——愧怍

教学感言

★教《老王》，是很需要勇气的。你要有勇气去面对杨绛和她的文章，还得要有勇气去面对众多名师的文本解读和教学设计。这篇文章，我读到几乎能背；各种解读，我也熟知于胸。最初教《老王》，层层叠叠地堆积各种解读，生怕错过其中一二，课堂看上去高高大大却总是扎不稳根基。细细想来，在信息畅达、知识获取便捷的当下，教学求深不是难题，深入浅出才见功力。有年轻读者给杨绛写信，抱怨这个社会太浮躁了。杨绛先生回信说："你的问题主要在于读书不多而想得太多。"一语道破病根！"读书不多"，更有读书不精，读书不深，读书不静；"想得太多"，却多是在想花样，想形式，想捷径。从支离破碎的课堂走出，我才觉得自己是狠狠地摔在先生的这句话上了。我决意要去寻找"我"的《老王》。

★无论怎么教，《老王》的教学避不开"愧怍"一词，也避不开杨绛先生的平和冲淡却字字含情的语言艺术。"愧怍"深意、作者语言以及学生主体阅读，教学中能兼顾融合的很是稀少，多是教师理性宣讲过猛而学生感性品读不足。教学的精彩，不该只是解读上的精彩，更应是引导学生经由语言文字走向精彩解读的精彩。学生是课堂的主体，语言是情感的外壳。教师要带领学生走进杨绛先生的情感世界，就要借助文本的语言力量引导学生去品读、去品悟，在看似云淡风轻的语言中去感受含蓄、深刻与丰富。回归文字本真，走入作者内心，引发读者共鸣，文本的阅读价值方明。我不知道自己未来能不能做到这点，但我必须提醒自己朝着这个方向努力。

★静观兴衰具慧眼，看透美丑总无言。中国小说学会副秘书长卢翎说："杨绛的散文平淡、从容而又意味无穷。可谓'不着一字，尽得风流'。读她的散文更像是聆听一位哲人讲述些烟尘往事，在平静、平淡、平凡中有一种卓越的人生追求。"年少的时候，我们的阅读更多的是泡在华美与鲜艳中。经历人世摔打，品尝世间风雨，当草芥蝼蚁般的生命跌跌撞撞地迎向中年，才会发现，让我们在浮躁与喧嚣中保持稳当与平和、从容与旷达的，正是这样朴素、平淡的语言以及语言下那颗纯粹、平静、懂得"愧怍"又怀有慈悲的心。读杨绛，我更深刻地理解周国平先生说的"觉醒"。他说："一个觉醒的人，第一有坚定的价值观，知道人生中什么重要什么不重要，不被社会的习俗和潮流左右；第二有清楚的自我认识，知道自己的禀赋和志业之所在，不被偶然的风尚和机遇左右；第三有强大的精神性自我，知道灵魂的高贵和自由，不被外部的事件和遭遇左右。"语文老师更需要这样的"觉醒"。

★设计过很多版本的教学方案，总是觉得沉重有余而轻巧不足，尤其这篇文章交给初一学生阅读。解文深，还得教学巧。语文教学，不是教师个人的"课文阐释"，而是学生在教师指导下的"语文学习"。我一遍一遍地阅读《老王》，想把其中的每个字都读烫，读出光亮，读到自己心上。"我回家看着还没动用的那瓶香油和没吃完的鸡蛋，一再追忆老王和我对答的话，捉摸他是否知道我领受他的谢意。……几年过去了，我渐渐明白：那是一个幸运的人对一个不幸者的愧怍。"反反复复地读这段文字，总觉得这里既有欲说又止的文本深意，也有等你发掘的教学妙点。"一再追忆老王和我对答的话"，究竟是一段怎么样的对话，要让作者"一再"去捉摸，反复去捉摸，最后竟陷入无边的愧怍中？原来，鸡蛋与香油只是愧怍心理的触发点，而老王与杨绛的对话却是愧怍情绪的最纠结处。对话要一再追忆，文本的教学也必须在这些对话上重锤敲打以直抵"愧怍"的内核。溯而思之，从文末的"对话"到文章开始处的"闲话"再至杨绛巧妙的几处闲笔，《老王》一文的教学就有了准确的切入点和清晰的教学思路。这节课，我们就来"闲话老王"！

★河南濮阳教《老王》，原本是打算直接从"闲话"入课的。可是学生的那句"老师好"格外响亮，竟然挑动了我的教学神经，脱口而出的就是这样一个问题——"老师"的"老"和文章中的"老王"的"老"有什么区别。再利用学生的回答"关系好"，很自然地走进了散文中杨绛与老王交往的生活琐事，完成了文章的初读体验。生活其实为我们准备了很多的教学素材，关键我们要有一颗敏感、热爱的心。好的课堂，既要有有意栽花花盛开的预设之美，又要有无心插柳柳成荫的生成之喜。

★课堂上，读老王的"家"，读老王的"孤独"，读老王"直僵僵地镶嵌在门框里"，好多次，我的眼睛是湿润的。生于20世纪70年代，这个年代给我最大的恩赐就是更能懂得贫穷与疾苦，更能忍受疼痛与灾难，更能抵达善良与慈悲，更能珍惜幸福与温暖。颜敏老师说得在理："苦难和不幸足以毁灭人，但苦难也能净化人，使人思考苦难、直面苦难、担当苦难。"语文，开始是语言和文章，最后是灵魂和思想。我们通过语文课堂传递给学生的，正是这些。

★没有最好的教学，只有更努力的教学。每一节《老王》，都会留下我们深深的"愧怍"。教学无止境，我们，永远在路上。

我在现场

★儒雅清爽的外表，淡定从容的教态，温暖亲切的话语，温润如玉的气质，这样的他会给大家呈现一堂怎样的语文课？果然，一段看似随意的"闲聊"，就巧妙地领着学生走进了第二段老王和杨绛的"闲话"。轻松自然的开场白，独特的切入，主问题一线串珠的深刻设计，巧妙多样的师生演读，转述的文字灵动地变为人物对话，看似平淡无奇的几句人物语言让学生咀嚼出富有张力的补白。你问我答，师生共同演读，一遍比一遍好，一遍比一遍入境。学生在声情并茂的朗读中渐渐明白，淡淡的语言中蕴含着杨绛先生对老王无尽的情感。果真，字字句句含真情，平平淡淡有情怀。

——新疆霍城初级中学　郑玉萍

　　★语文课堂的真正价值是让学生读懂课文也读懂自己，教师应该将关注自我的教学活动轨迹转化为关注学生学习的活动轨迹。教学《老王》，我们往往用力过猛，最终难以让学生真正明白"愧怍"的深刻含义。肖老师抓住"闲话"与"对话"，借助"转述表达和直接对话"的形式，以极其轻巧的方式"浅浅地教"，让学生在不断阅读和自我探索中"深深地悟"，在进入文本的同时让他们发现自己的认知力和创造力，从而自然又深刻地体悟到文章的"愧怍"之情，教学独具匠心。

——浙江省青田中学　罗王军

　　★听过几次肖老师的课，都是经历了从冷到热的过程。一开始的课堂冷冷清清，没什么感觉，但奇怪的是，上着上着，学生就热乎起来了，精力集中了，脑子也像变聪明了，答案也就丰富多彩了。秘密在哪儿呢？我想是在他引导的朗读里。他的读一定要设计"情境"。《老王》一课，从和学生的闲聊，自然地引出杨绛和老王的闲聊，而后聚焦到文章第二自然段的"闲聊"，肖老师巧妙地把转述变为直接对话，让学生进入到那个场景中去体会人物的心情、语气。在反复的演试之后，学生渐渐明晰了老王的"不幸"。文章浓墨重彩的一笔，肖老师让大家补充杨绛和老王想说而没说的话，这个设计掀起了课堂的一个高潮。不知不觉地，台上台下都进入了一个学习的"场"。那一刻，在台下听课的我，不知怎的，脑海里冒出"照亮"这个词来。

——成都市树德中学外国语校区　李海燕

★七（下）学生，要走进杨绛先生内心深处的"愧怍"，体会她对自我的深刻剖析和知识分子的反省，是很有难度的。肖老师紧扣文中出现的两次对话，展开情境对话，引导学生走进人物内心，体会老王的悲苦与杨绛的"愧怍"，进而感受杨绛"引而不发"的语言特点。教学价值点的精准把握充分体现了肖老师与文本对话的功力与智慧。没有一张幻灯片，没有任何的资料补充，在老师的引导下，学生的听说读写能力与他们的语文经验、人生经验在课堂中全部打通。整堂课，老师和学生始终都在"这一篇"散文里，对老王的形象分析一笔带过，紧扣"闲话"和"对话"，反复品读，深入咂摸，带学生走进"老王"，走进"杨绛"，没有一个环节"走到课文之外"，没有一个问题"走到作者之外"。肖老师经常说的一句话是：想不出怎么上时，就多读读文章。观肖老师的课，信然！

——浙江富阳永兴中学　施牡丹

★面对一群在言语品读方面经验尚浅的学生，肖老师"浅浅"地引，学生"深深"地读、"细细"地品。课堂引导自然无痕，尽量退隐到文字的背后，巧妙地给学生的课堂思维搭建了"脚手架"。学生在老师的引导之下，成为课堂真正的"主人"，思维一步步"向青草更深处漫溯"。其实，思维的发展与提升，正是基于对语言的细细品味和仔细推敲。肖老师给学生的语言品读创设了非常真实的语言环境。一个"老"字的揣摩看似平常实则奇崛，以"老"为前缀的称呼生活中司空见惯，学生也许会用，但不一定会分析、会总结，肖老师课堂活动的设计正是指向在一种真实的情境下的语言建构与运用，并且这种建构很是真实，很是自然，散文教学也因此顺势而下，流畅自如。

——浙江省嘉善中学　李军

"闲话""闲"教有深意

浙江平湖市独山港中学　贾龙弟

再读肖老师的《老王》课例，我才真正理解"浅浅深深教语文"的内涵。肖老师的教学"深意"凝聚在看似"浅浅"的"闲话"中，在看似闲庭信步的"闲"教中，学生走向了文本语言的深处，思想和情感的深处。我想，我们可以思考两个问题：肖老师是如何"闲"教的？肖老师的"闲"教来自哪里？

一、"闲"教中的"融"

肖老师的"闲"教首先表现在对以"闲话"为核心教学内容的整体性设计和推进。肖老师的四个教学环节看似随意，有一股子"闲"味，实则匠心，无论是导入，还是推进和结课，整个教学浑然一体，彰显了一个"融"字。肖老师是如何做到的呢？他为什么要这样做呢？

我们可以梳理一下肖老师的教学流程：

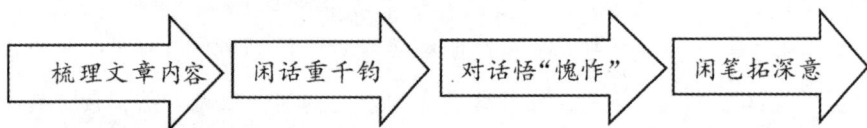

梳理文章内容　⟹　闲话重千钧　⟹　对话悟"愧怍"　⟹　闲笔拓深意

"梳理文章内容"聚焦"老王"和"我们"，从一个看似随意的称呼，整体把握文章"写了什么"，初识感受"老王"和"我们"的情感；"闲话重千钧"和"对话悟'愧怍'"部分从"怎么写"的角度，聚焦"这一篇"散文的语言特点，即从"转述对话"和"直接对话"两处"闲话"去深度理解"老王"和"我们"的情感；最后的"闲笔拓深意"则是"为什么这样写"的角度，聚焦"看似随意，实则深刻，透露出了那个社会的特点"的"闲笔"，在一个时代中拓展理解文章的深意，读懂散文中的"这个人"。整个教学紧扣"闲话",从"写了什么"到"怎么写的"和"为什么这样写",这是缘着一篇文章的肌理在教;从读文到读人,到读出我们自己,这是遵循了散文阅读的一般规律。

教学设计是一个系统工程,任何一个教学环节只有在整个系统中才能发挥积极的作用。肖老师的这堂课有两条线:一是语言线,先是"闲"话称呼知人物关系,再是品读转述把握语言风格,最后是品读对话理解愧怍;二是情感线,初识老王和"我们"之间的情感,继而体会作者表述这种情感的特点,即"藏起来,让读者自己去揣摩,她不想刻意地去表露这种情感",最后是走进人物的内心,体察作者"愧怍"的情感。"语言线"紧扣语文教学的根本任务,"情感线"紧扣"散文"教学的核心,两条线互为表里,真正让学生通过作者精准的语言把握作者独特的个性化情感,真正让肖老师的各个教学环节有机融合,自然顺畅。

二、"闲"教中的"理"

正因为这一"融"字,肖老师的课堂中文本、教材、教师、学生四个要素融会贯通,肖老师的课堂表面看似不着痕迹,其实背后是深层的"理据"。教师的课堂语言往往体现着教师的教学意图,我们可以从"词频"的角度对一个教师的教学语言进行考察,前后勾连,理解执教者的教学意图,发现其背后的教学"理据"。肖老师的教学语言干净而富有表现力。限于篇幅,我例举两处,并做相应分析。

1. 反复出现的"那个时代"

据我不完全的统计,肖老师的整个课堂实录中,"那个年代""社会背景"等体现作品中人物所处的时代背景的词语出现不少于 10 次。这是不是肖老师的"口头禅"呢?显然不是。其实在反复的背后是教师在不断地提醒学生:我们理解一个人物,体察一个人物的情感,需要把人物放进他所处的环境中,设身处地地感受。其中的"理据"也是显而易见的。散文,是作者在特定情境下的独特的抒写,所以,读散文需要联系写散文的"这个人",联系"这个人"当时所处的独特情境。

2. 反复出现的"语言"

实录中"语言""在文章中"等词语出现了 8 次之多，教师的意图是很清晰的，那就是要让学生走进"文章中"，走进"语言"中，散文的教学就是要让学生"浸在这一篇课文中"，不能走到散文之外"谈情说爱"。要走进作者独特的情感世界，唯一的钥匙就是作者精准的个性化的语言，除了上面的这些词语，肖老师在实录中多次提到了这一点。

杨绛的文字有一个很大的特点，就是看起来平平淡淡，但是如果你细细读，你会读出她的情感，其实是很丰富很深重的。读这样的一位大家的作品，我们一定要扣住她的语言，细细地品。

杨绛先生隐藏的情感就在这种文字深处。

所以老王的苦，老王的穷，老王的孤，老王的痛，其实都在这平淡的文字当中。你得慢慢地去品味。

杨绛平平淡淡地写，这些情感也慢慢地写进去，我们读的时候一定要细细地体会。

所以，杨绛的很多情感都是要通过揣摩语言体悟出来的。

这些句子分布在教学的不同阶段，反复强调"这一篇"散文的语言特点以及由语言到情感的散文阅读路径。如此反复强调，加上学生不断的语言实践，试想，学生还会不懂散文读什么和怎么读吗？强调有"理"。

3. 反复出现的"读"

其实，与前面的两个"反复"出现的词句相比，实录中出现最多的一个词是"读"，超过了百次。可能这样的统计有些无聊，但体现的却是语文教学一个颠扑不破的真理——读，永远是语文教学的基本方法。如果要用一种方法来概括肖老师的课堂，那就是读。可以说，读是肖老师课堂的灵魂，是他教学风格中核心的要素。对于散文来说，读更是不可或缺的。走进作者的情感，读是最重要的方法。在学生思维阻碍的时候，在学生发现不了语言妙处的时候，在学生体会不到字里行间情感的时候，肖老师总是说"读读看""你再读读""我们一起读读"。在"读"上，肖老师是舍得花时间的，学生的收获也是最大的。"读"得有"理"。

三、"闲"教中的"法"

听过肖老师课的老师，往往会有这样的感觉：不知不觉中，突然发现学生就这样慢慢走进了文本，读出了味道，而且好像也没看到教师是怎么用力在推学生，好像就是学生自己在慢慢地走，慢慢地就自己精彩起来了。我想，这就是肖老师的教学风格，有点"闲"，甚至感觉有时候在玩，看不到刻意的教法，无招胜有招。当然，任何教学都是有招的，只是肖老师的招藏得有点深，大道无形。但如果我们细细地读实录，还是可以找到深藏在"闲"教中的"招法"。

散文教学只有进入文本，才能体察人物情感。进入文本的落脚点是语言，精准的个性化语言。肖老师有什么招法让学生进入文本语言体察人物情感呢？我们一起来探寻一下"闲"教中的"招法"。

1. 唤醒生活经验，建立与"这一篇"的关联

肖老师的课堂对话有点拉家常的味道，或者说就是在和学生"闲话"，但这"闲"中却有招。

再普通不过的课堂师生问好之后，肖老师紧接着来了一问："'老王'和'老师'，这两个'老'有什么区别？（指一名学生）以你的生活经验，说说看。"看似随意，实则用意，教师的意图是要唤起学生的生活经验，去理解"老王"和"我们"的关系之好。接着又设问："那你看看《老王》这篇文章当中，哪些语句是写杨绛一家和老王关系好的？"前后教学过渡自然，建立起了学生生活经验与"这一篇"文章的关联。

整个看似轻松随意的教学环节紧扣"关系"，从一个称呼入手，由生活经验走向文本学习，引出"关系好"，再联系文本理解这个"关系好"。在这里教师帮助学生建立了两个关联：第一，老师和老王的关联，唤起学生的生活经验，理解题目的内涵，把握人物的关系；第二，老王所处时代和学生生活时代之间的关联，让学生走进"那个年代"，理解"那一代人"。

2. 还原和补白对话

整个教学都是围绕着"闲话"进行的，直接对话和转述对话是最核心

53

的两个部分。为了让学生感受这两种语言不同的表达效果，从而走进"闲话"品读情感，肖老师是怎么做的呢？我们摘录实录中体现教师教学策略的关键句：

转述对话：

我们现在来还原一下当时的说话场景。如果是直接描写对话，这一段话应该怎么写呢？来，现在，我就是杨绛，你，是老王。……我坐你的三轮车。你蹬，我坐，咱们开始聊天。（师生模拟场景对话）

会读书的孩子，他会在书本中还原出当时的对话。（提示阅读方法）

杨绛先生直接写对话，老王会是怎样说的？（提示还可以怎么说）

直接对话描写是不是情感更明显，更直接呢？那么，转述的目的是什么？（提示课文为什么这样说而不那样说，思考转述的表意效果）

直接对话：

那课文当中有没有直接写对话的地方？（提示另外一种对话）

这一次见面的对话作者不用转述了，而改成了直接的描写。（提示这种对话与前面的不同）

大家可以发现，在整个直接对话描写中，作者加上了副词等，更利于我们大家去想象去展开当时的那个场景，我们就得好好读读这段对话。（提示直接对话的效果）

为什么写成直接对话？为什么把这次对话场景要直接还原？（探究直接对话的原因）

这段对话对作者的情感与文章内涵来说，非常重要。而这段话里面，说话者双方好像都收着话来说，没有全部说尽。不知道大家有没有注意到？（提示学生"闲话"的特点）

现在你给补上去，试试着。如果当时情况下，说话者还能再说一句话，这句话可能是什么？（用补白方法走进文本，走近人物心理，

理解"愧怍"之情)

　　不要钱，他要什么？把这句话想好。(补白中走进"老王"的内心，走进作者的"愧怍"之情)

　　从上面教师的关键性句子中，我们能够清晰地看到在"转述对话"部分，肖老师采用了"师生模拟对话"，还原对话情境的方法，在情境还原中走进文本；而在"直接对话"部分，采用的则是补白对话的方法，带领学生体会文字的言外之意。同时，两个部分教师都要求学生深度思考：能否互换？在比较不同的对话形式中加深对文本语言形式的理解。也正因为"闲"教得法，才轻而易举地突破了"体察作者的愧怍之情"这一大家公认的教学难点。

　　"闲"中有"融"，"闲"中有"理"，"闲"中有"法"，这是我们现在从这一堂行云流水般的"闲"课中所能悟得的点滴想法。肖老师说："备课就是备自己。"不知道自己修炼到何时，才能像肖老师那样不急不慌，神定气闲，把课上得云淡风轻，余音绕梁。是为简评，并以此自勉。

《紫藤萝瀑布》

浅浅小语

"我在开花!" 它们笑着。

"我在开花!" 它们嚷嚷。

阳光听懂了这样明亮、透彻的语言,

微笑着,不再做多余的宣讲。

——肖培东

课堂再现

执　　教: 肖培东

点　　评: 王　君

教学背景: 2019 年 4 月 17 日,浙江省东阳外国语学校。

一、"不由得停住"?"不由得加快"?

课前自由朗读文章。

师: 今天我们学习宗璞的散文《紫藤萝瀑布》。究竟是怎样的一片紫藤萝花,引发了作者无限的感慨?我们再次读读这篇文章。文章不长,非常适合诵读,我们就请几位同学一段段接着读,用心地读课文。

(几位学生接读课文,最后一段全班齐读)

师：注意到没有，这篇散文的首尾两句话很相似。我们再读读文章第一句话和最后一句话。来，先读第一句话。

生（齐读第一句话）：我不由得停住了脚步。（听见有一位学生把"我不由得停住了脚步"读成了"我不由得加快了脚步"）

师：刚才谁读错的？你为什么会读成"加快了脚步"？

生1：我听错了，句子又差不多。

师：还不仅仅是听错，两个句子看着就是像。这个"加快"出现在什么时候？

生（齐）：文章结尾。

师：我们再把结尾读一读。

生（齐读）：在这浅紫色的光辉和浅紫色的芳香中，我不觉加快了脚步。

师：文中的第一句话"我不由得停住了脚步"，这位同学错读成了"我不由得加快了脚步"。那这位同学，文章的第一句话能不能就改成"我不由得加快了脚步"呢？

生1：我觉得不行。因为她停住了脚步，然后细细地去观察紫藤萝花，所以后面才由紫藤萝花引出了对人生的思考，所以她就懂得人的生命是有各种不幸的，但是要奋力前行，所以才加快脚步。

师：你认为是不行的。有没有别的意见？

生2：我认为是可以的，因为她也可能是看到那么繁茂的紫藤萝花，被吸引了，然后加快脚步，到花面前，想快点看到。（同学们点头）

师：文中的"我"不由地停住脚步，当时的"我"是什么心理状态？

生2：很惊讶的。

师：那"我"不由得加快脚步，能不能也表示惊讶呢？

生3：我觉得也可以。她可能是看到如此好看、如此茂盛的紫藤萝花，然后就加快了脚步。这也是很惊讶的。

师：大家同不同意？（学生思考）嗯，你来说。（再问生1）你再来说说。这个读书错误是由你牵起的，还是由你自己再来解释吧。

生1：我现在觉得两种都可以，但是第一种（原文）会更好一点。因

为"停住了脚步"，可以表示出，"我"因为看到这样茂盛的紫藤萝花的情景而被震撼到了。(教师赞许的眼神)

师：大家听清楚了吗？我们读文章要有自己的想法。按这位同学的说法，用"不由得加快了脚步"开头，应该也可以。其实，在生活场景中，"加快了脚步""停住了脚步"，都有被紫藤萝吸引住的意味，都源于这盛开如瀑的紫藤萝花。(板书：盛)

二、 读读开得这样盛的藤萝

师：好，我们就再次读读宗璞笔下的紫藤萝花，看看究竟是怎样的紫藤萝花吸引住了作者。哪位同学用心读一读描写紫藤萝的句子？大家注意听，看他能否读出被花深深吸引住的味道来。

生4（读）：从未见过开得这样盛的藤萝，只见一片辉煌的淡紫色，像一条瀑布，从空中垂下，不见其发端，也不见其终极。只是深深浅浅的紫，仿佛在流动，在欢笑，在不停地生长。(有感情，语速平缓)

师：嗯，这就是紫藤萝花开得很盛的状态。还有没有同学能把这段话、把这紫藤萝读得更漂亮？（一女生举手）

生5（读）：从未见过开得这样盛的藤萝，只见一片辉煌的淡紫色，像一条瀑布，从空中垂下，不见其发端，也不见其终极。只是深深浅浅的紫，仿佛在流动，在欢笑，在不停地生长。(有感情，最后一句三个"在"语速加快，感情更充沛)

师：嗯，大家听出来了么？这两位同学在读的过程当中，读的速度明显不同。这位女同学，读最后一句话的时候，更快更强烈。（有同学说"排比"）对，三个"在"，"在流动，在欢笑，在不停地生长"。来，大家读读看。这"深深浅浅的紫"是怎么流动的？

生（齐读）：只是深深浅浅的紫，仿佛在流动，在欢笑，在不停地生长。(三个"在"逐渐加快，"不停地生长"语调上扬，激昂有力)

师：继续读紫藤萝，文章中有很多句子都在写紫藤萝开得如此的盛。现在男同学来读。(叫起一男生读)

生6（读）：有的就是这一树闪光的、盛开的藤萝。花朵儿一串挨着一

串，一朵接着一朵，彼此推着挤着，好不活泼热闹！（缺乏感染力）

师：你觉得自己读得怎么样？

生6：欠感情。

师：你觉得，你要从你刚才读的这段话里，读出花的什么呢？四个字！

生6：活泼热闹。

师：对，活泼热闹！我们就不能随意走过这几个表现活泼热闹的词！（这几个词）你读不出来，就不活泼了，不热闹了。你刚才的第一句话就读得太压抑了。"有的就是"，读下去。

生6（再读）：有的就是这一树闪光的、盛开的藤萝。花朵儿一串挨着一串，一朵接着一朵，彼此推着挤着，好不活泼热闹！（读得有进步）

师：还有谁能把这个"活泼热闹"给读出来？（一女生举手）

生7（读）：有的就是这一树闪光的、盛开的藤萝。花朵儿一串挨着一串，一朵接着一朵，彼此推着挤着，好不活泼热闹！（很有感情）

师：大家听出来没有，这个女同学着重在读好什么词？

生（齐）：动词！

师：划出来，哪些动词？"挨着""接着""推着""挤着"。要想把紫藤萝的活泼热闹表现出来，这些动词读的时候一定要表现好。来，你再给大家读一读。

生8（读）：花朵儿一串挨着一串，一朵接着一朵，彼此推着挤着，好不活泼热闹！

师：大家听出来没有，"推着挤着"这位女同学在读的时候是有停顿的。有的同学读的时候是没有停顿的。听我读。

师（示范读）：彼此/推~着/挤~着

师（示范读）：彼此/推着挤着

师：大家觉得，哪种朗读效果更好？

生9：有停顿的。

师：来，我们先来读读有停顿的。

生（齐读）：彼此/推~着/挤~着

师：不停顿，也来读读。

生（齐读）：彼此/推着挤着

师：你觉得哪个好？

生10：我自己觉得不停顿好，不停顿，显得中间挨得很紧，很挤。

师：这是这位同学的理解，她认为不停顿，因为花间挨得很紧。我们再考虑一下。哪位同学还有不同的意见？你来读一读。

生11（读）：花朵儿一串挨着一串，一朵接着一朵，彼此推着挤着，好不活泼热闹！（"推着挤着"不停顿）

师：然后，慢一点，再读一遍。

生11（读）：彼此推着挤着，好不活泼热闹！（彼此/推～着/挤～着，有停顿）

师：我们大家读读看，慢一点。

生（齐读）：彼此/推～着/挤～着

师：大家比较一下，觉得哪个更活泼更热闹一些。

生12：读快更活泼。快，说明它们靠得特别近。

师：你认为把动作节奏读得快一点，会显得更加活泼。还有不同的理解吗？（同学们读读）想一想，这些花朵在挑逗着，它们非常顽皮，彼此推着，挤着。考虑一下，你来说。

生13：我觉得慢的比较好。它们是在相互挑逗，是非常自然的、悠闲的一种状态。

师：相互挑逗，很轻松，很快乐。用心地读，就是你进入文字的一种方法。也许动作的发生是很快的，但是作者在写文字的时候，一定也给我们留下了许多可以想象的空间。所以，我们就可以看出花朵的淘气，花朵的可爱。

师：来，我们先用快速度读一读，再用慢速度读。再次感受。

生（齐读）：花朵儿一串挨着一串，一朵接着一朵，彼此推着挤着，好不活泼热闹！（两种节奏读）

师：快速活泼热闹，慢速顽皮可爱，哪一种节奏都可以看出这些顽皮的家伙情绪的细微变化。不同的语速朗读可以读出不同的情感状态。还有哪些描写紫藤萝花盛开的句子，我们再来读读。

生14（读）：每一穗花都是上面的盛开，下面的待放。颜色便上浅下深，好像那紫色沉淀下来了，沉淀在最嫩最小的花苞里。每一朵盛开的花就像是一个小小的张满了的帆，帆下带着尖底的舱。船舱鼓鼓的，又像一个忍俊不禁的笑容，就要绽开似的。那里装的是什么仙露琼浆？我凑上去，想摘一朵。（读得平淡）

师：你觉得自己像不像一个"忍俊不禁的笑容"？读得那么紧巴巴的。记住，笑容是绽开的，帆像出发的，充满动力感。我们再找一个同学把这段话读一读。

生15（读）：每一穗花都是上面的盛开，下面的待放……我凑上去，想摘一朵。（有点紧张，读得断断续续）

师：你一直都读得那么紧张，看来是需要同学们的帮助，和你彼此推着挤着，就放松了。你读起来都一字一字顿开了，连贯性、节奏感就没了。一定要注意，这些花朵是一串挨着一串，一朵接着一朵，紫藤萝瀑布是一直都在流动的。再读读。

生15（再读这段文字）：每一穗花都是上面的盛开，下面的待放……我凑上去，想摘一朵。（有进步，有感情）

师：请女同学读"每一朵盛开的花就像是一个小小的张满了的帆"这句话。

生16（读）：每一朵盛开的花就像是一个小小的张满了的帆，帆下带着尖底的舱。船舱鼓鼓的，又像一个忍俊不禁的笑容，就要绽开似的。（读得很动情）

师：这"忍俊不禁的笑容"，这"尖底的舱"！还有没有其他的句子也在写紫藤萝开的盛？

生17（读）：过了这么多年，藤萝又开花了，而且开得这样盛，这样密，紫色的瀑布遮住了粗壮的盘虬卧龙般的枝干，不断地流着，流着，流向人的心底。

师：她挑了文章的结尾处读，让我们再一次回到了看紫藤萝花的激动状态。过了这么多年，紫藤萝又开花了。哪个词要读好？（同学们叫着

61

"又""这么多""不断地流着"等)

师："又""这样""流着，流着"。自由地朗读这句话。

生（自由读）：过了这么多年，藤萝又开花了，而且开得这样盛，这样密，紫色的瀑布遮住了粗壮的盘虬卧龙般的枝干，不断地流着，流着，流向人的心底。（都比较投入）

三、 向宗璞学写紫藤萝

师：好，同学们，文章当中有很多的句子都在写紫藤萝花、紫藤萝瀑布。散文当中反复出现的细节，一定是散文当中值得着重阅读的地方。宗璞的这一篇散文，历来被人称赞，一个很大的原因是，她将紫藤萝花描写得非常精彩。同学们，读过这些文字后，想一想：宗璞先生描写紫藤萝花，你最想向宗璞先生学到什么？（学生思考）

生18：细节描写，第6段。"每一朵盛开的花就像是一个小小的张满了的帆，帆下带着尖底的舱。船舱鼓鼓的，又像一个忍俊不禁的笑容，就要绽开似的。那里装的是什么仙露琼浆？"这一段对花下面部分的描写非常细致，而且竟把它比成一个尖底的舱，特别像要出发的感觉，还笑着，这样的话就把它的形象很生动地表现了出来。

师：听清楚了吗，同学们？作者注意花的细节，其实就是把花的姿态、色彩等放大，然后融进自己的想象，还用一串非常贴切的比喻。其他同学再来说。

生19：学宗璞先生的比喻，第2段。"只见一片辉煌的淡紫色，像一条瀑布，从空中垂下，不见其发端，也不见其终极。"我觉得她把紫藤萝比喻成瀑布很形象。这样写出了这紫藤萝，它很茂盛，比喻成瀑布，又有一种动态的美感。

师：把紫藤萝比成瀑布，这是宗璞先生的一个妙招。而且，作者一直在强调紫藤萝生长的动态，瀑布始终是在流动的，所以不见其发端，也不见其终极。这样就把紫藤萝旺盛的生机写出来了。成串的紫藤萝，瀑布，实在是太像了。所以，同学们，比喻的手法，很多人都在用，但是用得好不好，就得看你的本事了。谁再来说？

生20：作者看到花，想到了自己。作者还赋予静的东西以动态。

师：你的第一句话也说得很好，看到花，想到了自己，换句话来讲，花人合一，就是把自己融入花的描写当中去，也在对花的描写当中增添了很多看花人的想象。一个没有心的人是写不出好文字的。这位女同学还说了一句话，赋予静的东西以动态，说明这篇文章化静为动的描写非常成功。你读读？

生20（读）：只见一片辉煌的淡紫色，像一条瀑布，从空中垂下，不见其发端，也不见其终极。（读出了动感）

师：这样的句子很多。再选两位同学说说。

生21：通感，第8段，"这里除了光彩，还有淡淡的芳香，香气似乎也是浅紫色的。"香气为什么是浅紫色的呢？

师（笑）：是啊，香气为什么是浅紫色的呢？我问你啊？

生21：把视觉看到的东西用到了嗅觉上，多感官交融。

师：这是一个很专业的回答。还有没有？香气为什么是浅紫色的？你来说。想一想作者当时的状态，他为什么会闻到浅紫色的香气？

生22：通感，因为他眼前看到的紫藤萝是紫色的。

师：我们要去想想那种状态，要进入到那种情境中去。你有没有过这样的经历？（学生摇头）哦，没有。我们总是习惯于借助专业术语来帮助回答。想一想，同学们。如果此时，你看窗外，那些叶子散发出来的香气应该会是什么颜色的？（引导学生看窗外绿叶）

生23：绿色的。

生24：绿得很茂盛。

师：对啊，当你沉浸到它的颜色中去遐思的时候，它散发出来的味道也会被这个颜色所裹挟的。这其实就是很重要的一种感受。融进去了，看着看着，心进去了以后，才会感受到浅紫色的香气。哎，说得真好！最后一次机会，那个男同学你来说。

生25：第9段，"过了这么多年，藤萝又开花了，而且开得这样盛，这样密，紫色的瀑布遮住了粗壮的盘虬卧龙般的枝干，不断地流着，流着，流向人的心底"，这段话有双关，体现了她对人生的看法。

师：紫藤萝瀑布流着，流着，你读着，似乎也是生命的流淌。这位同学精彩的回答，其实用一句话就可以概括出来了——作者是用心在写文字。不再过多讨论她的技法，慢慢读，慢慢读，读出来以后，你会发现其实散文就是情感，就是我们的心灵，就是我们灵魂的震撼。所以我们大家得好好读，这一段描写盛开的文字。读，第2段。

生（齐读第2段）：从未见过开得这样盛的藤萝，只见一片辉煌的淡紫色，像一条瀑布，从空中垂下，不见其发端，也不见其终极。只是深深浅浅的紫，仿佛在流动，在欢笑，在不停地生长。紫色的大条幅上，泛着点点银光，就像迸溅的水花。仔细看时，才知道那是每一朵紫花中的最浅淡的部分，在和阳光互相挑逗。（很投入，有感情）

四、 我在开花

师：文章最后一句话，"在这浅紫色的光辉和浅紫色的芳香中，我不觉加快了脚步"。作者为什么不觉加快了脚步？这个时候，"我"又是为什么加快了脚步呢？

生26：从紫藤萝花中获得了对未来生活的向往。

师：被紫藤花吸引，很向往，对未来，对前景充满了信心。你呢？怎么理解？

生27：我觉得这个可以跟前面联系起来。在第7段，他说："它带走了这些时一直压在我心上的关于生死的疑惑，关于疾病的痛楚。"藤萝花解答了作者的疑惑，让她豁然开朗，也是对未来的一种期待。

师：同学们，我们把两位同学的思考连起来，其实就得出结论了。作者看到繁盛的紫藤萝，又联想到了过去的紫藤萝。多年以前，紫藤萝有没有这么繁盛呢？

生（齐）：没有。

师：哪位同学能用心把过去的紫藤萝花的状态读一读？

生28（读第8段）：这里除了光彩，还有淡淡的芳香，香气似乎也是浅紫色的，梦幻一般轻轻地笼罩着我。忽然记起十多年前家门外也曾有过一大株紫藤萝，它依傍一株枯槐爬得很高，但花朵从来都稀落，东一穗西一串伶仃地挂在树梢，好像在察言观色，试探什么。后来索性连那稀零的花串也没有了。园中别的紫藤花架也都拆掉，改种了果树。（语调低沉，很有感情）

师：用文段当中的几个词来形容过去的紫藤萝。

生（杂）：稀落，伶仃，稀零。

师：用一个字来讲，过去的紫藤萝，它是"衰"的，现在的紫藤萝是"盛"的。（板书：衰）

师：紫藤萝由衰到盛，作者受到了鼓舞。一个能受紫藤萝花开鼓舞的人，她的人生经历和紫藤萝一定有相似的地方。你能从文章当中读出某些暗示吗？哪几个词，说明了作者过去的经历？

生29（读）：它带走了这些时一直压在我心上的关于生死的疑惑，关于疾病的痛楚。（重读了"压"字）

师：这个"压"字，很有重感，原来过去的"我"是无比疑惑的，是极度痛楚的。而现在的紫藤萝却给我带来了宁静和生活的喜悦与幸福，最后甚至达成了"我"的振作。我们看看，这篇文章写于哪一年呢？

生（齐）：1982年。

师：当时"文革"刚过去不久。作者一家在"文革"当中受到了许多迫害，她的弟弟又得了绝症，卧在病床上。这篇文章写后几个月，她的弟弟就去世了。就这样，在极度的疑惑与痛楚中，作者由眼前的紫藤萝，想到了自己的人生，想到我们的生命。最后一句话，我们再一起来读读。

生（齐读）：在这浅紫色的光辉和浅紫色的芳香中，我不觉加快了脚步。

师：人被物所感动。作者由此想到的人生哲理是文中哪一句话？

生（齐读）：花和人都会遇到各种各样的不幸，但是生命的长河是无止境的。

师："生命的长河是无止境的"，我们也要加快脚步。无论你遇到怎样的困难，遭受到怎样的不幸。所以，作者由紫藤萝花，联想到了许多的人生道理。那么，同学们，书上是用这么一句话来写她的人生启迪的。可老师觉得紫藤萝花说的那一句话，也能够阐释作者悟出的人生道理。哪一句

65

话呢？（学生思考）

生（杂）：我在开花！我在开花！

师：文章当中重点把这句话说了两次。"我在开花！"哪位同学读一读"我在开花"？紫藤萝应该是怎么说这句话的，怎么嚷的，你来读。（学生自读，教师板书"我在开花"）

生30（读）：我在开花！（重读了"开"字）

师：你重读哪一个字？

生30：重读"开"，这个动词，体现了花奋力地在绽放自己的光彩，突出了生命的顽强！

师：对，没有"开"这个动作，不去努力做，再美的花都不能开呀！你想开花，你就得竭力地去做到哪一个字？

生（齐）："开"字！

师：所以，同学们，生命的花不是等待来的，是你努力去开放的。我们一起来重读"开"。

生（齐读）：我在开花！（激昂，重读"开"）

师：还有没有其他重读的方式？

生31：重读"花"，花代表了灿烂的人生，"我在开花！"（重读"花"）

师：重读"花"！花，是紫藤萝最好最美的姿态，代表了它的希望和理想。我们一起来重读，花！

生（齐）：我在开花！（重读"花"，豪迈，希望）

师：这就是紫藤萝的另一种叫喊的语调。这句话，你觉得还可以重读哪个字？

生32：重读"我"字。"我在开花。"（声音不够响亮）

师：老师听你这句话，一点也感觉不到你在开花！首先，你的声音一定要高。大家注意，句子后面是什么标点符号？（学生说"感叹号"）对，是感叹号！你读的那是句号。声音小，但是也要把它挣出来，叫嚷出生命的最高音。再读一读。

生32（读）：我在开花！（重读"我"，声音高亢）

师：为什么要重读"我"？

生32：体现出了自我，那是开花的自豪感。

师：同学们，紫藤萝在生活当中是普通的花还是名贵的花？

生（齐）：是普通的花。

师：也就是说，它是很普通的生命，可是普通的生命也值得我们去尊重和热爱。记住，我们很可能是卑微的，是平凡的，但是我们也要开花。所以，"我在开花"，重读"我"，预备读！

生（齐）：我在开花！（重读"我"，自信）

师：还剩下一个字了，它符不符合重读的要求呢？

生33：我认为是"在"字。"我在开花！"（重读"在"，有气势）

师：为什么是"我在开花"？（老师重读"在"字）

生33："在"，说明是现在，不是过去，也不是未来，就要现在！"我"现在就在这里开花！

师：也就是说，只有把握现在，才能创造美好的未来。因此，紫藤萝的这一句话，可以有各式各样的读法。现在，同学们以自己喜欢的方式，让我们笑着，叫嚷着去读。

生（自由读）：我在开花！我在开花！

师：我们用四种不同的重读方式来读紫藤萝的这一句话。

生（齐读）：我在开花！我在开花！我在开花！我在开花！（热烈，向往，豪迈，欣喜）

师：同学们，现在我们重新回到课文上。紫藤萝最强烈的生命宣言，是怎样的？我们用心读出来！

生（齐读）："我在开花！"它们在笑。"我在开花！"它们嚷嚷。（很有感情）

师：所以，我们可以用课文结尾最充满哲理的那句话来思考我们的人生长河，我们也可以用紫藤萝的心灵宣言来感受它的生命思考。我在开花！每个字都值得我们重读，值得我们思考。紫藤萝是怎么嚷的？

生（自由读）：我在开花！我在开花！（重读每个字，充满激情）

师：热爱生命，珍惜现在，勇于实践，创造美好。"我在开花！"这就是这篇散文带给我们的人生震撼！这堂课结束以后，回到家，如果妈妈问你，孩子，这堂课你学到了什么，你回答——

生（齐）：我在开花！

师：对，很自豪地告诉妈妈，告诉生活，无论是阳光，还是风雨，我一定要秉承一个人生信念，就是"我在开花"！所以，这篇文章既写花，又写"我"。写人又写物，用物来写人，寄意于物，形成了这篇文章特殊的写作手法，叫作——

生（齐）：托物言志！

师：最后我们一起来像紫藤萝花一样，读好这句话。向它致敬。

师（读）："我在开花！"它们在笑。"我在开花！"它们嚷嚷。（充满感情）

生（齐读）："我在开花！"它们在笑。"我在开花！"它们嚷嚷。（很投入，有感情）

师：我在开花！我必开花！我要开花！所以读到这里，我们就明白了，作者为什么会停住脚步，为什么又会加快脚步。

生34：是花在激励她，花催促"我"前行。

师：那就让我们好好读读紫藤萝花。老师读"我在开花"两段，你们读开头结尾的两段。

师（读）："我在开花！"它们在笑。"我在开花！"它们嚷嚷。（充满感情）

生（齐读）：我不由得停住了脚步。在这浅紫色的光辉和浅紫色的芳香中，我不觉加快了脚步。

师：全体起立。让我们记住紫藤萝花送给我们的人生哲理。

生（齐读）："我在开花！"它们在笑。"我在开花！"它们嚷嚷。（真诚，激情）

师：让我们用开花的姿态，面对未来，面对现在，面对风雨！祝福大家，下课！

板书：

　　　衰 → 盛 ← 我在开花！

教学感言

★我其实很怵《紫藤萝瀑布》这样短短的文章。稍有一点轻视和松懈，最后你都会发现，在这"其貌不扬"的文章面前，矮小、屏弱、苍白的一定是你。开始的阅读多是不以为意的，觉得只是写写花草抒发一下情绪而已，就简单着眼于散文所写的人、事、景、物上，信息筛选般地走过文章，阅读自然低效。教者内心毫无感动，学生阅读文章自然也是草草了事。直到那个春天，刚从亲人离去的哀痛中走出，看到小区路边的几棵树斜伸出一束束粉白的花朵，看到星星点点的光亮在树上闪动，突然就想到了宗璞先生的这篇散文。用心捧读，字字句句就裹挟着自己走进生与死、有与无、喜与悲的生命思考中。心物相通，意以境会，都是文字在绾结、显微、扩张和提升。散文阅读，不能用知识识别的方式完成。情感的脉动，思想的波涛，内心世界的低唱浅吟，唯有用心灵去体验、涵泳、揣摩、品咂，那些看似安静的语言文字才会告诉你一切秘密。你在文章外，就谈不上文章的教学。

★"我不由得停住了脚步。"这样的镜头其实都有发生在我们身上。感悟最深的不只是"停住了脚步"，更是那个破空而来的"不由得"。很多感人肺腑的文章，都是源于和"不由得"的意外相逢。朱自清荷塘月色是，莫怀戚初春田野里的大块小块的新绿是，史铁生地坛里轰然坠地的一滴露水是。会拥抱的风，会唱歌的雪，会招手的云或会落泪的星，都能聚焦人的精神世界，关乎心灵安放与人生走向。这"不由得"的里面，是敏感细腻的心思，是悲天悯人的情怀，是物我合一的心灵感应，是对生活故事和生命遭遇反反复复咀嚼和承受后的共鸣和呼应。杜怀超在散文集《苍耳消失或重现》中说："每一棵植物都是一盏灯，我们每个人都生活在它的光照里。"这个"不由得"，其实是在提醒我们要以谦卑之心、敬畏之意倾听万物之声，感受自然之道，这样才能获得更多的生命思考和人生智慧。文字是一面镜子，借助文字你看懂了对方，也照亮了自己。只可惜，在这俗世洪流中挤攘，我们既少有"停住了脚步"的凝视、沉思，也少有

69

与"不由得"的欣然遇见。那么，今天，在宗璞的文字面前，请让我们不由得停住了脚步，让时光诚恳、缓慢而且确凿，阅读如此，教学如此。

★"我在开花！""我在开花！"我在黑夜里反复地读着紫藤萝欢笑、自信、幸福的话语，想象着阳光下它们俏皮、骄傲、充满童趣的姿态，天地间顿时清朗、亮堂了起来。写作是一种治疗，心灵创伤尚未平复的作者，凝望那一树盛开的紫藤萝，托物言志，借由倾诉，有效地纾解内心的积郁苦楚，发出了生命的强音——"我在开花"。这是紫藤萝充盈蓬勃的生命心曲，也是作者斗志昂扬的前行宣言。"我在开花！""我在开花！"对着黑夜的空旷，我默默地读，想象着自己是那闪光的花的河流上航行的紫帆，想象着自己就是心上压着"焦虑和悲痛"、亟待走出困境的作者，读到最后，扪摸到的竟然是我自己灵魂的脉搏。紫藤萝说话了，宗璞为什么只让它们说"我在开花"？它们迫不及待告诉世界的为什么是这句"我在开花"？而且那么有力量。那个感叹号，蕴含着怎样的情绪？不尽于句中的究竟是什么？优秀作品的一切外在形态，都巧妙地指向了文本的主旨核心。散文的语言，表层之下常常隐藏着深刻的含义和内在的意蕴。作者独特的人生感受，往往就凝聚在个性化的语言中。"我在开花！"我对着黑夜微笑。话语变革，主题凸显。以解读文本为经，以关注表达作纬，没错，这节课，我们一起开花！

★宗璞对紫藤萝花的描写是极美的，丰富多彩，氤氲生辉，而且精妙传神。这样精细、真切的描摹文字，喜欢读，但不喜欢教，或者说，是怕教。为什么呢？"析"易"赏"难！而我们偏偏又是那么喜欢分析！写景的诸多妙处往往是被直接、生硬地点出，课堂教学控制不好就会冲淡甚至撕裂作者想要传输的美，最后只变成修辞方法的粗劣教学。语言的美一旦被教坏，散文意境、思想、感情等方面的美就支离破碎，不复存在。如此，作家呕心沥血写出的美，就会被我平庸的教学给毁去。斯蒂夫·艾伦说："不要只把你的脚尖浸在名著这潭深水中，要跳进去。"让学生主动跳进语言的深水中，"赏""析"结合，读中品悟，努力使得作为读者的我们与作者发生重叠，最后听到自己的心跳声。这道理我懂，我也说，可是做起来还是很难啊，你必须抑制住自己强烈的表达欲望，而几乎每个语文老师，走进课堂的时候，早已经准备了滔滔江河。

★课堂是多元共生、充满变数的空间。意外，往往是由学生动态生成的教学资源，是课堂教学生成的契机。它是在你眼前倏然飘过的一豆灯，你辨出了它的光亮，抓住了，就能为教学照彻更多的前行方向。错过了，若是能有所醒悟，那些感慨和反思也会为你未来的课堂点起警醒的灯盏。课堂出现意外怎么办？宗璞告诉你，先"我不由得停住了脚步"，然后"我不觉加快了脚步"。

我在现场

★肖老师是在我班级上的《紫藤萝瀑布》。导入课文，他一如既往的简单，入题后要求学生读书。结果李泉音同学将文章开头"我不由地停住了脚步"读作了"我不由加快了脚步"。这一次"意外"，肖老师敏感地抓住了，索性将这成为新的导入，顺势问学生："你为什么读错了？能不能将开头这一句'我不由地停住了脚步'改为'我不由地加快了脚步'？"这样的问题，让学生的思维得以打开，不局限于原文写法，且很巧妙地过渡到了品读描写紫藤萝繁盛的句子上。当然，最震撼的还是课尾"我在开花"一句不同重音的朗读上。那是多么灵动又厚重的一笔，在我们的脑海中久久浮现。肖老师就是用最简单的方法，让文本开花，让课堂开花，让学生开花，让听课老师开花。

——浙江省东阳外国语学校　陈东辉

★"以句立骨"，借助"我在开花"这一句话，巧妙切入文本，既引导学生发散思维，读出自己最个性鲜明的情感体会，又将学生的思考点聚焦在文章的局部，立足整个段落，再具体到一个句子、一个词语、一个字，带领学生细细揣摩品味，以此带动学生对全文思想与主旨的理解。不枝不蔓，简洁纯粹，饱满厚实，又别出心裁。一字一世界，一句一理解，多元化解读悄然生成，个性化体悟逐步显见。学生对哲理的理解，深深浅浅，愈发通透。从文本出发，又回到文本，可谓自然契合。"我在开花"这个教学镜头，在"发散"与"聚焦"中掌控好课堂的平衡，既不禁锢学生的思维，又牵引学生的思考在某个边界内驰骋。

——上海复旦五浦汇实验学校　刘尧

★"宗璞先生描写紫藤萝花，你最想向宗璞先生学到什么？"这个环节是基于对散文充分的读展开的，由浅入深，学生的发言也多是自己阅读的实际情况，比如细节描写、修辞运用，还有内容方面的理解。看似简单的几句回答，学生却真正理解了文章的内容。精彩之处读一读，优美的语句赏一赏，精妙之处学一学。肖老师的一问，将学生的"读写赏"融会贯通，带给学生更奇妙的感受。最值得赞许的是肖老师巧妙的问法："你最想向宗璞先生学什么？"一个"你"字，把学生摆在了主体地位，提示学生必须是自己的感受，自己的收获。这样的课堂才是真的课堂，这样的语文才是真的语文。真的，"融"就是最好的教育。

——河北省石家庄市平山县第二中学　刘江梅

★湖州师院学生《紫藤萝瀑布》微课教学比赛，肖老师是评委。点评环节，他竟然直接用参赛选手的课件做微课示范。借助PPT上四句描绘紫藤萝的写景语句，巧妙整合，引导学生品味语言，让学生真正进入阅读并琢磨出语言文字的妙处。这种现场感一次次地打动着我。

"我在开花"的教学最是震撼。这句的朗读重音应该落在哪个字词上？大学生的激情瞬时被调动起来，他们兴奋地阐述自己的观点，"紫藤萝瀑布"再也不是平面的形象，而是借由一个个文字变成具体可感的事物，抽象的哲理也成了开在心底的花！

我像是看了一场匪夷所思的魔术：从技法入手，文字品味成为高潮，情感体验收束整堂课。"紫藤萝的茂盛与生机"的文字解说竟然成了眼前具体可感的形象。这种阅读体验实在痛快！如此完整的教学层次，竟然毫无准备，当堂而成。对课文的领悟该有多深，对教学的把控该有多么举重若轻。这10分钟微课让我叹为观止。

——广东省湛江市徐闻县梅溪实验学校　周凌

★学生反过来抛给老师"香气为什么是浅紫色的"问题，不仅意味着新一轮话语启动角色的成功切换，"单频道"向"多声部"转换本身，也是学生分享体验时轻松、舒适心理状态的外显标志。对学生的问题，培东老师没有直接地给予阐释，而是继续以"倾听"的姿态引领更多学生参与互动，最后结合窗外的自然情境和自己的阅读生活体验与学生分享，以"确保所有成员认同谈话后形成的观点"结束交流。"提问—分享"式话语效果不言而喻：引领学生突破识记术语学习阅读的窠臼，示范"涵泳美文，理解接纳概念"的路径。"浅浅的"话语不经意间既分享了打通文本、生活之间藩篱的方法，又巧妙地将推理过程内化为学生的思维发展，很有深意。

——江苏省盐城市盐都区教师发展中心　陈书桂

名师点评

培东，你的教法，就是你的活法

清华大学附属中学　王君

我们都喜欢培东。

我们都喜欢培东的课。

我跟徒弟们分析培东的课，我最爱说的话是：

培东的优点是把复杂的搞简单，不像我们，总忍不住把简单的搞复杂。

培东喜欢举重若轻，不像我们，习惯性地举轻若重。

课如其人，清澈明亮。这就是培东。

比如这堂《紫藤萝瀑布》。

这是名篇，人人都爱，上的人很多，我也上过。我处理成了写作型文本。备课过程苦心孤诣，煞费苦心，提炼出了很多技巧，总结出了很多方法。一堂课，像我们重庆的火锅，大鱼大肉，麻辣鲜香。

培东老师也要上《紫藤萝瀑布》，不用想，我就知道他的风格和路子。

他一定是轻松的。他一定是清淡的。

先说"轻松"。

"轻"：他绝对不负重。不负"重"，不是指他不爱用课件，不爱用音乐，不爱用视频……而是指，他从来不会刻意向文本"索取"。他很节制，很不贪心。我和培东一起吃饭的机会很多，我发现他总是吃得很少。这很像他的课堂，很像他面对文本的态度。他从不会"要"得太多。他习惯于"恰恰好"，甚至"少一点儿"。我很佩服他的这个习惯，所以，人到中年，我周围的男人们，多半都"油腻"了。但是，培东呢，既不"油"，也不"腻"。他的活法就是他的教法，他怎么活，就怎么教。他的人，一身清爽；他的课，也一身清爽。如果课也要过称的话，培东的课，绝不会超重。他还故意让自己的课轻一点儿，再轻一点儿。因为，他怕学生背不起，太累。

"松"：他绝对不紧张。培东是松弛的，因为没有那么多的东西要塞给学生，没有那么多必须要完成的任务。相反，他留白很多，闲暇很多。他可以在课堂上散步，可以在对话的时候聊天。他有能力想停就停，有心情走走停停。他不"满"，他就不赶。他是课堂的休闲派。

再说"清淡"。

培东是江南才子，长于楠溪江畔。楠溪江我曾去过，虽然也叫"江"，但那江，总的来看，不似长江，不似嘉陵江，而更像"溪"一些，清澈，温柔，宁静，平和。培东当常在这条溪上从流飘荡，任意东西吧。我猜测培东不会太喜欢大波大浪。他这个人，更像一幅山水画，清淡得很，爱点染，偶泼墨。我观察，培东也不太吃辣椒的。听他讲话，娓娓道来，并不刻意去抑扬顿挫，情感渲染。清淡，随和，自然，是他的风格。如果课也需要体检，培东的课，是肯定不会有"三高"的。

但培东，是贵气的。我觉得，浙地的名师，多显贵气。

培东的贵气，表现在他生活的精致，而且，精致得很低调。他的衬衫的领子，有各种各样的款式；他的皮带，早上一个颜色，下午一个颜色……他把自己打理得干净得很，精致得很。我知道他是普通煤矿人家的孩子，但是，他身上，却有毫不奢华的贵族气。

唠叨了这么多，好像跟培东的《紫藤萝瀑布》无关，其实，有关得很。

了解了这些，你才会理解，为什么培东的课，是楠溪江的模样，而不是长江的模样。

了解了这些，你才会欣赏得了培东课中的那些好，你才能学得了培东的那些好之一二。

欣赏培东的这堂《紫藤萝瀑布》的精髓，"轻松""清淡""贵气"是三个很不错的角度，我推荐给您。

首先，你要看到培东的"轻松"。

你看，培东真的不贪心。一堂课，他让学生做的，不多不少，恰恰好：先美美地读，享受宗璞文字的美妙；然后静静地悟，寻找作家创作的奥妙；最后巧妙地点，领悟散文内在的力量。他对文本本身，有极大的信任，所以，他不着急拓展；他对自己，有极大的信任，所以，他只需一支粉笔；他对学生，也有极大的信任，所以，他很有耐心地与他们对话。在教学内容的断舍离上，培东老师，一直是云淡风轻的大智大勇者。

其次，你要看到他的"清淡"。

培东教学生，从不用"烈酒"。他骨子里，是拒绝豪华和喧闹的。他是文本阵地的守望者，他不爱选择远行，也不爱敲大锤，擂大鼓。他总在收回目光，静静地，细细地，打量文字，打量学生。所以，他总能聆听到文字非常细微的声响，也总能聆听到学生在学习过程中的轻微心跳。他把文字轻轻一拨，就让学生心动了，心跳了。他最大的能耐，就是让文字之动和心灵之动同步。建议你细细地琢磨一下这堂课的开启部分，他是怎么样选择了"挺住"和"加快"作为"导入"的。其实，他根本不需要导入。他的这个导入，是意外"生长"起来的，来自于他天才的机敏。

"清淡"的好处，从食物的角度，是保持了食材的原汁原味，而从课堂的角度，则是表现为顺应了学生的思维和情感。从不强势植入，从不肆意打扰，培东在课堂上的一切行为，都体贴，都无痕，都天然。

最后，你还一定要看到他的"贵气"。

真正"贵气"的东西，一般有两个表现：一是材质的精良，二是形式的简洁。体现在课堂上，"贵气"的教，就是选点的独到，就是教法的灵动。培东的每一节课，都会有"非常之片段"成为经典，让人过目不舍，念念不忘。这堂《紫藤萝瀑布》也是如此。建议您好好阅读最后一个部分，关于"我在开花"的朗读指导，实在美不胜收，妙不可言。我觉得，这个语言点的选择，蕴含的深意，呈现的时机，点拨的设计，无论用什么样的褒美，培东都担当得起。这样的教学时刻，是培东的，也是语文教学的，无比珍贵的经典时刻。

感谢培东，他的课堂，让我对语文人的"活着"更产生了浓厚的兴趣。

培东活得很从容，所以，他的课堂也从来从容。

培东活得很有仙气，所以，他的课堂也氤氲着仙气。

活法与教法，在培东身上，如此和谐。这是培东的成功。也是语文的意义。

愿我们都如培东，我们的活法，和我们的语文课，互相论证，相互成全。

这样的语文人生，何其值得！

《一棵小桃树》

🌿 浅浅小语 ‖‖

　　"我没有想好。"还有什么比"你在想"更美妙的事情？每个人的心灵上都长着翅膀，即便我们曾经陷入彷徨与忧伤。我愿为你点亮闪耀的星辰，你可愿意让我看到那辽阔的海洋？

——肖培东

🌿 课堂再现 ‖‖

　　执　　教：肖培东

　　点　　评：崔桂静

　　教学背景：2019 年 12 月 14 日，深圳新安中学，第十一届四方杯全国优秀语文教师选拔大赛示范课。

一、　结合旁批自读课文

　　师：这节课我们学习著名作家贾平凹的散文《一棵小桃树》。在七年级下册的语文教材里，它是一篇自读课文。看出来了吗？编者给我们的阅读提供了什么？

　　生（轻声说）：批注。

　　师：对，这是要求大家利用这些旁批学会自己阅读课文。点点看，这篇文章有几个批注？

生（齐）：五个。

师：再看看，五个批注提了几个问题？

生（看课文）：三个。

师：对，分别是第三、第四、第五个批注。也就是说，后三个批注都是以提问的形式出现的。接下来，同学们结合五个旁批默读课文，思考这三个问题。

（学生自读课文，读完的学生举手表示，教师耐心等待所有的学生读完课文）

师：好，都读完了。现在不待老师提问，你自己能够解决哪个问题就举手。这三个问题啊，你能解决哪个问题，把问题读出来。

生1（读旁批4）："蓄着我的梦"的桃核长成了树，而且真的开了花。作者仅仅在写花吗？

师：作者仅仅在写花吗？你来回答。

生1：不仅仅是在写花，他写这篇文章的时候奶奶已经离去，是奶奶把这棵桃树培养长大的，所以寄托了对奶奶的怀念和哀思。然后呢，因为这棵桃树是他埋下来的——

师：好，你很好地说了一半了，把"然后"留给别的同学说说，好不好？（面朝全班同学）然后呢？你来说。

生2：我认为，然后，他不仅仅是在寄托对奶奶的哀思。除了桃树开花，他自己的事业也会成功。

师：也就是说，"我"也要开花，作者也要开花！同学们，旁批里面总会有些词在提醒你读书和思考，这个词在这里就是什么呀？（老师停顿后引导学生思考，学生说"仅仅"）对，"仅仅"！请坐。还有哪个问题你会回答？主动举手。这位女同学举手了，后面的还有没有？（后面一同学举手）好，我一叫后面，后面就有了。

师：你会回答哪个问题？

生3：第一个问题，第三个旁批。是什么使"我"遗忘了小桃树？

师：是什么使"我"遗忘了这棵小桃树呢？你的回答——

生3：我能用文章里的句子吗？

师：你可以用文章里的句子。

生3（读）：也就在这年里，我到城里上学去了。走出了山，来到城里，我才知道我的渺小；山外的天地这般大，城里的好景这般多。我从此也有了血气方刚的魂魄，学习呀，奋斗呀，一毕业就走上了社会，要轰轰烈烈地干一番我的事业了；那家乡的土院，那土院里的小桃树儿便再没去想了。

师：嗯，读这么多还不算稀奇，能把它概括出来就更有味道了。说说看，这段话怎么概括？我为什么会遗忘家乡的小桃树？

生3：他这段话讲的就是他在进到城市之后的不甘与执着。他不甘于自己只是一个平凡人，他想执着地做出自己的一番事业，而这份不甘与执着就使他忘记了他的桃树。

师：同学们，他说得怎样？你来说。

生4：我觉得讲得特别好。（声音很轻）

师：声音太轻。一定要把声音放出来。他说得特别好，你就要特别好地去赞美！哪里好？

生4：好在他对这句话的理解特别深。写出了他对农村生活处境的不甘心，也想像桃树一样开花。（声音稍高）

师：嗯，我稍微听清楚了一点。"我"要到城里去学习，创业，渐渐地，时光就让"我"淡忘了家乡土院里的那棵小桃树。好，还有一个问题，第五个旁批，一起来读。预备，起！

生（齐声读旁批5）："我"的情感在这里来了一个转折，你读出来了吗？

师：你读出来了么？

生5：我觉得这里作者，他是把小桃树比作了自己，小桃树这里它又重新地开了一次花，比喻作者——（学生很能表达）

师：好，就先说到这个地方。你读出来的这些东西先别告诉别人，我再问问其他同学是不是也能够读出来。（叫起另一个学生）

师：你读出来了没有？（该生沉默）嗯，你还没有读出来，不急。这题可能有点难，它不是一般性的阅读就能够读出来的，所以读出来的同学先别急着把它告诉别人，要让他自己也慢慢地研读出来。

二、 借助旁批 2 重点研读"没出息的小桃树"

师：好了，同学们，再来看看。这五个旁批里面，哪个旁批在引导我们读这篇散文，告诉我们读这个文章的方法？第几个旁批？来，你来说。

生 6：我认为是第二个旁批。

师：你读读。

生 6（读旁批 2）：课文中一些描写反复出现，比如多次描写小桃树"没出息"。散文中这类地方，往往寄托着深意，要仔细体会。

师：嗯，这就是编者提供给我们的读这篇文章的方法。"反复出现"，"仔细体会"。好，这个旁批对应的是文章的第几段？（生说"第 4 段"）第 4 自然段，接下来，自读第 4 自然段，开始。可以发出点轻声音。

（学生轻声自读第 4 段）

师：好，声音低下去了。旁批提醒我们，这段话里出现了一棵"没出息的"小桃树。哪个同学愿意把"没出息的"小桃树的样子给大家读一读？

生 7（读）：它长得很委屈，是弯了头，紧抱着身子的。第二天才舒开身来，瘦瘦的，黄黄的，似乎一碰，便立即会断了去。

师：他找得很准。再加两句话吧，同学们。它长在什么地方？"角落的地方"，画出来。"拱出一点嫩绿儿"，"它竟从土里长出来了"，大家一起来读。"角落的地方"，预备起！

生（齐读）：角落的地方拱出一点嫩绿儿，它竟从土里长出来了！它长得很委屈，是弯了头，紧抱着身子的。第二天才舒开身来，瘦瘦的，黄黄的，似乎一碰，便立即会断了去。

师：谁愿意把刚刚读的这一段话再读一遍？这就是"没出息的"小桃树的外形描写。谁来读一读？（老师望着不举手的学生）不敢举手的孩子，是没出息的。"没出息的"小桃树后面变成有出息的，它首先是把自己的手给举起来。来，举起手来想读书的同学，有吗？（有三四个学生举手了）

有四个同学有出息了！再看看，特别是角落里的同学！好，那边角落里的同学也举手了！来，你来读。"角落的地方"，开始！

生8（读）：角落的地方拱出一点嫩绿儿，它竟从土里长出来了！它长得很委屈，是弯了头，紧抱着身子的。第二天才舒开身来，瘦瘦的，黄黄的，似乎一碰，便立即会断了去。（读得有点羞涩）

师："便立即会断了去"，读得有点"委屈"哦。好，同学们，这就是一棵"没出息的"小桃树。按照旁批的要求，这里要反复地读，仔细思考。那么，同学们，读了刚才这个部分的小桃树的没出息的样子后，请你告诉我，最能显现小桃树"没出息的"是哪个词？举手，你来说。（叫起一举手的学生）哦，你举手多次了。哎，你来说。（叫起另一学生）

生9：委屈！

师：委屈？你把这句话读读看。

生9（读）：它长得很委屈。

师：哎，大家都划出这个词儿，"委屈"！一起读，预备，起！

生（齐读）：它长得很委屈。

师：同学，它长得很"委屈"，是说这棵小桃树长得很——

生10：长得不是很坚硬，不是很健康的。

师：哦，长得不健康！小桃树长得很委屈，是说小桃树长得很——

生11：长得很那个……很萎缩。（有同学小声说"猥琐"，该学生听成了"萎缩"）

师：长得很萎缩。你知道什么叫"萎缩"吗？

生11：嗯……（表示不解）

师：那你怎么随便用一个词语来套上去呢？这可不行。先站着想想吧，不能随便用词。（让生11站着好好想想）你来说，小桃树长得很委屈，是说小桃树长得很——

生12：嗯，很瘦弱。

师：有道理，很瘦弱！很——

生13：很弱小。

师：很——

生 14：软弱。

师：嗯！弱小、软弱、瘦弱，现在"弱"这样的词不要出现了。你来说，长得很——

生 15：嗯……很瘦弱。（生笑）

师：又出现"弱"字了。咱们班同学只会说"弱"吗？（笑）很委屈，是说小桃树长得很——

生 16：我认为小桃树长得很不自信，毫无生气。

师：哎哟（师由衷赞许），你用了这么多准确的词语。"很不自信"！"毫无生气"！同学们，小桃树长得很瘦弱，很弱小，很不自信，毫无生气，很可怜，可是贾平凹先生都没有这样说，只说它长得很委屈。"委屈"这个词真有意思！学了这个词儿，校园里看见一个很瘦弱的孩子跑过来，我们可以说，这个人长得很——

生（齐）：委屈！

师：中午回家去，告诉妈妈得多给我增加点营养，别让我长得太——

生（齐）：委屈！！

师：看，这个词我们就会用了。（朝向站着的生 11）你啊，还得"委屈"一下了。（场笑）现在请你告诉我：这个"委屈"是什么意思啊？

生 11：瘦弱，难看，不自信，没有出息。（回答得很连贯，掌声）

师：哎，你现在要自信一点！你看，一下子说了那么多词语！好了，同学们，"委屈"这个词你会了。还有哪个词，也能写出小桃树的"没出息"？读读我们读过的这部分文字。你来说。

生 17（读）：它长得瘦瘦的，黄黄的，似乎一碰，便立即会断了去。（重读"瘦瘦的""黄黄的"）

师："瘦瘦的""黄黄的"，这两个词就写出了它的没出息。哎，同学们，一棵树如果是有出息的，就不应该是"瘦瘦的"，应该是——

生 18：舒展开来的。

师：再听我说。这棵树如果是有出息的，它就不应该是"瘦瘦的"，而是——

生 18：挺拔的。

师："瘦瘦的"是跟"挺拔的"对应的吗？

生18：哦，壮壮的。

师：嗯，同学们都想想。你来说，它就不应该是"黄黄的"，而是——

生19：是充满生机的。

师：我们大家想清楚。没有出息的树是黄黄的，有出息的树，它应该是——

生20：它应该是绿绿的！

师：绿绿的，再加上我们两个同学说的，充满生机，挺拔，这种树才是有出息的树。哎，同学们，这个"瘦瘦的""黄黄的"可不可以改成"瘦的""黄的"？你来说。

生21：我认为不能。

师：瘦的，黄的，怎么就不能呢？

生21：我觉得说两个可以强调。

师：哦，叠用更可以强调它的黄和瘦。同学们，要表达程度之深，表达自己内心某种特殊情感的时候呢，叠词可以用用。来，一起来读读，"瘦瘦的""黄黄的"，预备，起！

生（齐读）：第二天才舒开身来，瘦瘦的，黄黄的，似乎一碰，便立即会断了去。

师：哎，同学们，这个"瘦瘦的""黄黄的"让我们想到了人。一个人营养不良，我们会说他"瘦瘦的""黄黄的"，还有呢？有个词语，四个字，一起说。

生（杂）：面黄肌瘦。

师：那你就发现了，贾平凹先生哪里是在写这棵树，分明是在写什么？

生（齐）：写人！

师：写人，用人的情感在写这棵树，所以这棵可怜的树就更加分明了。好，还有哪些字词，最能够表现出小桃树的"没出息"？（有同学举手）你举过很多次手了，你旁边那位同学也想说话的。来，你来说。

生22：嗯，是"大家都笑话它"。

师：被人笑话的小桃树，确实没出息！不过得先从我们读的这部分语句去找"没出息"。还有什么词写出了小桃树的"没出息"？

生22："断"字。

师："断"字？同学们听，"便立即会断了去"。（师读，特意把重音落在"断"字上，供同学揣摩）你觉得这句话当中，最能显现小桃树可怜的是"断"还是别的词？你来说。

生23：我觉得应该是"立即"。

师：为什么？

生23：因为我觉得"立即"是很快的意思，更显出它的弱小，以及它的毫无生机，让别人觉得它没有生命力。

师：那时，还是没有断的，但"一碰"，就"立即"会断了去，说明它断的速度非常快。因此，"一……便立即"就显现出了这棵小桃树的脆弱和可怜。读书，关键词一定要读清楚。继续！你来说一个。

生24："紧抱"这个词。

师："紧抱着身子的"！找到一个动词了。和老师说说看，你什么时候会紧抱身子？

生24：害怕的时候。

师：说说看，你什么时候紧抱着身子的？

生25：紧张的时候。

师：紧张。你呢？

生26：对于我，冬季非常冷的时候，我蜷缩在被窝里，就会紧抱着身子。

师：深圳的冬天估计很难体会到这种感觉。（笑）对，很冷的时候，很紧张的时候，很害怕的时候，还有孤独无助的时候，我们都会不自由自主地把自己的身子紧抱着。所以，同学们，小桃树把自己的身体紧抱着，就写出了小桃树害怕、脆弱、可怜、无助、孤独，甚至心里的寒冷。这个词儿，写出了小桃树所谓的"没出息"。还有没有？哎哟（师惊喜），有同学举手了！你来说。

生27：我觉得是"一碰"。

师："一碰"！这"一碰"是"碰"呢，还是"一"呢？

生27：是"一"。

师：聪明！是"一……便立即"。这组词说明什么呢？

生27：说明它很脆弱，很软弱，仿佛只动一下它就会断。

师：有道理。还有没有？仔细揣摩。（有学生举手）你也举过好多次手了，把机会让给前面的同学。来，他把发言机会让给你了，你可要珍惜。（叫起一个不敢举手的学生）你来说，你先来读一读，不着急。（师鼓励）

生28（读）：突然发现角落的地方，拱出一点嫩绿儿，便叫道……（声音微弱，断断续续，不自信）

师：难怪你找不出词来。你这样读书，是肯定找不出来的呀。这样一点嫩绿也"拱"不出来的。再读一遍。（师鼓励）

生28（读）：角落的地方，拱出一个嫩绿儿。（声渐响，速度极快，没感情）

师：也不是这样读的。这样，你听老师读。（师范读"角落的地方"）要字正腔圆地读。来，试试看。

生28（读）：角落的地方，拱出一个嫩绿儿。（声响亮，清晰）

师：嗯！（师欣慰，继而引导）那你说，哪一个字特别有意思呢？

生28："拱"字。

师："拱"，这个字找到了，"拱出了一点嫩绿儿"。哪个同学说说看，为什么写"拱"？你来说。

生29：因为它很弱小。

师：很弱小。谁再来说？

生30：这"拱"好像说它用了很多、很大的力气，才从地下拱出来的，就是很不容易才长出来的。

师：也就是说，上面所覆盖的那些，多是——

生31：坚硬的土石。

师：说明它的生长环境很恶劣，长得不是个地方。如果长得是个好地方，那就像朱自清先生所说的，"偷偷地从土里钻出来"。你看，一个生机盎然，一个环境艰难，所以，这个"拱"字儿，也有味道。

师：好，最后一次机会。哪个词儿？还能再找一找么？找不到没关系，我们再自己默读一下。"角落的地方"，开始读。

生（自读）：角落的地方拱出一点嫩绿儿，它竟从土里长出来了！它长得很委屈，是弯了头，紧抱着身子的。第二天才舒开身来，瘦瘦的，黄黄的，似乎一碰，便立即会断了去。

师：哪个词？（有学生喊"竟"）刚才哪个同学说"竟"的？你来说。

生32：这个"竟"字，写出了作者心里也认为这个桃树在这么恶劣的环境下是长不出来的。

师：同学们，这个小小的副词也格外有力量。"它竟从土里长出来"，连作者也不相信它会长出来。所以我们读这样的文字，要读出对小桃树——

生（杂）：同情，担忧，焦虑……

师：嗯，甚至还有一种隐隐的敬佩。因此，我们得好好读这段话。来，再来读读看。

生（自由读）：它竟从土里长出来了！它长得很委屈，是弯了头，紧抱着身子的。第二天才舒开身来，瘦瘦的，黄黄的，似乎一碰，便立即会断了去。

师：嗯，这样描写小桃树"没出息"的文字，编者告诉我们，"反复出现"。你能从这篇散文当中，读出其他写小桃树"没出息"的文字吗？

（学生自读文章）

师：找到以后请举手。接下来我们不再进行具体的语言品析，就从你的读中感受。你要把句子好好读一读。来，你来。

生33：哆嗦。

师：把整个句子读出来。

生33（读）：看我的小桃树在风雨里哆嗦。

师："看我的小桃树在风雨里哆嗦"，请坐。最好这么回答，第几段，我来读。注意，一定要好好读。我通过你的读来观察你对这个句子是否有真感受。来，这位男同学。

生34：第6段的第一句。（生读）它长得很慢，一个春天才长上二尺来高，样子也极猥琐。（语速稍快）

师："它长得很慢"，读的时候就要读得很慢，关键词一定要读出味道来。写小桃树没出息，还有没有？你来读。

生35：在第112页的第9段。（生读）那瓣片儿单薄得似纸做的，没有肉的感觉，没有粉的感觉，像患了重病的少女，苍白白的脸，又偏苦涩涩地笑着。（读出小桃树的苍白与苦涩）

师：对，即便开出了花，也是"没出息"的，太苍白了，苦涩涩地笑着。继续，你来。

生36：整个第10段。（生读）花幸好并没有立即谢去，就那么一树，孤孤地开在墙角。我每每看着它，却发现从未有一只蜜蜂去恋过它，一只蝴蝶去飞过它。可怜的小桃树！（很有感情）

师：真的是可怜！你是现在读得最好的同学了。风雨中，小桃树，是怎样的可怜，你来读读。

生37：雨还在下着，我的小桃树千百次地俯下身去，又千百次地挣扎起来，一树的桃花，一片，一片，湿得深重，像一只天鹅，羽毛渐渐剥脱，变得赤裸的了，黑枯的了。（语速缓慢，有悲伤感，某些词读得不连贯）

师：不要把一个词给读破，连起来读就会读得更好。注意"一片""一片"中有逗号停顿。这就是小桃树在风雨中被侵袭的场景。

三、 为何要写这棵小桃树

师：文章还有好多处都在描写这棵小桃树的可怜，小桃树的没出息，小桃树所谓的委屈。那我们想想看，作者为什么要着力写这棵小桃树？这么多次地出现这棵"没出息"的小桃树，目的究竟何在呢？（学生思考）

师：你来说说看。（叫起一个在思考又犹豫着不敢举手的同学）

生38：作者想到自己的生活，自己的命运十分的不顺，借这个小桃树来描写出自己的命运不顺。

师：请坐。你对她的话怎么评价呢？

生39：我认为应该是作者在后面也描写了小桃树，在风雨里面，寄托了他对小桃树的这种感情，他自己也从小桃树身上领悟到面对困难不能屈服。

师：同学们，原来写小桃树，是为了写——

生（齐）：作者自己。（教师板书：树——我）

师：对！写树是为了写人！树的命运就是作者的命运。他们都经历了风雨，经历了坎坷。那么，这种手法在这个单元里叫作什么呢？（生答"托物言志"）这是我们这个单元阅读最重要的学习点。好，这是一点，还有没有？写小桃树还有没有别的用意？

生40：第三段里面有个故事，奶奶说，吃了桃后，含着桃核梦到花开了会幸福。所以，这棵树寄托了作者的梦，作者的梦想。

师：什么梦想？

生40：就是说要幸福。

师：要追求幸福！即便在最艰难最困苦的岁月里，都不能够放弃自己对梦想的追求。还有谁？你来说。

生41（读第13段的后面几句）：我突然看见那树的顶端，高高的一枝儿上，竟还保留着一个欲绽的花苞，嫩黄的，嫩红的，在风中摇着，抖着满身的雨水，几次要掉下来了，但却没有掉下去，像风浪里航道上的指示灯，闪着时隐时现的嫩黄的光，嫩红的光。（重读了"指示灯"）

师：也就是说，这棵小桃树是"我"人生路上的一盏指示灯。（教师板书：树——灯）小桃树经历了人生的迷茫，"我"也经历了人生的很多坎坷，但是最后"我们"都成长了，都坚强起来了，因此"我"的感情到这里来了一个什么？（生齐说"转折"）情感来了一个转折。要面对人生，面对人生的风雨。小桃树这盏灯给了"我"人生的诸多启迪。写小桃树还有没有别的用意？再来说。

生42：我认为，前位同学说的第3自然段写作者的奶奶，也是为了感谢那些支持和帮助"我"的人。

师：这句话说得很有意义。这位同学，你觉得他说得有道理吗？

生43：其实第三段写奶奶的这句话，奶奶说"幸福一生"其实也是为了"我"，暗喻作者要去追求幸福生活。

师：好，"我"在追求幸福生活的过程当中，一定也有好多人给了帮助。这篇散文主要写谁对"我"的关爱和帮助？

生（齐）：奶奶。

师：奶奶。因此，写小桃树也是写作者怀念、感恩敬爱的奶奶。（板书：树——奶奶）她不仅培植了小桃树，也用爱养育了"我"，帮助"我"恢复信心，走出风雨。这篇文章你慢慢地读，还会读出更多的内涵来。（教师板书一个省略号）

四、 借助旁批1， 一字一桃树

师：一起读第一个旁批。

生（齐读旁批1）：寻常的情境，不寻常的情感。

师：这篇散文写这一棵很寻常的小桃树，表达的却是很不寻常的、很深沉、很复杂的情感，这就是散文的魅力。所以，通过眼前的寻常景物来抒发自己内心不寻常的情感，这篇文章就做到了。我们一起来读文章的第一句。先请一位同学读读吧。

生44（读）：我常常想要给我的小桃树写点文章，但却终没有写就一个字来。

生（齐读）：我常常想要给我的小桃树写点文章，但却终没有写就一个字来。

师：贾平凹先生常常想写一篇文章给他的小桃树，可是终究没有写就"一个字来"。那如果贾平凹先生只能写一个字儿，来代表自己对小桃树的内心的情感，你觉得他会写哪个字儿？你可以利用课文中的字，也可以自己想出来的。（学生思考）

生45：我觉得应该是"敬畏"的"敬"字。

师：为什么是"敬畏"的"敬"？（教师板书"敬"）

生45：因为这篇文章主要讲前面小桃树这么没出息，小桃树前面那么

89

弱小，然后它经过风雨突然挺过来了，非常的厉害，代表它不畏艰难。作者非常敬佩它。

师：敬佩，敬畏，一个"敬"字写给小桃树。好，第二个字？

生46：我觉得可以用"怀念"的"念"字。这个"念"字，不仅仅是写奶奶去世之后，作者对她的思念，也是作者对在最困难的时候陪他一起度过的小桃树的怀念。（教师板书"念"）

师：一个"念"字，尽在其中。继续说。

生47：我觉得我会用一个"梦"字来概括。

师：你用一个"梦"字。（教师板书"梦"）

生47：第一，这棵小桃树代表了作者当年小时候做的那一个梦，就是追求幸福。第二，整个这棵小桃树的生平有许多坎坷，就像一场梦一样。第三，这棵小桃树寄托着作者的梦想和对奶奶的怀念。有梦！（说得很流畅）

师：小桃树里有人生的梦想。继续。不举手的同学要努力说一个了。来，角落里那"委屈"的小桃树！那个女同学，我好像都没看到你，让你受委屈了。来，你来说。哪个字？

生48（不自信）：嗯……我没有想好……

师（期待与鼓励）：你没有想好，你没想好。就你说的这句话"我没想好"（找个字），哪个字呢？

生48（思考后）："好"字。

师（欣然）：为什么是"好"字？（板书"好"）

生48（响亮而自信地回答）：小桃树呢，在它有很多困难的时候，就是挺过去，然后这就是很好的。（场笑，掌声）

师：对，这不就是很好的事情吗？在风雨中战胜自我，那就是人生的好事！你没想好？你都想好了！（掌声）来，旁边的同学，你会选哪个字？

生49：我觉得，如果也从她"我没想好"中选个字的话，我会选个"我"字。（场下老师提醒选"想"）

师（赞赏）：这个字，有道理！你要选"想"，类似前面说的"念"了。选个"我"，为什么？（板书"我"）

生49：因为小桃树跟"我"一样，跟作者一样，他们挺过了风雨，最

终看见了彩虹。"我"也是写人，写所有人。所有在艰辛里面奋斗的人，他们最终也会是挺过风雨，然后看见彩虹的。（掌声）

师：再弱小的生命，再弱小的自我，都有权利去拥抱人生的阳光。自强，爱自己，生活就会有美丽！继续，你来说。

生50：我用"爱怜"的"怜"。

师：爱怜的"怜"。（板书"怜"）

生50：首先，在文章中多次写到"我"很爱怜这棵小桃树，后面也写到"我忍不住有几分忧伤，泪珠又要下来了"；其次，这个"爱怜"的"怜"，还可组一个词，叫"同病相怜"，他和小桃树共同挺过风雨，最终迎向彩虹。（掌声）

师：真是个会学习的孩子。"爱怜"，而且"同病相怜"。最后一次机会，你来。

生51：我觉得可以用"美"字来代替。因为这种美不仅是小桃树的外表，它外表也不是说很美啦，但它心灵的那种美，已经灌入到作者心灵当中。（板书"美"）

师：外形也许是"可怜"的，但内心一定是美好的！请坐。

（教师走到黑板前，指着板书7个字）

师：同学们，我们还可以找出很多的字来诉说作者和我们的内心，不再举例了。让我们把目光投向黑板上这一个个美好的字！（充满感情）也许，你的人生路上会有而且必然会有一段可**怜**的时光，但是，请记住，这个世界总有人（物）和你同病相怜。只要你拥有**梦**想，**敬**畏生命，想着远方热爱你和系念你的那个人，坚强面对，那么，你就能够在人生的风雨中找到自**我**，最后让生活抵达**美好**！！下课。（全场掌声）

板书：

树——我　　　　　　　　　　　　　敬

树——灯　　　　　　　念　　**树**　　梦

树——奶奶　　　　　　好　　　　　我

……　　　　　　　　　　　　怜　美

91

教学感言

★统编教材新课文我的第一堂公开课就始于《一棵小桃树》，借助旁批展开自读教学也是从这篇课文开始的。体悟作者情感，找出语言点，教出散文味，教出自读味，是我在备课当中思考的关键点。而解决这些问题的抓手正是合理利用文章的五个旁批。旁批1提醒我们，散文阅读要紧扣作者感情，要从眼前景中读出作者的内心情。旁批2则是散文阅读的方式，要关注文章中反复出现的细节，从中体会写作深意。后面三个旁批都用问句形式暗示文本阅读要思考的内容，三个问句紧联小桃树和"我"，旁敲侧击地引导学生思考小桃树与作者自己的特殊的情感联系，感悟作者内心的隐秘世界，理解文章托物言志、明暗双线的写作手法。旁批为学生自读提供依托，也有助于教师把握教学内容、确定教学重点、构思教学设计。可以说，读懂旁批指向的内容和隐含的意图，教学的框架就清晰了。

★反思最初的"小桃树"，还是觉得"自读"的花瓣绽放不多，课堂留给学生自读和思考的时间还是不够。怎么解决？果断割舍原来预定的很多"精彩"，删繁就简，使得教学主题更加明确，教学内容更加纯粹，教学程序更加简化。对语文教师而言，最痛苦的不是想不出来，而是想出来了却不能用进去。教师一定要按捺住讲解的欲望，压抑住旁征博引的滔滔不绝，适时退场，根据单元目标和教材意图做出指导，腾出时间交给学生自行阅读，帮助学生顺利完成知识迁移的训练。这样，剔除教学上的"自恋"，投入与学生阅读学习的"他恋"，我们的语文课就会更有实效。话说回来，我们怎么都那么爱说，那么忍不住地爱讲呢？

★好的语文课，都是家常味道，行云流水，没有刻意的做作，没有明显斧凿的痕迹，一切顺着语文的特点、文本的特质、学生的学情自然流淌，如苏轼所言的"常行于所当行，常止于不可不止"。教学自读课文《一棵小桃树》，我们就必须在寻常味道上下功夫，为的就是引领学生老老实实学语文，真真切切悟人生。

★品析语言，需要老师有一颗敏感的语言心，"对于文字应有灵敏的感觉"，能透过文字洞察更多的内涵。这种语言敏感，使得教师既能对关键性和特色性的语言信息作出敏锐的心理感知、恰当判断与反应，又能在语言看似平淡处、华彩处以及含蓄蕴藉处感悟到其中之美与深层意蕴，"见到旁人能隐约或依稀瞥望而不能见到的东西"。"语文教师是言语生命意识的传递者。"可以说，对语言的敏感、驾驭能力以及传达能力，决定了语文老师和语文课堂的高度。站在优秀作品前面，我总有一种惶恐和苦闷，生怕自己辜负其语言之美，而这样的辜负又常常发生。

★"它长得很慢，一个春天，才长上二尺来高，样子也极猥琐。但我却十分地高兴了：它是我的，它是我的梦种儿长的。"这样的句子，多读了几遍，竟然就伤心了起来。那棵纤弱的小桃树就真实地站在眼前，角落里，孤独又憔悴。少有阳光照耀，又总是被风雨侵袭，树枝上落满了鄙视和嘲讽，怯生生的花瓣犹豫地探望着，很快又在风雨的蹂躏中片片零落。我很快想起了童年时代那个瘦小、孤独的我来。我也有过这样的"梦"的。我开始敬畏这样的文字了了，于是，我开始备课。

★"嗯……我没有想好……"女孩不自信地说，像那棵委屈的小桃树。我顺势鼓励她就从"我没有想好"这句话中给小桃树找个字，她用了"好"字来赠给小桃树，赢得了全场一片掌声。这个环节的处理，看似够机智，可是我还是错过了女孩的下一句中的语言灵感。女孩是这样说的："小桃树呢，在它有很多困难的时候，就是挺过去，然后这就是很好的。"微小的生命竟也有不屈不挠的顽强的品质，女孩的这句话很真实，也很朴实。"挺过去"，就很好！如果我再接着这句话追问，让女孩重复这句话，她一定会选择"挺"字去表达对小桃树的崇敬和赞美。这样，第一次"好"字是自信归来，第二次"挺"字就是桃树开花。可我当时还是沉浸在她的"好"中，没有继续"挺"出她的"好"，实在可惜！

★我们常常用"管住口"和"迈开腿"来指导减肥，其实，这两句话同样适用于自读课文的教学。教师既要"管住口"，又要想方设法促使学生主动"迈开腿"，充分发挥学生的主体性，通过自读训练培养学生的自学能力，使自读课文真正服务于语文教育和教学。

★其实，我更喜欢贾平凹先生的另一篇曾经入选过教材的散文《月迹》，空灵，清澈，有韵味。"月亮是每个人的，它并没有走，你们再去找吧。"文中的这句话，像月亮一样，挂在我的心空。我发现，用这句话来解读《一棵小桃树》也是可以的。小桃树呀，心里有了月亮，那无边无际的天空也是你的了，再大的风雨也夺不走你心里的光！

我在现场

★贪多嚼不烂，精准聚焦于某一处，围绕它发力、着力，力求把这一个目标落"实"，才是好课堂。肖老师独独从语言说开去，让学生把与之相关的内容串联起来，反复渲染，层层铺叙，最终，在学生身上实现了厚积薄发。在沉潜涵泳的基础上，学生对小桃树的"没出息"反复品读，有了足够的认知，再联系它后来的"开花"，深刻地领悟文章内涵。怎样的课堂才算是高效课堂？如何才能向45分钟要质量？肖老师为我们提供了一个成功的范本：语文教学要舍得给文章做减法。

——深圳市盐港中学　彭丽敏

★平平常常的一节课，从聚焦朗读到品味语言，从课堂生成到精妙总结，无不弥漫着真正的语文味。这就是简简单单教语文，这就是轻轻松松学语文，这就是实实在在的语文课。精彩的课堂一定是处处有生成的精彩。肖老师课堂的精彩生成无处不在：学生朗读课文由初始的平淡无奇到后来的有板有眼；学生品词析句由原来的畏首畏尾到后来的茅塞顿开……课堂最精彩的生成是在肖老师的引导下绽放的。"如果请你给小桃树写一个字，你会写一个怎样的字呢？"肖老师本着入乎其内、出乎其外的阅读原则，将学生的思维一下子点燃，异彩纷呈的答案让人应接不暇。这不就是学生核心素养的思维发展与提升吗？

——陕西靖边县教研室　许建峰

★两张PPT，简简单单，却上得余味悠长。肖老师借助旁批，从语言语感和形象分析入手，以学生的探索生发为目，举一纲而万目张，细处渲染，大处点化，最后实现了对文章主题的提炼、升华，以及迁移应用。课堂灵动而有序，热烈而深刻，幽默而智慧。肖老师让学生用一个字写小桃树，我最佩服的是他能从"我没想好"中引导孩子找到一个"好"字，那个女生本来是想用这句话来逃避的，却成为她最美好的回忆。而后面那个男生接着选了"我"字，更是此课神来之笔，由物及人，把敬畏生命看成了一道亮丽的风景线，成了一棵思想上的高"树"。最后肖老师用学生回答的七个字即兴串联成结语，由学生的感悟而来，串联课文的内容和主题，令人击节叹赏。随机的生成优美而深刻，比预设的结语要更有生命力。"教学相长"，果然如此。

——江西师大附中　陶婕

★肖老师课堂的主要环节放在了第二个批注上，抓住了自读课文的特点，利用批注，让学生习得并运用好散文阅读的普遍方法，带领学生真正潜入文本，反复涵泳，在最浅显的字词中品咂出最深的意蕴，体验作者情感。肖老师随机应变，深入浅出于文本，融会贯通于生活，用自己的精彩展现了学生的精彩，真正体现了"导读语文"的魅力。其中，肖老师对"委屈"这个词语的解读可以说很精彩，现场气氛也很热烈，让学生多角度地体会了"委屈"的含义。老师总结出委屈的含义：弱小、不健康、很难看、没营养。我觉得此时还能更进一步，可以从"委屈"的本义再出发再深入，引导学生在第一层原因（弱小、不健康、很难看、没营养）的基础上，找到第二层原因——"我"的爱，并由爱生怜。

——安徽颍上三中　刘池虎

★肖老师教得纯粹，简单到甚至不需要PPT，连板书也异常精简。他的课堂里，除了语文，还是语文。每一个重要的教学环节，几乎都围绕语言教育展开，并巧妙地把思想、情感、情趣的熏陶、感染有机地统一在一个生动活泼的语言教育过程之中。尤其对第四段"没出息"的小桃树看似繁冗的赏读，实则是四两拨千斤！第四段的赏读，有陌生化词语，有动词，有副词，有叠词，甚至还有标点符号，更为重要的是，每一个句子必然伴随着朗读。在极其充分地学习了这一段后，其他段落的文字当然可以删繁就简，只读不赏了。而且从布局来看，也做到了重点突出，无需面面俱到。这里，蕴含着极大的教学智慧。

——江苏海门市海南中学 龚锦辉

一棵小桃树， 细品滋味长

中国教育科学研究院朝阳实验学校　崔桂静

读书有味，可谓布衣暖，菜根香，诗书滋味长。深圳现场听肖培东老师《一棵小桃树》，亦深有此感。他说是浅浅地教，我却需细细地品，品之再四，深感一棵小桃树，细品滋味长。

一、 巧用旁批， 设计有滋味

当肖老师把书中的五处旁批都呈现在屏幕上，我是既敬佩又心存疑惑的。

敬佩的是，这节自读课，肖老师直接抓住五处旁批来架构起整个课堂，"看似寻常最奇崛，成如容易却艰辛"，要经历一番怎样的取舍才能找到这个最简易有效的思路。现成的好问题我们往往视而不见，非要再去冥思苦想另辟蹊径，有时反而深陷个人洋洋自得的窠臼，失去了语文教学的本真。备课之一，要备编者，要明白编者的编排意图，这不是缺乏个性，而是一个执教者必备的素质，好的执教者会舍得用功夫把这个意图发挥到极致。五处旁批引领着学生走进文本，正像一枚枚银针，精准点穴，打通文脉，深入骨髓。五处旁批如下：

1. 寻常的情景，不寻常的情感。
2. 课文中一些描写反复出现，比如多次描写小桃树"没出息"。散文中这类地方，往往寄托着深意，要仔细体会。
3. 是什么使"我"遗忘了小桃树？
4. "蓄着我的梦"的桃核长成了树，而且真的开了花。作者仅仅在写花吗？
5. "我"的情感在这里来了一个转折，你读出来了吗？

我疑惑的是，这相当于提了五个大问题，一节课五个问题，该怎样处理呢？

看肖老师不紧不慢地引导：

这篇文章共有几个批注？

批注提了几个问题？

第三、四、五这三个批注是直接以提问方式出现的，默读课文，思考：这三个问题，自己能解决的是哪一个？

学生很快回答了两个简单问题，第四个批注提出的问题轻松答出，很容易发现文章不仅仅在写花，作者也是能开花的小桃树。老师强调旁批里有些词在提示学生读书，如这里的"仅仅"。

第二个学生回答的是批注3。学生用了文中的句子，读了整个第7段。老师说读了这么多不稀奇，概括出来才有味道，请你把它概括出来。又请了一位同学完善补充。

两处批注的理解，两个问题的解决，两种读书方法的习得，在不知不觉间均已完成。

第五个批注的问题有难度，那就不着急，留一留。

哪个批注在告诉我们读文章的方法？最后聚焦到批注2隐含的问题——最能显现小桃树"没出息"的是哪个词？

学生反复读文，选择用"委屈、猥琐、瘦弱、瘦瘦的"等词来诠释"没出息"，接着将目光投向全篇：文中还有哪些语句可以表现出小桃树的"没出息"？蓄势已足，只待张弓，自然到了第五个批注——情感的转折。问题转化为作者为什么写这一棵小桃树，内容上、情感上、方法上的妙处就一一出来了，回归第一个旁批——寻常的情景，不寻常的情感。用一个字来写小桃树会用哪个字？此刻，情感喷薄，汇为珠玉，金声玉振，动人心扉。回头再想，五处旁批，引导学生自会读书，设计极简约，滋味却悠长。

二、 反复体会， 品读有滋味

大处简约设计，小处反复体会，这一个"反复"，肖老师做得到位。

反复体会文中的"没出息",批注 2 提示的"反复体会"这一读书方法是这样呈现的：

朗读品读。先请一位同学把写"没出息"的小桃树的样子的句子读出来，补充完整后全班再读，又请一位角落里的孩子再读。整体认识到小桃树"没出息"的外形后，开始品读，请同学们找出最能体现小桃树"没出息"的词，学生找到"委屈"，读所在原句，又齐读这一句。

换词品读。哪些词能阐释"委屈"？不健康、猥琐、瘦弱、弱小、软弱、不自信、毫无生气、可怜……这么多词，都没有说，就用了"委屈"这个词。

联想品读。长得瘦的同学可以说长得很"委屈"，多吃一点饭别让自己长得太"委屈"。

对比品读。不应是"瘦瘦的"，应该是"壮壮的"。不应是"黄黄的"，应该是"绿绿的"。

能否换成"瘦的""黄的"？用一个词来说是"面黄肌瘦"，这哪里是在写树，分明是在写人！

再品再读。文中还有哪些词写出小桃树的"没出息"？

"紧抱"，你什么时候紧抱着？害怕时，紧张时，寒冷时……害怕、脆弱、孤独、无助、可怜，写出了小桃树的委屈、没出息。

再找到"一碰，便立即……""拱""竟"，反复赏析。

拓展品读。在全文中还有哪些句子写了小桃树的"没出息"？

"看我的小桃树在风雨里哆嗦。"

"它长得很慢……样子也极猥琐。"

"却开得太白了，太淡了，那瓣片儿单薄得似纸做的，没有肉的感觉……"

"从未有一只蜜蜂去恋过它，一只蝴蝶去飞过它……"

"像一只天鹅，羽毛渐渐剥脱，变得赤裸的了，黑枯的了。"

"好书不厌百回读，熟读深思子自知"，贴着文本，反复体会，品读有滋味。

三、 敏锐抓点， 升华有滋味

课堂上的肖老师，睿智敏捷，善于发现并抓住一切宝贵的教学突破点，一切可用的突然生成的教学资源，经他妙手点化，铁石成金。

抓住反复点，体会特殊的联系；

抓住传神点，揣摩语言的高妙；

抓住对比点，体会构思的精巧；

抓住突发点，生成奇妙的资源；

抓住转折点，达成情感的升华；

抓住空白点，掀起情感的巨澜；

……

以最后两点为例再来领悟。

学生反复品读之后，情感喷薄已是水到渠成，需要一个点来引出巨澜，肖老师抓住这个转折点绝不放过。

为什么要写这棵"委屈"的"没出息"的小桃树呢？抓住"然而"去想吧！写树原来为了写人，小桃树经历的风雨委屈"我"何尝没有经历过，它经历了风雨依然顽强开花，"我"那梦想的种子孱弱却始终在成长。那小桃树，是梦想，是幸福，是风浪里航道上的指示灯。它是梦的精灵，是奶奶呵护的"我"的梦。那梦，够美，够有力量！

"我常常想要给我的小桃树写点文章，但却终没有写就一个字来。"抓住这个遗憾的空白，就来写一个字吧！这神来之笔瞬间点亮全篇。

敬、梦、好、我、怜、美……

肖老师当场连成的一段话缀玉连珠，画龙点睛，真令这一株小桃树华彩熠熠，生机勃勃。语文老师，应该是有灵性的读书人，时刻保持着对语言的高度敏感，善于捕捉住学生一闪而过的思维火花，敏锐抓点，巧妙升华。

四、 自读导引， 发现有滋味

《一棵小桃树》是部编版语文教材七下的一篇自读课文。语文课标中提到：义务教育阶段的语文课程，应使学生初步学会运用祖国语言文字进行文字交流沟通，吸收古今中外优秀文化，提高思想文化修养，促进自身精神成长。叶圣陶先生说："学生须能读书，须能作文，故特设语文课以训练之。最终目的为自能读书，不待老师讲；自能作文，不待老师改。老师之训练必须做到此两点，乃为教学之成功。"

从语言出发，抵达精神的成长；从语文课上的训练读书、训练作文出发抵达课上课下自能读书、自能作文，这是精神与能力的双重抵达。我惊喜地看到，在这节自读课上，在教师适当引导下，学生潜入了文本，伸出思维的触角，与编者、作者、师者、读者展开了一次次精彩的对话。对话开启了一场神奇的发现之旅，在层层碧波中，学生不断发现奇珍，阅读力与思考力有梯度地提升。我们从学生的视角，随学生的脚步，去理一理这些奇妙的发现：

发现1：自读课文的阅读方法——借助批注自己阅读。

发现2：读书与思考同在，关注批注中的特别之处——问题，思考并解决问题。

发现3：不是仅仅写花，还有对奶奶的怀念和哀思。(尚浅)

发现4：不仅仅写奶奶，还有自己。(贴近作者的文意)

发现5：作者的不甘与执着使他遗忘了"我的小桃树"。在纷繁里迷失，在迷失里自省。

发现6：作者对农村处境与生活的不甘心，他要像小桃树一样开花。此刻发现了"我"和小桃树的密切关联。"我"即小桃树，小桃树即"我"，二者形神相像。

发现7：进一步发现读书方法：抓反复，细体会。

发现8：小桃树长得很"委屈"，原来"委屈"的内涵可以那么丰富。委屈的小桃树让人爱怜。

发现9：委屈的何止是小桃树！写树为了写人，委屈的人看着这棵委屈的树，与它有了情感的共鸣。

发现10：比"断"更有表现力的是"立即"，比"长"更有表现力的是"竟"。孩子们发现的眼光独到起来，关注到语言的深层，关注到文字背后的情感力量。

发现11：更多反复表现小桃树"猥琐""没出息"的语句，柔弱身躯的哆嗦，苦涩花开的苍白，不愿光顾的蜂蝶，风雨里的俯身与挣扎，在文字里发现了一株立体的"猥琐"的小桃树。

发现12：为什么写小桃树？与作者进行一场心灵的对话。你经历了怎样的生活？这株小桃树对你意味着什么？它给予了你什么？

发现13：写小桃树，有对奶奶的怀念，但是用意绝不限于此，发现了奶奶说的话，梦想花开的幸福；再想，奶奶的离开也是人生路上又一场风雨啊，但奶奶说，无论怎样，要有梦呵，梦会开花呀！（呼应发现3，深刻）

发现14：如果说发现了"敬""念""好"等字是发现了文章的深刻与作者的情感，发现"我"字则是发现了文章的精髓与编者的用意。状物文怎能无我！回头再看单元提示：王国维"以我观物而物皆着我之色彩"，"在山川溪泉间听见生命的回响，在花草树木间发现人生的影子"。我激动地发现：此时，孩子们在字里行间发现了"文中有我、我手我心"的读文、写文的核心要义。

发现15：孩子发现了"美"，审美教育水到渠成。猥琐着的生长，风雨里的挣扎，花开的落寞，梦想的孤寂，皆是人生，皆为大美！

……

一节自读课，一次自由丰盈的发现之旅，从语言出发，抵达精神的成长，能力的提升，自能读书，自能作文。愈读书，愈发现，愈有味。最难忘那个女孩的"好"字的引导，震撼全场。原来，教学就是让每个孩子学会发现，享受发现。

浅浅地开始，浅的是设计的简约、方法的简捷、课堂的简真；深深地抵达，深的是语言的精妙、精神的滋养、生命的丰盈。恰似撑一支长篙，于星辉斑斓里师生一起放歌，余韵悠长，拨动心弦的歌声，直抵灵魂深处。肖老师说："语文教师是言语生命意识的传递者。"沉潜涵泳，用心读书，我仿佛又听到他在轻声细语地和孩子们说："读出来的同学先别急着把它告诉别人，要让他自己也慢慢地研读出来。"

　　浅浅地教语文，尊重学生的认知，教学生老老实实地读书，枝繁叶茂绝不繁冗芜杂，俊秀劲挺绝不旁逸斜出，贴着文本，贴着语言，贴着学生的认知，贴着语文的根脉，去凝视，去发现，就这样，站成语文最美好的姿态。

《猫》

![浅浅小语]

我们面对世界的态度和方法，都会投射在一只猫的眼眸里。

急于赶路的灵魂，纷纷沓沓的脚步，请别忘了，在那些素朴的生命时光面前保持谦逊与敬意，并以此观照自己所处的时代与生活。

——肖培东

![课堂再现]

执　　教：肖培东

点　　评：丁之境

教学背景：2018 年 12 月 18 日，江苏省江阴市南菁高级中学实验学校。

一、　看图辨猫

课前交流

师：同学们好。今天我们学习郑振铎先生的文章《猫》。读过文章的举手？（学生纷纷举手）那谁能把文章内容简要概括一下？

生 1：写了"我"家养了三只猫的经历。

师：够简练的了。三次养猫结局都怎么样呢？谁来补充？

生 2：第一只猫不肯吃东西，最后死掉了。第二只猫被人抱走了。第三只猫大家冤枉它吃了芙蓉鸟被打伤了，后来死在邻家的屋脊上。

师：应该说故事内容不难理解，文章用浅显直白的话语叙述了一个发生在一家人与三只猫之间的故事。为了帮助大家生动直观地读懂文章，编者特地为我们添了一幅插图。大家看第几页？（上课铃声响）

生（齐）：95页。

师：95页上角，给我们添了一只猫，也就是老师PPT上所显示的这只猫。（出示PPT）现在我的问题就来了：猜猜看，这是文中第几只猫？找出你的依据来。仔细看。来，举手。好，那位女同学你来说。

生 3：我认为插图上的猫应该是第三只猫。

师：理由？

生 3：从它的眼睛看起来，猫的眼神比较空洞，跟文中所写的第三只猫一样比较忧郁。

师：文中哪一句话是说第三只猫是忧郁的呀？

生 3：是在第15小节。"但大家都不大喜欢它，它不活泼，也不像别的小猫之喜欢顽游，好像是具着天生的忧郁性似的，连三妹那样爱猫的，对于它，也不加注意。"

师：我怎么就觉得这只猫的眼睛一点都不忧郁。（生笑）而且，即便忧郁，就不允许前面两只猫也有忧郁的时刻吗？（生笑）这位同学她认为是第三只猫。来，你来说，这是第几只？

生 4：我认为是第二只。作者在描写第二只猫的时候说："这只小猫较第一只更有趣，更活泼。它在园中乱跑，又会爬树，有时蝴蝶安详地飞过时，它也会扑过去捉。"我觉得一只活泼的猫，眼神应该睁得大大的，去观察四周的一切。如果像第三只猫的话，它应该比较忧郁，眼睛应该是半眯着的。

师：哦，你是觉得插图上这只猫的眼睛看上去不忧郁了，觉得它特别活泼。她认为是第二只猫，有没有同学持不同意见？插图上的这只猫到底是哪一只猫呢？再看细一点。你来说。

生 5：我觉得是第三只猫。

师：为什么是第三只猫？找出理由来。

生5：因为它的眼神很呆滞，显得很忧郁。

师：你觉得这个图上的猫眼神还是比较呆滞的，是吧？有没有其他根据还能找出来？那位女同学，你说。

生6：我觉得应该也是第三只猫，因为它是伏着的。第16小节上面写了："春天来了，它成了一只壮猫了，却仍不改它的忧郁性，也不去捉鼠，终日懒惰地伏着，吃得胖胖的。"这里写到"终日懒惰地伏着"。

师：插图上的这只猫让你觉得这只猫很懒惰。"伏着"就是第三只猫了？（生笑）你是这样判断的。同学们，她抓住了这个动词，而且第三只猫，吃得胖胖的。

生7：我觉得也是第三只猫。15小节第三句话"毛色是花白"，这只猫的嘴巴上面毛是白的，爪子上面也是白的。第一只肯定不是，因为第一只是浑身雪白的。第二只，毛色浑身是黄色的。

师：先慢点，你再读一读。第一只猫是怎样的猫？

生7：第一只"花白的毛，很活泼，常如带着泥土的白雪球似的"。

师：嗯，你从这个颜色上看看，好像不是纯白的，是花白的。第二只猫是不是呢？

生7：第二只猫也肯定不是。

师：为什么呢？

生7：因为"礼拜天，母亲回来了，却带了一只浑身黄色的小猫同来"。

师：哦，你觉得这个猫颜色不是浑身黄色的，而是一道黑，一道白的，因此你也判断是第三只猫。那位男同学，你说。

生8：我觉得也是第三只猫。因为第15小节第一句话写的是："毛色是花白的，但并不好看。"如果是第一只猫或者第二只猫的话，应该是比较顺滑、比较好看的，而这里看它伸出来的爪子，毛不是很好看的。

师：我怎么就觉得这个图上的猫特别好看呢？（生笑）你来说说看，这只猫好看不好看呢？

生9：我觉得还可以吧。我为什么也觉得它是第三只猫呢？它脖子那里有花纹。如果第一只猫的话，浑身雪白是不会有花纹的。如果第二只猫的话，也是浑身黄色，是不会有条纹状的东西。加上这两点，还有很重要的原因。它为什么不放在写第一只猫或第二只猫的文字那里呢？图片就是在描述第三只猫的地方呀。

师：这个理由好像很充分。同学们，想不想知道这是第几只猫？

生（齐）：想！

师：其实我们都只是推测。我眼拙，看了半天，也搞不清楚这只猫到底是哪只猫。（生笑）我就知道，经你们这么一论，三只猫的特点我们都知道了。同学们，要判断这只猫到底是哪只猫，我们要基于什么呢？还是让我们走进这篇文章，做更深的思考。

二、 三次养猫的相同点

师：好了，文章写了"我"家三次养猫的经历。三只猫各自不同，但三次养猫总有共同点。有哪些是相同的呢？你来说。

生10："我"家养了好几只猫，但都是失踪。

师：你说的是结局一样。同学们，三只猫最后都是失踪的吗？

生11：结局总是失踪或是死亡。

师：你能用两个字来说吗？

生11：亡失。（教师板书：亡失）

师：嗯，这一点是相同的。三只猫最后或亡或失，一个词语叫"亡失"。这是第一点，三只养猫结局相同。还有什么相同呢？亡失以后还有什么相同呢？

生12：亡失之后，作者的心情。

师："我"的心情，养猫人的心情。"我"的心情怎样呢？你来说。

生13："我"心里也感到一缕酸辛。第二次是"也怅然地，愤恨地，在诅骂着那个不知名的夺取我们所爱的东西的人"。

师：至此，"我"家好久不养猫。第三次呢？

生13：第三次："我心里十分地难过，真的，我的良心受伤了，我没有判断明白，便妄下断语，冤枉了一只不能说话辩诉的动物。想到它的无抵抗的逃避，益使我感到我的暴怒、我的虐待，都是针，刺我良心的针！"
到最后，"自此，我家永不养猫"。

师：你认为，猫亡失以后，"我"的心情都是？用一个词。

生13：悲伤。

师：课文中是用了哪个词？读读倒数第三段。

生（齐）：难过。（教师板书：难过）

师：也就是说，猫亡失了以后，"我"的心情都是难过的。现在，同学们读出三只猫亡失以后表示"我"心情难过的句子。注意，要读出难过的感觉。

生14（读）：我心里也感着一缕的酸辛，可怜这两月来相伴的小侣！当时只得安慰着三妹道："不要紧，我再向别处要一只来给你。"（读得缓慢，低沉）

师：你想努力读得快一点还是慢一点？

生14：慢一点。

师：表示心情难过的时候是要读得慢一点的，关键词要读好，"一缕酸辛""只得"。第二次难过你来读一下。

生15（读）：我心里也感着一缕的酸辛，可怜这两月来相伴的小侣！（学生读成了第一次难过）

师：这是第一次。你难过得都分不清楚哪次了，看来确实很难过。（生笑）再读读第二只猫失去后"我"难过的句子。

生15（读）：我也怅然地，愤恨地，在诅骂着那个不知名的夺去我们所爱的东西的人。（读到最后声音高起来）

师：你后面为什么把声音拉高？

生：因为想到那个夺取我们所爱东西的人，应该很生气。

师：对，这个难过中应该还有愤恨的感觉。第三次，我们大家一起来读一读。"两个月后"预备读。

生（齐读）：两个月后，我们的猫忽然死在邻家的屋脊上，我对于它的亡失，比以前的两只猫的亡失，更难过得多。（很有感情，重音落实）

师（读）：我永无改正我的过失的机会了！自此，我家永不养猫。

师：读到这里，大家应该看出来了，"我"对于第三只猫的亡失，比——

生（齐）：比以前的两只猫的亡失，更难过得多。

师：比前面两只猫的亡失更难过得多。谁来解释，"我"为什么更难过得多？你来说。

生16：因为"我"目睹了前面两只猫的亡失，自己却亲手制造了第三只猫的亡失，所以比之前更难过。

师：有思考，这个更难过我们还要进入文章深层体验。我们再来读读这段话。"我对于它的亡失"，读。

生（齐读）：我对于它的亡失，比以前的两只猫的亡失，更难过得多。
（教师板书：比，更）

师（点着板书四个词）：所以，"亡失"是养猫的结局，"难过"是"我"的心情，这个"比"字则告诉我们，这篇文章最重要的写法是——

生（齐）：对比。

师：聪明了，文章是用对比的写法来写的。拿什么和什么作对比？

生（杂）：前两只猫和第三只猫。

师：嗯，也可以说，前两次养猫的经历和第三次作对比，前两次养猫的叙写很重要。这个"更"字呢，则告诉我们，这篇文章的阅读重点应该是——

生（杂）：第三只猫。

师：对，这个"比"交代了文章的写法，"更"字说明我们读这篇文章，重点要研讨第几只猫？

生（齐）：第三只猫。

三、"我"为什么一口咬定是第三只猫？

师：那我们下面就开始读第三只猫。把书翻到94页，我们一起来读一读。本单元要求我们学习默读，并且思考。接下来，同学们默读第三只猫的故事，思考一个问题："我"为什么一口咬定"一定是它"？"我"断案的根据是什么？

（生默读文章，教师提醒学生用笔画画）

师：好，都读完了。里面有几处出现了关键人物的对话，我们把这些句子读一读。

师（读）：那只花白猫对于这一对黄鸟，似乎也特别注意，常常跳在桌上，对鸟笼凝望着。妻道——

生17（读妻的语言）：张妈，留心猫，它会吃鸟呢。

师：非常好，请坐。（读）一天，我下楼时，听见张婶在叫道——

生18（读张婶的语言）：鸟死了一只，一条腿被咬去了，笼板上都是血。是什么东西把它咬死的？（声音轻）

师：张妈在"叫"道——（教师重读了"叫"）

生18（大声）：鸟死了一只——（声音大了）

师：张妈在"叫"道——（教师再次提醒，重读"叫"，让另一学生读）

生19（读张婶的语言）：鸟死了一只，一条腿被咬去了，笼板上都是血。是什么东西把它咬死的？（声音大，惊慌感）

师（读）：我很愤怒，"叫"道——（教师重读"叫"）

生20（读"我"的语言）：一定是猫，一定是猫！（愤怒，叫）

师：我很愤怒，"叫"道——（教师重读"愤怒""叫"）

生21（读"我"的语言）：一定是猫，一定是猫！（声音更大，愤怒）

师：很好，接下来再读。（读）妻听见了，也匆匆地跑下来，看了死鸟，很难过，便道——

生22（读妻子的语言）：不是这猫咬死的还有谁？它常常对鸟笼望着，我早就叫张妈要小心了。张妈！你为什么不小心？！

师：注意，看到死鸟，很"难过"，便道——（教师重读"难过"）

生22（再读妻子的语言）：不是这猫咬死的还有谁？它常常对鸟笼望着，我早就叫张妈要小心了。张妈！你为什么不小心？！（读出了妻子的"难过"，但后两句声音弱）

师：最后两个句子没有读好，标点符号看清楚，再来把这两句话读一读。

生22（再读妻子的语言）：不是这猫咬死的还有谁？它常常对鸟笼望着，我早就叫张妈要小心了。张妈！你为什么不小心？！（读出了妻子的愤怒）

师：好，"张妈"开始，你再来一遍！

生23（读）：张妈，你为什么不小心？！（软糯糯的，生笑）

师：噢哟，这么好听。（笑）标点符号，你看出来了没有？感叹号，问号。

生23（再读）：不是这猫咬死的还有谁？它常常对鸟笼望着，我早就叫张妈要小心了。张妈！你为什么不小心？！（声音拉高，读出了妻子的质问和愤怒）

师：后两句读的时候，你为什么把声音提高，又很凶凶的？

生23：因为妻子应该就是这样对张妈说话的，她就是这样大声斥责的。

师：我们一起来读读。"张妈！"，预备起！

师生（齐读）：张妈！你为什么不小心？！

师："我"为什么判断第三只猫是咬死鸟的凶手？证据何在？你能从文章中找出来吗？好，这位男同学。

生24：在第17小节，"那只花白猫对于这一对黄鸟，似乎也特别注意，常常跳在桌上，对鸟笼凝望着"。

师：大家一起来读，"那只花白猫"，预备读。

生（齐读）：那只花白猫对于这一对黄鸟，似乎也特别注意，常常跳在桌上，对鸟笼凝望着。

师：你想说什么？

生24：这里写那只猫对笼子里的黄鸟特别注意，"我"就以为它那时候就很想吃那只鸟，所以断定它就是吃鸟的凶手。

师：嗯，关键词找出来。哪个？

生25："凝望"和"注意"。

师："凝望"和"注意"！还要加上两个词，我觉得。

生25："特别注意"！

师：还有呢？

110

生 25："常常凝望"！

师：对，有事没事你不要老是望着陌生人。（笑）"常常""特别"，这强调了频率和程度。有注意它的嫌疑，对不对？当然，即便真的就是"特别注意""常常凝望"，能不能就以此判定是凶手？

生（杂）：不能。

师：猫常常又特别注意、凝望，所以，一想起来，猫就成了凶手了。还有没有？

生 26：在第 27 小节，他看到一只鸟死了，一条腿没了，三妹找到了鸟，"它躺在露台板上晒太阳，态度很安详，嘴里好像还在吃着什么"。"我"看到猫躺在露台板上，嘴里好像还在吃着什么，那个时候本来就已经很生气了，他感觉猫肯定是在吃着鸟的腿。

师：正好逮个现着，抓个现场，你在吃鸟的腿，所以你就是凶手。还有没有？后面男同学你来说。

生 27：在第 19 小节，"张妈便跑来把猫捉了去。隔一会儿，它又跳上桌子对鸟笼凝望着了"。（读得很到位）这里本来张妈已经把鸟从鸟笼那边打走了，但是隔了一会儿，又去看了。

师：所以，你注意到哪个字了啊？

生 27："又"字。

师："又"！频率高的行为，往往会产生更大的——

生 27：嫌疑。

师：所以，"又"字要注意了，他刚才也读得非常好，尤其是读"隔一会儿"和"又"。你发言非常积极，你旁边的同学一定也会受感染的。来，你来说。（叫起同桌）

生 28：第 25 小节写："找了半天，却没找到。真是'畏罪潜逃'了，我以为。"（读书随意）

师：你能把它读得好一点吗？你再来读一读。

生 28（读）：找了半天，却没找到。真是"畏罪潜逃"了，我以为。（认真了）

师：想说什么？

生28：呃……（沉默）

师：一般情况下，做了坏事后都干什么？

生28：逃跑。

师：就是逃离现场。一起来读读最后一个句子，预备起。

生（齐读）：真是"畏罪潜逃"了，我以为。

师：这句话正常说是怎么说的？

生（杂）：我以为真是"畏罪潜逃"了。

师：考虑一下，文中为什么要倒装？你来说说看。

生29：要突出"畏罪潜逃"。

生30：也要突出"我以为"。

师：好，我们还是一起来读读。先用正常语序来读。

生（齐读）：我以为真是"畏罪潜逃"了。

师：现在倒一倒读。

生（齐读）：真是"畏罪潜逃"了，我以为。

师：你觉得是突出什么？

生31：强调"我以为"。

师：考虑一下，"我以为"要读出什么味道来？

生31：愤恨的。

师：你呢？

生32：可能还有坚定的。

师：认为自己的判断肯定是对的，对不对？觉得自己断案很厉害。读一读，"真是"预备起。

生（齐读）：真是"畏罪潜逃"了，我以为。（有学生举手）

生33：我觉得这个地方作者写"我以为"，是跟后面有联系的。从后面看他是冤枉这只猫了，所以我觉得还可以是愧疚的。（读出愧疚）

师：所以，读文章，一定要读到心里去，要关注它的语言现象。还有没有？你来说。

生34：我找的是18小节，妻说的话。"张妈，留心猫，它会吃鸟呢。"因为猫本来就会吃鸟，如果现在看到猫在那里，有吃鸟的嫌疑，可能就是猫干的。

师：在这个故事中，妻子对断案有没有起到一个推波助澜的作用？

生34：有。

师：尤其是妻的哪一句话？你来读读看。

生34（读）：不是这猫咬死的还有谁？它常常对鸟笼望着，我早就叫张妈要小心了。张妈！你为什么不小心?!（没有读出妻子说话的感觉）

师：大家说她读得像不像文中家里的那个妻子？

生（齐）：不像。

师：为啥不像？你来读。

生35（读）：不是这猫咬死的还有谁？它常常对鸟笼望着，我早就叫张妈要小心了。张妈！你为什么不小心?!（很愤怒）

师：妻子在家里最有地位了。妻子认定猫是凶手，"我"就更认定凶手了。文章还有哪些地方让"我"下决心认定这只猫是凶手的？这个同学把手举了一半了，你来说。

生36：猫嘴里好像还在吃着什么。

师：前面同学讲过了这点，就是逮个现着。还有没有？妻子是这么说话的，如果有人出来给它做个证也好，偏偏文章当中——

生37（读）：张妈默默无言，不能有什么话来辩护。

师：没有人来给它辩护，你看，这事就更有口难辩了。还有吗？能不能找到别人找不到的地方？这位女同学。

生38：第15小节说"但大家都不大喜欢它"，说它难看，这个就造成了家里人对这只猫先入为主的思想，看到鸟死了，就会第一印象想到这只猫的各种不好。

师：你是怎么想到这句话的？你给大家讲讲。大家都忽略的地方，你怎么就会注意到这关键的一句话。

（生微笑不语。其他同学开始关注这段话）

师：她笑起来了。你们啊，都找不到。这句话太重要了。一起来读一读。

生（齐读）：但大家都不大喜欢它，它不活泼，也不像别的小猫之喜欢顽游，好像是具着天生的忧郁性似的。

师：这说明什么呢，同学们？我们要做一个让别人喜欢的人，要活泼，要阳光，要好看。（笑）不能每天——

生（杂）：不能每天都忧郁的样子。

师：太忧郁了，坏事都找上你。所以中学生一定要阳光，要心理健康。还有没有？

生39：第27小节，"它躺在露台板上晒太阳，态度很安详"。

师：哦，这地方讲了第三遍了。（生笑）

生39：没有，它为什么没有躲起来，还躺在露天板上晒太阳，说明它还很悠闲，就不该是它吃的。

师：按这个逻辑，你应该是在帮猫洗脱罪名。（生笑）

生40：21小节，"果然一只鸟是死了，羽毛松散着，好像曾与它的敌人挣扎了许久"。这里看出，因为猫吃鸟的时候总是要跟鸟搏斗一番，才能把鸟咬死。

师：现场有搏斗的痕迹。（生39又举手）好，你说，不让你说我心里也难受。

生39：27小节后面，"一时怒气冲天，拿起楼门旁倚着的一根木棒，追过去打了一下。它很悲楚地叫了一声'咪呜'，便逃到屋瓦上了"。

师：哪个字？

生39："逃"字，心虚。

师：对了，一打就逃，"逃"字在"我"眼里就是心虚，说明就是罪犯了。好，这就是第三只猫的故事。于是，猫的罪状证实了。请问同学们，这些证据，能不能，算不算证据？

生：不能。

师：你能从文中找出理由吗？（学生思考）

生40：文章很多地方出现了有"以为""认为"等词。

师：太聪明了，"我以为"，说明这些都是——

生40："我"的心理上的猜测。

师：还有没有另外的词，也能说明这些都是"我"的主观推测呢？看

114

看哪个词出现特别多？你来说。

生41：似乎。

生（杂）：好像。

师："似乎""好像"出现特别多。大家读出文中有"好像"或者"似乎"的句子。

生42（读）：好像是具着天生的忧郁性似的。

生43（读）：它躺在露台板上晒太阳，态度很安详，嘴里好像还在吃着什么。

生44（读）：那只花白猫对于这一对黄鸟，似乎也特别注意。

生45（读）：好像曾与它的敌人挣扎了许久。

师：嗯，好几句了。这些"好像"和"似乎"能不能删去？

生45：不能删去，因为"好像"和"似乎"都可以表现对于这个事情的真实性不能确定，都是自己心里想出来的。

师：或者说，这些"好像""似乎"都是我的——

生（杂）：臆断。主观推测。

师：这说明，文中的"我"都是凭什么来断案？对，凭我的臆断！在没有事实证据的前提下，只靠想当然就草菅猫命。所以，我们在读的时候，一定要注意郑振铎先生为什么安排了这么多"好像""似乎"。

四、 不知名的夺去猫所爱的东西

师："我"就这样冤死了这只猫，这就是这只猫可怜的下场。文中第二只猫死了以后，"我"难过的句子，大家读读看。

生（齐读）：我也怅然地，愤恨地，在诅骂着那个不知名的夺去我们所爱的东西的人。

师：我想把这句话也套到第三只猫身上去，"诅骂着不知名的夺去了猫所爱的东西的人"！（板书：不知名的 猫所爱的）

师：请问，猫所爱的是什么东西？这只猫死了，我们夺走了猫所爱的什么？

生46：我觉得是生命。（教师在"猫所爱的"下面板书：生命）

师：猫死了，我们夺走了猫所爱的生命。还有吗？

生47：世界。

师：这是一个怎样的世界呢？猫原来的世界，文中找找看。

生47：猫原来的世界是，嗯……（沉默）

师：夺走了猫的世界，我喜欢"世界"这个词语。（板书：世界）猫的世界，原来生活状态是怎样的？

生47：不怎么好。

师：后来呢？

生47：后来被领养之后生活变好了。"它躺在露台板上晒太阳，态度很安详。"

师：安详地晒太阳，说明它曾经有过一段温暖的时光，温暖的岁月。（板书：温暖）最后那位男同学，你来说。

生48：尊严。（板书：尊严）

师：为什么是尊严？

生48：因为猫没有办法辩护，而且它是被冤枉死的。

师：对，连尊严都被夺走了。大家写上第四个词语"尊严"。太棒了！猫所爱的比生命更重要的，是它的温暖，是憧憬，是尊严。还有没有？想一想，在这个故事中，我们还夺走了猫的什么？（学生思考）

生49：夺走了它的清白。

师：是啊，清白。（板书：清白）猫是清白的，清白被夺去后，它辩护自己的权利有没有啊？

生（齐）：没有。

师：因此，权利！（板书：权利）你举手的，你说。

生50：自由。（板书：自由）

师：原来这猫有多可爱，蜷伏在三妹足下，大家逗它玩，因此它还有自由，等等。（学生有说"信任"）对，信任，老师不写了，一起来读读我们说出来的这些词语。

生（读）：生命，温暖，清白，尊严，权利，自由，信任。

师：还有很多美好的词语，那都是猫所爱的东西。同学们，生活在这个世界上，永远有比生命更重要的东西。那么请问"不知名的夺去了猫所爱的东西"，这个"不知名的"又究竟是什么？

生51："我"的推测，妄下断语。（教师在"不知名的"下面板书：武断。下同）

师：武断。还有吗？究竟是什么让这只猫死亡了？

生52：自以为是！自私！

生53：暴怒，虐待。

师：自以为是的人，自私的人，非常粗暴的人。我们用"粗暴"这个词也可以说的。你来读读。

生53（读）：想到它的无抵抗的逃避，益使我感到我的暴怒、我的虐待，都是针，刺我良心的针！

师：还有吗？

生54：猫丑，就对它不喜欢，有偏见。

师：全凭个人好恶，冷漠！还有，猫在我们家怎样？

生55：它是一只流浪猫，没地位。

师：也就是说，没身份，地位低，因此还有等级观念。这样一想我们就知道了，一起说这些词语。

（生重复几个关键词）

师：武断、自私、冷漠、粗暴、偏见、等级观念等，一句话，人性中的——

生（杂）：丑陋！

师：人性中的丑陋夺去了猫所爱的东西。读到这里，我们就明白了，这篇文章，哪里只是在写养猫的事，更是在写——

生（杂）：写社会现状。写人性。（教师板书：人性的丑陋）

五、 文中共有几只猫？

师：写生命现状，写人性思考。最后，"我"家最后永不养猫。老师最后一个问题：整篇文章中一共出现了几只猫？

生（杂）：三只。

师：举手来说，数数看。

生 56：四只猫。

师：哪四只？

生 56：有三只猫是"我"家曾经养过的，还有一只黑猫是真正的杀鸟的凶手。

师：你怎么判断黑猫是杀鸟的凶手？

生 56（读）：隔了几天，李妈在楼下叫道："猫，猫！又来吃鸟了！"同时我看见一只黑猫飞快地逃过露台，嘴里衔着一只黄鸟。

师：好，同学们能不能对他这句话进行反驳？黑猫飞快逃过露台，嘴里衔着一只黄鸟，因此它就是咬死原来那只黄鸟的凶手。这个判断，成立不成立？

生 57：不成立。有可能黄鸟不是芙蓉鸟，是别的什么黄鸟，随便乱捉的那种。

生 58：我觉得不一定，毕竟是以前的事情。

师：今天做了坏事，是否就意味着以前的坏事就是它做的？（学生说"不一定"）能不能这样来推断？

生（齐）：不能。

师：你看，生活中我们也会用我们自己的主观臆测来断案。好，回到几只猫的问题上来。老师觉得肯定不是四只。文章中一共有几只猫？

生 59：五只。有可能之前杀死第一只黄鸟的是另一只猫，然后家里养了三只，再加上第二次的黑猫。（全场笑）

师：这个推理还真有可能。那在文章中出现的一共有几只猫？

生 60：七只吧。

师：怎么会有那么多的呢？

生 60（读）：隔了几天，二妹从虹口舅舅家里回来，她道，舅舅那里有三四只小猫。

师：哦，舅舅家里也有三四只，文中一笔带过的，也算吧。这样有几只了？

生（杂）：七八只。

师：七八只猫了。老师觉得还有。你来说。

生61：我觉得有些有可能外形不是猫，但是心灵有点像猫。（生大笑）

师：也就是说，文章当中有些人是猫。（生61点头）是这个意思吧？好，文中哪个人最像这只可怜的猫？

生62：张妈。

师：张妈怎么就像猫了呢？

生62：因为第24小节，"张妈默默无言，不能有什么话来辩护"。因为，那个时代张妈有可能是奴隶，没有自由的生活，和猫一样，没有清白，没有温暖，没有权利，没有自由。

师：你说得很好，但是张妈真的不是奴隶，她是他们家的佣人。她的地位高不高？（生说"很低"）所以，她也和这只猫一样，没地位，没温暖，不被信任，失去了尊严和辩护的权利。这样有几只猫了啊？舅舅家的不算。三只猫，还有一只黑猫，还有一只叫张妈的猫。几只？（学生思考）

生（齐）：五只！

师：五只？文中再数，还有没有？

生63：既然张妈是猫，那李妈也是猫，她地位也很低。

师：李妈也应该是受委屈的猫，她也是他们家的佣人，一定也会受到委屈。这样有几只猫了？

生（齐）：六只。

师：还有吗？再数。（有学生说"妻子也是猫"）你来说，我听到你说"妻子也是猫"。

生64：我觉得文中的人都是猫。

师：嗯，你真会思考！那文中的人怎么都是猫？尤其那盛气凌人的、很自以为是的妻子和"我"，什么时候会变成这样的猫？

生64：因为他们没有搞清真正的凶手，就误下断论，说"我们"家养的第三只猫是杀鸟的凶手。

师：那在家里如此盛气凌人的、自以为是的、随随便便就断定猫生死的妻子和"我"，在什么时候会变成可怜的猫？

生65：在将来。

师：在什么场景？

生65：社会上。

生66：遇到比他权力更大、地位更高的人，别人也可能这样对待他。

（很多学生"哦"的一声恍然大悟）

师：对，社会上，他到了单位或者就不会是最大的。走出家门，总有一个场景里，你不是最大最有权势的，总有一片天在你头顶。你怎么对待别人，别人就可能也这样对你。所以，同学们，只要丑陋的人性不改，我们每个人都可能成为那只可怜的猫，不是今天，就会是明天。再一想，你我有没有可能成为那只猫？

生（杂）：有。

生67：我们身上也有陋习。

师：所以，这篇文章，该反思的，不仅仅是"我"，还有我们。人性中的丑陋改变了，我们才有可能成为快乐的、被世界温柔拥抱以及平等相待的那只小猫。这是一篇小说，"我"不是郑振铎，这篇文章其实在写谁的故事？（学生说"我们"）把猫读成人，读成我们自己。对，我，我们，我的故事，你的故事，所有人的故事。我们再次齐读最后两段。

生（齐读）：我永无改正我的过失的机会了！自此，我家永不养猫。

师：这个"我"，到最后开始解剖自己了，开始思考生命，反思自己。至此，我们就明白，这篇文章其实告诉我们什么。我们用这个板书一起来说。比猫的亡失更难过的是——

生（齐）：（美好）人性的亡失！

师：下课！（掌声）

板书：

比		不知名				猫所爱的			
亡失	难过	武断	自私	冷漠	等级	生命	温暖	尊严	平等
				……				……	
更			人性丑陋						

教学感言

★读完郑振铎的《猫》，会很悲伤地想起作家弗吉尼亚·伍尔芙说的一段话："善良的老妇人告诉我们，猫对人的好坏有着最棒的判断力，猫总是会跑到一个好人的身边。"文中的"猫"是跑到一个好人的身边了吗？"过了几个月，它在我家仍是一只若有若无的动物。"很多人对着"若有若无"愤怒，我看着"仍是""动物"更是心痛。那声悲楚的"咪呜"是它唯一的言说，那根凶狠的木棒是它永远的阴影，邻家的屋脊上有它凄惶又不甘心的蜷伏。村上春树说："我与幸福之间，只差一只猫儿。"阅读文章后，我想这么愧疚地说，我与人性真相之间，只差一只猫儿。这就很好地理解了作家的写作："既是揭示世界又是把世界当作任务提供给读者。"语文课堂展示出的，不仅是学养，还有爱心、良知、责任、正义等人格的力量。

★教学这篇文章，首先要思考的是它的文体。郑振铎深受"五四"时期"科学、民主、博爱"思想影响，但在那个时候，他思想上极度"彷徨"如鲁迅，看不清更找不到中国的出路。于是，1925年到1927年，他创作了16篇组成写实短篇小说集《家庭的故事》，《猫》是其中的第一篇，从一个独特的视角观照社会，审视人性。学界对这篇文章的文体又多有争议。教材的"预习"里说，郑振铎善于写"平平淡淡的家庭琐事与脉脉温情中轻笼的哀愁"，这"平平淡淡的家庭琐事"更感觉是在投射散文印痕。我的教学是从小说文体出发的，甚至有些固执。这其实是不对的。从虚构与否来判断一篇叙事文章属于散文还是小说，毕竟是皮相的。我对干国祥老师的这段话很感兴趣："《猫》是散文写成了小说，还是小说写成了散文，这个得问作者本人，但也并不重要——重要的是看清这个事实：这是一篇虚构明显，但又高度符合散文叙事特征的文章。"散文也好，小说也好，关键是你得把散文上成散文，把小说教成小说。其实，在这浮躁、物欲化的当下，很多小说赫然都成了散文。

★能拥有多种的解释，或许是好作品都拥有的一大特点。《猫》是统

121

编教材七年级上册第五单元"人与动物"里的第一篇文章。单元导语这样说:"人与动物都是大自然的成员,人类始终面对着如何与动物相处共存的问题。""本单元课文描绘了人与动物相处的种种情形,有的表达了对动物的欣赏、对其命运的关注,有的表现了人与动物的矛盾冲突。阅读这些文章,可以增进对人与大自然关系的理解,加强对人类自我的理解和反思,形成尊重动物、善待生命的意识。"很显然,教材对文章的主题定位是"人与动物相处共存的问题",偏向于"尊重动物、善待生命"。这样的主题定位对《猫》这篇文章来说,显然是简单的,至少学生是容易读出来的。这篇小说显现出纷繁的文字奥秘,"我家永不养猫"的背后可以衍生出各异的人文主题,能从不同的维度、不同的细节生发出新的、深层次的思考。教学不能就已知教已知,必须依托学情,遵循适度的原则,引领学生从一望而知走向一望无知的领域,走进更深刻的生命意蕴和人性思考中。如此,文字对精神的唤醒与滋养才更加真实。

★《猫》的课堂教学,最大的困惑在哪里呢?一句话,它太容易教"活"了。为这篇文章设计的各类学习活动俯拾皆是。若不加思考和辨别,只简单求"活",最后你会发现,好些信手拈来的"活"炸响了课堂,却寂寞了文本。于文本和文本语言而言,"热闹是它们的,我什么也没有"。灵动、开放的教学活动,首先是基于学生阅读文本的活动,目的是吸引学生更热烈、更主动、更直接地接触语文材料去阅读,去思考,去探究。好的教学设计需要灵感、激情和想象力,但首先是对语文和语文教学的准确定位和正确理解。

★语文阅读教学,不能停留在"来过""看过",而要积极走向"思考过""体验过"。学生与文本对话是阅读教学的基础,是根本。阅读不是一项机械性的行动,而是想象、体验、理解、参与的过程。学生需要通过细致深入的阅读,追寻理解,学会思考,去发掘文本对于现实生活的隐喻和折射,去建构自己的意义世界。这样的阅读,才能把文本的意义和精髓融入生命血肉之中。读《猫》,绝不是只把"猫"读成"猫",而是要学着把"猫"读成"人",把"猫"读成"我"和"我们"。

★"我对于它的亡失,比以前两只猫的亡失,更难过得多。"这真是一个有意思的句子。它几乎涵盖了文章的所有信息："我"与"猫"是文中形象，"亡失"是内容，"难过"是情感，"比"暗示了结构与手法，那个"更"字突出了重点是第三只猫的故事。瞬间读过这句话的时候，仿佛被一道电流击中，整个人就镶嵌进明天的课堂里了。

★教材插图上的那只猫，我看了很久。恍恍惚惚，觉得它是我见过的每一只猫。它向我招手，要求走入我的课堂。我不想辜负这样温柔的暗示。

我在现场

★因机缘，我有幸与肖老师同课异构《猫》。大冬天，我自己上得浑身是汗，有一种越上越乱、收不拢场的感觉。随后是肖老师执教，整堂课一张猫图PPT，极尽简洁之能事。看图说猫，以此来引领学生熟悉课文内容。看似小儿科，实藏大学问。学生必须进入教学现场仔细观察图像，再回到原文中去提取信息，这个过程的思维含量极高。再如，教学过程中，肖老师带着学生一起读写第三只猫的相关文字。对初一的学生来说，居然还要老师带着读，定位是不是太浅了，可是肖老师一开口，学生的朗读就重新定调了，原有的拖腔拖调马上就改变了，很快就融入到了文本营造的氛围中，体会出第三只猫的不幸。同时那些修饰语的朗读指导，又为后面讨论这猫是不是吃鸟凶手做好了预热。学生有了前面与文本的充分接触，课的最后，也就很自然地抵达了"我们都可能会是那只猫"的思想深处。

我惊讶于肖老师对文本理解的通透，随便一个切口，都能"以无厚入有间，恢恢乎其于游刃必有余地矣"；也叹服于肖老师对教学目标和教学路径的透明清晰，使课堂中学生的变化完全可视，可预期。肖老师的课浅，是因为课太"清澈"，太"通透"。他的这种"浅"，其实是"千丈见底""直视无碍"的"浅"，可谓"淡到极致为绝美，浅到通透是渊深"。

——江苏省南菁高级中学实验学校　蔡成德

★好课的背后是好的问题设计。肖老师设计了这几个问题：①插图上的猫是第几只猫？三次养猫的共同点是什么？②第三只猫为何被"我"判成凶手？③猫死了，"不知名的夺去猫所爱的东西"，夺走的是猫所爱的什么东西呢？这"不知名的"又是什么？④文章共有几只猫？四个问题很有层次性，既开放又回归文本。如此，课堂的推进不是依靠师生简单浅显的碎问碎答，也不是凭借老师凌驾于学生的思维之上一味地强加灌输，而是留给学生充分的空间，让学生去思考，去碰撞。问题都紧紧扣住文本语言核心，紧紧扣住文本内容，串起了对文章中人物、情节、结构、语言等内容的探究欣赏，将学生深深地引进课文，激发研讨热情，从而有效地开展课堂活动。

——广东实验中学　陈铿

★一节《猫》，显示了肖老师的教学智慧。课堂纯语文，没有非语文因素，没有漫谈式的导入，没有所谓的高效，没有所谓的延伸。只是基于文本，基于语言，在反复的读的过程中，主讲猫与人的关系，体会语言的精妙与深邃，体会世态人情。

——河北省涿州市实验中学　代立然

★肖老师从课文插图入手，让学生根据文中的描述判断画的是哪一只猫。切口如此精巧，不仅激发了学生的学习兴趣，而且引导学生迅速、全面地了解了三只猫各自的特点。下笔惊雷，听者也即刻被深深吸引住了。就课堂结构梳理而言，辨猫图，理清特点（强化原文意识，培养辨析能力）；析结果，理清框架（强化整体意识，培养逻辑思维）；读文本，深挖意蕴（培养阅读意识，培养思维深度）。设计别具匠心，活动密集高效，追问梯度高质。这引发了大家对三个问题的思考：如何从浅层解读中走入深度解读（精读)？如何从理性分析中回归感性体验（活动)？如何从通俗教学中走向精致教学（追问)？

——浙江桐庐初中语文教研员　赵根标

★凭借一张猫图，带领学生通过规范的、生动的阅读开展了一场关于"受委屈的猫"的推理大剧，最终不仅通过文字表述和情感变化"看清"了三只猫，找到了那些"凑热闹"的"嫌疑猫"，更领悟到像"受委屈的猫"一样的身边人和不同状态下可能"受委屈"的人。

于是，一篇关于养猫的文章的阅读学习，于高潮处，戛然而止。由文及"案"，由猫到人，最终触碰到我们惯常不注意的人性，可谓在有意义作品的文学性背后挖出了有价值的社会性，在人与动物故事的生活态中悟出了人间态。

——中国教师报教师发展中心副主任 、《课改研究周刊》主编 韩世文

名师点评

以读为本 读中悟道
广东实验中学 丁之境

培东老师 2017 年 12 月曾在我的班上执教过《猫》这一课，我和我的学生迷恋其中，"沉醉不知归路"。再读他时隔一年后执教于江苏江阴的《猫》这一课的教学实录，仍然感触颇深。这节课值得品味之处颇多，比如环环相扣的课堂推进艺术，收放有序、张弛有度的课堂节奏等，但我感受最深的仍是培东老师语文课堂的导读艺术。

以读为本，是中国传统语文教学的宝贵经验，培东老师自然是深谙其道的。他曾经说过："读书是最重要的教学内容，最基本的教学方式……以读促思，以读助悟，我想来想去，还是读书最好。"培东老师是这样说的，更是这样做的。《猫》一课的教学，就鲜明地呈现了培东语文课堂"以读为本，读中悟道"的教学特色。

一、 巧用插图， 猜读激趣

写文章，切入巧妙，方能境界全出，上课也同样如此。培东老师《猫》这一课的切入"看图辨猫"令人耳目一新，拍案叫绝。

课文插图是教材的有机组成部分，但插图存在的意义和作用往往会被老师们忽略，培东老师却巧用课文插图，设计了一个很妙的学习活动，让学生猜教材上的插图是文中的第几只猫，并找出文中的依据。该学习活动的设计妙在何处呢？

1. 将本单元阅读方法和阅读策略的教学落到了实处

《猫》一文出现在统编版七年级上册第四单元，在单元导语中明确了单元学习需要的阅读要素：继续运用默读这一阅读方法，采取勾画摘录，概括中心的阅读策略，理解并思考对生命的认识。学生要完成"看图辨猫"这一学习任务，就必须回到文本中阅读、勾画，筛选有效信息，然后做出自己的判断。教师创设的这一学习活动，为学生的"学"提供了学习路径，将单元的阅读策略落到了实处。

2. 增加了语文学习活动的趣味性和思维含量

"看图辨猫"这一学习活动，其主要目的是让学生通过快速默读了解三只猫的特点，初步感知文中的文学形象。与大多数老师采用的"填写表格"方式相比，"看图辨猫"的方法显然更有趣味，更能吸引学生。学生在这一任务的驱动下，默读、勾画，与文本对话，又通过师生对话，进行反馈交流。在师生对话的过程中，肖老师通过不断追问"有没有其他依据"，来激活学生的思维，启发学生发散思维，另寻新的角度，不断产生新的发现。

这样的学习活动，既是学习的手段，又是学习的路径，学生在这个过程中自然无痕地完成了默读训练，感知了三只猫的形象，并为接下来深入体会文章的意蕴做好了铺垫。

二、 涵泳语言， 读出意蕴

张志公先生说，语文课就是"要带领学生在课文里走一个来回"。张先生的意思是，语文阅读教学必须让学生充分触摸语言，亲近语言，从语言出发，再回到语言，中间连接的是语言承载的思想情感、文章意蕴等。肖培东老师的语文课以读为本，特别善于在言语内容、言语形式的关键点、敏感区、矛盾处创设学习活动，带着学生一起精读细思、咀嚼涵泳，以此指引阅读路径，达成阅读目标。在《猫》这一课的教学中，培东老师精心设计了形式多样的"读"的活动，通过细致深入的读，让学生接触语言、亲近语言，并在此基础上去思考去探究文字背后的意蕴。

1. 因声求气

因声求气，是我国古代语言学习、文学品味的重要方法，即通过诵读来探求文字背后的节奏、韵律，进而领会作品的"神气"。这样的阅读传统，一直延续至今，在《义务教育语文课程标准》（2011年版）中明确建议"学习用恰当的语气语调朗读，表现自己对作者及其作品情感态度的理解"。

在课堂推进的第二环节，培东老师引领学生通过语速的快慢、语调的高低变化去朗读三只猫亡失后表示"我"心情难过的句子。在老师创设的语境中，学生通过反复诵读体会文字的节奏、韵律，自然而然地就明白了文中的"我"对第三只猫的亡失更难过，并且还带有对夺去猫的人的愤恨。

汉语言是音形义的结合体，因声求气，沉潜回味，是涵泳汉语言的重要方法，如何以声悟情，培东老师给我们做了很好的示范。

2. 字斟句酌

为了培养学生对语言的敏感，培东的语文课经常会引导学生沉入文本，字斟句酌，对一些句子、词语，甚至一个标点符号，慢慢咀嚼和品味。在对语言的精敲细打中，学生有所发现有所体悟，并逐渐产生对语言的敏感。

在课堂推进的第三环节，有一段非常精彩的师生演读，其中尤为精彩的是对"张妈！你为什么不小心?!"这句话的咀嚼和推敲。学生一开始只能读出文中的"妻子"看到死鸟时的难过，但没能感受到"妻子"的愤怒以及对"张妈"的斥责。培东老师引导学生反复读，并且关注句中的感叹号和问号。学生最终用声音读出了这句话背后的意蕴，为课堂最后一个环节理解文章更广阔的意蕴作了铺垫。

好的语言文字需要我们全身心沉入其中去涵泳，去熟读精思，从而感悟到文字背后丰厚的意蕴。我想，唯有这样的读，方能滋养言语，浸润生命吧。

3. 比较品评

语言的比较品评，就是让自己在多重话语之间穿行，在多方比较中发现语言之美，语言之妙。在引导学生读"真是'畏罪潜逃'了，我以为"这一句时，培东老师就用了比较品味法。让学生先用正常语序来读"我以为真是'畏罪潜逃'了",然后再用倒装句式来读"真是'畏罪潜逃'了,我以为"。在比较品味中,学生体会到了"我"当时对自己判断的坚信不移以及后面明白真相之后的无尽愧疚。

不一样的语序强调的是不一样的情感和意蕴,如果老师只是告诉学生这样写叫"垫后强调",这样的说法对学生的阅读体验毫无作用。培东老师在品读完这句话后,告诉学生"读文章,一定要读到心里去,要关注它的语言现象"。关注语言现象,其实就是关注语用学习,关注言语形式和文本意蕴的关系。如果我们的语文教学能在这些地方多点玩味和思考,那么学生的语文水平将会有多大的提升啊。

三、 以文悟道, 读出未知

好的课堂应该是能让学生学习增值的,能够引领学生从一望而知走向一望无知,再获新知的领域。对于《猫》这一课的教学定位,培东老师在教学感言中是这样说的:"教材对文章的主题定位是'人与动物相处共存的问题',偏向于'尊重动物、善待生命'。这样的主题定位对《猫》这篇文章来说,显然是简单的,至少是学生容易读出来的。"培东老师对教材的把握,对学情的分析,我认为是十分恰当的。如果教师在课堂上教的都是学生一目了然的内容,那么这样的课堂就是无效的,甚至是浪费师生生命的。

郑振铎的《猫》,是一篇散文化、写实性的短篇小说。而小说是通过塑造人物、叙述故事、描写环境来反映生活、表达思想的一种文学体裁。好的小说作品,其意蕴往往藏在字里行间,需要读者去开掘,去发现。

如何读小说?如何才能读出小说深藏的意蕴呢?小说家毕飞宇先生在《小说课》这本书中说,阅读小说要解决两个问题,一个是关于"大"的问题,一个是关于"小"的问题。培东老师在课堂推进的最后一个环节,恰恰关注到了小说的局部和大局,教给学生小说阅读可操作、可迁移的阅读方法:以小见大,以文悟道。

学生读懂了《猫》这篇小说的主旨是表现"我"仅凭自己的主观臆断就草菅猫命后的忏悔,培东老师的课并没有止步于此,他提出了三个极具

128

震撼力的问题：

第一个问题是"这只猫死了，我们夺走了猫所爱的什么"。

这是一个能拓展学生思维空间的问题，学生说出了"生命、温暖、尊严、清白、权利、自由"等词语，这些词语代表着世界上最美好的东西。

第二个问题，顺势而来。那到底是什么夺去了这些世界上最美好的东西呢？这是一个能拓深学生思维深度的问题。学生们说出了"武断、自私、冷漠、粗暴、等级观念"等词语。在学生回答的基础上，培东老师把这些词语代表的元素抽象到能涵盖它们的"大"类：人性中的丑陋面。学生恍然大悟，课文哪里是在写养猫的事情啊，原来是在写社会，写人性啊。

最后一个问题的追问，尤为精彩。"文中一共有几只猫？"在对文中猫的数量的追寻中，学生终于从读"猫"上升到读"人"，读出了"原来我们每个人都可能成为文中被冤屈的猫，只要丑陋的人性不改，我们每个人都可能成为那只可怜的猫"的深刻主题。

读至此，学生终于从文学形象中读出了比形象更深远的意蕴，而这些内容是学生不能一目了然的，是需要教师引导学生去思考，去体悟的。在学生从一无所知到有所知晓的转变过程中，教师不仅教给了学生阅读的方法和策略，还让学生切实体会到在看似一望而知的语文阅读世界里还有许多未知的东西等待着他们去探索、去解读。

这样的语文课，无疑是充满着无限魅力的！

《驿路梨花》

浅浅小语

风,裸足踩过花瓣和叶片,记住了每一朵芬芳。与每一个字的香味自然相拥,让灵魂赶上就要启程的春天,你才会读懂文章深处那一场绚丽花事。

——肖培东

课堂再现

执　　教:肖培东

点　　评:丁卫军

教学背景:2019 年 4 月 20 日,河南濮阳市华龙区一中。课前老师让学生自由地朗读课文,学生却表示这篇文章老师最近教了。

一、 这篇课文你们学到了什么?

师:同学们,我们要上的这篇课文《驿路梨花》你们刚学过了,是吗?

生(齐):学过了。

师:学过了,就好。学过了,我就要问问你都学到了什么。《驿路梨花》,你们的语文老师教了,你也读了,学了,那就跟老师聊聊。注意,

你只能说其中一点。（学生浏览，思考）

生1：《驿路梨花》设置了三次悬念。第一次，这是什么人的房子呢？第二次，茅屋的主人是谁呢？第三次，谁是"梨花"呢？

师：嗯，你能简单地告诉我，这篇文章你学到了什么。

生1：作者在文中设置了多次悬念。

师：哎，这样表达就好了，《驿路梨花》设置悬念。（叫起另一学生）好，你也像他这样说话。读《驿路梨花》，你学到了什么？

生2：这篇文章运用了倒叙的写法。

师：哦，运用了倒叙的写法。哪里是倒叙？跟大家说说看。

生2：一开始是说他们发现了茅屋，最后才说出了茅屋的主人。

师：哦，你这是就文章的记叙顺序做出的思考。按小茅屋的产生及迁延过程看，是用了倒叙，把后发生的事情放到前面来说了。（叫起同桌）除了倒叙以外，这篇文章在记叙顺序上还有什么特点？

生3：插叙！小屋的一些来历用了插叙。

师：说得好。你们两个结合起来，就整理出了。这篇文章从整体上看是按"我们"的所见所闻的时间顺序组织材料的，在顺叙过程中又有插叙。溯源小茅屋，又是倒叙。文章记叙顺序我们就更清楚了。好，你学到了什么？

生4：这篇文章作者还设计了许多误会。

师：设计了很多误会，比如说——

生4：比如说，第一个误会是"我"和老余误会茅屋的主人是瑶族老人，然后第二个误会是"我们"误会梨花的妹妹，以为她就是梨花。

师：那作者设计这些误会又有什么作用呢？

生4：设计这些误会，更能激起读者的阅读兴趣，让故事更有起伏。

师：其实你说的，也是在补充前面第一个同学说的"设置悬念"，是吧？三次悬念和两次误会，使得这个故事——

生5：一波三折。

师：对，更富戏剧性，很有味道。（望向后几排的学生）哎，后面的同学，不能忘了你们。他们都说了好几点了，你再不说就被说完了。（走向后排）你学到了什么？

生6：文章好几段运用了环境描写。

师：哦，文章环境描写很有特色。你呢？（指向另一位同学）

生7：我们要学习雷锋精神！

师：我们要学习雷锋精神！从哪里看出来的？

生7：文章里解放军说的。（读）解放军说："不，我们是为了方便过路人。是雷锋同志教我们这样做的。"

师：嗯，是雷锋同志教你这样说的。（笑）也就是说你读出了这篇文章的主旨，它的情感内涵，是吧？（生7点头）这位同学，你又学到了什么呢？

生8：我学到了……（说不出来）

师：看，都快被别人说完了吧，所以一定要抢先举手。好，谁先举手我看看。刚才都是老师直接叫的，现在我要找一个先举手的同学。（有学生举手犹豫）你不举手，我就要叫你了。来，你学到了什么？

生9：我学到了……这篇课文是以"我"和老余的所见所闻为线索的。（随意地读了读课文上的记录）

师：你真的是学到了吗？（生9不语）学到了，最好是说学到了这篇文章线索设置的特点。你说的还是不错的。还有没有？谁再来说一点？最后一次机会，你来说。

生10：文章告诉我们要向雷锋同志学习，学习助人为乐的精神。

师：好，你把刚才同学的话重复一遍了，说得更深透具体了。文章的主题，深入我们班级同学们的心了，非常好。

二、 文章有几朵"梨花"？

师：好了，同学们，那我还有什么可以教的，你们还有什么可以学的呢？你看，记叙顺序、悬念设置、环境描写、文章线索……这样吧，同学们，我就问你们一个问题：这篇文章有几朵"梨花"？文章有几朵"梨花"？

（学生读文思考）

师：再读这篇课文，想想老师提出的这个问题。（学生默读课文，老师在黑板上板书"梨花"）细细看，你在这篇文章当中找出了几朵梨花。（几分钟后）大家看完了没有？（学生表示看完了）

师：来，你站起来说。（叫起第一排的男同学回答）你文章看完了没有？

生11：看完了。

师：这篇文章你学过了没有？

生11：学过了。

师：那你课本上怎么一个字都没有呢？你是不是为了这节公开课，特意不在书上写字的呀？（生11惭愧）一本语文书上都没字的话，阅读的痕迹肯定找不到的。老师要不要批评你啊？

生11：要。

师：错在什么地方？

生11：没有及时做批注。

师：书上啥都没有，无法证实你阅读的过程。一篇文章，学过以后，书上一定要留有痕迹，懂吗？（生11点头）来，学过了以后，书上也不写字的，还有没有？举手。（生12举手）嗯，你也得站会儿。两个同学每人站5分钟，然后再坐下去。（全体学生更加专注、认真）

师：好，现在回到我们的问题上来。这篇文章当中有几朵"梨花"？举手回答只能说一朵，要留下几朵给别的同学说。好，先从你开始说。（叫生11回答）

生11：在第3段。（读）同行老余是在边境地区生活过多年的人。正走着，他突然指着前面叫了起来："看，梨花！"（读得很认真）

师：嗯，还别说，读得挺好听的。你再来读读，或许能读得更好听。

生11（读）：同行老余是在边境地区生活过多年的人。正走着，他突然指着前面叫了起来："看，梨花！"（更有感情）

师：哎，那个老余说的那句话应该怎么读呢？

生11（读）：看，梨花！（抬高声音）

师：说这句话的时候，他的心情怎么样？

生11：很激动的。

师：激动！惊喜！那你读读看。

生11（读）：看，梨花！（读出激动感）

师：你顺着我的手指！（做出一个手势动作）梨花就在那里！来，读。

生11（顺着手指，读）：看，梨花！（声音轻）

师：呦，你再看句子的标点。"梨花"后边是个什么标点呢，同学们？（生说"感叹号"）好，现在你重新酝酿一下。我再请另一个被罚站的同学读一读。你想坐下去，就要把这句话读好。

生12（读）：看，梨花！（重读了"看""梨花"）

师：哎哟，你是"叫"的，他（生11）是说的，所以效果就不一样。书上写的是老余突然指着前面什么了起来？哪个动词？

生11：叫！

师：把这个字圈画出来。所以，上课不做摘记不做批注，我们读书都读不好，对不对？好，你们两个同学一起读。

生11 生12（齐读）：同行老余是在边境地区生活过多年的人。正走着，他突然指着前面叫了起来："看，梨花！"（读得有进步）

师："看，梨花！"大家注意"梨花"两个字。老余为什么不说"快来看，前面有梨花！"？他为什么不这样说呢？（学生思考）比如你走在沙漠里看到水源的时候，你会怎么说呢？

生11：看，水！（很惊喜）

师：那你为什么不说多几个字的话呢？

生12：简单的两个字，可以说明了当时的心情。

师：激动、惊喜，尽在其中，所以读书一定琢磨。（面对全体同学）来，我们看他们读得怎样，读得好就让他们坐下去。

生12（读）：看，梨花！看，梨花！（连读两次，读出了老余的心情）

生11（读）：看，梨花！（读出了叫声的惊喜、激动）

师：哎，好多了，请坐。同学们看看，这是文中"梨花"第一次出现。老余看到这个梨花的时候什么心情？

生（杂）：激动，惊讶，惊喜，高兴……

师：对，很激动，很惊喜。因为梨花就代表——

生13：梨花代表前边有人家，可以休息了。

师：对，有人家，有房子，有希望，有着落了。这个同学想说的"梨花"是文章当中的第一次出现的"梨花"，叫作什么"梨花"呢？

生（杂）：真实的梨花，长在梨花树上的梨花。

师：所以，第一朵"梨花"是长在梨花树上的梨花。同学们，继续找，把长在树上的梨花的描写全都找出来。一边找，一边酝酿一下该怎么读。（学生阅读，思考，生11主动举手）

生11：第6段。（读）一轮新月升起了，我们借助淡淡的月光，在忽明忽暗的梨树林里走着。山间的夜风吹得人脸上凉凉的，梨花的白色花瓣轻轻飘落在我们身上。（把"一弯新月"读成了"一轮新月"）

师：嗯，这是一段走在梨树林里的描写，白色的梨花轻轻飘落。不过，你好像读错了一个量词。是"一轮"新月，还是"一弯"新月呢？

生11：一弯。

师：你告诉老师，为什么不用"轮"而用"弯"呢？你读的时候很自然地读成了"一轮"，可是，小说当中是"一弯新月"，为什么呢？

生11：嗯……突出了当时的……（说不出）

师：每个同学都想想看。为什么是"一弯新月"？你说。

生13：因为新月是尖的，而"轮"表示的是圆的月亮。

生14：一弯新月更加漂亮。

师：对，新月是农历每月初出的弯形的月亮。月亮比较弯，另有一种漂亮。圆的看多了。这个"一弯新月"在树梢上，在山的脊背上，大家更会觉得这个环境就特别的——

生14：美，有诗意。

师：嗯，就特别的美。我们大家来读读，读读这段美的句子。"一弯新月"，预备，读。

生（齐读）：一弯新月升起了，我们借助淡淡的月光，在忽明忽暗的梨树林里走着。山间的夜风吹得人脸上凉凉的，梨花的白色花瓣轻轻飘落在我们身上。（读书拖腔拿调，不连贯，没有感情）

师：指出大家读书的一个不好的习惯。你们读文章都是一个字一个字顿着读的，很多美丽的词语都被你们读破了。听老师读。是不是跟你不一样？

师（范读）：一弯新月升起了，我们借助淡淡的月光，在忽明忽暗的梨树林里走着。山间的夜风吹得人脸上凉凉的，梨花的白色花瓣轻轻飘落在我们身上。

师：来，你来读读看。

（生15读得很好）

师：嗯，你读得好。来，你再来读。

（生11再读，很认真）

师：大家一定注意，读书切不可一字一顿地读，看句子要看出句子的整体。我们一起读读这段话。

生（齐读）：一弯新月升起了，我们借助淡淡的月光，在忽明忽暗的梨树林里走着。山间的夜风吹得人脸上凉凉的，梨花的白色花瓣轻轻飘落在我们身上。（有进步，"轻轻的"读得很舒缓，很轻柔）

师：既然是"轻轻"飘落，读的时候就应该是——

生（杂）：轻轻的。

师：嗯，就像现在这样轻轻读出梨花的美。还有没有别的句子？

生16（读）：白色梨花开满枝头，多么美丽的一片梨树林啊！（很有感情）

师：哎，开满枝头的梨花，真美。还有没有？哪些地方有"梨花"的？（叫起生17）

师（面对生17）：知道老师为什么注意到你了吗？你一直都没有看课文。你周围的同学都多次举手。你呢？眼神都在游离，就怕我叫你。可是我还就叫到你了。（笑）来，你给大家说说看，文章当中写"梨花"的句子还有没有？（生17低头不语，其他同学举手）

生18（读）：我正失望的时候，突然看到了这片梨花林和这小屋，屋里有柴，有米，有水，就是没有主人。

师：嗯，瑶族老人说的话里就有梨花林了。好，请坐。那小说当中多次出现了香气四溢的梨花林和梨花树上的梨花，这些描写的作用是什么？（再次叫起前面读书不认真的生17）你来说。

生17：嗯……

师：不知道了，我们读书一定得认真，要读进文字深处，多多思考。这样吧，你再把关于梨花的描写读一次。

生17：一弯新月升起了，我们借助淡淡的月光，在忽明忽暗的梨树林里走着。山间的夜风吹得人脸上凉凉的，梨花的白色花瓣轻轻飘落在我们身上。（认真起来了）

师：好好读，好好品味。你觉得有什么作用？

生17：表现了环境的美丽。

师：嗯，写出了这个环境的美丽。还能更具体地说说吗？我们可以从梨花的特点去思考。为什么要多次出现这样的梨花树和梨花？

生19：因为梨花，很纯洁。

师：聪明。梨花是什么颜色？

生19：哦，白色，代表纯洁和善良。

师：哦，说得好。继续，为什么要多次出现梨花的相关描写？

生20：通过对梨花的描写衬托出人物无私奉献和乐于助人的品质。

师：梨花，人，说的是对的。还有吗？

生21：多次强调了梨花的洁白。

师：多次强调了梨花的洁白，有道理的。我们讲，一个美丽的故事，往往会产生在一个美丽的环境当中。这个梨花树呀，我们来看看。（出示PPT梨花图片）

师：白色的梨花，非常的纯洁，淡淡的，清新雅致。这个故事，就发生在这样一个清新、优美的环境当中。而梨花，它的特点，也会跟文中人物的特点相关联。所以，同学们，这样好的故事，这样美丽、诗意的环境，这样纯白、芳香的梨花，我们读出了文中的第一朵"梨花"，也就是我们所说的长在树上的真实的梨花。（板书：树上梨花）

师：好，你还能找出第二朵"梨花"吗？（生21再次举手）哎哟，又举手了，真为你高兴，你说。

生21（读）：我到处打听小茅屋的主人是哪个，好不容易才从一个赶马人那里知道个大概，原来对门山头上有个名叫梨花的哈尼小姑娘。

师：也就是说，原来还有一个叫"梨花"的女孩，这个哈尼小姑娘的名字也叫"梨花"。考虑一下，作者为什么给她取名叫"梨花"呢？（问另一同学）这位同学，你叫什么名字？

生22：我叫卢晓晴。

师：卢晓晴，你说说看，作者为什么给她取名叫"梨花"呢？

生22：因为……因为那个女孩的品质跟梨花一样都是纯洁的，是善良的。

师：你来说，她说的有没有道理？

生23：我觉得有道理。文章通过对梨花的描写，也写出了名叫梨花的小女孩的纯洁善良和乐于助人的品质。

师：很流利，说出了自己的思考。那，把她的名字叫作"桃花"，行不行呢？

生24：我觉得不行，因为这篇文章突出了梨花姑娘的善良和纯洁。

生25：不行，文中出现的景物是梨花。

师：其实我们都看出来了。"梨花"在文章当中不仅仅是花，更是一种品质。一个叫"梨花"的姑娘，在一片长满梨花的树林当中，真美，这个前后都开满梨花的茅草屋。梨花，纯洁的名字，美丽的名字，乃至她美丽的心灵。

师：好，再找找看。这个叫"梨花"的小姑娘究竟是谁？课文当中有没有出现这个叫"梨花"的姑娘？

生25：没有直接出现，因为课文上说这个叫"梨花"的姑娘已经嫁出去了。

师：嫁出去了，梨花姑娘。那这篇文章能不能这样构思？最后"我"终于见到了梨花姑娘！这个小姑娘，不，应该是梨花大姑娘了，她回来了，"我"终于在茅草屋前看到了梨花姑娘。这样行不行？（学生很感趣，开始讨论）

师：这个问题，书上可没有，你得好好想。如果小说的结尾，梨花姑娘真的出现在茅草屋前面了！来了！她来了！她站在那里，对我们说："我就是梨花！"可以吗？

生26：不行，因为她已经嫁出去了。（师生笑。）

师：你有姐姐吧？（生26点头）姐姐嫁出去，就不回来吗？姐姐嫁出去也要回娘家看一看的呀。（生笑）哎，你来说！最后结尾梨花又出来了："我就是你们要找的梨花！"

生27：不好。

师：为什么不好？

生27：因为本文突出的是梨花姑娘的品质，她回来了，就——

师：回来不是更有品质了吗？时刻惦念着这里。

生27：来了就不能象征那个品质。

师：她本身就能代表那个品质，为什么来了就不能象征那个品质？

生27：因为这个纯洁、助人为乐的品质是象征所有人的品质，她只是代表她自己。

师：早点说这句话多好！（笑）终于说出了！关键词，哪三个字？

生（齐）：所有人！

师：其实这也就是说，小说的作者是在告诉我们，叫"梨花"的，拥有这样美丽精神品质的人，不只是她。这一群美丽的哈尼小姑娘，她们的名字都叫——

生（齐）：梨花！

师：甚至，解放军的名字也可以叫——

生（齐）：梨花！

师：老余的名字，"我"的名字，都可以叫——

生（齐）：梨花！

师：同学们，你们的名字也要叫作"梨花"。小说的结尾很重要。这样我们就懂得了：找不到梨花姑娘，没见到梨花姑娘，才是这篇小说最好的结尾。因为人人都是"梨花"。若是梨花姑娘真的出来了，小说就失去很多味道了。

师：好了，那个叫梨花的女孩，小说当中有没有正面描写她呢？（生说"没有"）但是我们一定知道，她一定跟那群美丽的、可爱的哈尼小姑娘长得一样。我们读读看。你来读。

生28（读）：我们正在劳动，突然梨树丛中闪出了一群哈尼小姑娘。走在前边的约莫十四五岁，红润的脸上有两道弯弯的修长的眉毛和一对晶莹的大眼睛。我想：她一定是梨花。

师：小说中的"我"，凭什么认为她一定是梨花？这个"一定是梨花"的"一定"，从什么地方表现出来的？

生28：从她的外貌。

师：小说中有没有告诉"我"那个梨花姑娘长得什么样的？

生28：没有。

师：那怎么说从外貌可以看出来呢？说说看。（学生轻声讨论）有意思吧，老师出的问题，都是要好好去想的。一群哈尼小姑娘"闪"出来（重读"闪"），"我"怎么就能马上断定那个人是梨花姑娘？（生27又举手）

生27：突然梨树丛中闪出了一群哈尼小姑娘，这些哈尼姑娘和梨树有关系，而且她们脸上有两道修长的弯弯的眉毛，前面的环境描写也描写到了弯弯的新月，也联系到了梨花。这让"我们"感觉就一定是梨花。（掌声）

师：哎，你看看，这节课，你收获好大。前面我们讲"一弯新月"，所以他就能联想，两道弯弯的修长的眉毛，然后晶莹的眼睛。所以，你就觉得梨花姑娘的长相应该——

生27：跟一弯新月，还有美丽的梨花特像。她还走在最前面。

师：所以，"我"想她一定是梨花，我们也可以由此推测文中没有出场的梨花姑娘的外貌。小说这样写，也是在告诉我们，每一个叫"梨花"的小姑娘，她都会是怎样的长相呀。一起来读读你们心中的梨花姑娘的外貌。"红润的脸上"，一起读。

生（齐读）：红润的脸上有两道弯弯的修长的眉毛和一对晶莹的大眼睛。

师：所以同学们，做好事能养颜，能美容。（生会意地笑）好事做得

越多呀，人长得越漂亮。我们同学们也要这样，心美了，会有红润的脸，眼睛都会变得清澈起来。(板书：梨花姑娘)

师：好了，树上的梨花有了，叫梨花的女孩有了，还有没有第三朵"梨花"？继续！(学生陆续举手) 好，一个同学举手了，两个同学举手了，三个，四个，还有没有？来，我又要叫你了。(叫起生11) 你还能找到"梨花"吗？

生11：我觉得应该是最后一段的"驿路梨花处处开"。

师：哎哟，真不错！你把最后一段读读。

生11 (读)：我望着这群充满朝气的哈尼小姑娘和那洁白的梨花，不由得想起了一句诗："驿路梨花处处开"。

师：一个梨花般的结尾，是不是？一起来读。

生 (齐读)：望着这群充满朝气的哈尼小姑娘和那洁白的梨花，不由得想起了一句诗："驿路梨花处处开"。

师：文章的结尾收得非常快，戛然而止，是不是？这个小说的结尾能不能这样写下去？我们看看上一段："不用说，姐姐出嫁后，是小姑娘接过任务，常来照管这小茅屋。"接着这一段，后面再写下去，如"那她姐姐什么时候回来呀？我一定想见到她"，等等。可是小说到了后面，却不说故事了，只有这样简单的一句话，收尾非常快。这个结尾有什么作用？

生11：因为梨花小姑娘她的品质是非常纯洁、善良的。最后一句用古诗说出了"驿路梨花处处开"，他想表达的，就是梨花的精神在我们身边每个人都有。

师：越来越会读书了。那前面也有同学讲到了这篇文章的悬念和误会，那作者把文章的悬念或者误会，继续写下去，行不行呢？比如又来了一个人。她是梨花吗？不是。她是梨花吗？不是。这样接着"梨花"的悬念写下去，会怎样呢？

生 (杂)：不行。不适合。

师 (问)：怎么说呢？四次悬念，三次误会，或者更多，你觉得怎样？

生29：不好。因为这样很费笔墨。再说已经知道了梨花姑娘的好品质，又有其他的小姑娘接过任务。也就是说，其他哈尼小姑娘接过了梨花姐姐的好品质。

师：说得真好！很费笔墨，又累赘。小说要止于当止之处。所以收的那一笔，其实就有千钧之力。无需再找梨花姑娘啦，我们已经明白了一个道理。什么道理？一起读。

生（齐读）：驿路梨花处处开。

师：小说，引用古诗戛然而止，清清淡淡，却又韵味无穷。原来那种精神，就在我们周围。每一个人，名字都叫"梨花"；每一个人，心灵深处都有一种"梨花"精神。所以，这个同学说这篇文章有一个梨花般的美丽芳香的结尾。（板书"梨花结尾"）

师：好，还有没有？同学们还找到了哪些"梨花"？能不能找到第四朵"梨花"？（有学生喊"梨花精神"）

师：哦，这位同学找到了梨花般的精神品质，也就指向了这篇小说的主旨内涵。小说的主旨就是在讴歌梨花般的美好品质。你看，又是一朵"梨花"读出来了。

师：课刚开始的时候，有两位同学也讲到了雷锋精神。哎，这位同学，你为什么要说成是"梨花精神"？

生30：梨花就象征了雷锋精神，文中人物都爱帮助别人。

师：雷锋精神，在文中具体指什么样的品质？什么样的精神？

生（杂）：助人为乐，舍己为人，帮助他人……

师：所以今天，我们读这篇小说，读文中人物的精神品质，不一定就要给它套上"雷锋"这两个字。这是社会的美德，任何时候，任何民族，都需要的一种助人为乐、无私奉献的精神。它是一个人的修养，一个人的美好品质。是雷锋精神，更是梨花精神。驿路梨花处处开，梨花精神时时在！作者也说，"表达了作为一个作家对人性美好的眷恋和追求"。"梨花精神"，就更能够告诉我们，这是一个民族在任何时候都需要继承和发扬的一种美德。所以，文章标题都叫作"驿路梨花"。因此，我们找到了又一朵"梨花"。（板书"梨花精神"）

师：好，这篇文章还有没有可以值得我们大家去研究、去品味的？"梨花"还有吗？（学生思考）梨花素素雅雅的，清清淡淡的。它纯洁，美

丽，散发着清香。不妖艳，它很清新。看看文章，你觉得什么也是这样一朵"梨花"呢？（学生安静思考）

师：我们还是一起读一读前面两段话吧。"山，好大的山啊！"一起读。

生（读前两段）：山，好大的山啊！起伏的青山一座挨一座，延伸到远方，消失在迷茫的暮色中……今夜要是赶不到山那边的太阳寨，只有在这深山中露宿了。（读得很投入）

师：呦！同学们越读越好了。来，再读，"一弯新月升起了"，轻轻读。

生（齐读）：一弯新月升起了，我们借助淡淡的月光，在忽明忽暗的梨树林里走着。山间的夜风吹得人脸上凉凉的，梨花的白色花瓣轻轻飘落在我们身上。（轻轻读，有韵味）

师：听着你们的读书声，老师心里有一朵梨花开出来了，不知道是否也开在你的心上？想一想这篇文章还有梨花般的什么？来，你给大家读一读。

生31（读）：一弯新月升起了，我们借助淡淡的月光，在忽明忽暗的梨树林里走着。山间的夜风吹得人脸上凉凉的，梨花的白色花瓣轻轻飘落在我们身上。

师：嗯，再能把那个环境的特点读出来会更好。这是一个多么诗意的环境描写呀。（师范读此段）感觉到了吗？这篇文章我们还要学习它的什么？你来说。

（生31再次轻轻读，读得很好，但没有说出）

师：你呢？

生32：我觉得"梨花的白色花瓣轻轻地飘落在我们身上"这句话非常有境界，很诗意。因为，这一片白色的花瓣就相当于梨花的花瓣带着梨花的那种品质，去传染到每个人的身上。

师：这篇文章还为我们勾勒了一个梨花般的美丽境界，是吧？这和作者写作的什么有关？（有学生说"语言"）"一弯新月升起了"，"梨花的白色花瓣轻轻地飘落在我们身上"，作者的语言是那么的亲切，那么的纯

143

美。读着读着，我们会觉得他仿佛不是在写一篇情节曲折、冲突感十足的小说，而是在写——

生（杂）：散文！

师：我们读读看。"一弯新月升起了"，"梨花的白色花瓣轻轻地飘落在我们身上"，这篇文章就这样淡淡地写下了。这种语言就特别像——

生（齐）：散文语言。

师：散文，散文语言。文章的语言，也是梨花一般的清新淡雅，又抒情味较浓。读着读着，就如前面那位同学说的，我们会很容易进到这个清新的世界和充满诗意的境界当中去。（学生有所悟，教师板书"梨花语言"）

师：好了，同学们，讲到这儿，一定还有更多的梨花蕴含其中，一定还有这堂课还没有整理出来的东西。没关系，这些"梨花"都是你们自己现场采摘下来的。

师：这堂课就要结束了。来，第一个被罚站的男孩子，（生11站起）又是你了，你后来的表现真精彩。现在再反思一下自己的语文学习，你觉得应该怎么做？

生11：该认真记住老师说的，要做好课堂笔记，老师强调的，一定要精心做笔记。

师：除了做笔记，还要什么？

生11：还要记住老师讲的"梨花精神"。

师：除了老师讲的还要想到谁呢？小说里面有一个人物是"我"，"我"在，就更真实。你呢，也要记住，课堂上一定要有"我"在场。懂了吗？一个"我"不认真阅读的人，一个"我"不深入思考的人，再多的梨花飘过都会成为流水去也。所以，同学们，一定要有梨花般的精神，"梨花精神"也应体现在语文学习上。要认真学习，细心阅读，仔细揣摩……因为，我们每个人都应该叫作——

生（齐）：梨花！

师：下课！（掌声）

教学感言

★《驿路梨花》重回教材，也让我的记忆重回初中时光。初中语文是郑维忠老师教的。郑老师的语文课我已记不住一堂完整的了，最有印象的是老师问完问题，等待我们举手发言的时候，经常会把一丁点的粉笔头在大手上反复地低低地抛起，再抛起。"谁来说说这个问题？"他大声地问。而我们更是想知道那可怜的粉笔头什么时候会掉落下，没人理会他的发问，然后老师就会很失望地回到讲台，在黑板上写下很长很长的答案，继而又得意地高声起来，要我们朗读他工整的粉笔字。往往这个时候，他大手掌中的粉笔头会倏忽掉落，我们的心事也终于有了了结。"驿路梨花处处开，雷锋精神代代传。"那时，觉得老师说的这句话特别有力量。只是，再也没机会聆听恩师的教诲了，那个遥远的地方，老师会嗅到我课堂上的梨花芬芳吗？

★"其实小说的文体也是多样的，由于作家的风格、笔调不同，写法也会不同。我喜欢用这种记叙文手法来写小说。我觉得这样会显得更素朴、真实。"军旅作家彭荆风这样解释这篇散文化的短篇小说的创作。用作家的话来说："一篇作品能给人们的印象真实感很强，而且深受感动，这就是取得了在艺术追求方面的成功吧！"时代不同，文学创作的风格也有不同，但有一点也许是相通的：文学是对生活的发现，对自我的发现，文学作品的创作要基于对社会生活的洞察和对人类命运关切的思考。真诚，用笔触感知世界，用文字寻找自我，用写作叩问灵魂。

★"我们上课的目的，不是个人'演技'的'巡回展出'，而是为了用实践证明一条客观规律：正确的训练会使学生学得灵活一点儿，坚持这样做下去，学生就会渐渐变得聪明起来。"钱梦龙老师的这段话，每次课前都要拿来提醒自己。"我教的是一门什么课？为什么要教这门课？怎样教这门课？这样教对促进学生的发展有什么意义？"钱梦龙老师的课前四问，每次课前我都要拿来问问自己。

★凡是创造活动的领域，就会有灵感发生。如果小说的结尾，梨花姑娘真的出现在茅草屋前面了，站在那里说"我就是梨花"，这样可以吗？一群哈尼小姑娘"闪"出来，"我"怎么就能马上断定那个人是梨花姑娘？那作者把文章的悬念或者误会，继续写下去，会怎样呢？这几个蛮有意思的问题，都是教学中瞬间迸射出来又被我勇敢地投掷进课堂里的。教学灵感，更多地产生在教学实践中。这种突然之间的发现、突破、超越与升腾，源于你的教育信仰、教育追求和教育情怀。只有真正痴迷课堂，享受课堂，钻研课堂，它才会一次又一次在你不经意的时候亲吻你的课堂。站上你爱的讲台，你会发现，你的世界原来这么小，又可以这样大。

★教过了，没关系，每一篇文章都值得多次阅读。而且，每一种教学设计又都是多种教学方案的凝成。我们其实早已为这节课预备好多种模式，只是你从未发掘而已。到达，从来不是只有一条路径。终点，又是常常在延伸。阅读无止境，教学自然无止境。关键是老师要熟悉文本，胸有丘壑。你对教学的畏惧，首先是因为心里种植不出满园芬芳。

★好课堂其实就是好的听讲、好的对话。教育的过程是师生相互倾听与应答的过程。教学的课堂表现主要是师生的对话。不要总是想着自己要说什么，先要俯下身子好好去听学生说话。通过倾听，去了解学生的知识水平，判断他们的理解程度，发现他们的困惑，体察声音背后的某种思想或愿望，科学甄别，及时捕捉，因势利导，准确地介入对话，巧妙地推进教学。学生难以精准地表达出文中"梨花"的概念，但他对"梨花"一定有自己的认知和理解，教师就要好好听，用心听，注重教材讲解的生活化，调动学生的积极性，让他们能看得到自己思维中可能还未绽放出芳香的梨花。讲台与课桌的距离，是在用心倾听、和谐对话中缩短的。关注学生心灵世界、精神世界，让教育从倾听开始，从尊重出发。

★上完课，再去查看钱梦龙老师的《驿路梨花》教学实录，觉得钱老真正地是以学生为主体，真正地在"教学生读书"。教学设计没有刻意求新，朴朴实实，简简单单。整个教学始终站在学生的角度，借助课文讲方法，强化学生的读书训练，培养学生的读书习惯。别的都不说，老师的课堂语言也如这清雅、芳香的梨花，浸润着语文人的赤子之心。"你喜欢这篇课文吗？随便谈，我是没有什么标准答案的。""我们读文章就是要这样，读到写景的，眼前就要出现相应的景象，看到写人的，我们就好像看到这个人，听到他的声音，这就叫想象力。""老用'看见'吗？编提纲也要讲究用词。"你看，"轻拢慢捻抹复挑"，这样的提问，这样的点拨，这样的小结，都是智慧和艺术，都是爱，都是语文。面对前辈，我们要学习的还很多，我们要走的路还很长。

我在现场

★语文课到底该长成啥样儿？也许肖老师的课会给你比较清晰可感的具象。《驿路梨花》这篇文章的主旨是写爱心传递的，教学很容易带着学生走向说教中去，停泊在概念性的道德品质层面上反复强调，荡来荡去。我们甚至以为自己既教了书又育了人，其实很多环节既无思考含量又无语文品质。而肖老师依托学情，巧妙地设置了一个可贯穿全课的主问题：你能找出几朵"梨花"？同学们基于原来的阅读，又在今天的课堂上品读思考，感受到了作者布局的精巧、误会与悬念设置的巧妙、人物的美好品格及人性的光辉等。整堂课极其朴素，很语文，在朗读中感悟，在朗读中点拨。学生的思维在点拨中不断被点燃，他们竟然都能主动去与文章亲密接触，勇敢表达自己的观点，让人觉得那是一场化学反应。语文课应该有这样追求，"语文的，太语文的"。

——河南濮阳市第四中学 武硕文

★"文中有几朵梨花？"这个问题看似简单，实则一鼎千钧。随着"梨花"的丰富内涵渐次呈现，学生的思维之花也次第绽放。牵一发而动全身，举一反三，触类旁通。这不就是我孜孜以求的课堂效果吗？这不就是我想要的教学境界吗？

课后交流的时候，我斗胆问肖老师：课堂上，教师如何以一当十，如何才能拥有点石成金的"金手指"呢？其实这个问题我心底是知道答案的。要达到教学中出神入化、左右逢源的境界，离不开"勤"。成就课堂上的最美，须执这个"勤"，并且把它融入自己的教学生命中，来赢得自己课堂的最美的那一闪亮。肖老师对教材的知悉程度令我感叹。一词一句一文，一点一线一面，皆了然于胸，再以生为本，以真为本，见素抱朴，见朴守真，课堂上精彩频频也就不足为奇了。

——河南濮阳县实验中学　魏俊利

★敬重每一堂课。每一堂课都是活生生的"个体"，肖老师就这么浅浅地教：这一文本、这一班学生、这一节四十五分钟的课——确定教学内容的"三个一"，在肖老师《驿路梨花》的课堂里，一个都没有少。

尊重每一名学生。每一名学生都是活生生的"个体"，肖老师就这么浅浅地教：重视每一个学生学习习惯养成、重视每次对话给予学生的提升——培养习惯和语感，在肖老师《驿路梨花》的课堂里，一个都没有少。

推重每一种素养。每一种素养都是活生生的"个体"，肖老师就这么浅浅地教：语言建构与运用、思维发展与提升、审美鉴赏与创造、文化传承与理解——语文核心素养的落实，在肖老师《驿路梨花》的课堂里，一个都没有少。

浅浅的课，充满智慧，浑然天成。肖老师就这么基于学情浅浅地教，课堂就愈见其深了。

——山东济南市莱芜区莲河学校　于立国

★老师的课总给人深深浅浅的惊喜，《驿路梨花》所带给我的不仅仅是文本解读的精彩，更是教学艺术的深思。公开课上让学生罚站反思大概是没有几个老师敢做的事情，更少见的是之后对这个学生变化的持续关注。上公开课，我们往往想展现的是自己和蔼可亲的那一面，希望课堂呈现出活跃、流畅的生动局面，所以对于学生都是以鼓励为主，不愿批评，更不愿在"问题"学生身上多浪费时间。而这堂课，肖老师对学生的关注、对教学契机的把握和他的课堂应变让人感动，学生11的态度转变更将整堂课推向了高潮。这值得我们深思。课堂从来就不是优秀学生与老师的互动，我们要关注每个学生的成长，让他们都能学有所得。学生学到的不仅仅是这一课的语文内容，更学到了学习语文的态度和方法。这样的课堂教学无疑是成功的，但是也是极难模仿的。唯有从内心深处贯彻生本理念，才能做到潜移默化，润物无声。

——浙江绍兴市长城中学　陈宇

忽如一夜春风来，千树万树梨花开

江苏南通市通州区育才中学　丁卫军

　　每一次坐在肖培东老师的课堂里，都有一种如沐春风之感。《驿路梨花》一课教学，同样如此。溢满课堂的春风，不仅吹开了孩子们心头的满树梨花，也吹开了我心头的梨花朵朵。第一次读，蹦出的是"课堂品质"这个词，以后每读一次，都会强化这样的念想。可是，又无从具体说出其中的一二三。只是一次次地沉入文字里，一次次咀嚼，一次次玩味，一次次还原肖老师课堂的一幕幕场景。

　　也许是因为读了王尚文先生的《语文品质谈》吧，也许是因为读了郭志明先生的《语文课堂品质论》吧，肖老师的课堂品质，就在那"浅浅里"吗？我这里不妨借用王尚文先生"语文品质"四个"基本要求"的关键词来说说肖老师的这一节课。

　　一是清通。肖老师的课，给人的感觉总是清清爽爽，干干净净，从不绕来绕去，从不拖泥带水，从不故弄玄虚。就《驿路梨花》一课来说，就两大板块，学生已经学过，第一板块很自然地让学生说说已经学到了什么。这是了解学情的过程，也是选择和确定教学内容的过程。这一过程，看似闲庭信步，其实这是对老师的挑战和考验。在学生"已知"的基础上，教师需要为"学"打开一片"未知"的天地。"记叙顺序、悬念设置、环境描写、文章线索……"文章写作特点学生似乎已经掌握，文本的内在意蕴显然比较含糊，肖老师敏锐地抓住了这一点，用"文章有几朵梨花"一问提挈全课，所谓纲举目张。整节课围绕主问题，给人一种清新通达的快感。

　　二是准确。"文章有几朵梨花？"当读到这里的时候，我内心深处的那一句"又是一种肖老师式的神来之笔"脱口而出。肖老师的课，总会给人在平常中见奇绝，带来一种"突兀"的惊喜。"文章有几朵梨花？"看似与学生闲谈之中的轻轻一问，他的智慧就在于极为准确地抓住了这一文本的核心价值之一，极好地契合了教材编写者的意图，直指"思考探究三"，这是本文的教学重点。《初中语文七年级下册教师教学用书》这样描述：细读课文，分析、理解"梨花"在文中的不同含义及作用，理解用"驿路梨花"做标题的妙处。引导学生略读课文，勾画出描写"梨花"的相关内容。再细读课文，从内容和形式两个方面，思考"梨花"在特定语境中的作用。从字面意思、深层含义、象征意义方面，分析、理解、品味用"驿路梨花"做标题的妙处。学生已经学了，还需要学什么；教材要求教什么，实际已经教了什么，还有什么没有教？肖老师基于学情，基于文本的核心机制，准确地把握了本节课的重点。

三是适切。我这里要说的是课堂的教学手段问题。肖老师的课是素朴的，没有令人炫目的多媒体，课件常常精简到只有一张封面。这一节课，也只用了一次课件。整堂课，我们听到最多的就是琅琅的读书声。肖老师的课堂，几乎每一节课都做足了朗读的功夫。唯有读进去了，才能进入文字的深处。就那一句"看，梨花！"，每一个字里都藏着情味，就连标点也是意味盎然。我们从课堂里是可以看到学生的读书状态和能力的，我们也可以看到学生如何在朗读中一次次被激活，从不敢读、不会读到大胆读、会读、读到声情并茂的。这种方式不仅仅切合了文本的特点，更是切合学情的需要。读得有味道，这是这一课的一面，说得有滋味，是这一课的另一面。师生对话，生生对话，更是别开生面。也许我们看到的更多的是师生之间的应答，这是显性的，一种隐性的应答是在生生之间的彼此互读，相互激发。学生之间的这种隐形对话是肖老师课堂里别有趣味的一道风景。肖老师也正是紧紧抓住了这一点，不断追问，不断启发，让更多的学生参与进来，让课堂有了一种"静水流深"的美妙。肖老师用看似简单的方式激活了学生的读书欲、思考欲、表达欲。教学的手段与方式，适合的才是最好。语文的教学手段与方式，语文的才是最适合的。所谓用语文的方式教语文。

四是得体。得什么体？得学生学的主体，得教师教的主体。也就是学生和教师都要摆正自己的位置，认清自己的角色。作为教师的肖老师在课堂上总是一种不疾不徐的从容姿态。这样的情形是因为教者胸有成竹的淡定，更是教者对学情把握的机智。课堂推进需要有一些等待，有时还真急不得。我们再看那一句"看，梨花！"的朗读，这一环节很慢，师生慢慢读、慢慢悟、慢慢体会，正是这里的慢，才让学生慢慢地进入了学习状态，慢慢地找到了读书的感觉，慢慢地摸到了朗读的一些门道。这个时候的老师除了给予学生尝试的时间、体悟的时间、展示的时间，还要相机指导，老师的一个动作、一句点拨、一声鼓励，都会让学生学的姿态发生变化。在这一片段里，我们可以看到教者的进与退的智慧。学为主体，不是教师的边缘化，该出手时就出手。看学生读书有一种"拖腔拿调，不连贯，没有感情"的不好习惯时，肖老师说"你们读文章都是一个字一个字顿着读的，很多有魅力的词语都被你们读破了。听老师读。是不是跟你不一样？"这显然是学生语文学习中的顽疾，这就需要教者的示范，需要教师的"教"。

这是读肖老师这一节课的初步观感，也以此探寻肖老师课堂给人"浅浅"之感的缘由，似乎有些牵强，但笔者感觉这四个词语还是契合了肖老师课堂的某些特质的。肖老师的课堂品质绝不仅是这四个词语能概括的。让我对肖老师课堂着迷的，还有其更高的审美层次。这里也借用王尚文先生的三个词语，那就是情态美、节奏美和洁净美。

情态美。肖老师的课堂情态美，美在自然无痕。这种自然的情态，我以为在于教者始终对学生认知规律和学生差异性的清晰认知，始终相信学生的学习潜能，始终相信每一个学生都是可教的。在这样的公开课教学中，我们鲜见教者对不爱学习、不在状态的学生进行处理情形，但是肖老师给予了一定的惩戒，让他们在后续的学习中"在状态"，懂方法，见效果。教育的作为，在课堂上即时展开，自然发生。这是教者不放弃任何一个学生的师心使然。其实，这就是教育本真状态，无论是家常教学，还是公开展示，都不应该回避。也许有人会担心这样的环节影响课堂的美感，其实这就是课堂的真实之美。肖老师课堂的这种真实、自然之美，也很自然地把每一位学生融入了课堂的情境之中，也让每一位听课者融入肖老师的课堂之"场"之中。

肖老师课堂的情态美，美在课堂情境的营造。肖老师是课堂造境的高手。他的课堂情境总是与文本情境相吻合相融洽的。《驿路梨花》是一篇散文化的小说，语篇情境笼罩着一种清新淡雅的诗意。这种诗意就蕴含在作者对梨花的描写之中。肖老师通过引导不断朗读品味这些句段，让课堂也弥散着梨花般的芬芳，流淌着一种清新淡雅的情味，让学生沐浴在这样的芳香里，沉浸在诗意的世界中。课堂因此流溢着浓烈的抒情意味与语文味。

肖老师课堂的情态美，美在课堂的细节。细节的处理常常反映着教者的教学智慧，也让课堂有了一种生成的别开生面。孩子把"一弯新月"读成"一轮新月"，也许在别人看来这与主问题并不相干，大多只是提醒一下，就滑过去了。肖老师却追问："你告诉老师，为什么不用'轮'而用'弯'呢？"什么是语文课？这一细节的处理出乎意料，又在情理之中。肖老师保持着一个语文老师的清醒，让学生品出了语言之美，品出了意境之美，也让课堂有了一种无法预设的生成之美。

节奏美。刘大櫆认为"文章最要节奏"。王尚文先生这样解说，因为无节奏即无生命，无生命即无审美，而节奏就是字句形成的。我可以这样套用，无节奏的课堂是无生命的，无生命即无审美，而课堂的节奏就是在师生之间的对话中形成的。

肖老师课的节奏美，首先在于教学内容的取舍，"只教不懂的，不教已懂的"。这关乎教者的教学立场问题。教学，是教学生学，不仅仅是教师教的展示。这一节课的特殊之处在于学生"已经学过"，肖老师用足够的时间让学生交流"学到了什么"，教师教过什么、学生学过什么，与学到了什么之间还是有很大的差距的。这之间的空白，也就是学生没有学到的，需要学的，才是这一节课需要继续学继续教的重点。因此，肖老师的课堂一条线是关注学生已知的基础，一条线是关注学生未知的困难所在。正是有了这样的"学生立场"，肖老师课堂的线条才这样的清晰，也才使得课堂很好地满足了学生学习的需要，促进了学生学习状态的提升。树立学生立场，关注学习状态，就是对生命的尊重，这是教者调节课堂节奏的基础。如此，才有了焕发生命活力的课堂样态。

肖老师课堂的节奏美，其次在于难易处的时间调控。一帆风顺的课堂显然不是美的课堂。课堂的美就在于不断出现的"意外"之中，也常常在师生思维对峙的回环之中。这样课堂才有时很"快"，这是学生思维打开后的淋漓舒畅；有时很"慢"，甚至有些滞涩，这是学生认识高度不够的艰难突破，这里需要教者给予帮助，搭建支架。这里的"慢"也恰恰是课堂最有价值、最值得玩味的风景，这里蕴含着教与学真正意义。关于"这个叫'梨花'的小姑娘究竟是谁"这一问题的讨论，有"山重水复疑无路"的踌躇，又有"柳暗花明又一村"的欣喜。这一过程师生之间的对话颇有意思，学生思维的停滞，教者的迂回追问，紧紧地抓住了学生的思维点，一点一点的突围，兴味盎然。

　　洁净美。当下有一种倾向，似乎对文本的解读越有深度越好，越有创意越好，越有能吸引别人的眼球越好。肖老师深不以为然。正如钱梦龙先生在《为"浅浅地教语文"喝彩》一文中所言："肖老师的头脑始终是清醒的，教学的取向始终是明确的。他所有的活动，都清晰地指向一个目标：提高学生正确理解和运用祖国语言文字的能力。因此，他的教学中每一个重要的教学环节，几乎都围绕语言教育展开，并巧妙地把思想、情感、情趣的熏陶感染有机地统一在一个生动活泼的语言教育过程之中，真正体现了所谓的'工具性与人文性的统一'……"肖老师所谓的"浅浅地教语文"，就是始终坚守着语文课程的特质，始终做着语文课堂该做的事情。这也正是温儒敏先生在《语文课要"聚焦语用"》一文中强调的"语文课就是学习语言文字运用的课，同时把文化修养、精神熏染呀，很自然地带进来"。肖老师语文课堂的洁净美就在于把语文课上成了语文课，清清爽爽，"以语用为本，以文本为本，以学生文本，简简单单教语文，实实在在学语文，扎扎实实用语文"（曹明海语）。

　　再读肖老师的《〈驿路梨花〉教学实录》，上面的文字似乎并不能穷其之美，但我的心头早已是春风浩荡，满树梨花盛开，正是"忽如一夜春风来，千树万树梨花开"。

《孔乙己》

🌿 浅浅小语 ⫻⫻⫻

一棵树，站成你的故事，撑起我的课堂。爱上语文，能让我们更敏感、更默契地接收世间万物的呼应，在枝叶间看到山峦、溪流、飞鸟、时间与我们。阅读，绝不仅仅指向文字，更需要契合到人间草木、俗世人心。

——肖培东

🌿 课堂再现 ⫻⫻⫻

执　　教：肖培东
点　　评：谭晓云
教学背景：2015 年 12 月 16 日，昆明滇池中学，"聚集课堂·提升素养"教学研讨会。

这次活动徐杰老师教学季羡林先生的散文《幽径悲剧》，肖培东老师教学鲁迅的小说《孔乙己》。听徐杰老师的课至半，才知道同一拨学生下一节课还要继续学习小说《孔乙己》。肖老师临时借来散文《幽径悲剧》的教材，改变了教学设计。

一、《幽径悲剧》和《孔乙己》的相似处

师：我们继续沿着上一节课走进这节课。刚才徐杰老师给你们上的课

叫什么？

生（齐）：是《幽径悲剧》。

师：我们接下来要学习的课是——

生（齐）：是《孔乙己》。

师：《幽径悲剧》写的是一棵古藤萝的悲剧，《孔乙己》写的又是谁的悲剧？

生（齐）：孔乙己的悲剧。

师：或者说是人的悲剧。这节课我们一起来做一个探讨：散文中的古藤萝和小说中的孔乙己，两者有怎样的相似之处？把两篇文章都打开。（学生有两篇文章的复印资料）读一读《幽径悲剧》后面写古藤萝的部分。思考：一棵植物的悲剧和一个人的悲剧，这两个文学形象有什么相似之处？

（学生思考，陆续举手）

师：有同学举手了，也有的同学还在思考。我们请思考中的同学先说说。来，你先说说看。你都想到了什么？

生1：他们最后都是很悲剧的命运。

师：请把古藤萝的命运先读出来。

生1（读第11段）：它们仿佛成了失掉了母亲的孤儿，不久就会微笑不下去，连痛哭也没有地方了。

师：来，一起来读。

师（读）：古藤那一段原来凌空的虬干，忽然成了吊死鬼，下面被人砍断，只留上段悬在空中，在风中摇曳。再抬头向上看，藤萝初绽出来的一些淡紫的成串的花朵，还在绿叶丛中微笑。它们还没有来得及知道，自己赖以生存的根干已经被砍断，脱离了地面，再没有水分供它们生存了。

生（齐读）：它们仿佛成了失掉了母亲的孤儿，不久就会微笑不下去，连痛哭也没有地方了。

师：这是古藤最后的形象，你们再读读孔乙己最后的形象描写。

生（齐读）：大约孔乙己的确死了。

师："大约孔乙己的确死了。"这是结局的猜想。再找一找前面文字。

155

生1（读）：在旁人的说笑声中，坐着用这手慢慢走去了。

师：好，请坐。"坐着"，"走"！孔乙己死了，藤萝被毁了，最后命运是相同的。还有没有？

生2：我觉得他们都是人世间特别渺小的存在，就是从全文来看，孔乙己被当成笑话来看，别人没有在乎过他的生死，古藤也一样，除了季羡林老先生，燕园中的人和世界上的人都没有人关心它，注意它。

师：都不被人关心和注意，这又是个相同点。好，你再来说。

生3：我觉得他们还有相同点的，对世俗的无奈，藤萝是无力去投诉，无力去弹劾的。孔乙己是没有考上秀才被人嘲笑，也是……

师：都是受到苦难无力去申诉。古藤萝是无奈的，孔乙己也是无奈的。我们来读读孔乙己被人嘲笑的段落。（生跳读文章）

师：哪段话呢？孔乙己最怕别人嘲笑他什么？第几段？你来给大家读读。

生4（读）："你一定又偷了人家的东西了！"孔乙己睁大眼睛说："你怎么这样凭空污人清白……""什么清白？我前天亲眼见你偷了何家的书，吊着打。"孔乙己便涨红了脸，额上的青筋条条绽出，争辩道："窃书不能算偷……窃书！……读书人的事，能算偷么？"

师：比这嘲笑得更厉害的还有吗？

生5：我觉得还有第6段。（读）"孔乙己，你当真认识字么？"孔乙己看着问他的人，显出不屑置辩的神气。他们便接着说道："你怎的连半个秀才也捞不到呢？"孔乙己立刻显出颓唐不安模样。

师：看到没有？再多的笑话都不如哪一句的嘲笑大？

生5（读）：你怎的连半个秀才也捞不到呢？

师：再多的笑话都不及这一句，这对孔乙己来说就是致命的打击。因此，有同学说了，都是很无奈的，都是被嘲笑的。

师：还有没有？古藤萝和孔乙己之间还有哪些是相似的？你来说。

生6：他们前期都过得还算好，但是后面因为一些社会情况孔乙己死了，古藤萝就被砍伐了。

师：前期都不算是最惨淡的，但是因为社会的问题被砍伐了。大家注意了吗？这句话里面有一个小小的隐含词"前期"，或者是说，这两个文学形象都曾有过光彩的、美丽的地方。我们一起来看，古藤萝有没有光彩的地方？我们一起来读读，好不好？找到了吗？第几页？

生（齐）：185 页。

师：我们一起来读读。

生（齐读）：每次走在它下面，嗅到淡淡的幽香，听到嗡嗡的蜂声，顿觉这个世界还是值得留恋的。

师：你再告诉我，孔乙己身上你能不能嗅出一点"淡淡的幽香"？你来说。

生7：首先是他写得一笔好字。还有第 8 段写到分豆给孩子们吃，他还是善良的，舍得分享。

师：第一，写得一手好字，说明这个人有一些读书功底。第二，把茴香豆分给天真的孩子们吃，很善良。还有没有？你来说。

生8：是第 7 段，孔乙己问鲁迅的时候，问"茴"字有几种写法。孔乙己这个深受科举毒害的人还会注意到一些没有用的字，他和其他人不一样，他会注意这样一些东西。

师：你的意思是孔乙己是有一定学问、读过书的人，他今天如果参加汉字听写大赛肯定不得了，是这个意思吧？有一个知识点错了，《孔乙己》是一篇小说，小说中的"我"是谁？是鲁迅吗？

生（杂）：不是，小说中的"我"不是作者。

师：对，哪怕这个人的名字也叫鲁迅，两者也不能完全画等号。

师：好，先搞清楚。孔乙己有点学问，人善良。还有没有？

生9：他在这个店中从不拖欠钱，定期把钱还了，说明他有诚信。

师：对，这里有诚信。当然孔乙己不如古藤萝的地方也有，比如孔乙己好吃懒做，还有？

生10：偷人家东西。

师：还有吗？你来说说。

生11：他死要面子。比如偷书，别人说"孔乙己你又偷了别人的东西了"时，孔乙己说一堆话来遮掩。（读）孔乙己便涨红了脸，额上的青筋条条绽出，争辩道："窃书不能算偷……窃书！……读书人的事，能算偷么？"接连便是难懂的话，什么"君子固穷"，什么"者乎"之类，引得众人都哄笑起来：店内外充满了快活的空气。

师：死要面子，挂在嘴上的经常是"之乎者也"，说明这个人非常——

生（杂）：迂腐。

师：迂腐、死要面子等特点，在他的穿着上也同样能看出来。孔乙己的穿着，哪一样给你的印象特别深刻？

生（齐）：长衫。

师：站着喝酒又穿着长衫，这个形象自然跟默默生长的古藤不同，但是我们不能掩盖他淡淡的清香。好，还有没有？两者之间的相似点？

生12：他们都很孤独。"茫茫燕园中，只剩下了幽径的这一棵藤萝了。"

师：会思考。穷困潦倒的孔乙己，茫茫人世间的藤萝。

生13：两者的悲剧都是世人造成的，古藤萝是世人的愚昧造成的，孔乙己是科举制度造成的。

师：他说两者悲剧的原因相似。

二、 孔乙己"毁于愚氓之手"

师：大家发现没有，《幽径悲剧》里写到很重要的一句话，古藤是死在什么？一起读大声读。

生（齐读）：焉知一旦毁于愚氓之手。它感到万分委屈，又投诉无门。

师：大家想一想，孔乙己是不是也毁于愚民之手？你来聊聊。

生14：丁举人家的人打折了他的腿，打折腿本身也算是愚民的行为。

师：这个是丁举人家具体的"毁"的行为，还有吗？

生15：我觉得是当时的科举制度害人，就是科举制度把他害得很惨。

师：又是一个原因。我们看看，小说和散文不同在于什么？散文有没有具体写出愚民之手毁古藤的情节？（学生说"没有"）但是，小说有没有写出愚民毁人这样的情节呢？

158

生（杂）：有，喝酒的人。

师：我们一起来读读孔乙己被酒客们嘲笑的片段，好不好？先读读文章中第一次写孔乙己出场的语段。第4段，我们一起来读读。

生（齐读）：孔乙己一到店，所有喝酒的人便都看着他笑，有的叫道："孔乙己，你脸上又添上新伤疤了！"他不回答，对柜里说："温两碗酒，要一碟茴香豆。"便排出九文大钱。他们又故意的高声嚷道："你一定又偷了人家的东西了！"孔乙己睁大眼睛说："你怎么这样凭空污人清白……""什么清白？我前天亲眼见你偷了何家的书，吊着打。"

师：好，就你读过的这些地方，大家找找看这些人都在牵挂孔乙己的什么？

生16（读）：孔乙己，你脸上又添上新伤疤了！

师：这个"又"字能不能去掉？"孔乙己，你脸上添上新伤疤了！"这样行不行？为什么？

生16：因为他以前就有伤疤，"又"，因为一直不断地有伤疤。

师：新痕旧伤，她说得有道理吧？因为以前就有过对孔乙己这样的殴打。换个角度，就更加体会到孔乙己反复被人欺负、殴打，也说明这些人嘲笑孔乙己——

生（杂）：不是第一次。经常性的。

师：我们一起来读读这句嘲笑，读出味道来。预备起。

生（齐读）：孔乙己，你脸上又添上新伤疤了！

师：而且他们关注了伤疤上的哪个字？

生（齐）："新"字。

师：嗯！读书读到这味道上，你们就会读书了。好，我们就把这两个字圈出来。现在请一个同学来读读看。此时你是店中的酒客，孔乙己一来，你是怎么说的？你来读。

生17（读）：孔乙己，你脸上又添上新伤疤了！（"又"字有重音，嘲笑味还不够）

师：他读得够不够味？大家说？这个人是"叫道"，他叫得够不够？再叫叫看。

生 17（叫着读）：孔乙己，哈哈，你脸上又添上新伤疤了！（学生读"孔乙己"后有一句嬉笑，很形象）

师：你这笑声夹杂在里面真好。（全场笑）

师（示范读）：孔乙己，嘿嘿嘿，你脸上又添上新伤疤了！

师：嘲笑的时候，你已忘记这个时候还有一个可怜的孔乙己在那里。所以我们在笑的时候也该去想想那个可悲可怜的孔乙己。"又"字出现得特别好。看看这段话里还有没有出现"又"字？哪一句？

生（齐读）：他们又故意的高声嚷道："你一定又偷了人家的东西了！"

师：哦，他们"又"故意的高声嚷道。这个"又"字能不能去掉？女同学，你来说。

生 18：不能，因为他们曾经多次地习惯性地取笑他。

师：对，他们嘲笑孔乙己的次数很多，很习惯了。这些人就等着来这里嘲笑孔乙己。你来读读这句话。他们是怎么嚷的？

生 18（读）：你一定又偷了人家的东西了。（声音低）

师：同学，是这样读的吗？他的声音应该比前面读书的这个男同学的声音高，还是低？

生（齐）：高！

师：为什么？你从哪个词上看出来？

生（杂）："嚷"字！

师：对！这个时候不是"叫道"，是"故意的高声嚷"！（老师提高音量）而且前面是几个人在讲？

生（杂）：一个人。

师：对！前面是"有的叫道"，这里是"他们"。你看，由一个人的嘲笑转化到群体的嘲笑！多么可怕的事情！所以，同学们，这个女生一个人的力量可能是不够的，让我们大家一起来"故意的高声嚷"，"你一定"预备起！

生（齐嚷）：你一定又偷了人家的东西了！

师：大家发现了没有，他们和孔乙己嚷时语气上用什么标点符号？

生（齐）：感叹号。

160

师：感叹号！要更有嘲讽和打击的力量！同学们，两篇文章，小说和散文的不同看到了吗？小说把情节给大家展现出来。接下来我们一起来读一读这段话，再次感受一下。老师读旁白，你们来读对话，好不好？

生（齐）：好。

师（读）：孔乙己一到店，所有喝酒的人便都看着他笑，有的叫道——（"叫道"提高音量）：

生（齐叫读）：孔乙己，你脸上又添上新伤疤了！

师（读）：他不回答，对柜里说："温两碗酒，要一碟茴香豆。"便排出九文大钱。他们又故意的高声嚷道——（音量更高）

生（齐嚷读）：你一定又偷了人家的东西了！

师：两种声音都是嘲笑。大家发现这两种声音在语调上应该是——（学生说"越来越高"）对，很高到更高！这些人说话为什么爱用感叹号呢？

生19：表达嘲笑！

师：还有吗？后排的男同学，你来说。

生20：表达对孔乙己的不屑。

师：是不屑一顾吗？"不屑"是这种感觉吗？你来说。

生21：讽刺和凌辱。

师：讽刺，凌辱，就等着你来。是这个意思吧？积蓄了一晚上的力量就等待着清晨的第一声嘲讽和凌辱！同学们，多怪异的一个社会！多怪异的一个酒店！多怪异的一群人！（教师音量一句比一句高）就这样出现了。这样的揭短和欺凌还有多处。文章后面孔乙己再来咸亨酒店前，（学生说在第10段）请一个同学来读一读。

生（读）：有一天，大约是中秋前的两三天，掌柜正在慢慢的结账，取下粉板，忽然说："孔乙己长久没有来了。还欠十九个钱呢！"我才也觉得他的确长久没有来了。一个喝酒的人说道："他怎么会来？……他打折了腿了。"掌柜说："哦！""他总仍旧是偷。这一回，是自己发昏，竟偷到丁举人家里去了。他家的东西，偷得的么？""后来怎么样？""怎么样？先写服辩，后来是打，打了大半夜，再打折了腿。""后来呢？""后来打折了

161

腿了。""打折了怎样呢？""怎样？……谁晓得？许是死了。"掌柜也不再问，仍然慢慢的算他的账。

师：大家听到这段话了吗？这个时候孔乙己有没有出场？对，还没有！但是在酒店里已经聚集了一批人。我们一起来看看，这个时候这些人是怎样的？接下来我就是喝酒的人，你们是掌柜，我们两个来对话。

师（读）：他怎么会来？……他打折了腿了。

生22（读）：哦？（感觉是疑问的语气，读出好奇）

师（读）：他怎么会来？……他打折了腿了。

生23（读）：哦。（快速读，读出敷衍）

师（读）：他怎么会来？……他打折了腿了。

生24（读）：哦……（读音延长，读出慨叹）

师（读）：他怎么会来？……他打折了腿了。

生25（读）：哦！（感叹的语气，读出漠不关心）

师：同学们，刚才四位同学4种"哦"，哪一种是最符合的？自己读读看。

（学生自由读各种"哦"）

师：你看课文。这当中这个"哦"字应该怎么读？

生（试读）：哦——

师（读）：他怎么会来？……他打折了腿了。

生26（读）：哦！（很感叹地读，感觉有关心味）

生27（读）：哦！（提高音量读，读出惊奇）

师：大家看，这个时候掌柜说话用了一个什么标点符号？

生（齐）：感叹号！

师：我们还可以用什么标点符号？

生（杂）：句号，或者问号。

师：我问你，如果把感叹号改写成问号，你觉得怎么样？

生28：我觉得不太好。因为问号往往是表示掌柜很关心。

师：用你的话，问号多是关心。生活当中，我们熟悉的某个人腿折了，我们多半会说："啊？怎么啦？"文中这个时候掌柜用感叹号，该怎读呢？你来。

师（读）：他怎么会来？……他打折了腿了。

生29（读）：哦！（提高音量大声说"哦!"，一种惊讶感）

师（读）："哦！（音量更高大声说"哦!"）

师：考虑一下掌柜为什么要这样说一个"哦"字？

生30：敷衍。

师：有同学说是敷衍，你说说看。

生31：代表他心不在焉，就是敷衍。

师：如果是敷衍的话，最好用什么号？

生32：我觉得是句号。

师：句号！敷衍。还有别的理解吗？你来说。

生33：我觉得是习以为常。

师：习以为常的事情，会不会用感叹号？联系上下文，我们再一起来读读。你们读"哦!"，肖老师读前面的。

师（读）：他怎么会来？……他打折了腿了。

生（齐读）：哦。

师：先用句号读，试试。先用句号。

师（读）：他怎么会来？……他打折了腿了。

生（齐读）：哦。（有点漫不经心）

师（读）：再用问号。（读）他怎么会来？……他打折了腿了。

生（齐读）：哦？（关切味道）

师（读）：他怎么会来？……他打折了腿了。来，感叹号！

生（齐读）：哦！（音量高，惊奇）

师：为什么要用感叹号？考虑一下。

生34：他是一种恍然大悟的感觉。

师：恍然大悟的感觉？你来说。

生35：我觉得是"终于"被打折腿的感觉。

师：这个"终于"有意思。还有没有比这个更直接的解释？你来说。

生36：我觉得是之前孔乙己从来不欠钱，但是这次欠了十九个钱，

163

"突然" 才明白他打折了腿。

师：请坐。都有想法，感叹号的内涵很丰富，还可以思考更深。我们看后面的对话，就更可看出这个感叹号里所包含的情感。后面的对话和我们平时写对话的有什么不同？你来说。

生37：没有人称。

师：哎，没有人称。那么把人称写上去，"那个人又说，掌柜又问，那个人又说，掌柜又问，那个人又说，掌柜又问"，这样可不可以？（学生说"不好"）为什么不可以？

生38：因为他们不是很想知道这个事情，是那个人自己要说。

师：他真的不想知道、不想说这个事情吗？

生39：想的，很想的，"又"字可以看出来。

师：如果加上人称，"掌柜又问，那个人又说，掌柜又问，那个人又说，掌柜又问，那个人又说"，和我们现实生活说话有什么不同，你来说。

生40：加上人称就会觉得对话很慢，就没有当时嘲笑和急切的那种效果。

师：节奏就放慢了。去掉人称，节奏更快，就急于表达这种想，太想知道了！所以这一声"哦"里面这个掌柜非常——

生（杂）：惊奇，好奇。

师：惊奇，甚至惊喜，非常好奇的，是不是？今天又会有一大帮人聚集到我这个酒店里等这个谈资，等这个事情啊！所以，这个"哦"是用一个很可怕、也很心寒的什么号？

生（齐）：感叹号！

师：感叹号！我们大家一起来读读。

师（读）：他怎么会来？……他打折了腿了。

生（齐读）：哦！（投入，表现出掌柜当时的心情）

师（读）：他怎么会来？……他打折了腿了。

生（齐读）：哦！（惊喜，惊奇）

师：啊！这个掌柜当时很惊讶，也很兴奋啊！说呀，说呀，怎么被打的，打得狠不狠，一连串的问题。（教师语速很快，很急促）是这意思吧？

再来看看。

　　师（读）："他总仍旧是偷。这一回，是自己发昏，竟偷到丁举人家里去了。他家的东西，偷得的吗？""后来怎么样？""怎么样？先写服辩，后来是打，打了大半夜，再打折了腿。""后来呢？""后来打折了腿了。""打折了怎样呢？""怎样？……谁晓得？许是死了。"

　　师：大家发现了没有，这时候写对话，说话人都省略了。省略的原因可能是什么？刚才说了一个是加上人称就会觉得对话节奏放慢，还有吗？

　　生41：因为人太多了，不知道是谁。

　　师：有道理。说话的人也可能已经不是掌柜和那个人啦，是不是？想在这里聊孔乙己的人多了，有猎奇心态的、以取笑孔乙己为乐的人越来越多地聚集在咸亨酒店，所以大家就奔着这个故事而来。这段对话中还有什么地方可以咀嚼的？我们一起来，你们来问，我答，好不好？

　　师（示范读）："他总仍旧是偷。这一回，是自己发昏，竟偷到丁举人家里去了。他家的东西，偷得的吗？"

　　生（齐读）：后来怎么样？

　　师（读）：怎么样？先写服辩，后来是打，打了大半夜，再打折了腿。（读出说话者的炫耀感，语速快）

　　生（读）：后来呢？

　　师（读）：后来打折了腿了。（嘲笑味）

　　生（读）：打折了怎样呢？

　　师（读）：怎样？……谁晓得？许是死了。（冷漠，不关心）

　　师：同学发现了吗？这段对话中还有一个很奇怪的现象，你来说。

　　生42：在"……谁晓得？"前面有省略号，不知道，也无所谓。

　　师：还有没有？

　　生43：他们说话的时候都是"后来，后来，后来"，觉得问的那个人很迫切。

　　师：迫切！迫切得甚至连"孔乙己"这三个字都省略了。所以，这些人是关心孔乙己呢？还是想打听到这个故事多么有趣呢？

　　生44：感兴趣的是那个场面，让大家去笑孔乙己的惨状。

师：大家再考虑一下，这里有没有比死亡更可怕的事情？我们来讨论。"……谁晓得？许是死了"后面，鲁迅用了什么标点符号？

生（齐）：句号。

师：能不能用感叹号？

生45：不能。

师：为什么？读读。（学生自由读）

生45：我觉得他只在叙述一个故事，并不是对孔乙己的同情，句号更能表达这种无所谓的态度。

师：他们对孔乙己的生死并不关心！他们要的就是这个故事本身，要的就是把这个故事做一个笑料。你来说。

生46：从句号里面更可以看出他们对孔乙己生命的漠视。

三、 被人"忘""记" 的孔乙己

师：从句号里面，我们读出这些人对孔乙己生命的漠视。所以同学们，这些人记住了孔乙己的伤疤，记住了孔乙己被打折了腿，但是他们是不是真正记住了孔乙己这个人？那是什么？你来说。

生47：关心他被打得好玩的经历。

师：给这个酒店增加一点好玩的故事，好玩的经历。 "好玩"！你来说。

生48：他们所记住的是孔乙己可以被人们当作笑料的事情。他们只记住孔乙己可笑，没有记住孔乙己的生活是有多么悲惨。

师：没有记住孔乙己这个人，只是把他当成笑料。文章中是怎么写的？关于孔乙己这个人在大家心目当中的位置，小说是怎么写的？你来读出来。

生49（读）：孔乙己是这样的使人快活，可是没有他，别人也便这么过。

师：这说明了什么？

生49：说明大家不注意孔乙己这个人，忽视他，嘲笑他，只注意他的故事，当作笑料。

师：只关注他的故事，不关注故事当中这个人的心情、命运，等等，没有他别人也便这么过。所以孔乙己从来就不是一个被人记住的人，相反他是一个被人无情忘记的人。孔乙己屈辱地被记住，残酷地被忘记！这就形成了他的一个悲剧。我们再来看看小说中的"我"是不是也记住了孔乙己呢？哪一句话？怎么写的？

生50：第3自然段。"只有孔乙己到店，才可以笑几声，所以至今还记得。"之前他是记不得的。因为掌柜说"孔乙己还欠十九个钱的时候"，又想起来了。

师："所以至今还记得"，说明孔乙己也只是帮他打发单调生活的一个笑料。因此，相对善良的小伙计"我"，其实也是在忘记孔乙己。再看看，掌柜最记住孔乙己的是什么？

生51：孔乙己长久没有来了，还欠十九个钱呢！

师：你发现了吗？"欠十九个钱呢"文章中出来了多次，你来，读出来。

生52（读）：孔乙己欠十九个钱呢！孔乙己还欠十九个钱呢！

师：大家发现了吗？掌柜把孔乙己的名字"记"在粉板上，用了个"记"字，但是他记住的不是人，而是欠下的十九个钱！

师："欠了十九文钱！"鲁迅在写的时候用了感叹号！说这个话的时候应该是怎么说的？谁来试试看。掌柜是怎么说出这句话的？

生53（读）：孔乙己还欠十九个钱呢！（重读"还""欠""十九个"）

师：对，重音在"还""欠""十九个"上，对不对？"孔乙己还欠十九个钱呢！"到第二年的端午，又说："孔乙己还欠十九个钱呢！"哪个字出现了？

生（齐）："又"字。

师：我们一起来读一读，"到了年关"预备起。

生（齐读）：到了年关，掌柜取下粉板说："孔乙己还欠十九个钱呢！"到第二年的端午，又说："孔乙己还欠十九个钱呢！"

师：十九个钱，孔乙己这条生命竟然不值这十九个钱。十九个钱在小说里能买到什么？同学们看看。你来说。

生54：课文中大概可以买到一样荤菜。

师：一个人宁可记住一样荤菜的价钱，也不关注他人的生与死，从中你看出了什么？

生54：世态的炎凉，人情的冷漠。

师：还有没有？

生54：当时的社会问题，漠视他人的生命。

师：漠视他人的生命。请坐。还有吗？请同学说一说。从这些嘲笑的口吻中可以看出当时的社会、当时的这些人有什么特点？

生55：他们对别人的生死是麻木的。

师：对！他们对别人的生死是麻木的！而他们本身，比孔乙己有没有高出很多位置呢？

生（杂）：不是，也是普通人。

师：这些也是像孔乙己一样处在社会底层的酒客，他们没有比孔乙己高多少，就是这种人竟然也在嘲笑、竟然也在冷落、竟然也在漠视孔乙己的存在，小说的意义就出现了。因此，我们就不能不回到《幽径悲剧》当中的一句话"毁于愚氓之手"，孔乙己也是"毁在愚氓之手"的一个悲剧的小人物。

四、从"幽径悲剧"看"孔乙己"的悲剧

师：因此，学这篇小说我们就知道，孔乙己从来就不是一个被人记住的人，永远都是一个被人忘记的人，忘和记之间是那些冷冷的看客！这些看客就成了《幽径悲剧》中的什么？

生（齐）：愚氓。

师：愚氓！愚在什么地方？你来说。

生56：愚在对生命的漠视。

师：愚在对同等生命的漠视。加上一个"同等"！愚在什么地方？

生57：愚在对他人的不关心。

师：对和自己"相关的那些人"丝毫不关心。愚在什么地方？

生 58：愚在对他人生命的毫不在乎。

师：愚在对他人生命的毫不在乎。所以，如果叫你用《幽径悲剧》中的几句话来说明孔乙己的悲剧，你会用哪几句话？

（学生思考）

生：《幽径悲剧》里说："你倘若问一个燕园中人，决不会有任何人注意到这一棵古藤的存在的，决不会有任何人关心它的死亡的，决不会有任何人为之伤心的。"用在孔乙己身上就是：你倘若问一个和孔乙己身份相同的人，决不会有任何人注意到孔乙己的存在的，决不会有任何人关心他的死亡的，决不会有任何人为之伤心的。（掌声）

师：来，全班一起读"决不会有任何人注意到这一棵古藤的存在的"，我们把"这棵古藤"改成"这个人"，预备读。

生（齐读）：决不会有任何人注意到这个人的存在的，决不会有任何人关心他的死亡的，决不会有任何人为之伤心。

师：决不会有任何人为之伤心！比古藤更可悲的，是孔乙己不但出现这三个"决不会"，而且我们还可以加上多个"决会"！决会什么？

生（杂）：嘲笑他！

师：决会有无尽的人们在——

生 59：决会有无尽的人们在嘲笑他。

师：决会什么？

生 60：决会有无尽的人们在冷落他。

师：漠视他，冷落他！决会什么？

生 61：决会有人来讽刺他，打击他。

师：决会有人驱逐他，把他往死里赶，这就是《孔乙己》这篇小说在挖掘上很可能要更深的地方。这是一句话，还有吗？用《幽径悲剧》中的另外一句话来说明，你来说。

生（读）：在茫茫人世中，人们争名于朝，争利于市，哪里有闲心来关怀一棵古藤的生死呢？于是，它只有哭泣，哭泣，哭泣……

师：孔乙己也就只有哭泣，甚至我们听不到声音。那么，今天我们是不是也很可能成为这样一种人？

生62：我觉得有可能的。现在的人也在"争名于朝，争利于市"，也是不关心自己以外的其他东西，就像这棵古藤被杀了，也没有人关心它。

师：当前社会，我们已经看到太多自私自利的悲剧，所以，同学们，这样学了以后，我们就会慢慢懂得很多悲剧有不同，又有多么大的相似，多么重合的痛点。还有没有？如果再选用《幽径悲剧》当中的话来说，你会选用哪句话来说？你来说。

生63（读）：它虽阅尽人间沧桑，却从无害人之意。每天春天，就以自己的花朵为人间增添美丽。焉知一旦毁于愚氓之手。

师：大家找到了吗？"虽阅尽人间沧桑，却从无害人之意。"孔乙己是不是也是这样的人？

生（齐）：是。

师：这样的人，这样的古藤，死在愚氓之手，感到万分委屈，又投诉无门。

师：所以，同学们，文学作品体裁有不同，主题却有多么大的相似，读文章就要从不同文体中去对比，去思考我们所要追寻的人生观、生命观和价值观。

师：鲁迅说，群众，尤其是中国的——永远是戏剧的看客。鲁迅还说，无穷的远方，无数的人们，都与我有关。所以孔乙己的悲剧，不是一个人的悲剧，古藤的悲剧也不是一棵古藤的悲剧。季羡林先生要把这十字架背下去，《孔乙己》小说中的其他人有没有过对自己灵魂的抨击？

生（齐）：没有！

师：如此，作品就有了别样的深意。最后，让我们一起重温他们那些可怕的、冷漠的嘲笑声。

师："孔乙己，你脸上又添上新伤疤了！"我们一起来读。

师（读）：孔乙己一到店，所有喝酒的人便都看着他笑，有的叫道——

生（齐读）：孔乙己，你脸上又添上新伤疤了！（竭尽嘲讽）

师（读）：他们又故意的高声嚷道——

生（齐读）：你一定又偷了人家的东西了！（嘲讽）

师（读）：“他怎么会来？……他打折了腿了。”掌柜说——

生（齐读）：哦！（惊叹中有深沉的感情）

师：下课。同学们再见。

生：老师再见。

板书：

　　　　毁于愚氓之手

　　悲剧：古藤　　——　　孔乙己

教学感言

★我们为什么需要文学？蒋勋说文学是一种疏离，保持旁观者的冷静，去观看一切与你有关或无关的事。而当我们真正读进每一首、每一篇或者每一部时，我们会发现，文学世界里竟然没有与我们无关的事。哭泣的古藤，潦倒的孔乙己，都会在某个时刻进入你现实的目光，和生活中的一些痕迹折叠在一起，让你强烈地感觉到那个生命蒸腾的丰沛世界的某种迹象。古藤之悲凉结局，孔乙己之悲惨命运，与其说是黯淡无光的时代的必然，不如说是丑陋人性之使然。故事，在世间循环，它们总会以不同的形态出现，或散文，或小说。文学，是世相人心的工笔画，“它至少提供了一个机会，让我们去以比较全面的深刻的知觉，去触摸感受人生的幽微凹凸裂隙”，“让我们停留在人性的万花筒面前，去凝神、去思考，让我们获得更深刻的、更广阔的理解力，去把握真实，去认识同类，去接纳万物”。须一瓜在演讲中说得很深刻。小人物生活的纠结和苦痛，从来都是大致相同的。“虽阅尽人间沧桑，却从无害人之意。”古藤如此，孔乙己如此，我们也是如此。然后命运的走向呢？我们看透作品的内核，实则是在互相理解。文学，参与了我们生命的成长。生之意义，命之真谛，生命之终极——灵魂无处安放的时代，我们在文学中寻求“看见”，寻求解释，寻求救赎。

★曹文轩说：“一个语文老师如果能完美地理解教材书的文学作品，他的语文教学就有一大半完成了。”这个“完美地理解”，何其艰难，又何其期待！它应该是指教师对教材有深入的研究，对作品有独到的见解，对文本有准确的把握，对编者意图有深刻的领会，还能依据学情调整教学的高度。"完美地理解"，就要洞悉作品的深层意义，领会作品的价值内涵。我们对文学作品的形而上的探索，实质也是对自己心灵的探索。可一个严峻的事实是，我们又很容易在当下急功近利、浮躁喧嚣的文化景象中渐渐消解了本应具有的深刻、厚重、从容和创造力。"完美地理解"，指向作品的意义、教学的真谛，也指向我们心灵的内涵、精神的空间。那凄惨的古藤，那悲哀的孔乙己，我们真的读懂了吗？常常，我怀疑我自己。遗憾的是，我们多半热衷于语文教学的那"一小半"，而忽略了在这"一大半"上下功夫。怎样做到两者的完美融合？语文很辽远，我们要走的路还很长。

★读《孔乙己》，读多了，就会觉得自己身上或者周围也在散发着似曾相识的气息，就会感觉某种空间是我需要的，是我存在的。我们心里都住着一个"孔乙己"，我们也是在根据自己的思想、理想、幻想或价值观而生活，也是在自己营造的、虚妄的精神世界中孤独地寻找自我，也是在用自己尚存的善良、天真、真诚和清高苦苦对抗着这个世界的漫天波澜。或者，我们就是那些无聊的、冷漠的、麻木的酒客，嗤笑着他人的不幸，却看不到自己的悲哀。只有等自己真正成为一株被时代荒凉了的古藤，才会醒过来在岁月的渣滓中咀嚼出生命的各种况味。鲁迅说："谁整个的进了小说，如果作者手腕高妙、作品久传的话，读者所见的就是书中人，和这曾经实有的人倒不相干了。"离开科举的框框读《孔乙己》，我们更能体会到小说描写"一般社会对于苦人的凉薄"。或者，我们的世界也就一个咸亨酒店那么大。

★教学《孔乙己》，永远是遗憾的，经典小说的教学都是这样的。你无法掏空，你无法清理，你无法填塞，你无法照彻。而你又很想引领学生畅游意义的海。如果说四十多岁的阅读，就像唐诺说的那样，"你看见了更多隐藏于字里行间的东西，有时它是发现，也有时会是揭穿和破除"，那么，四十多岁的语文教学，更应有一种适时内隐的领悟，压抑住了滔滔不绝、气势凌人的宣讲，更多的是温和地、智慧地引领学生去看见文字中的诸多隐藏。语文教学，始于教师的解读，基于学生的阅读。教师淋漓尽致了，课堂不见得就是好。

★听其他老师上课，我都能学到很多。我不断地辨别、汲取、更正、糅合，努力去完成一次教学的再创造。我们其实是在看课，为什么要说成"听课"呢？大概是怕我们忘记去聆听自己灵魂深处的声音。徐杰老师的《幽径悲剧》一课，让我看到了一条幽静的路，路边是枯败的古藤，路尽头，隐约是那个凄惶的穿长衫的背影……好的课堂，就是一本好书，会把你整个地融进去，最后，你就是孤独、无言的古藤。

★在经典面前，我总觉得力不从心。对名著，对语文，心怀敬畏，总觉得怎么教学都是在辜负文学作品的美感和力量。我是在联结散文和小说，也想着联接语文和生命。可即使这样，教学的姿态还是摇摇晃晃。语文教学，最大的益处是你永远都会清醒地看到，渺小的自己和宽阔的大海，卑微的生命和永远的星辰。很多时候，我只看得见自己，看不见自我。

我在现场

★从没想过散文和小说会有这般完美的结合，古藤与孔乙己原来有那么多的相似之处，值得品味的也不是只有"站着喝酒而穿长衫的唯一的人"。把教材钻研得越深，课上起来就越简单，越得心应手。肖老师便是这样，对每一节课的设计有独到之处，不因循守旧，尊重学生学情。文本与文本之间、文体与文体之间本身就是一个巨大的可以开发利用的资源：作品之间的关联，文体之间的关联，主题之间的关联，表现手法之间的关联。文本资源的整合，再利用加上对文本的深入解读，让课堂在简单中深入，让肖老师的教学得心应手，可谓潜心研语，静待花开。

——昆明市呈贡区实验学校　李扬

★喜欢肖培东老师的课，灵动如山间溪流。好听，好看，又实实在在，在解读与朗读的水乳交融中，文字的美、标点的妙、情感的细、立意的深，拨云见雾般渐渐呈现。"孔乙己，你脸上又添上新伤疤了！""哦！"

师生共读的课堂片段，深深刻在了学生心上，也让听课的我们终身难忘。学生说，起初课堂节奏有点快，但读着读着，学生们都理解了，明白了，记住了，而且意犹未尽。一堂课的张力，不仅仅在于课堂所能观察到的效果，更在于课后还有多少咀嚼、消化、回味的空间！从幽径的悲剧说起，从一棵树与一个人命运的相似说起，课堂的起点灵动随机，课堂上引导理解渐进渐深，不着痕迹又让人铭记，叹服！

——昆明滇池中学 方睿

★连续上两篇艺术性较高的名家名作，学生是会产生一定疲倦的。肖老师不拘囿于原有的教学设计，根据学生学情临时调整了教学设计，课堂上旁征博引，信手拈来，在恰当的时候带学生对比那一株古藤和孔乙己命运的相同之处。角度新，取舍得当。文本教学"取舍"的标准，一是文章的核心，二是教学的重点和难点。这要求教师要有较强的文本意识，能把握课文的精髓，要善于并敢于取舍，对教学内容进行重新整合，以此展开教学。肖老师以"记"和"忘"作为本节课教学的支点，引导学生思考悲剧形成的根源，不忘与古藤对比，精炼美妙，"舍"得大气，"取"得精妙！于听课教师是一种享受，于学生是真正的语言熏陶。

——昆明市呈贡区一中 李蓉

★在同一拨学生刚上完《幽径悲剧》，还深深沉浸于其中甚至难以自拔的状态下，肖老师顺势而为，以"植物的悲剧和人的悲剧的相似之处"开启新课，帮助同学们转换思路。可贵的是，这种比较阅读并未仅仅局限于导入部分，它居然贯穿文本教学的全过程。从二者的悲剧结局、悲剧产生的根源和悲剧的意义展开对比阅读，甚至还成功地借用了《幽径悲剧》中被徐杰老师反复揣摩的含有三个"决不会"的句子来替换形容孔乙己的悲剧意义。如此精妙地嫁接，让人恍惚觉得两位老师是私底下约好的，甚至是两位作者都约好的。真正立足学情，才能这样找准切入口有效地展开教学。

——昆明市实验中学 徐杨

★此课教学设计大胆而高明，极具创意。这个班级的学生，刚好学了散文《幽径悲剧》，肖老师的设计十分应景。他就地取材，迅速切入主问

174

题：散文中的古藤萝和小说中的孔乙己有什么相似之处？角度变成了文学比较的角度，内涵和外延都得到不同程度的丰富，可谓匠心独运。通过肖老师的引导，学生呈现出了他们丰富的阅读认识。值得一提的是，当学生说到都有前期的光彩时，肖老师迅速追问学生："孔乙己身上有没有淡淡的清香？"这一问让小说中人物形象的丰富与完整最终得以确立，可谓棋高一着。

肖老师对教学内容重点的确立与取舍同样让人折服。小说的赏析就怕面面俱到，蜻蜓点水。肖老师从文学比较的角度，指出小说和散文的不同研究对象，小说侧重的是情节，而在对情节的把握与梳理上，肖老师也不求全，而用典型的人物对话，引导学生从不同的语气、语调，甚至不同的标点符号所表达的语义中，去把握人物的性格命运，并在基础上去提示小说的社会意义。

浅浅的设计，貌似一种投机、一种偶然，其实背后，沉淀着一种胸怀、一些历练、一种智慧。

——昆明西山实验学校　王位圆

名师点评

一堂"好课"的起点

云南师范大学文学院　谭晓云

什么样的语文课是一堂"好课"？这个看起来根本无需争议的问题，却常常成为语文老师们的困扰。所谓"教无定法""我即语文"，一堂语文课尽可以因内容而异，也可以因教师而异。但这堂语文课到底是不是一堂有效、优质的"好课"，基于"学生中心"的学习观，其评价的核心标准只归为一条：课堂是否真正实现了以学生的语文学习为中心，真实地提升了学生的语文素养。

一堂"好课"又从哪里开始？教学起点切入多元：标题解析、作者介绍、背景分析、知识导入，等等。教学方法花样繁多：故事法、情境法、

175

新旧联系法、直观法、悬念法、提问法，等等。但这堂语文课的导入，究竟是不是一堂"好课"的起点，基于"学生中心"的主流学习观，其评价的核心标准也只归为一条：导入是否真正引导，并实现了以学生的语文学习为中心，真实地提升了学生的语文素养。

"良好的开端是成功的一半"，柏拉图的名言也适用于语文教学。一堂"好课"的教学导入设计，总是一开始就唤醒了学生已有的经验和基础，激活了学生参与的兴趣与热情，并从始至终引领着学生的学习活动与思考，最终促进学生语文素养的提升。

那么，什么样的教学导入才是"好课"的起点？撩开那些花样繁多、风格各异的课堂形式的面纱，一堂有效优质的语文"好课"的起点，其本质特征究竟是什么？研究肖培东老师的《孔乙己》，可以为我们的问题找到答案。

一、 一堂好课的起点： 定位真实的学情起点

将肖老师《孔乙己》的教学导入做成案例描述，其导入可概述如下：

> 刚才徐杰老师给你们上的课是《幽径悲剧》，我们接下来要学习的课是《孔乙己》。《幽径悲剧》写的是一棵古藤萝的悲剧，《孔乙己》写的是人的悲剧。这节课我们一起来做一个探讨：散文中的古藤萝和小说中的孔乙己，两者有怎样的相似之处？把两篇文章都打开，读一读《幽径悲剧》后面写古藤萝的部分。思考：一棵植物的悲剧和一个人的悲剧，这两个文学形象有什么相似之处？

这个个性十足的导入是相当令人惊艳的。《幽径悲剧》和《孔乙己》，一篇是散文，一篇是小说；一篇写藤萝，一篇写人物。乍一看，没多大关联。然而，两篇课文内容上是有相似性的，都是悲剧。内容的相似性给肖老师提供了《孔乙己》教学的思路与方法：对比这两个文学形象。以对比为导入，以悲剧为起点，学习《孔乙己》的人物形象特征和悲剧命运，探寻其悲剧命运的产生根源。

从学生的学习状态来看，这样的导入显然是十分成功的，仅仅从"《幽径悲剧》和《孔乙己》的相似处"这一导入板块入手，观察和分析学生的学习状态，便不难发现，正是在这一导入的激活之下，学生在对"一棵植物和一个人的悲剧形象的相似点"的阅读、朗读、思考、对话中，生成了很多有价值的发现。都是悲剧的命运：孔乙己死了，藤萝被毁了；都很渺小，不被关心和注意——孔乙己被嘲笑，藤萝被无视；都很无奈、又无力投诉；都很孤独很卑微。穷困潦倒的孔乙己，茫茫人世间的藤萝，又都有过光彩美丽的地方：藤萝因淡淡的清香，让人留恋这个世界；孔乙己教孩子识字、分茴香豆给孩子们吃，善良、美好又温馨。一个答案启发着另一个答案，一个思考推动着另一个思考。在这样的比较研读过程中，同学们对孔乙己人物形象的认知、体验和理解，不断丰富、不断深入，得出了造成悲剧的原因也是相同的这个结论：都是世人造成的，古藤萝是世人的愚昧造成的，孔乙己是科举制度和冷漠的世态造成的。从现象描述上升到原因分析，学生的思考层级不断跃升。显然，这样的导入是有效的优质的。这样的教学导入引发了学生有效的学习状态，也成就了一堂"好课"的起点。

那么，这堂"好课"的起点何以为"好"呢？仔细分析这个教学导入，不难发现，学生之所以不乏概括性强、有深度的回答，是源于这个教学导入指向的是学生真实的学习起点：刚刚学习了徐杰老师的《幽径悲剧》，现在接着学习肖培东老师的《孔乙己》。这是一个真实的学情起点的定位：学生刚刚在《幽径悲剧》中学习了一棵植物的悲剧命运，对悲剧的体验、理解已经有了基础，从一棵植物的悲剧入手到一个人物的悲剧，有着良好的共情基础，这样真实的学情起点势必会充分地激活学生的主动参与，将学生的语文学习引向良好的状态。

那么，强调学情定位的"真实"二字，意义究竟何在？奥苏伯尔在其《教育心理学》中提到："如果我不得不将教育心理学还原为一条原理的话，我将会说，影响学习最重要的因素是学生已经知道了什么，我们应当根据学生原有的知识状况去进行教学。"杜威也说："了解儿童的想法与需要，这是教师而非学生的任务。"实际上，奥苏伯尔所说的"学生已经知道了什么"，杜威所说的"学生的想法和需要"，都是极为具体而真实的。真实的学情分析并不是对某一年级（或是某一年龄段）学生的认知心理、认知特征、认知基础进行笼统的概括和描述，而是要着眼于真实的教学情境中的真实而具体的个体，进行综合的学情定位。真实的学情起点总是独特而具体的，每一堂课都因情境、对象、时间、顺序等因素的影响而有所不同。只有对真实的学情进行分析，才可能了解真实的学情需求，定位真实的学情起点。由此出发的教学导入，才有可能真正成为一堂语文"好课"的起点。

二、 一堂好课的起点： 推动整个学习过程中的学生参与

好的导入之所以成为好的教学起点，是因为这样的教学起点，蕴含并助推着整个语文学习过程中学生的积极参与。来看肖老师的《孔乙己》教学案例。整个课堂学习流程是由四大板块构成的：第一板块，《幽径悲剧》和《孔乙己》的相似处；第二板块，孔乙己毁于愚氓之手；第三板块，被人"忘""记"的孔乙己；第四板块，从"幽径悲剧"看"孔乙己"的悲剧。按照常见的导入（起点）、过程与推进（过程）、结语（结果）三大教学流程来进行归置，第一板块可归为导入（起点），第二、第三板块为过程与推进（过程），第三板块为结语（结果）。那么，"一棵植物的悲剧和一个人的悲剧，这两个文学形象有什么相似之处？"这一教学导入，对整个学习过程的影响如何呢？

> 师：大家发现没有，《幽径悲剧》里写到很重要的一句话，古藤是死在什么？一起读大声读。
> 生（齐读）：焉知一旦毁于愚氓之手。它感到万分委屈，又投诉无门。大家想一想，孔乙己是不是也毁于愚民之手？你来聊聊。

引导第二板块的教学提问是对第一板块中的教学导入的延伸与推进。在完成了一棵植物和一个人物的悲剧相似点的对比之后，肖老师将学生的学习进一步导向了悲剧根源的探究：古藤死在愚氓之手，孔乙己也毁于愚

氓之手。

那么，这一板块中学生的学习状态如何呢？丁举人打折了孔乙己的腿，"毁"了孔乙己，酒客们的嘲笑"毁"了孔乙己。为了体验酒客们的嘲笑是怎样"毁"了孔乙己的，老师设计了一个朗读活动。朗读第四段，并反复朗读"孔乙己，你脸上又添上新伤疤了！"这一句。从"又"和"新伤疤"中读出孔乙己的被打是家常便饭，读出酒客们对孔乙己的"牵挂"，不是关心，而是嘲笑。读出"高声的嚷"，读出"故意的取笑"，读出"开心的叫道"，读出"不是一个人，而是集体的狂欢"，读出了用尽力量去"讽刺和凌辱"，读出了"一个怪异的社会，一群怪异的人，一个怪异的酒店"，也读出了小说细节中的所有味道。之后，进入第十段的朗读。师读"他怎么会来？……他打折了腿了"这句，学生用不同的标点符号读掌柜的"哦"字。在反复朗读中，同学们读出了感叹号、句号和问号的不同情感和丰富的内涵。在惊讶、敷衍、慨叹、漠不关心之外还读出了漫不经心和恍然大悟，读出了比死亡更可怕的东西，读出了酒客们对孔乙己生命的漠视，最终读出了孔乙己毁于愚氓之手。学习引导也自然进入到了第三板块——被人"忘""记"的孔乙己。

酒客们记住的都是孔乙己的故事，记住的是他这个笑料。在酒客们那里，孔乙己屈辱地被记住，残酷地被忘记！就连那个小说中的"我"——相对善良的小伙计，孔乙己也只是帮他打发单调生活的一个笑料。而掌柜最记住孔乙己的是"欠了十九文钱！"。所有人都记住了孔乙己的"事"而忘记了孔乙己这个"人"。世态的炎凉，人情的冷漠，对生命的麻木，就发生在一群普通人的身上。教学再一次回到《幽径悲剧》中的一句话"毁于愚氓之手"：孔乙己也是毁在愚氓之手的一个悲剧的小人物。

在第二、第三板块的教学中，一共有41人次的学生参与朗读活动与问答互动，从整个学习过程中学生的学习表现来看，学生参与的积极性很高，参与的程度性较深，参与的方式灵活多样。这些所有的学习活动都紧紧围绕着《幽径悲剧》和《孔乙己》的相似点——悲剧而展开。显然，好的教学起点，是蕴含并助推着整个学习过程中学生的积极参与的。

三、 一堂好课的起点： 导向语文素养提升的学习结果

一堂好课的起点，同时还预设着有效优质的学习结果：导向学生语文素养的提升。我们知道，语文素养是一个多层级、动态和复合的语文目标概念。就可观察的层面来看，显示为听说读写的外显语文能力。《孔乙己》课堂教学中的学生学习结果的状态如何呢？在导入、过程与推进之后，教学进入了第四板块，即从"幽径悲剧"看"孔乙己"的悲剧。就课堂结构而言，这是一个结语性的教学流程。尽管语文学习的结果观察并非只在课堂的结束阶段，过程与结果相交织，整个语文学习过程都可以观察学生的学习结果。但是，作为课堂流程的最后一个阶段，学生的学习结果观察，在符合学习发展逻辑的同时，其体现也更为集中和明显。

研究肖老师《孔乙己》的第四板块，在对孔乙己的"忘"与"记"的对话之后，肖老师提出了问题：如果用《幽径悲剧》中的几句话来说明孔乙己的悲剧，你会用哪几句话？教学再一次从《孔乙己》回到《幽径悲剧》，犹如文章的首尾呼应，教学的起点和终点也在此完美的交融。来看看学生在这一阶段中的学习表现。

> 生：《幽径悲剧》里说："倘若问一个燕园中人，决不会有任何人注意到这一棵古藤的存在的，决不会有任何人关心它的死亡的，决不会有任何人为之伤心的。"用在孔乙己身上就是：你倘若问一个和孔乙己身份相同的人，决不会有任何人注意到孔乙己的存在的，决不会有任何人关心他的死亡的，决不会有任何人为之伤心的。

在学生的三个"决不会"之后，教师继续引导：比古藤更可悲的，是孔乙己不但出现这三个"决不会"，而且我们还可以加上多个"决会"！决会什么？

生 59：决会有无尽的人们在嘲笑他。
生 60：决会有无尽的人们在冷落他。

生 61：决会有人来讽刺他，打击他。

接着，老师请同学用《幽径悲剧》中的另外一句话来说明。并继续启发：今天我们是不是也很可能成为这样一种人？

生（读）：在茫茫人世中，人们争名于朝，争利于市，哪里有闲心来关怀一棵古藤的生死呢？于是，它只有哭泣，哭泣，哭泣……

生 62：我觉得有可能的。现在的人也在"争名于朝，争利于市"，也是不关心自己以外的其他东西，就像这棵古藤被杀了，也没有人关心它。

生（读）：它虽阅尽人间沧桑，却从无害人之意。每到春天，就以自己的花朵为人间增添美丽。焉知一旦毁于愚氓之手。

最后，教师借助鲁迅先生对看客的批判，引导学生对《幽径悲剧》和《孔乙己》悲剧进行反思，在师生共同朗读"你脸上又添上新伤疤了！""你一定又偷了人家的东西了！"中，结束了这堂"好课"。

四个板块构成的整个学习过程流畅又完整。围绕着"一棵植物和一个人物的悲剧的相似性"这个学习起点，课堂从《幽径悲剧》和《孔乙己》的相似处，走到了"孔乙己死于愚氓之手"；再从"被人'忘''记'的孔乙己"，走到了从"'幽径悲剧'看'孔乙己'的悲剧"。从教学设计与实施上看，四个教学板块，起于比较，终于比较，而又超越比较。板块之间，环环相扣，逻辑严密，自然顺畅，犹如流水。尤其是最后一个板块中，学生在听说读写等方面的学习状态，突出地表现出：准确的识记与判断能力，精炼的语言概括能力，丰富的语言表达能力，深刻而富有针对性的思考，深情的朗读与理解。不得不说，这样的学习结果表现是十分令人惊艳的。

纵观《孔乙己》的课堂全貌，从起点、过程到结果，我们发现，学生的学习表现是判断一堂语文课是不是"好课"的基本依据。由此出发，一堂语文"好课"的起点需要具有三个特征：教学导入基于真实的学情起点，教学导入真正推进了学生的积极参与，教学导入预设着语文素养提升的学习结果。

显然，肖培东老师的《孔乙己》完美地诠释了优质的教学导入设计是如何成就一堂语文"好课"的。同一班级的学生先上《幽径悲剧》，后上《孔乙己》，在观摩了徐杰老师的《幽径悲剧》之后，肖老师临时改变了之前的教学设计，重新确定了教学的起点、过程与结语。好课的"起点"设计，看起来纯属巧合，偶然天成。一次巧合能引发一个令人惊艳的教学设计，一次临场发挥却能上出一堂令学生有着惊艳的学习表现的"好课"。不难想象，这堂偶然天成的"好课"背后，站着的是一位怎样的语文老师！他必须对语文课程有着准确的教学理解，教学功底深厚，教学智慧超卓，他还必须热爱语文教育，用心十足，执着不悔。

一堂语文"好课"的起点，我们已经知晓了，那么，一个优秀语文老师的起点，又在哪里呢？

《溜索》

浅浅小语

你永远讲不完所有的精彩，你永远掏不尽所有的厚重。留点空白，交给求知的眼睛，交给未来的岁月。那个无限丰富和深邃的世界，是他们的。

——肖培东

课堂再现

执　　教：肖培东

点　　评：阮长海

教学背景：2019 年 4 月 22 日，温州市瓯海外国语学校，八年级学生。

一、 对比感知

师：同学们，今天我们来学习九年级下册的一篇小说，题目叫作？

生（齐读）：《溜索》。

师：阿城的《溜索》。这个单元是一个小说阅读单元，在它前面的几篇课文，你们自然没学过，不过你们一定听说过。这个单元的第一篇课文，是鲁迅先生写的小说《孔乙己》，听说过没有？（生说"听说过""读过"）第二篇课文呢，是著名的外国短篇小说《变色龙》。（生小声答

"写一个警官的"）对，是写警官奥楚蔑洛夫断案的。而我们今天要学的这篇文章，是这个单元的第三篇文章，是阿城写的《溜索》。同学们，你们都看过课文了吗？（生答"看过了"）那么，根据老师刚才的提示，大家看一看，这个单元前两篇小说都是以什么做题目的？

生1：《孔乙己》《变色龙》都是以小说中的人物作为题目的。

师：如果我们也以《溜索》中的某个人物来给《溜索》这篇文章重新取题，你觉得可以用文中哪个人物做标题呢？（学生思考）你能来跟大家谈谈，小说《溜索》都写了哪些人？

生2：首领。

师：嗯，有一个人是首领，名字不知道。还有没有？你来说一个。（生3答不出）

师：小说里面都写了哪些人物？除了首领之外，还有哪些人呢？（生3还是回答不出）你看，你没有好好读过这篇文章吧？（生惭愧）

生4：还写了汉子们。

师：汉子们，你加了一个"们"字，说明这样的马帮汉子——

生（齐）：很多。

师：还有一个是谁？溜索过程中最胆小的是谁？

生5：是作者。

师：有不同意见的吗？

生6：不是作者，是小说中的"我"。

师：小说是用第一人称叙述的。"我"叫什么名字？

生6：也没有名字。

师：对啊，没有名字，就是文中的"我"。千万不要说是作者。小说中的"我"不等于作者。好了，如果从首领、汉子们还有"我"等人物中找出个人来做小说的标题，你会找谁呢？你来说。

生7：首领！

师：支持"首领"的请举手。（多数学生举手）

师：大部分同学都支持"首领"。我和你们一样，刚开始的时候，我也马上想到了首领，他给人的印象太深刻了。（有学生说"很英雄"）那这篇文章，就叫作《首领》或者《英雄的首领》？联系这篇小说，你觉得这个标题行吗？

生8：我觉得不行，感觉很奇怪。溜索队伍的首领，这首领究竟是指哪个首领，好像没有说清楚，感觉很别扭。

师：那就改为"马帮首领"。总而言之，我就用"首领"来做标题，可不可以？结合整篇文章来想一想。你来说说看。

生9：因为溜索的不止是首领，还有汉子们和牲畜。

师：也就是说溜索的人很多，首领只是其中指挥的那一个人，这是一点。还有没有？你来说。

生10：我觉得用"首领"应该不行。我的感受和前面的男生差不多，溜索的不止首领，主要是以"我"的感受来写。

师：那把标题改成"溜索的我"行不行？

生11：应该不行吧。因为以"溜索"为标题，可以表示很多人，不是单单指一种个体。

师：其实你已经有点进入课文了。这篇小说就不存在某一个核心人物。它和前面两篇小说其实完全不同：《孔乙己》讲的是孔乙己的故事，《变色龙》讲的是警官奥楚蔑洛夫断案的故事，可我们这篇小说是没有核心人物的，它讲述的就是西南地区少数民族一群马帮汉子溜索过江的一段经历。因此这篇小说和前面两篇小说的一个不同，在于没有一个核心人物，标题换成谁都不行，所以这篇文章的题目就叫——

生（齐）：溜索。

师：真聪明，会思考了！自读课就是要学会独立学习和思考。好了，这篇文章写了一个怎样的故事？大家看看，"阅读提示"是不是帮助我们点出来了？你来读读"阅读提示"。

生12（读"阅读提示"）：这篇小说写了一处奇险的环境，一群过河的马帮汉子，一次溜索的经历。

师：简单来讲，一群过河的马帮汉子溜索的经历。这样一想，这篇小说和别的小说又有什么不同呢？小说那么多文字就只写了一次溜索的经历，我们平时也读过小说的。来，跟老师说说，你都读过什么小说呢？

生13：我读过《朝花夕拾》。

师：《朝花夕拾》是小说吗？我真的非常伤心。（生笑，齐答"散文集"）说说你读过的小说吧。（学生说出《西游记》《水浒传》等）包括大家可能读过的《变色龙》《孔乙己》等，大家想想《溜索》，哎，所谓溜索，写的就是从江的这里到那里，其他小说和它有什么不同？

生13（迟疑）：应该是……方向不同？（生笑）

师：什么方向？比如内容、情节……（教师提示）

生14：我觉得是故事内容很简单，没有什么波澜起伏的。

师：对，别的小说情节安排上多是跌宕起伏、风云突起的。《溜索》呢，这篇小说就写个溜索过江，情节简单，平平淡淡的。因此我们可以看出来，这篇小说没有核心人物，也没有尖锐的矛盾冲突，不求情节的跌宕性。那么，这样的小说究竟在写些什么呢？这节课我们好好阅读。自读文章，读的时候利用编者给我们提供的七个旁批，边读边思考，再拿笔画一画。现在开始。

（生结合旁批，自读文章。七八分钟过后，全部学生举手表示读完小说）

二、 哪个旁批对你最有作用？

师：都读完了。现在老师的问题是：你觉得文中哪个旁批对你这次的阅读是最有价值的？或者说，这篇文章如果没有提供旁批，你在阅读过程中可能就疏忽掉了哪个旁批所指示的内容？想一想。（学生思考）来，男同学，你来说。

生15：最后一个旁批对我很有帮助。

师：最后一个旁批"第三次写鹰"，这对你的阅读有何帮助呢？

生15：点明了鹰在这篇小说中可能是非常重要。

师：同样觉得这个批注对自己阅读这篇文章意义重大的同学也举手。（学生纷纷举手）好，这位女同学，为什么"第三次写鹰"这旁批对你自己的阅读特别有帮助？

生16：我觉得鹰对营造小说的氛围有很大的帮助。

师：哦，也就是说，如果自己看书，这只"鹰"就可能被忽视了，直接飞过去了，但批注却提醒大家，要注意课文中的鹰。这只鹰在课文中出现了三次，我们大家把它找出来。第一次——

生（齐）：在第二段。（齐读）一只大鹰旋了半圈，忽然一歪身，扎进山那侧的声音里。（节奏读得很好）

师：不错，第二次——

生（齐读）：那只大鹰在瘦小汉子身下十余丈处移来移去，翅膀尖上几根羽毛被风吹得抖。

师：第三次，一起来读。

生（齐读）：那鹰斜移着，忽然一栽身，射到壁上，顷刻又飞起来，翅膀一鼓一鼓地扇动。首领把裤腰塞紧，曲着眼望那鹰，说："蛇?"几个汉子也望那鹰，都说："是呢，蛇。"

师：大家注意到了没有，刚才这位同学说的要注意"第三次写鹰"，其实这句话更是说，要注意文章"三次写鹰"。小说中鹰这个物象出来了。"鹰"给你阅读带来什么思考呢?

生17：说明环境特别险峻。

师：这和写鹰有什么关系?

生17：山鹰会经常出现在这些崇山峻岭间。

师：山鹰，经常会出现在怒江的大峡谷之间，这是当地的一种非常有特征性的动物。好，这是一个，再来说说看。

生18：第三次写鹰，不仅是写出了这个鹰在文章中所占的地位，同时也说明了鹰所处的环境的险恶。

师：写鹰，侧面写出了环境的险恶，还有没有别的用意? 同学们考虑一下。你来说。

生19：鹰在我们的理解中就是很勇敢的，是非常厉害的角色。

师：你能从哪些词上看出鹰是勇敢的? 找到相关的词来说。

生19（读）：一只大鹰旋了半圈，忽然一歪身，扎进山那侧的声音里。

师：哪个字?

生19："扎"字，动作很轻快，很勇敢。

师：我们都怕的悬崖峭壁，鹰只要一个"扎"的动作就进去了，写出了鹰的勇敢和鹰的矫健。那么写鹰的勇敢和矫健，又有什么作用？

生19：来这里溜索的这群马帮汉子，他们也和鹰一样勇敢！

师：所以，大家来看，"鹰"这个物象有一种暗示的作用。它衬托出溜索汉子们的矫健、勇敢。写鹰，其目的是为了什么？

生20：是写人，是衬托人，是渲染环境。既写出了怒江的险恶，又写出了怒江人的勇敢。（掌声）

师：总结得很好。大家要注意了，读小说的时候，一定要特别注意作者特意设置的动物、植物。还有没有其他同学关注到了其他的旁批？你来说。

生21：第四处旁批"想象溜索的画面，体会'小'字的精妙"。

师：嗯，"想象溜索的画面，体会'小'字的精妙"。妙在何处呢？

生21：这个"小"字体现出溜索非常快，人一下子就不见了。

师：同学们，也有关注到这一点的同学请举手。（学生举手）如果不是这位同学点出来，我们可能就漏掉了这一点。现在老师要问了，你知道旁批说的这个"小"字是哪句中的"小"字？（学生轻声讨论）你来读。

生22：是"嗖的一下小过去"里面的这个"小"字。

师：这个"小"字是什么词性？

生（齐）：动词。

师："小"本来是形容词，这里说是"小"过去了，我们很少看到有这样的表述，现在作动词了。你来说，这个"小"字用在这里有什么好处？

生23：可以形容溜索的快和峡谷的惊险。（师点头）

师：哪位同学再来说，这个"小"字让你感觉他溜索是一个怎么样的过程。你来说。哦，刚才你说过了，让你的同桌来说吧。这次溜索是一个怎么样的过程？

生24：突然从眼前消失，变得越来越小。

师：对，越来越小。刚开始上绳索的时候，还可以看到一个具体的人形，很快人越来越小了。所以这个"小"字，写出了距离的移动，而且速度非常快。这个字特别有味道，溜索人惊险溜索的过程与矫健的身手全写出来了。请坐。还有没有？你还关注到了哪个旁批？你来。

生25：我说的也还是这个"小"字。我觉得"小"字写出了一种视觉感受，边上的人看着他在慢慢消失。

师：刚才你说的这个"慢慢"，其实就是非常快的一段时间。所以，这个"小"，小出了时间感，小出了空间感，小出了动作过程。这个"小"字了不起，"小"字不小，作者用得太棒了。好，还有没有？

生26：28页的旁批"这里为什么细写牛的情状"。

师：你读书的时候，没关注这头牛吗？

生26：我本来看到了文中这些牛的样子的时候，只是在笑，我在笑这些牛很滑稽。但是我看到这个旁批之后，又仔细想了想，文章借牛的反应，写出溜索在悬崖峭壁间的险峻。

师：是啊，尤其看到牛挂在绳索上溜的时候，我也特别想笑。我们大家一起来读读看。是不是会笑着读呢？

生（齐读）：汉子们缚住了它的四蹄，挂在角框上，又将绳扣住框，发一声喊，猛力一推。牛嘴咧开，叫不出声，皮肉抖得模糊一层，屎尿尽数撒泄，飞起多高，又纷纷扬扬，星散坠下峡去。过了索子一多半，那边的汉子们用力飞快地收绳，牛倒垂着，升到对岸。

师：这个同学说刚开始是想笑，对的，这就是初读的感受，场面太好笑了！后来又悟出这里写牛是为了衬托出怒江大峡谷的高峻险恶。文章写牛，用意除此之外还有没有？

生27：衬托出汉子们的勇敢。

师：对不对？（生点头）写牛的软弱，也能够衬托出溜索的马帮汉子们的勇敢，他们的豪迈！正如，鹰可以让汉子们变得更勇敢，牛也可以让汉子们因它们的软弱而更显出豪迈。因此，想到鹰，也要想到牛。这是作者写这篇文章的妙招，很精彩。读小说，要关注小说设置的物象。还有没有？

生28：27页的旁批"这里直接写'索'，有什么作用"。如果平时去读的话，"索"这么一小段，觉得也没有什么特殊重要性，也不会去关注。

可一提醒，觉得作者这么一描写，就是在写溜索非常非常危险。

师：你平时有没有走过悬空的栈道？当你走上去的时候，你第一感觉是什么？

生28：牢不牢固？人上去会不会掉下来？

师：这里直接写"索"，究竟有什么作用呢？我们先一起来读读这个"索"，不急，读读。

师（范读）：那索似有千钧之力，扯着两岸石壁，谁也动弹不得，仿佛再有锱铢之力加在上面，不是山倾，就是索崩。（读出了危险的感受）

生（齐读）：那索似有千钧之力，扯着两岸石壁，谁也动弹不得，仿佛再有锱铢之力加在上面，不是山倾，就是索崩。（读得有力度）

师：读得很有力度。还是这位同学，你来说。写"索"有什么作用？

生28：感觉这个索很不安全的，一点点力量加上，就崩溃了，就更加写出了溜索的恐惧。

生29：用对索的心理感受，来衬托怒江大峡谷的高峻，来说明溜索是一件很危险的事。

师：要想把马帮汉子的英雄与豪迈表现出来，就要把突出环境的险恶以及过程的危险。这就是文章的衬托。到这里，我们就明白了，这篇小说非常善于运用对比、衬托的手法来写。还有吗？（学生没再举手）没有，就说明其他的旁批指向的阅读内容我们自己能关注到了。自读课文的旁批，需要自己去理解，去消化。

三、 哪个旁批最能指向小说特征？

师：好了，现在老师就剩下一个问题：你认为这七个旁批中，哪一个旁批最能彰显这篇小说的个性？不着急举手，先看文章，自己读读。

（学生再读课文两分钟）

师（提示）：所谓个性，就是指这篇文章区别于其他文章，明显不同于其他文章的地方。

（学生再读文章一分钟）

师：有想法了之后，我们同学两两交换说一说。

（同桌学生讨论）

师：好，讨论的声音小了，好，你来说。

生30：我觉得第一个批注（文章第一段旁批"起笔突兀，一下子就把读者带入特定的情境之中。"）写出了这篇小说不同于其他小说的特点。我看过的其他小说作者想将读者带入情境的话，都还是娓娓道来，一点一点地把读者带到情境中，但是这篇小说就直接起笔，把读者直接带进情境之中。

师：你的意见呢？

生31：这个开头有特点，但我也见过这样特点的开头的。

师：现在，好些小说都能做到起笔不凡，给人突兀之感，营造了氛围，一读就会把你带进情境之中，不读下去不行。两个同学说得都很有道理，请坐，我同意他们对第一段的真实感受。继续。

生32：我觉得26页的第二个批注（文章第四段旁批"类似这样干净、洗练的语言，文中处处可见。仔细品味。"）最能彰显小说的艺术个性。平时读的其他小说为了显示出写得像真的一样，就会写很多的语言，比如可以写大段的文中的"我"和首领聊天的内容啊。但是这篇小说完全没有这么写，语言也很干脆，一点弯来弯去的都没有。

师（转向同桌）：你同意不同意他说的？

生33：我同意。

师：哦，你也赞成第二个批注是最能彰显文章个性的。来，你来说说看，你觉得是哪个？

生34：我比较赞成第四个旁批，即"想象溜索的画面，体会'小'字的精妙"。之前老师也说，好像很少看到别的书中有这样表述的，用形容词来表现一种动作。

师：一个字就把溜索的过程给写出来了。你把这句话来读一读。

生34（读）：脚一用力，飞身离岸，嗖的一下小过去，却发现他腰上还牵一根绳，一端在索头，另一端如带一缕黑烟，弯弯划过峡顶。

师："小"字写得非常活，非常有创意，正好又印证了哪个批注？

生34：第二个批注。

师：好，也是在印证第二个批注，请坐。还有没有别的意见呢？你觉得哪个旁批最能指向这篇小说的特点？

生35：我也认为是第二个。文章中出现了很多简短的词。"怒江自西北天际亮亮而来，深远似涓涓细流，隐隐喧声腾上来，着一派森气。"这里只是用了一些非常简短的句子，却可以把这种情景生动描绘出来。

师：嗯，尤其几个叠词用得很精彩，请坐。这样我们就明白了，小说里面有个牛，有个马，有个鹰，倒也不稀奇，别的小说也有个狗，有个猫。环境描写你出彩，其他小说也不赖。但是这篇文章怎么就姓"阿城"了呢？关键在于第二个批注所指向的内容，也就是这篇小说语言极其干净、洗练。这个旁批指向小说的三、四段，我们就把第四段读一读。

生（齐读第四段）：山不高，口极狭，仅容得下一个半牛过去。不由捏紧了心，准备一睹气贯滇西的那江，却不料转出山口，依然是闷闷的雷。心下大惑，见前边牛们死也不肯再走，就下马向岸前移去。行到岸边，抽一口气，腿子抖起来，如牛一般，不敢再往前动半步。

师：现在发现没有，你读的这段文字里面，这句子大多是——

生（杂）：短的。短句。

师：阿城极喜欢用短句。我们读"山不高，口极狭"，预备，读。

生（齐读）：山不高，口极狭。

师："心下大惑"，"行到岸边"，你觉得这些句子平时多在什么样的文章中能读到的？

生（杂）：古文。

师：对啦，古典文学的滋养、古汉语的语言感觉就从这些句子中表现出来了。那大家能不能在第一段中再找找看，有没有像我们刚才说的"小"字一样精彩的语言？哪一个字？（学生自读）

生36："用小腿磕一下马"的"磕"字。

师：哎，改成用小腿"打"一下马，"踢"一下马或者"抽"一下马，行不？

生36：不行的。

师：这个"磕了一下马"写出了什么呢？你来。

192

生37：动作的轻，对马的爱护。时间之短，不用扬鞭马就能跑，写出了人和马的默契。

师：人和马的默契，对啊，用一个"磕"字就够了。第二段呢？还有这样精妙传神的用词吗？（学生自读）

生38：第二段我找到了"翻"字，慢慢下马的意思。

师："翻下马"的"翻"写出了什么？

生39：我觉得是说翻下马的时候速度很快，马帮汉子的身手相当敏捷。

师：有道理！身手敏捷！还有哪个字用得好？

生40："一只大鹰旋了半圈，忽然一歪身，扎进山那侧的声音里"的"扎"字。

师：怎么说呢？

生40："扎"字写出了大鹰是直接进去，没有阻碍，速度非常快，很有力度。

师：对，阿城不用"飞"进去，而用"扎"进去，说明速度很快，急速迅猛。鹰的无畏的精神就出来了，人的大无畏的精神也随之跃出。因此，这篇小说语言干净、洗练，用语精确、传神。如旁批所言，文章还有好多这样的语言点。来，对话描写我们来找找看，有一段写马帮首领和大家对话的描写印象极深，知道是哪一段吗？

生（齐）：第14段。

师：我们一起来读读第14段。预备，齐！

生（齐读）：三条汉子一个一个小过去。首领哑声说道："可还歇？"余下的汉子们漫声应道："不消。"纷纷走到牛队里卸驮子。

师：你们是余下的汉子们，我来当首领。

师（哑声说）：可还歇？

生（漫声应道）：不消。

师：考虑一下，阿城给他们设置的对话有什么特点？

生41：他们的语言很简单，非常有默契。

师：默契！"你们还要不要再歇一会儿啊？""我们不要再歇了，我们出发吧！"若是这样写呢，总觉得这些马帮汉子少了一种——

生41：缺少了一种勇敢和果断。

师：对，勇气、粗犷就缺失了，豪迈的气概是从原文干净、利落的对话中表现出来的，请坐。再考虑一下，首领说"可还歇"，结果汉子们三三两两地、陆陆续续地说"不歇，不歇，不歇"，这样写行不行？

生42：不行。这样就感觉太散漫了，完全没有马帮汉子的那种力度感。

师：而且我们还能读出首领在团队中的——

生43：威严感，大家都很听他的话。

师：一问一答，人物性格呼之欲出，语言真是妙。确实，阿城的小说跟别人不一样的地方在他的文字，句式短净，文字精炼，文风非常的扎实且古典，读来隽永有味。阿城称自己写的是"笔记小说"。寥寥几笔，形神兼备，多用白描，善用短句，还有比喻、叠字等都很有讲究。这些都需要我们在未来的时光里慢慢地读，才能细细体会出阿城小说的语言艺术。有人说评价说，阿城小说语言的特色是"说的（　）"，哎，你们能加上一个形容词吗？

生44：说的快！

生45：说的精！

生46：说的简！

生47：说的短！

生（杂）：说的妙，说的少……

师：你们说的都不错。郭枫曾评价阿城小说的语言特色是"说的少，说的淡，说的轻"，大家把这三个字写下来。这个评价很是恰当。

四、 主题探究

师：当然，说的少，说的淡，说的轻，并不意味着文章主旨内涵的轻浅。读了这篇文章，我们能感受到西南地区少数民族的风情风俗，感受到马帮汉子的粗犷与豪迈，我们还能获得什么样的启迪？联系这次成功的溜索过江去思考。（学生讨论）

生 48：人与自然的抗争，人类的坚强不屈的精神品质。

生 49：一个好团队很重要，需要团结，需要默契。

生 50：好的团队，一定要有一个好的首领。

师：那从"我"溜索过江的过程，你又能悟出什么呢？

生 51：文章中溜索的"我"，开始战战兢兢，到最后终于成功，告诉我们要战胜困难，人生需要磨砺。

师：这篇小说，你慢慢自读，还可以读出很多内容、很多妙处。顺着阿城的小说语言去深溜细品，索出来的就是人物、情节以及小说阅读的诸多感受，这"溜索"就是自读小说的方法。下课！

教学感言

★读《溜索》，一定要沉住气，一定要静下心。慌慌张张地读，你肯定会错失这篇小说的诸多精彩。情节极为平淡，没有尖锐激烈的矛盾冲突，没有复杂的人物关系，随意一读，你可能会觉得平平常常、无甚稀奇。只有当你静心深入阅读，你才会叹服于阿城的小说艺术和语言功力。刚上讲台的时候，这样精彩的文章，我多半是读得粗枝大叶的，课堂教学也就是搬运教参而草草了事，自己和文本相隔甚远，甚至这种相隔自己并不知道，也不去推究。岁月是最好的老师，它不会硬性地摁着你的头把你浸入到醒悟的河流中，它总是在耐心地消磨你，也等待着你。某一天，当你能滤除浮躁，撇开喧嚣，拨开冗务，自觉、主动、彻底地融入阅读文本时，教学的进步也就离你不远了。读书，给了我们面对世界的正确态度，这个世界，自然也包括我们的语文世界。

★阿城实在是语言艺术的高手，这篇小说又实在是学习语言锤炼的标本式作品。不说别的，只那写汉子溜索过江的一个"小"字，就足以令人啧啧称叹。"（瘦小汉子）脚一用力，飞身离岸，嗖的一下小过去"，不说"滑"过去，甚至也不肯用"溜"字，这极快的溜索渡江的过程却呼之欲出，印象深刻。"小"字极具创意地动词化，将人在溜索上，快速划过怒江大峡谷时身影由大变小的视觉感受和情状精妙传神地表现了出来，画面感极强。换其他动词，都达不到这种效果，"小"字无可替代。看似寻常最奇崛，成如容易却艰辛。我说不出这样的震撼，直到有一天读到顾文豪《再读阿城：跨越十年的感动》里的一段话："准确、劲健、有诗意，它们源于对生活的细密观察，更源于对生活和他人的真切感情，一个个字词就像一个个精灵，在合适的位置，它们召唤出真诚的魔力，释放出语言的快乐。而我，有幸在那时感受到这种魔力和快乐。"我真诚希望，我的学生们和我，都能享有这样的阅读快感。

★不要慌张张地去想"怎么教"，而要先踏踏实实地通过阅读去思考"教什么"。"笔记小说"，"寻根文学"，"阿城"，怎么组合都有说不尽的教学内容。自读课文，学生又是初次接触阿城作文，一堂课能走向怎样的远方，老师心里要做好规划。小说故事很简单，写了一处奇险的环境，一群过河的马帮汉子，一次溜索的经历。课文后面的"阅读提示"这样说："小说语言简洁凝练，选词炼字颇为考究，阅读时要注意品味。"教师教学用书也提醒我们，《溜索》是一篇散文化的小说，"不宜将这些抽象的概念塞给学生，而是要让他们在文本比较阅读中加以体会。特别是小说语言方面的特点非常突出，可以找出重点语段，用细读的方式加以分析、揣摩"。因《溜索》而走向阿城，走向阿城干净、洗练的语言艺术，提升语文阅读和鉴赏能力，这堂课，我希望如此。

★如何优化自读课的教学？很简单，真正关注并实践学习活动，在方法引领的基础上，放手让学生自主阅读，独立阅读。我们不能把学生的阅读学习定在"零起点"，他们的阅读经历和阅读视角影响着他们对文本的理解与感悟，也在帮助我们建构自读课堂。信任与引领，缺一不可。如何实现"旁批"与"阅读提示"的价值转化与教学化过程？怎样用好七个"旁批"来整合出适恰的教学内容，搭建有序的教学步骤？怎样让学生主动又彻底地融入"旁批"去研读小说，落实自读课的教学目标？我狠狠地盯着《溜索》的"旁批"和"阅读提示"，久久地想……

★马帮汉子溜索速度极快，语文课堂教学还是要慢慢走，走马观花自然是浮光掠影。当学生说用"首领"做文章的标题时，我应该放慢一下，让学生依据文本说说小说中的这位首领，谈谈对他的阅读印象。毕竟，小说中这个硬汉首领给我们留下太深的印象。读出了他的从容不迫、举重若轻，马帮汉子们的无畏精神和豪迈野性也就更深刻地扎进心中。好的课堂教学是怎样的？一句话，多给一分钟！

★自读不实现，再好的教读都不能算是达成了教学目标。自读，你要坚持住！

★说起这堂课，我特别感谢浙江温州市初中语文教研员阙银杏老师。"培东，你和青年教师同课教学，鲁迅的《孔乙己》、契诃夫的《变色龙》、阿城的《溜索》，这几篇课文你想选哪篇？"我觉得，她希望我教《溜索》，我也想试试教《溜索》。"我就觉得你会选《溜索》！"然后是一个微笑的表情。对着手机屏幕，我都能感觉到满心的欢喜和真诚的期待。这是语文人共同的表情。不去想成败，最大的精彩就是你参与其中！在这个浮躁、喧嚣的时代，有这么一些语文朋友，与你共同守着语文课堂，守着这份纯真与深情，真是人生幸事。阿城《棋王》里有这么一句话："我心里忽然有一种很古的东西涌上来。"朴素，纯粹，真诚，实在，那一刻，我也有这样的感觉。

我在现场

★肖老师在《溜索》一课中，设置了这样两个问题：1. 你觉得旁批哪一则对你的阅读最有价值？如果文章没有提供旁批，你会疏忽掉哪些内容？2. 你认为这七个旁批中，哪个旁批最能彰显阿城小说的个性？这两个问题，充分发掘出自读课文中"旁批"的作用。学生需对应课文和旁批，在比较中进行筛选判断，在探究中得出个性化的结论。同时，也需反思自己的学习过程和阅读实践，对自己的学习进行监控，及时调整自己的阅读策略，培养更好的阅读习惯。

——浙江温州市教育教学研究院　阙银杏

★巧手连缀《溜索》课文边上的旁批，放手让学生寻找对自己最有用的旁批，探究最能指向小说核心的旁批，看似随意、聊天式的对话，却让学生很自然地在小说的语言文字中走上几个来回，抵达语言智慧的彼岸。

学生在老师的扶掖下，竟能妙语连珠，引得听课者惊讶于肖老师的引导功夫。肖老师的课堂对话基于对学生学情的判断，往往能很精准地抓住学生回答的要点，"导"到文章的主线上，如盐入水，了无痕迹。学生往往会因为老师睿智的"导"功，眼睛里闪耀着求知的光芒。这堂课，"溜"出的是肖老师的个人敏捷的才思，但仔细求"索"，板块鲜明的课堂程序、精深的文本解读能力、高超的引导对话功夫，才能让整堂课呈现一种浑然一体的蔚然气象。

——温州市第二十二中学　叶方碧

★自读课文设置阅读提示或者旁批，引发学生自主阅读兴趣。肖老师充分利用了这种课型的特点，教出了该篇的特质，展示了其深厚的教学功底。读小说，只有把自己带进文本里的世界，去亲历、去探寻，才算上真正的阅读。"如果不提供旁批，你可能会漏掉哪一条旁批所指示的内容？"肖老师结合全文给出的七个旁批，围绕着学生不确定性的回答来做确定性的引领，始终关注学生对语言的阅读体验，关注旁批中的细节，领着学生在读中体会文意，在读中感知、理解、质疑、探究，最终自读课堂得以完美地共生。

——广东省肇庆市封开县长安镇新地学校　张雨志

★"一般教师都会带着仰望的视角来对待批注，而肖老师却是带着分析、评价、审视、选择的眼光来对待批注，学生在教师引导的过程中主动感受作品的魅力。"听完肖老师的课，阮长海特级教师这样评价。确实，上自读课文我们一般都会结合批注来展开教学。但大多数老师都是把批注当成问题支架来使用，批注逐一解决，课也就上完了。肖老师教《溜索》，也让学生结合旁批，进入阅读现场。但最与众不同的是抛出了这样一个问题：如果编者不提供批注，只是你自己纯粹地读课文，你可能会想不到哪个旁批所指向的内容？肖老师对批注的使用进行了艺术的取舍，用学生的眼光来阅读小说，用学生的情怀来理解文章。学生各抒己见，体验，对比，反思，真正通过自读完成了《溜索》的阅读。

——浙江杭州市萧山区金山初级中学　马亚丽

★开场，肖老师依托单元和教读课文，采用比较阅读的方式切入教学："与本单元前面两篇小说《孔乙己》《变色龙》相比，《溜索》这篇小说的标题有什么不同？"学生比较出前两篇是人物为题，后者是事件。再问："如果《溜索》以文中的某个人物为标题，你觉得应该是谁？"学生找出了首领、马帮汉子、瘦小汉子等，还挖掘出隐藏的"我"。讨论的过程中，既肯定了文中人物的重要作用，又否定了用单个人物为标题。既肯定又否定的过程，必然会对人物形象进行分析，也暗暗地梳理了故事的情节，还把该小说在人物、情节上的特殊性与其他小说给比较出来，为解读小说布好了局。

——广东中山市溪角初级中学　刘勇军

✿ 名师点评 \\\\

坚守常识的魅力
浙江杭州市萧山区金山初中　阮长海

培东老师的课一直以构思精巧细腻、教学过程行云流水、于"浅处着手，深处达成"为教学特色。他对语文教育、对课堂教学的深切热爱形成了一种动人的姿态。

观《溜索》一课，我又看见了培东兄一如既往的在课堂上对学生的尊重和理解，以及他对部编教材自读小说课教学的更深一步的探究与实践。普通老师教小说，教的是"情节、人物、环境"，而培东这节小说课，读来却有种如毕飞宇《小说课》解读的"奇异"。

一、 如是我闻：这是肖培东呈现的自读

很多老师听过培东的《一棵小桃树》，大家会发现，他也是利用旁批作为支架，构建了一堂完美的自读课。《溜索》的旁批正如文中的那根"索"，完美链接了整个课堂。更为出彩的是，培东创造性地利用"旁批"作为一条重要的线索来贯穿这节课的背后有着精妙的理性逻辑。

培东以两篇学生已学的小说题目为引，在比较中探讨《溜索》的人

物。学生明白了本文无中心人物，所以本文题目不能是某个具体人物。从题目到题目，看似回到原点，实则是个美妙的循环。培东唤醒了学生对小说的记忆，摸索了生情，与此同时，既解决了提出的问题，暗示学生"自主思考"，又引出第二阶段"旁批的价值"。

文章的七处旁批，分别指向文章起笔、语言特点、索的直接描写、瘦小汉子溜索场景、牛、"我"及鹰。七处旁批，培东用了一个主问题将其串联在一起："这篇小说究竟在写些什么呢？利用七个旁批边读边思考。"引导学生在阅读过程中关注旁批，重视旁批的作用，借助旁批的辅助功能，思考旁批设置的疑问，一步一步将思考引向深刻。接着又给出了两个问题。第一问题："你觉得文中哪个旁批对你这次的阅读是最有价值的？这篇文章如果没有提供旁批，你在阅读过程中可能就疏忽掉了哪个旁批所指示的内容？"补充"内容"一词其实在引导学生找寻旁批中特指的小说中物象。如果没有这句话的指示，学生可能首先就提出"语言"的特点，或许这堂课又是另外一种呈现。由此，学生根据自己的阅读情况反思，纷纷发言，大多数指向小说中容易被忽略的"鹰""牛"等物象的设置，以及瘦小汉子溜索"小"过去了这样的精彩场景。这个问题使阅读教学有了聚焦，将旁批中的重要信息落到实处，同时也让学生领悟到所有旁批都是编者的心思独运。因此，培东对主问题看似不经意的补问，其实是一个循序渐进的设计。

第二个问题："你认为在这七个旁批中，哪一个旁批最能彰显这篇小说的个性？"还是利用旁批作架，上升一个台阶。既无跌宕的情节，又无中心人物，限定"旁批"内容，老师进一步引导学生思考这篇小说最具特色的地方，暗示品味语言，直指阿城小说的语言风格和文学特色，发现阿城的小说语言"说的少，说的淡，说的轻"的特点，达到以"一篇"打通"一类"的效果。

一堂课，对于学生来说，应该是一场逻辑的思辨，应该是一种阅读方法的习得。培东把控课堂的能力不只是根植于他细致入微的设计和随堂应变的功力，更多的是课前逻辑性思维的梳理和课中以"一篇"打通"一类"的阅读方法的实地演练。

二、 应如是住： 这是肖培东追求的语文

培东的课堂既高度服务于教学目标，又是用学生能够听得懂的教学语言来表述问题，而且他跟学生在交流当中不断把学生的思维引向深入。他始终都是用学生能够接受的最亲切、平易近人的语言在沟通，没有一种高高在上的庙堂气息。

培东的语文课，和笔者在开展的"环境友好型课堂生态"研究高度契合。

环境友好型课堂生态是指在课堂教学活动中，教师高度着眼于有利于学生学习情感、学习体验和学习收获的协同发展这一目标，围绕主要学习任务，在教学内容、活动设计和学习形式等方面，建设师生互相吸引、互相评价和互相肯定的互动关系，是一种师生和文本和谐共生的教学形态。

在培东的课堂上，环境友好型的课堂生态是这样体现的：

1. 预设与生成的无痕融合

培东以学生既有的学习力为基础，以问题研究为牵引，以预设性教学方案为蓝本，通过监控课堂生态环境要素的质的变化，形成有效调控的关键性因素。特别是通过学生在学习当中的成果和暴露的问题，然后及时把握契机，果断开掘教学路径，艺术地表达对话言语，最终实现激励性教学和挑战性教学的和谐共振，促成学习目标艺术而科学的达成。

我们来看一个片段：

生 26：28 页的旁批"这里为什么细写牛的情状"。

师：你读书的时候，没关注这头牛吗？

生 26：我本来看到了文中这些牛的样子的时候，只是在笑，我在笑这些牛很滑稽。但是我看到这个旁批之后，又仔细想了想，文章借牛的反应，写出溜索在悬崖峭壁间的险峻。

师：是啊，尤其看到牛挂在绳索上溜的时候，我也特别想笑。我们大家一起来读读看。是不是会笑着读呢？

生（齐读）：汉子们缚住了它的四蹄……牛倒垂着，升到对岸。

师：这个同学说刚开始是想笑，对的，这就是初读的感受，场面太好笑了！后来又悟出这里写牛是为了衬托出怒江大峡谷的高峻险恶。文章写牛，用意除此之外还有没有？

生27：衬托出汉子们的勇敢。

师：对不对？（生点头）写牛的软弱，也能够衬托出溜索的马帮汉子们的勇敢，他们的豪迈！正如，鹰可以让汉子们变得更勇敢，牛也可以让汉子们因它们的软弱而更显出豪迈。因此，想到鹰，也要想到牛。这是作者写这篇文章的妙招，很精彩。读小说，要关注小说设置的物象。还有没有？

"解牛"肯定是培东在教学设计时已有的任务，但是什么时候开始"解牛"，何种方式"解牛"，这得交给课堂，得让它在课堂中自然而然地产生，顺势而为地推进。学生觉得好笑、滑稽，那就从这个感受入手，巧妙对话引导，读出牛的衬托作用，联想到鹰的衬托作用。对这几个特殊物象作深入分析，把握作者写作的意图，让学生懂得在阅读小说中这一类特殊物象很可能就是打开小说的密码——作者阿城借用"鹰"和"牛"这两种物象进行映衬，将雄壮与大美深深植根于小说深处。老师的预设与课堂的生成融为一体，这是一种高超的教学艺术。

2. 注重教学的全面性，学生的参与面广

自读课文是教一群人，三五个人的课堂交流是不能体现教学的全面性。在本节课堂上，学生齐答次数达到19次。学生单人回答达到51人次。毫不夸张地说，肖培东的课堂是全员参与的课堂，是师生互动关系相融相生的课堂，是有温度的课堂。这样的例子在文中随处可见，比如，培东问学生："七个旁批中，哪一个旁批最能彰显这篇小说的个性？"他提醒学生读课文，给足了时间后，又对刚才的问题进行进一步补充："所谓个性，就是指这篇文章明显不同于其他文章的地方。"这个补充是教师将目光延展到了全体学生。紧接着，他又提醒学生有了想法跟同桌说一说，最后，再请学生起来说想法。经过上述多个课堂静态活动，学生自主学习和思考的时间和空间得到了充分的满足，就更加有话可说。于是，有了接下来的课堂聚焦即语言特色玩味，有了大量的生生、师生之间的精彩对话。学生读"小"，读"磕"，读"翻"，读"扎"，读懂了《溜索》立足民族寻根之大美、溜索英雄刚强之美、物象勃发之美，品透了"干净、洗练""说的少，说的淡，说的轻"的阿城的小说语言魅力。思维的火花碰撞出绚丽的光彩，衬得教师智慧又干净，更衬得学生们灵动又轻盈。这种全员参与的师生互相吸引、互相评价和互相肯定的互动关系，就是一种师生和文本和谐共生的友好教学形态。

3. 关注教学节奏的把握

读书是最重要的教学内容，也是最基本的教学方式。培东说，还是读书最好，在诵读中陶冶心灵，在诵读中学会思考，以读促思，以读助悟。他课下是这么想，课上也是这么做的。他懂得适时按下课堂的暂缓键，将教学节奏放慢，提醒学生不要急，安安静静地读书。培东的课堂书声琅琅，默读、齐读、个读、合作朗读等多种朗读形式顺势而来，待朗读声、讨论声慢慢小了，他才温和地说"好，你来说"。遇上文中少有的对话，他让学生停下来，齐读，不过瘾，他当首领，学生们成了文中的汉子们，于是有了培东的哑声说"可还歇?"，以及学生的漫声回应"不消"。之后，他继续放慢节奏，两次更换对话内容，引导学生通过比较读出了马帮汉子的勇敢、果断和力度感，读到了马帮首领的威严感。这一问一答，是阿城语言的精妙体现；这一问一答的处理，是培东教学中"慢"的艺术追求。就这样，学生在反复朗读和轻松交流中记住了《溜索》，记住了阿城，也记住了培东。这样的课堂是帮助学生慢慢抵达彼岸的课堂，这是环境友好型课堂生态的又一重要体现。

三、 于意云何：这是肖培东长情的告白

培东的《溜索》，是独属于肖氏的。

我们得思考一点：为什么他的课会有如此明显的肖氏烙印?

我觉得，这和他"我注六经"的独立文本阅读密不可分。

今天，我想通过培东来看语文教学应该怎么做。培东反复说的一句话是：不要慌慌张张地去想"怎么教"，而要先踏踏实实地通过阅读去思考

"教什么"。以往，老师们的做法是，拿到一篇文章总会急急忙忙地去翻教参和各种名家解读，忘记了我们最需要的是"文本素读"，是"静心研读"。我们要学会拒绝繁杂的参考书籍和图片堆砌，不依赖于任何其他资源，对文本进行原始、本真的阅读，从而获得对作品语言内涵的深刻理解，对作品思想感情的独特感受，实现"理解与自我理解"的生成。

这样的"素读"，是对几千年来读书传统的传承和"新古典"生活的追求。

"素读"是教师文本阅读和教学解读的起点，是教师职业生命的第一次直立行走。可以确定的是，如果放弃作为一个独立阅读者的身份，将是语文教师专业化发展的严重阻碍。文本素读能够培养语文老师对文本的理解能力、感悟能力、研究能力，能让教师的教学更有深度、广度和温度。在沉潜文本的素读中，我们赏遣词造句之妙，悟布局谋篇之美，品情理意趣之味，诗意的情感弥漫心头，审美的清泉汩汩流淌，教学的信心就在其中一点一点地鲜活起来！

英国教育家洛克说："每一个人的心灵都像他们的脸一样各不相同。正是他们无时无刻地表现自己的个性，才使得今天这个世界如此多彩。"作者、教师、学生都是充满个性的生命，作为三者中起核心介质作用的教师，如果没有"我注六经，六经注我"的教育研究精神，不能用志不分，凝神"文本素读"，是不可能探骊得珠，发现蕴藏于文本之中的丰富教学价值，从而引导学术走入教学的美丽花园。

"凡大器者，皆成于细工。"走进文本的素读从来就是这样。一个语文教师，灌注自己的阅历、精神和思想于文本素读之中，枯坐斗室而思接千载。在精细的阅读中完成了对文本的理解和自我理解的生成，实现了文章由文学解读到教学解读的再造，他拆解细分宏伟文本的每一个语言单元，研究它们的每一个侧面，重建了属于自己的教育宫殿！

培东的课堂就是这样，没有哗众取宠的东西，有的就是一种安静、朴实，是和学生围绕着文本的一种充分的沟通交流。这其实就是我们语文的老传统。我们现在经常讲，我们要回归常识，要坚守常识，为什么？中国的国文教育，数百年几千年下来，是大浪淘沙的，有内在的坚韧的生命力和相对恒久的价值。现在我们不能急慌慌地都丢掉。我们的语文教育教学也要回归常识。叶圣陶、夏丏尊是这样教的，于漪、钱梦龙是这样教的，宁鸿彬、余映潮也是这样教的，再到现在的程翔、肖培东等名师。真正的语文教育教学的大师级人物，他们其实都在做着一件事情，就是以"尊重学科、尊重学生、尊重课堂"的朴实心态建设着自家的语文田园，行稳致远，让语文教育留有余味、走向远方。

培东在他的《溜索》教学感言中讲到："'我心里忽然有一种很古的东西涌上来。'那一刻，我也是这样。"听培东的《溜索》，我也想到这句话，"一种很古的东西涌上来"，我得承认，这很古的东西，味道很正。

《外国诗二首》

浅浅小语

　　总该有个时刻，我们像孩子那样，数星星，数月亮。数着，数着，草木的歌声和夏天的暴雨，一起被数进诗歌的篇章。哪条路上，都有你我的歌谣，年轻的河，朝着远方生长。

——肖培东

课堂再现

　　执　　教：肖培东

　　点　　评：周丽蓉

　　教学背景：2019 年 7 月 20 日，云南曲靖市麒麟区第一中学，诗意语文第二届年会暨全国诗歌群文阅读教学研讨会。

一、走向"未选择的路"

　　师：这节课我们学习七年级下册第五单元自读课《外国诗二首》。这个单元的主题是什么？（学生说"托物言志"）对，本单元学习托物言志的手法。现在请大家把这两首诗《假如生活欺骗了你》和《未选择的路》自由地放声读一遍。

　　（生齐读两首诗）

师：好，第一遍朗读结束了。接下来我请两位同学分别读这两首诗。哪位同学愿意读第一首？（一女生举手）这位女同学想读，我很高兴。哪位同学愿意读第二首？我希望是位男同学。好，开始。

（男女同学分别读这两首诗）

假如生活欺骗了你/普希金

假如生活欺骗了你，
不要悲伤，不要心急！
忧郁的日子里须要镇静：
相信吧，快乐的日子将会来临。

心儿永远向往着未来；
现在却常是忧郁：
一切都是瞬息，一切都将会过去；
而那过去了的，就会成为亲切的怀恋。

未选择的路/弗罗斯特

黄色的树林里分出两条路，
可惜我不能同时去涉足，
我在那路口久久伫立，
我向着一条路极目望去，
直到它消失在丛林深处。

但我却选了另外一条路，
它荒草萋萋，十分幽寂，
显得更诱人，更美丽；
虽然在这条小路上，
很少留下旅人的足迹。

那天清晨落叶满地，
两条路都未经脚印污染。
啊，留下一条路等改日再见！
但我知道路径延绵无尽头，
恐怕我难以再回返。

也许多少年后在某个地方，
我将轻声叹息把往事回顾：
一片树林里分出两条路——
而我选择了人迹更少的一条，
从此决定了我一生的道路。

师：同学们，两遍读过后，大家想一想，根据刚才我们说过的单元要求，重点应该学哪一首诗？你来说。

生1：我觉得应该是《未选择的路》，诗中的路很值得品味。

师：对，《未选择的路》，这首诗就运用了托物言志的手法。我们一起读读这首诗的标题。

（生齐读标题"未选择的路"）

师："未选择的路"！读这首诗，在读的过程中，你会思考哪些问题？

生2：我会思考：未选择的路是哪一条？为什么没有选择那条路？

师：你说了两个问题。未选择的路是哪一条，或者说，未选择的路是怎样的一条路，还有，为什么没有选择那一条路。好，其他同学继续说。

生3：未选择的路就是还没有选择，那么接下来该怎样去选择？

生4：我在想：未选择的路是我们生活中实实在在的道路，还是诗人面对生活中那些困难的抉择？

师：其实你想告诉我们，这未选择的路究竟有哪些寓意。所以，同学们，未选择的路是怎样的一条路，为什么没有选择这条路，这条路究竟代表什么，这些是我们在阅读这首诗的时候需要自己去思考的问题。接下来请同学们带着这些问题，轻轻地读这首诗，开始。

（生轻声读诗歌）

师：边读边想，那未选择的路可能是一条怎样的路。诗歌需要慢慢地思考，我想把这个机会留给这位虽然没举手却在认真思考的同学。

生5：我觉得这条路比较曲折、艰难，所以很少留下旅人的足迹。

师：你是从哪句诗中感觉到的？

生5（读）：它荒草萋萋，十分幽寂，显得更诱人，更美丽。（学生说的是"选择的路"）

师：请注意老师的问题。"未选择的路"可能是一条怎样的路？请你重新回答好吗？

生5（读）：我向着一条路极目望去，直到它消失在丛林深处。

师：你用两个字来概括一下，丛林的深处是一条怎样的路？

生5：绵长。

师：是一条绵长的幽深的路。它还可能是怎样的路？

生6：那条没有选择的路可能还是繁花似锦的，有莺啼，还有绿柳。因为他选择的那条路是荒草萋萋，十分幽寂的，那么另外一条路就可能跟它形成对比，但是在对比之后，作者还是选择了这条比较幽寂的路，因为它显得更诱人。

师：那是一条繁花似锦的路。表述时，我们不要说"作者"，要说诗中的"我"。

生7：那条未选择的路可能是一条很平常的路。因为文中写道"而我选择了人迹更少的一条"，就说明未选择的那条路相较而言比较平常。"我"选择的那条路荒草萋萋，说明这条路要走向成功，还需要自己来开辟。

师：这位同学其实是用了逆向思维来读诗。选择的那条路很少留下旅人的足迹，那么未选择的那条路就应该是留下了很多旅人的足迹。注意不要说"文中"，要说"诗中"。嗯，那条没选择的路是一条繁花似锦的路，是热闹的路，是美丽的路，是平常的路。它还可能是怎样的一条路？

生8：我觉得可能是前程很光明的一条路。因为这首诗是托物言志，诗人借自己选择的路表明自己的志向。他不喜欢太过顺利、太过平坦的人生，喜欢有别于他人，就没有选择那条可能前景很光明的一条路。

师：这位同学开始揣摩诗人的内心体验。按照她的讲法，这条未选择的路，是一条可以看见前程的路，或者说，光明就在眼前，可是，"我"却没有选择。还有谁愿意说一说？那位女同学？

生9：这首诗运用托物言志，以自然界的路代表人生之路。这条未选择的路或许前面繁花似锦，但后面会比较艰辛，而他选择的这条路虽然眼下荒草萋萋，十分幽寂，但我觉得它一定会通向成功之路，它在告诉我们人生应该先苦后甜。（师生点头，掌声）

二、 体验"未选择的路" 中的情感

师：关于这条未选择的路，我们可能有多种想象，很难用一种定势的思维来理解。这就是读诗。这条路在同学们的心中是美丽的，是繁花似锦的，是平坦的，是喧闹的，是看得见光明的路，是应该被更多的人喜欢的一条路。那么面对这条未选择的路，诗中的"我"又会产生怎样的情感？我们先不急，再把这首诗读一遍。来，"黄色的树林里分出两条路"，预备，起——

（生齐读诗歌）

师：想想看，那条未选择的路会引发抒情主人公"我"怎样的情感？

生10：也许他会好奇，他没走的那条路会是怎样一条路。也许他会有些微微后悔，觉得他选择的那条路走得并不顺利，如果当时选另一条路会更好。

师：她说出了两种可能性：一种，对那条路充满了无限的好奇；一种，对选择的这条路充满了后悔，为他当时没有选择站在另一条路的前边。好奇，后悔，还有吗？你来说。

生11：可能会有一点遗憾，因为他选择了那条很少留下旅人的足迹并且荒草萋萋的路，但是我又觉得或许他也不会后悔。或许他这一生过得很辉煌，让他很满意，他觉得不后悔，只是他很好奇，另外一条路会是什么样的。

师：她又提出另一种看法，不后悔，但是会有些好奇。还有谁愿意说

一说？

生 12：我觉得他会感到庆幸，庆幸自己选择了一条正确的路，适合他走的路。

师：也许那条路很美，但是是自己选择了这条路，他觉得不后悔，因此他会庆幸自己的选择。对那条未走的路，他可以释然了，是吧？还能读出什么？你来说。

生 13：诗人说"我"选择人迹更少的一条路，说明他比较喜欢幽静，不喜欢喧闹，他不会选择不喜欢的路。

师：如果用简单的词语概括，他对那条未选择的路感到有些——

生 13：厌恶。

师：好，从中也能感受到他对自己喜欢的路的那种坚定。（面对全体同学）对于那条没选择的路，同学们各有感悟。"我"可能有遗憾，有后悔，有好奇，也有憧憬等，这就是"我"对那条未选择的路可能怀有的情感。我们再一起读读《未选择的路》的三、四两节。

（学生齐读，诗歌的节奏感没有读出来）

三、 感悟"选择的路"

师：翻译的诗可能不太好读，但是是诗，我们就一定要读出它的节奏和韵味，不要一个字一个字地读，要用心地把这首诗读好。（学生点头）同学们再想想：那条选择的路，路上可能会看到什么？"我"要走的那条路，路上可能会出现什么？从诗中找出相关诗句来说。

生 14：路上可能会有一些困难和挫折，而且作者可能会在这条路上感到后悔。

师：哪句体现出来的？

生 14（读）：但我知道路径延绵无尽头，恐怕我难以再回返。

师：那条路很安静吧。

生 15：他可能会看到荒草萋萋，那是一条曲径通幽的小路。

师：萋萋的荒草，幽寂的环境。

生 15：从"它荒草萋萋，十分幽寂"可以看出，路上没有太多的行人，只有"我"一个人走在这条十分凄凉的小路。

师：这条路上有的是什么？对，是孤独。

生 16：诗中的"我"选择的这条路可能不被大众所认可，因为他选择的是人迹更少的一条，"从此决定了我一生的道路"。他选择自己一个人走完一生的道路，所以他可能会面对一些质疑，但是他非常坚定地选择。

师：在路的背后会有未行者的质疑，要学会概括。为什么要走这条路？你再来说一说。

生 17：可能这条路它的前面是"荒草萋萋，十分幽寂"，但是它到后面一定是繁花似锦，因为它"显得很诱人，很美丽"。

师：远方，一定会有他心中想要的美丽。我们一起把这两句诗读一下，"那天清晨落叶满地"，读。

生（齐读）：那天清晨落叶满地，两条路都未经脚印污染。

师：落叶满地，应该是什么季节？

生（齐）：秋季。

师：好，这条路很长，在深秋的时候，沿着这条路往下走，大家从时间概念上讲，他会从秋天走向——

生（齐）：冬天。

师：那你想想，这一路上会有什么？

生 18：漫天的大雪。

生 19：大雪，或者，野兽。

师：飞雪，还会遇到野兽，在那个寒冷的季节。

生 20：还会遇到荆棘。诗中说，"这条路延绵无尽头，可能这条路的尽头是悬崖"。

师：所以，这条选择的路，这条没有尽头的路，可能会有荆棘，有灌木，有悬崖，有野兽，有冬天的冰雪，还有那无止境的孤独。同学们，走上这样一条路，诗中的"我"又会怀有怎样的情感？想象一下，如果你就在这样一条路上走，走着走着，你会"走出"怎样一种心情？

生 21：我觉得他可能会害怕，会觉得恐惧，但是他可能又会觉得很有希望，因为他对自己很有信心，他觉得自己能够战胜孤独。

师：能读出这种感情吗？

生21（读）：但我却选了另外一条路，它荒草萋萋，十分幽寂，显得更诱人，更美丽；虽然在这条小路上，很少留下旅人的足迹。

师：你能再说一说他怀着什么样的情感吗？

生21：我觉得他走在这条路上可能会很压抑，因为他要顶着很多的压力，一个人来走这条路。

师：走着走着，会有一种压抑的心情，也许刚开始的时候沿途的风景绝对没有那么迷人。注意，她的回答，有一个字用得很好。哪个字？（有学生说"顶"）对，顶着压力的"顶"。所以在这条路上，你要承受很多，你要顶着很多的压力，在这种深深的孤独里，慢慢地走。还有谁愿意再来谈一谈，如果你走在这条路上——

生22：这条路上充满了荆棘、挫折，但是作者依然坚定自己的选择，他相信自己选择的路。还有一方面是，他知道自己选择的这条路绵延无尽头，已经不能再回返，他也有一种无奈。

师：我喜欢她的这句话！不一定要把这个"我"读是一个大英雄。她说，他也会有一种无奈，也会有犹豫和彷徨。所以，同学们，这首诗的生活情境是不是跟我们在生活中的体验很相似？！每个人都有这样的时候。

四、 探究诗歌哲理

师：接下来，大家思考：这首诗的题目为什么不是"我选择的路"，而是"未选择的路"？哪个同学说说？这首诗能不能叫《我选择的路》？

生23：如果题目为"我选择的路"的话，太平淡，不能吸引读者的阅读兴趣。"未选择的路"是一种逆向思维，就能更加引发读者的阅读兴趣，来思考这个未选择的路是哪一条路。

师：看来，"未选择的路"更能引发很多人的思考兴趣。还有其他想法吗？

生24：这首诗虽然题目是"未选择的路"，但是诗中大部分都在写"我"选择的路，反衬未选择的路，让大家猜测未选择的路是怎样一条路，为什么"我"没选择这条路，以及让大家从另外一个方面思考"我"走这条路的心情，或者"我"的人生观。

师：她刚才说了一个词，大家注意到没有？写路，其实是为了写出"我"的人生观。（板书：路——人生观）

生25：我觉得题目是"未选择的路"，诗中却写的是选择的路，题目与内容形成了矛盾，更富含人生哲理。

师：用"我"选择的路和未选择的路形成对比，会触发我们对人生更多的思考。那你说说：未选择的路，会让我们大家想到哪些人生哲理？

生26：会让我们想到他未选择这条路，这条路上究竟会发生些什么，会让他的人生发生哪些变化，他选择的这条路给他带来的人生跟没有选择的路的人生相比，又会形成什么样的反差。

师：我们每个人在面临选择的时候，最后只能选择一条路。选择这条路，就意味着错过另一条路，所以她（生26）说会让我们想到人生的反差。

生27：如果题目变成"我选择的路"，那么这首诗就有了一定的局限性。如果写成"未选择的路"，那就有了很多的可能性，让这首诗的意义有了无限的延伸，让我们想到生活中很多做出的选择和没有做出的选择会给我们带来什么。

师：所以，也在告诉我们，做选择的时候一定要慎重啊，因为你只能选择一条路。

生28：我觉得题目"未选择的路"能留给我们更多的想象空间，引发我们对人生的思考。面对人生，我们应该怎样选择，选择了之后，又应该怎样去做。我们要坚定自己的选择。

师：不要盲目跟别人做同样的选择，不随大流。这位同学说，选择以后就坚定地走下去。好，现在我们来读读全诗的最后一节。

生（齐读）：
也许多少年后在某个地方，
我将轻声叹息把往事回顾：
一片树林里分出两条路——
而我选择了人迹更少的一条，

从此决定了我一生的道路。

师：在这节诗中，你觉得哪个词最有味道？

生29：我觉得"选择"这个词最重要。因为他就是想借选择这两条路，来表达对人生道路的选择要慎重要坚定的思考。

生30：我也觉得"选择"这两个字最有意味。因为生命可以随心所欲，但不可以随波逐流，如果你跟从大流，那就没有了更多的可能，人生的路就局限了。

师：这个"选择"会决定一生，所以要遵从本心，要慎重。你呢？觉得哪个词最重要？

生31：我觉得"回顾"最重要。因为他既然能回顾这件事情，就说明他已经走完了他所选择的这一条人迹更少的道路，已经成功地走完了他的一生，说明他觉得选择的路是对的。

师：也就是说，每一种坚定选择的后面，都有一种人生不悔的回顾。请坐，这是你的理解。知不知道老师最喜欢、最有感触的一个词呢？于我这个年龄来讲——（话未完，有男生举手，示意男生回答）

生32：我认为这首诗最有意味的是"决定"两个字。因为他选择任何一条路都是决定他一生的道路，他选择是为了更好的决定，所以"决定"更重要。

师：一条路决定远方，一条路决定局限。一条路决定诗意，一条路决定苟且。但不管哪条路，都将决定你的生活品质。嗯，还有没有哪个词，能够引发你的感慨？

生33：我觉得"道路"这个词很有意味。他用"道路"这个意象给我们很多遐想。路有很多种，不同的角度，就对道路有不同的解释，就看我们怎样选择和选择之后如何去走，所以道路的意味非常深远，给了我们很多的可能性。

师：林中的路，其实就是我们人生的道路。

生34：我觉得"一生"这个词很有意味。因为人一旦做出了选择，就要用一生来为自己的选择买单。一旦做出了选择就要从一而终，用一生来付出，人生也是由自己的选择来支撑的。

师：所以，同学们，每一个青春都有属于自己的诗，属于自己的词。老师也喜欢一个词，它引发了我很多的感慨。会是哪个词呢？

生35：我觉得是"叹息"这个词。因为他前面可能对另外一条路有着无奈，有着遗憾，但是他说"轻声叹息将往事回顾"，这个"叹息"就说明他对以前未选择的路有些难以释怀。

师：也就是说，不管选择了哪条路，我们都会对另一条未选择的路感到些许遗憾。那么我们能不能把"轻声叹息"改为"声声叹息"？

生36：不能。这里的"轻声叹息"给我们留下了两个疑问：它最终选择的这条路到底是带他走向了前程似锦还是最后没有实现他的理想？选错了这条路吗？从"轻声叹息"中我们可以知道，他选择的这条路是正确的。改成"声声叹息"，叹息的程度更深一层，让我们觉得诗人对自己选择的这条路更加懊悔，很责怪当时的自己为什么不选择另外一条路。所以用"轻声叹息"更能让我们感觉到他自己选择的路是正确的。（掌声）

师：每一种选择都是一种坚定，每一种坚定的背后，又都留有生活的遗憾。这种遗憾也许是些些的，是点滴的，但总会在某个时刻响起。它真的是写出了我们很多人真实的心理活动，写出了在面临人生抉择的时候我们内心的一种复杂的情绪，无限感慨尽在其中。所以，诗无定论，你就是你的诗，你就在走你的"路"。

五、《假如生活欺骗了你》，这首诗送给谁？

师：那么大家再来读读普希金的这首诗。既然是托物言志为主题的这个单元，为什么把这首诗选进来？我们一起读一读，"假如生活欺骗了你"，预备，起——

（生齐读《假如生活欺骗了你》）

师：想一想，编者为什么把这首诗放在这个托物言志的单元？从后面的阅读提示来看，这首诗是直抒胸臆的，为什么会出现在这个单元？

生37：因为它直抒胸臆可以和后面托物言志的诗形成对比，可以更突出托物言志的特点。

师：让大家在比较中把握这种写作手法。（这时，窗外暴雨如注）好，同学们，关于这首诗，老师想问一个很简单的问题：这个七月，你想把这首诗送给谁？为什么？

生38：我想送给我自己。

师：为什么？

生38：我现在对自己做出的一些选择有些会后悔，有的选择也带给我无穷的好处。对于那些令我后悔的选择，这首诗在告诉我，不要纠结过去，要放眼未来，这样前途可能会一片光明。如果你一直纠结于过去，也许无法见到美好的未来。从过去中，我们吸取教训，吸取经验，就会慢慢成长。（掌声）

师：献给曾经纠结于过去的自己，是吧？愿你能够走出过去的阴霾，迎向生命的阳光。既然献给自己，那就读给自己。读送给自己的诗，要好好读。

（生38读诗，充满激情，感动全场，掌声）

师：真好，读得真好！后面的同学，跟着来。这首诗，我相信送给她，读进心里，她的前程会有很多的改观。好，同学们，这首诗，你们还想送给谁？（一女生举手）你来说。

生39：我想送给现在刚中考完和高考完的同学们。他们也许没有考上理想的高中或大学，但是这场考试只是他们人生中的一场，以后他们还会面临更多的考试，他们不应该因为这一次的失败而伤心，以后还会有更光明的前途等待着他们。（掌声）

师：多好的女孩！要送给那些中高考失利的同学！那就用你真诚的声音，读一读这首诗的第二节，把它送给你想要送的同学！

生39（读第二节）：心儿永远向往着未来；现在却常是忧郁：一切都是瞬息，一切都将会过去；而那过去了的，就会成为亲切的怀恋。（很感人）

师：要读出劝说的、和缓的语气。我们再请一位同学来谈一谈。角落里默默无语的同学一定也在想：这首诗我要送给谁呢？（叫起角落里的一男生）

生40：我也想送给自己，因为我常常在现实生活中面对一些挫折，遇到挫折我会非常自责。

师：你跟老师说说看，最近都遇到哪些挫折了？

生40：考试没考好。

师：考到班级——

生40：考得稍后了点。（惭愧）

师：那老师就想跟你一起把这首诗读一读，好不好？老师给你开个头，老师也在劝你！

师（读）：假如生活欺骗了你，不要悲伤，不要心急！

生40（读）：忧郁的日子里须要镇静：相信吧，快乐的日子将会来临。（读得真好，充满希望和光明，全场掌声）

师：同学们，这首诗可以直接送给我们自己！我们把这首诗题目中的一个字改一改，好不好?!假如生活欺骗了——

生（异口同声）：假如生活欺骗了我！

师：一起来读，好不好？预备起！

生（齐读）：

假如生活欺骗了我，

不要悲伤，不要心急！

忧郁的日子里须要镇静：

相信吧，快乐的日子将会来临。

心儿永远向往着未来；

现在却常是忧郁：

一切都是瞬息，一切都将会过去；

而那过去了的，就会成为亲切的怀恋。

（激情朗诵，场面感人，与大雨一起声声入心。教师也情不自禁地参与全班朗诵）

六、 读诗悟志

师：同学们，直抒胸臆很有感染力，托物言志意味深长。所以诗歌无

218

论怎么写，只要你用心，真诚，都能够抒写对人生的思考，都能获得鼓舞人心的力量。接下来，我想请同学们再次把这两首诗读一读，大家用心感受。哪位同学想读？我请一位女同学。（一女生站起）

师：你来读《未选择的路》的第一节，然后全班同学读《假如生活欺骗了你》的第一节。这位女同学再读《未选择的路》的最后一节，全班同学再读《假如生活欺骗了你》的最后一节。两首诗融合起来读，开始。

生41（读）：

黄色的树林里分出两条路，

可惜我不能同时去涉足，

我在那路口久久伫立，

我向着一条路极目望去，

直到它消失在丛林深处。

生（齐读）：

假如生活欺骗了你，

不要悲伤，不要心急！

忧郁的日子里须要镇静：

相信吧，快乐的日子将会来临。

生41（读）：

也许多少年后在某个地方，

我将轻声叹息把往事回顾：

一片树林里分出两条路——

而我选择了人迹更少的一条，

从此决定了我一生的道路。

生（齐读）：

心儿永远向往着未来；

现在却常是忧郁：

一切都是瞬息，一切都将会过去；

而那过去了的，就会成为亲切的怀恋。

（读得很有感情，很感动，窗外雨越来越大，雨声，读书声……）

219

师：读得真好听。一起再来读一读，假如生活欺骗了我——

生（齐读）：

假如生活欺骗了我，

不要悲伤，不要心急！

忧郁的日子里须要镇静：

相信吧，快乐的日子将会来临。

心儿永远向往着未来；

现在却常是忧郁：

一切都是瞬息，一切都将会过去；

而那过去了的，就会成为亲切的怀恋。

师：相信吧，美好的日子将会来临！诗言志，这振奋人心的诗句，如果我们做一下改动，以形象来阐明，托物言志，来表达积极向上的人生态度，你会怎么说？（窗外暴雨噼噼啪啪，教师握紧拳头）听听外面的雨声，你能不能获得诗的灵感？

生42：相信吧，万里晴空将会来临！（全场掌声）

师：非常好！还有，相信吧——

生43：相信吧，滂沱的大雨终会过去！（全场掌声）

师：非常棒！还有吗？相信吧——哪位同学？

生44：相信吧，雨后的彩虹将会来临！（全场掌声）

师：相信吧，雨后的彩虹将会来临！同学们，配合这滂沱的雨声，我们一起来读，暴风骤雨终会过去！来，我们一起来读这首诗，"假如生活欺骗了我"，一起来读！（很有激情）

生（齐读）：

假如生活欺骗了我，

不要悲伤，不要心急！

忧郁的日子里须要镇静：

相信吧，暴风骤雨将会过去！

师：相信吧，暴风骤雨终将过去！下课！（暴雨声中，全场掌声）

教学感言

★教孩子们读诗歌，才发现自己原来是那么爱诗歌。教孩子们读诗歌，才发现自己离诗歌已经越来越远。教孩子们读诗歌，才发现灵魂深处竟然还存有一颗诗心。那些真诚读过的诗歌呢？那些一笔一画抄在日记本上的诗歌呢？当我们用成人世界的复杂与精致，去替代遥远年代的纯粹与天真的时候，诗歌就开始退出我们的生命灵魂，时间深处蔓延过的情绪或思想也裹挟在物欲的潮水中决裂般地远去。叶嘉莹先生说："诗歌让我们的心灵不死。"那么，教诗歌，会让我们死去的心灵涅槃重生吗？虽然，你会如此羞愧。

★你会羞愧什么呢？岁月忽已晚，生命因诗在。你的羞愧，更多的在于你要教学诗歌的时候，突然发现，自己的灵魂深处没有储备过诗歌的养分。更糟糕的是，这种滋养，根植于心，你根本不能临时去准备。诗心干瘪甚至枯竭的我们，站在诗歌的讲台，是一种多么痛苦的尴尬。其实，需要诗歌，不是因为我们的职业，而是因为我们的生命。诗歌，是我们活着的意义，让我们在滚滚红尘中还能拥有鸟语花香。

★两首诗，都是那么熟悉，都被抄写进我中学的日记里，普希金的《假如生活欺骗了你》还多次出现在扉页上。从未刻意去探究诗里有什么，就觉得美好，觉得需要，于是一遍遍地读给自己，读给天空，读给黑夜。读着读着，诗人的诗就成了自己的了；读着读着，我的青春也有了第一首诗。诗歌，在被读出之前，是寂静的，就像生命之水，静默不语。只有当它被遇见、被捧读、被按在你我温暖的心窝上时，才有了存在的意义。对于诗歌，除了心灵和声音，你甚至都不需要准备其他。博尔赫斯说："每当我们读诗的时候，艺术就这么发生了。"诗歌教学课，其实就是诗与思的对话，诗与心的对话，是可感与不可感之间的沟通。每一堂诗歌教学课，上到最后，我还是会觉得——我们读得远远不够！

★"现代诗歌的教学方法和策略是很丰富的，可以在遵循诗歌的特性和教育着力点的基础上去探索创新。但总的来说，其基本方法策略要把握以下五点：一是要诵读，美美地朗读、诵读，重在体会诗歌的韵律和音乐性；二是发挥联想、再造性想象和创造性想象，重在感悟体会诗歌的画面、意境和意象；三是感受诗歌语言的优美，重在培养语感；四是背诵积累诗句和形象，并用多元化的方式表达感受；五是读写结合，相辅相成，相得益彰。"读到王宜振先生的这段话，我马上去找他写的童诗。读读，这个冬天都童话起来了。你听，"一只小鸟/给一棵树讲了许多飞翔的故事/树听着听着流泪了"。你听，"树的苦恼/是夜晚老做飞翔的梦"。读诗的那个晚上，我也做了很多飞翔的梦，是笑着的。诗歌，我们需要和它温暖地陪伴。

★在诗歌面前，我们都是孩子。这节课，其实就是很多孩子在诗歌世界中的奔跑。最后天空也被感染了诗意，顽皮地下起了雨。骤雨不歇，是要洗去俗世浊气，洗涤我们心灵上的尘埃。诗歌如雨，并不宣读世界的真理，只是等你沉浸其中，它才会告诉你生活的美意。我们需要用诗歌来荡涤日益颓废的各种喧嚣。诗歌，帮助我们"看见"。愿我们和我们的学生都能爱上诗歌，愿我们的空气重新弥漫诗歌的味道，愿我们再次成为诗歌的孩子。

★这堂课上，有很多细节是临场触发的，就像突如其来的诗句。《未选择的路》最后一节，你觉得哪个词最有味道？我是想从"叹息"入手，走进对人生选择的思考。诗人也许并不十分懊悔自己的选择，但一定会在某个时刻想起那条未选择的路。生活的无奈就在于我们不能返回选择的起点，只能徒留一声轻轻的叹息。可我没想到学生们有了更多的选择，而且每个词语都能指向诗歌的某种深沉意蕴，都能发现自身的生活体验，阐释出其中的哲理内容。这就是诗歌的魅力。内涵的开放性，让每个真诚的读者都能找到共鸣和慰藉。还有从"假如生活欺骗了你"到"假如生活欺骗了我"的瞬间转换，都像有一道光，在黑暗处为我劈开。最难忘的就是那阵噼啪作响的骤雨，暴雨声几乎吞没了一切声响的时候，我微笑地接纳下了天地为我们谱写的旋律和伴奏，把课堂推向高潮。原来，正如博尔赫斯说："诗并不是外来的——正如我们所见，诗就埋伏在街角那头。诗随时都可能扑向我们的。"只是，你做好迎接它扑来的准备了吗？

★课堂上，我听到，光阴走动的声音，诗歌萌芽的声音。教诗歌，心都敏感了许多。遗憾的是，平日里，我们更喜欢故事，当然是那些粗浅的故事。要养成纯正的文学趣味，我们最好从读诗入手，且要唤醒自己的很多联想。

★最好的诗歌教学，就是让孩子们自动跳进诗歌的池塘。他们读月亮，喊太阳，踩出的一朵朵水花，最后都会成为诗歌。

我在现场

★孩子们诗心爆发，在激情洋溢的创作中结束这堂课。看似妙手偶得，实则教师的功力。没有使用多媒体，没有看似热闹的课堂讨论，没有花样百出的课堂环节，水到渠成时，学生早已沉醉其中。这样的语文课，是一生都褪不去的底色！浅浅地教，深深地悟，肖老师引领着学生在诗歌的天地间徜徉，也把观摩者都带进了语文的世界，一节课不知不觉间就结束了！主持人把话筒递给我的时候，我脱口而出的是八个字"沉醉其中，不能自拔"。

——云南曲靖市民族中学　李艳春

★没有预设的痕迹，课堂里都是学生的真实理解。没有精美的课件，课堂上都是教师绝妙的智慧。这样的课堂有智慧更有诗意。从"假如生活欺骗了你"到"假如生活欺骗了我"，汉字的精妙就在一字之间。这一巧妙的转变。是诗歌思想的内化，是课堂最美的转折。从容和煦、春风化雨般一步一步将孩子们引向惊艳；巧妙别致、出神入化地将场外暴雨声点化作课堂鼓点。台上惊艳四起，台下掌声如潮。台上台下灵魂共融，诗意共生。

——云南文山市第一初级中学教科室

★干净、利落，清新、自然，既有默默的沉思，也有激情的欢唱。由外而内，由浅入深，学生在老师的引领下沉浸在诗歌的世界里，沐浴在诗意的语文下，也包括我这个观摩老师。一场诗意语文之雨滋润着我干涩的心田，给我以鼓舞，给我以力量。

——曲靖市富源县大河镇第一中学　潘林松

★一上场，就让孩子们读起来，一个个看似平淡的问题，一次次出其不意的追问，孩子们在他温和的话语里彻底地燃起来了，外面的云似乎也被他牵动。整节课的高潮处，外面下起瓢泼大雨，室内甚至听不清孩子的话语，可课堂早已被一种浓得化不开的情绪环绕。孩子们徜徉其中，肖老师激扬其中，听课者也陶醉其中。最爱肖老师那句"读得真好"，犹如一片羽毛从心间划过，柔软且温暖。谦谦君子，温润如玉！

——安徽宁国二中　孙俞芳

★最妙的是探究哲理环节，肖老师设计的问题竟然是"最后一小节哪个词最有味道"！真不知道他是怎么想到这样设计的！紧贴文本语言，而且从一个个词语品析哲理和情感，开放度高且不说，正是体会诗歌意蕴丰富又不确定的最好途径！这一个个词的单位，就像湖面上跳跃的金光，每一点光芒都是一颗不确定的星子的幻象。到此，学生感觉到了诗人要告诉的道理，更体会了人生选择的复杂感情，更明白了诗无定论。

更让人想不到的是，照应《未选择的路》，把两首融合起来诵读，别开生面。特别是借用课堂上的暴雨，进行托物言志的改写训练，真是神来之笔！大雨知君意，当堂乃发生！诗意，激情，过瘾！

——河北怀来县沙城第四中学　李晓慧

★滂沱的暴雨成为教师巧妙突出教学重点的最佳"道具"，将一首直接抒情诗改为托物言志诗，既检验了学生对托物言志的理解、掌握程度，又能借雨抒情，使风声、雨声、读书声，声声入诗，自然与人生、教学与艺术、生成与智慧完美融合。

滂沱的暴雨点化了学生心中的情感之根，本是直抒胸臆之诗因这上天的馈赠而更添几分韵致与哲思。突如其来的暴雨竟然成为课堂上最美的风景，教师之机智可窥，教学之妙境可见。

——辽宁营口市第二十九中学　张彬彬

"如约而至"的机缘，"信手拈来"的智慧
——由肖培东老师《外国诗二首》想到的
云南昆明市第三中学　周丽蓉

　　培东的课上总有与"此地、此时、此刻"相契合的教育机缘出现。"肖式课堂"天衣无缝、信手拈来的精彩，特别的课堂教学魅力，吸引着老师们来学习。这精彩里有文本解读的独特与深刻，有课堂教学设计的精妙，有课堂实施的扎实又不失灵动，可以带动听课教师思考，引发教学激情。培东的课，每听一遍都有新的收获，课上的精彩，往往让人叹为观止，满心佩服。

　　"一直被模仿，从未被超越"，年轻老师说肖老师的课永远不重复，无法"移植"。怎么可能移植呢？精彩的课堂是培东一颗真诚的师心的外显，是培东对语文教育目标深刻领悟的表达，是培东长期精研的教学智慧的体现，没有了这样的"神"，仅仅是"形"的移植，是艰难的。神形兼备的课堂，精彩绝妙的展现，是需要长期潜心的修炼和认真磨炼的。当然，还有天赋。

　　培东的"神力"可以把事故变为一段美好的传说，成就一段语文佳话。比如2019年西安诗歌教学会议，数百名教师见证了培东高超的"空手道"技艺：在学生手中没有教材的情况下，走到江南，走进《雨巷》，在"雨巷"中徘徊沉醉……深厚的学养化解了尴尬，帮助主办方避免了一场大型"车祸"。"如约而至""教学资源"，仿佛是故意为成就培东准备的。

　　更多的时候，培东课堂上被他轻松自如"信手拈来"的那些"如约而至"的教学资源，看似是一种云淡风轻的自然呈现，实则是他"心中有教材、眼里有学生"的体现。

　　比如我在现场听过的《孔乙己》。

徐杰老师在台上带领学生学习季羡林先生的《幽径悲剧》，培东坐在第一排边听边敲击电脑键盘，似听非听的感觉——我知道，他的心在即将要进行的课堂上。

培东上台，学生没换，这个无意的安排，又成为培东的机缘，他巧妙地把机缘转化为教学资源。

"我们就沿着上一节课走到这节课好吧"，就这样浅浅淡淡地直接进入课堂，没有刻意设计的课前互动和激情洋溢的导语沟通。回顾上节课《幽径悲剧》中植物的"悲剧"，关照《孔乙己》中人物的悲剧，带着学生在两个文本间"来回穿梭"。探究散文的形象塑造和小说的形象塑造的不同，在比较中勾连衔接两节课的内容，启动学生思维，为课堂深入探究《孔乙己》悲剧的根源搭建学习的"阶梯"，一步步引领学生走向文本深处，开启学生的发现之眼，培养思考问题的能力。顺势而为、信手拈来，两节课自然转接，学生的学习没有因为两位名师的示范课被隔断，学生的思维发展和思想情感得到呵护，真实而深入的学习就这样自然发生了。

想起培东跟我说起过的另一节《孔乙己》，在江苏镇江。那天正好是他的生日，开场前学生向培东祝贺生日，培东就以"你们记得我的生日，有谁记得孔乙己的生日"切入课堂，在"记得"和"不记得"的讨论中带领学生观察孔乙己这个被社会戕害、被社会遗忘的小人物，思考他"被记得"和"被遗忘"的悲剧原因，满堂"惊"彩！

"如约而至"的教学资源，"信手拈来"的课堂智慧，与"信马由缰"的课堂从容，构成了培东课堂的特有的风景。

培东的课，不可复制也无法复制，因为教学资源会因为学生、场地、天气不同而有差异。真实的课堂就是这样：公开课不是表演，更不能炫技，而应该让学生的语文能力得以生长，让听课教师收获课堂教学理念和教学艺术（技术）。

比如，2019 年 7 月 20 日下午云南曲靖麒麟区下的那场如约而至的暴雨，它成为那节诗歌教学课的最诗意的资源。这节课，依然不可复制，即使教师的设计环节不变，课堂主问题设计不变，但学生的思考，语言表达，与教师的交流对话是无法复制的。

这次课堂展示，培东选择了七年级下册第五单元自读课《外国诗二首》作为教学内容。外国诗文通过中文呈现，语言和韵律不能复原，但翻译者的主观情感一定与原作者契合，主观性强，理性思考重于形象表现，深刻的哲理潜藏在朴素的文字深处。这样的教学内容，要引导七年级的学生深入理解、体会是有一定难度的。

这是一个典型的诗歌教学现场。我们看到培东带着学生自读，走进"未选择的路"，体验"未选择的路"中的情感，然后聚焦感悟"选择的路"，一起探究诗歌哲理，由理解"物境"到体会"心境"，然后走进诗歌的"意境"，三境在"雨境"中交融升华，达成了单元"托物言志"设定目标的再认识。

整节课，设问，交流，朗读，引导，师生一起徜徉在《未选择的路》的字里行间。在培东精心设计的课堂设问和诗意盎然的语言表达的带动下，学生去体验《未选择的路》中的"绵长、幽深"，去联想与"荒草萋萋"相对的那条未选择的路的"繁花似锦"，学生的自读和教师的点拨发挥得淋漓尽致。

在这样的体验与联想中，培东始终把学生的表达作为课堂推进的教学资源。例如在第一个教学环节，当一位学生说"那条未选择的路可能是一条很平常的路"并就此分析后，教师点评"这位同学其实是用了逆向思维来读诗"。"逆向思维"这个抽象的专业词语，就这样自然、具体地呈现在学生面前，也为后一个环节进行了铺垫，课堂在引导学生的自读、自悟中缓缓流动，自然从容，渐入佳境。

"表述时，我们不要说'作者'，要说'诗中的我'""注意不要说'文中'，要说'诗中'"，这样的提醒，在课堂上多次出现，直到学生能够自然表达，这个细节，是必须关注的。大多数学生在语文课堂上的语言表达是"粗糙而模糊"的，但这样的"原生态"却是宝贵的教学资源。语文能力中"听说能力"的训练，在这样的课堂细节中体现、提醒、纠正、打磨和提升。从学生表达的细节处着手，对涉及语文学习知识点的关键字词进行点示与提醒，不露痕迹地引导学生进行专业的表达。这样精准的表达指导，属于"语文"，属于"诗歌"，更属于"语文学习"。

因此，"如约而至"的资源的奥妙之一，在于捕捉学生发言中的能力增长点，对其进行细致、准确、深入的引导。

表达是思想的外化，因此，透过教师的语言，我们也可以看出培东的思想与学生的思想的碰撞，碰撞中对学生的思维进行不着痕迹的梳理。培东的教学设问的范围，由"宽"到"紧"，既给了学生充分的思考空间，也引导学生立足于诗文、紧贴诗歌文字进行思考。培东的教学设问的内容，勾连了诗歌中的理（"那条没选择的路是一条繁花似锦的路，是热闹的路，是美丽的路，是平常的路，还可能是怎样的一条路"）与境（"那条选择的路，路上可能会看到什么"），也关照课堂的表达契机（"我想把这个机会留给这位虽然没举手却在认真思考的同学""你呢？觉得哪个词最重要"）。

相似的片段，在探究诗歌哲理这个环节也可以看到。从"这首诗能不能叫《我选择的路》"开启讨论，学生先从题目的吸引力谈起，由"路"到"诗无定论，你就是你的诗，你就在走你的路"的过程，在这一个教学环节中，培东将学生的发言作为打通诗歌和生活教学资源，信手拈来。正因为如此，学生的思想情感在悄然发生变化，学生表达和后一个环节中精彩的朗读也就如约而至。

因此，"如约而至"的资源的另一层奥妙，在于层层深入的教学设问，在设问的同时借助学生的发言，串联起课堂设计中的各个环节，严整有序、机巧灵动。

《假如生活欺骗了你》这首诗也就这样"如约而至"了——无论现在怎样的路，都会有困难和坎坷，假如生活欺骗了你，你该如何去面对？假如生活欺骗了我，我还会坚强勇敢吗？第二首诗就自然进入课堂。

窗外，暴雨"如约而至"。

培东问学生："托物言志"单元为什么会选用直抒胸臆的《假如生活欺骗了你》？学生不假思索地说，为了让大家在比较中把握这种写作手法。学生的回答，就是教学目标的达成。

这时，窗外暴雨如注。

"好，同学们，关于这首诗，老师想问一个很简单的问题：这个七月，你想把这首诗送给谁？为什么？"培东问。

我猜，这个"好"字是"狡猾"的培东发现了新的教学"资源"——窗外的暴雨，因为说"好"后，培东的设问转入了"这个七月，你想把这首诗送给谁？为什么？"暴雨突如其来，像极了人生路上的太多意外的不期而至，在自己选择的人生路上将会面临的困难坎坷时，当生活欺骗了你时，你该有怎样的态度和勇气？诗歌教学，宜含蓄，于是，是"这个七月，你想把这首诗歌送给谁？""七月"对于学生来说是一个特别的时间，特别的"意象"，七月里的谁，当然是自己，是同龄人。

于是，学生这样说："我现在对自己做出的一些选择有些会后悔，有的选择也带给我无穷的好处。对于那些令我后悔的选择，这首诗在告诉我，不要纠结过去，要放眼未来，这样前途可能会一片光明。如果你一直纠结于过去，也许无法见到美好的未来。从过去中，我们吸取教训，吸取经验，就会慢慢成长。"这段口头表达，用词准确，逻辑清晰，思考深入，这分明是情动于衷的真诚表达，它脱离了口语的细碎，有了诗语的理性和晓畅。

学生继续着这样精彩的表达。会场上掌声不断，为孩子真诚的表达，为他们简洁流畅的语言和清晰严谨的思路，更为课堂自然的水到渠成。

巧妙利用特殊的时间节点，激发学生心中的共鸣，联通学生内心和诗人"诗心"，这样的机智，是来自培东对课堂的掌控力，课堂资源的利用，在培东的课堂上，更多的是对学生生命成长的关注。一切学生生命的成长点，都是培东课堂的"活的"资源。

紧接着后面这个环节，我动容了，热泪盈眶！当培东点起那位坐在角落、始终默默的男生时，当这位男生惴惴地说想把诗歌送给自己时，当这位期末考试"稍后了点"的男孩子跟着培东读诗时，当他在培东的鼓励下说出"忧郁的日子里须要镇静：相信吧，快乐的日子将会来临"时！我看到师生的眼神、体态、吐字、停顿，那么的投入，那样的一致，那么的动情！全场掌声雷动。

这个坐在角落里的男孩子，这个在七月"考得稍后了点"的男生"如约而来"，在这个雨天，在这节台上的公开课，与这位和他一起读诗，让他在"忧郁的日子里须要镇静"，充满希望地读出"快乐的日子将会来临"的来自浙江的男老师相约。这个"约会"一定会成为他未来日子中最温暖的回忆，这首《假如生活欺骗了你》，一定是他由男孩长成男子汉过程中的一份坚定的心理支持。细腻而又"狡猾"的培东，用一双语文的慧眼，发现了学生生命成长需要的力量。借由这样的力量，产生新的教学资源，完成诗歌对人心灵的启迪。如果没有一颗热爱的学生的心，这样的资源是不会如流水一般自然亲切的。

因此，"如约而至"资源的又一重奥妙，在于教师的"目中有人""心中有情"。这无关成熟的教学技巧和机智的课堂设计策略，更多的是培东作为师者的情怀。那个男孩子和培东一起告诉所有的听课教师，唯有心中有学生，才有课堂的精彩。

课堂，因生命而灵动，这个"教学资源"，金子般闪亮。

课堂的高潮，在培东引导学生分别诵读两首诗歌的第一节和最后一节中到来。那条"未选择的路"，通往的是"将会来临"的"快乐的日子"，"轻声叹息"中把"往事回顾"，涌上心头的"亲切的怀恋"。两首诗歌中的沉郁与明媚，深思与顿悟，在这一刻水乳相融。正当听课的老师们沉醉其中时，培东的又一设问在窗外越来越响的雨声中将课堂推向另一重高潮："相信吧，美好的日子将会来临！诗言志，这振奋人心的诗句，如果我们做一下改动，以形象来阐明，托物言志，来表达积极向上的人生态度，你会怎么说？听听外面的雨声，你能不能获得诗的灵感？"这一设问，有诗歌的灵动隽永和诗歌教学的情理兼备。于是，孩子们诗化的表达如雨后春笋：

"相信吧，万里晴空将会来临！"

"相信吧，滂沱的大雨终会过去！"

"相信吧，雨后的彩虹将会来临！"……

所有的听课老师，都会在这一刻震撼，为培东"信手拈来"的智慧——两首诗歌中的哲理，在两段诗文首尾关联的诵读中得以贯通；学生诗意动情的表达，在窗外的雨中，泉涌而出。从"观课"的角度看，这些"如约而至"的资源，离不开培东对两首诗歌巧妙的整合，离不开他对现场环境的充分利用与机敏调动！

雨一直下，很大。课堂，在师心与诗心的碰撞中愈发丰厚。

雨中，两位诗人隔空对话；雨中，孩子们在深情朗读，带着思考，充满激情。

暴风雨总会过去，在课堂结束，在培东和老师们交流完后。

但这场语文的暴风雨不会结束，这是一场心雨，它下到了孩子们的心里，滋润孩子们的心灵，关于未来的路，关于在自己选择的路上假如生活欺骗了你，欺骗了我，我们怎么坚强面对，怎样相互慰藉，彼此鼓励；这是一场诗雨，关于托物言志，关于直抒胸臆……

这更是一场"师"雨，泼洒下来的是一颗师心。这颗心中有春风化雨的表达、循循善诱的设问，更有作为师者的培东的仁爱悲悯和冰雪聪慧。他携夏日的火热而来，听课者千里追寻的精彩如约而至，余味深远……

浅浅教语文，拳拳赤子心。期待着，被雨润泽的语文之心，也有如约而至的"神助"，"信手拈来"的精彩！

《伟大的悲剧》

浅浅小语

　　很多人往往只关心一堂课的口味，而不太在意背后纷繁复杂的路径和那些与之相关的白昼与黑夜。

——肖培东

课堂再现

执　　教：肖培东

点　　评：钱建江

教学背景：2019 年 10 月 24 日，江苏省苏州市苏州中学伟长实验部。

一、　浏览文章说悲剧

师：好，上课。

生：起立。

师：同学们好。

生：老师好。

师：请坐。这节课，我们来学习七年级下册的课文，题目叫作——

生（齐）：伟大的悲剧。

师：茨威格的《伟大的悲剧》，标题中有一个字和你们的校名相同。

（学生会心点头）这篇文章我们该怎么阅读呢？大家看一看"预习提示"，一起来读一读，第1个预习提示，预备读。

生（齐读）：快速浏览课文。本文约4000字，请尽可能在10分钟内读完。浏览时，随手画出文章里的时间、地点等重要信息，还要特别留意每段的首句，这样有助于把握主要内容。

师：对的。这个单元最重要的要学习掌握的读书方法是什么呢？是浏览。什么叫浏览？同学，你来说一下。

生1：浏览就是粗略的阅读。

师：对，一目十行地读，快速地读，大略地读。快速阅读课文，注意，请尽可能在十分钟内看完它。在浏览的过程当中注意抓住主要信息，概括内容要点，厘清故事情节。要求画出文章里的什么？

生（齐）：时间。

师：对，时间。还有呢？

生（齐）：地点。

师：地点。另外，它还告诉我们大家一定要注意每一段的首句，有助于把握主要内容。开始，拿笔，浏览，一目十行。

（学生浏览课文，八九分钟）

师：浏览程序完成的举手。（学生举手）好，差不多了，速度真快。接下来，请同学们用自己的话，把这篇文章所写的事情简单地表述出来。先开始自己练习，自己试着说出来，开始。（学生自己练习半分钟）

师：好，哪位同学愿意说说？《伟大的悲剧》这篇文章，茨威格先生给我们写了一个怎样的故事？第一个举手的同学是谁？这位女同学，手有点想举起来了，来，你说。

生2：就是，斯科特一行他们去南极点路上发现了挪威人的旗，到南极点他们带回来了挪威人的一封信，准备把它交给国王，在回去的路途中由于燃料和粮食问题，几个伙伴先后都牺牲了，最后，全都留在了那里。（声音较轻）

师：大家听清楚了没有？教室比较空旷，同学声音尽量大一点。她说得很简单，只是她没有用上我们所说的"预习提示"里面的什么？

233

生（杂）：时间！

师：哎，把时间、地点和事件融合在一起表达，这个概括就更加完整了。好，第二位同学，谁？你来好不好？开始。

生3：1912年1月16日这天，斯科特一行人去，准备到达南极点，第一个征服南极点。但是他们发现，以阿蒙森为首的挪威人已经比他们先到达。1月18日他们到达，准备把阿蒙森的信带回。他们在归途中，因为缺少粮食，缺少热量，在2月17日，埃文斯牺牲了。后来他们一直与饥饿、寒冷和痛苦斗争着，但是最后还是，还是牺牲了奥茨。在3月29日，他们再也坚持不下去了，三个人都牺牲了。

师：他们都很镇定地面对——

生3：很镇定地面对死亡。

师：面对风雪，等待着死亡的来临，最后悲壮地长眠在茫茫冰雪中，成了伟大的英雄。好，请坐。大家有没有注意到，这位同学这次概括当中，他把斯科特一行五人全都有所交代。是不是5个人？所以大家一定要注意，浏览，并不意味着可以忽略故事主要因素，在浏览的过程当中，我们有内容方面了解的要求，浏览后要知道主要人物、事件经过以及结果。

（学生点头）

二、 挖掘悲剧中的伟大

师：好的，同学们，两位同学的表述当中，其实都是冲着标题中的哪个字来表述的？

生（齐）：悲剧。

师：哪个？悲剧！（转身板书"悲"）都在谈这个"悲"字，是不是？那么文章这个标题，另外还有一个词语也非常重要，是什么？

生（齐）：伟大！

师：来，再一起来读读标题。预备齐。

生（齐读）：伟大的悲剧。

师：对的，那么，文章看完了以后，请你再告诉我，这个"伟大"，在这场"悲剧"中是如何体现出来的。悲剧，是怎么体现出这个伟大的？

伟大在哪里？哪位同学说？来，女孩先说。

生4：我觉得"伟大的悲剧"是因为这代表英国的斯科特五人一行，他们在探索南极的时候，没有畏惧严寒，在回去的路上，虽然缺乏热量和粮食，但是，他们一直都非常坚定地面对这些困难。哪怕有人为此牺牲，他们也毅然坚定地往前走。

师：你能把自己说的这么长的话，简单地用一两个词来表示吗？伟大，伟大在什么地方？

生4：悲壮！坚持！

师：悲壮，坚持。悲中之伟，悲中之壮，在于坚持。是这样吗？

生4：对。

师：那文章哪些地方写出了他们的坚持？我们要从文本当中找出证据来。哪些语句写出了这些人的坚持？请坐。来，这个男同学你来说。

生5：斯科特他们完全可以到了极点以后，把阿蒙森的旗子给拔了，然后插上英国国旗，但是他们没有这么做。

师：你从原文当中找，把这个句子读出来。

生5（读）：他们怏怏不乐地在阿蒙森的胜利旗帜旁边插上英国国旗——一面姗姗来迟的"联合王国的国旗"。

师：想说明什么？

生5：这些人能够勇于面对自己失败的事实。

师：嗯，其实他们本来是可以悄悄地把这个旗子给拔掉，来证明自己是第一个到达南极的人，但是他们没有这么做。大家跟着他一起来读读125页，"他们怏怏不乐地"，齐读。

生（齐读）：他们怏怏不乐地在阿蒙森的胜利旗帜旁边插上英国国旗——一面姗姗来迟的"联合王国的国旗"，然后离开了这块"辜负了他们雄心壮志"的地方。

师：再说下去，这件事他们伟大在什么地方？你刚才说是勇于面对自己的失败。哪位同学再来补充？没有把别人的旗拔掉，自己的旗姗姗来迟地再插进去，这件事情又表现出斯科特探险队什么特点？你来说。

生6：敢于直视自己失败的绅士风度。

师：恩，英国人特别绅士，是吧，输了就是输了，绅士风度。这，就是他们的伟大之处。请坐，还有没有？来，那个女同学。

生7：诚信。

师：诚信，这件事情也同样表现出了诚信，是吗？那就在文章句子边上再补充一下：诚信，绅士风度。好，继续举手，你来说。

生8：我觉得他们的伟大可以概括出三个词：敢于为事业牺牲，还有满怀激情，还有执着与追求。

师：嗯，那你也留一点东西给别的同学说说。你先说第一个。

生8：首先一点，他们是满怀激情且有追求的。因为第一自然段说，"到中午，这五个坚持不懈的人已走了14公里"，他们在没有到达极点的时候，他们是已经尽了自己的全力在走，那么，在第11自然段"现在只有三个疲惫、羸弱的人吃力地拖着自己的脚步，穿过那茫茫无际、像铁一般坚硬的冰雪荒原"——（"羸弱"的"羸"读不来，跳过）

师：这个字先别急着跳过，"疲惫"后面是什么词？

生8：羸弱。（看注释读准了）

师："羸弱"，这个字要读准。"羸弱的人吃力地拖着自己的脚步"，哪个词写出他们当时的艰难？

生8："拖"字。

师（面朝全班同学）：嗯，非常好，把这个"拖"字画出来。

生8：那么，这里我可以看出来，不管是面对成功与失败，他们首先不会因为自己失败了，就把它放弃了回去。他们还为别人的第一名而做了见证。

师：好，请坐。其实他的话呢，不但补充了前面那个同学所说的诚信，也帮最初的女同学印证了他们的什么呀？（学生说"坚持"）对，坚持！你还能从文中哪些地方看出他们是坚持的，是勇敢的吗？

生9：前面第二自然段的中间："尽管精疲力竭，这天晚上他们还是夜不成眠。他们像被判了刑似的失去希望，闷闷不乐地继续走着那一段到极点去的最后路程，而他们最先想的是：欢呼着冲向那里。"

师：嗯，想说什么？

生9：就是说，他们哪怕其实已经预见到了阿蒙森那里的人已经在那里插上了挪威的国旗，他们还是会靠心中强大的信念继续走下去。

师：即便心中已经开始承认是一次失败的探险，但是他们也要把这个探险坚持到底。好，请坐。哪位同学再来补充？（女生7又举手）来，这位女同学，刚才是你吗？

生7：是我。

师：哦，那先把机会留给别人吧。你来说。

生10：我觉得，首先呢——

师：注意，不要重复别的同学的话语。

生10：他们是有为科学献身的英雄气概。

师：嗯，哪里呢？

生10：因为他们为了到达南极点，不顾一切，不管怎么样，都坚持到了那里。

师：包括生命的献出，也无所畏惧，对不对？

生10：对，然后他们还在帐篷里，他们已经知道死神来临，他们还是坚持写下日记，这也是为科学献身。

师：嗯，我建议你给大家读一读那一幕。128页，倒数第二行，"他们爬进各自的睡袋"，你给大家读一读这感人的一句话。

生10（读）：他们爬进各自的睡袋，却始终没有向世界哀叹过一声自己最后遭遇到的种种困难。（读得很平淡）

师：是这么读的吗？要读出他们这种献身精神！你这样的话语是不是能够表现出来？

生10：太平淡了。

师：太平淡了！自己更正一下。

生10（读）：他们爬进各自的睡袋，却始终没有向世界哀叹过一声自己最后遭遇到的种种苦难。（有进步，但过于低沉）

师：好，这个女同学，你听到刚才这个同学的哀叹声了吗？

生11：有一点，他太低沉了。

师：对啊，"始终没有向世界哀叹过"，可他好像就在哀叹！这个句子其实在告诉我们什么？（学生说"斗志""勇敢"）对，他们的斗志，他们的勇敢。你来读。

生11（读）：他们爬进各自的睡袋，却始终没有向世界哀叹过一声自己最后遭遇到的种种苦难。（很有感情）

师：注意，同学们，"始终没有"，"哀叹过一声"！大家一起来读，读出他们的献身精神，他们的无所畏惧、勇敢坚持。"他们爬进各自的睡袋"，预备起。

生（齐读）：他们爬进各自的睡袋，却始终没有向世界哀叹过一声自己最后遭遇到的种种苦难。

师：现在大家已经归纳出来的，其实是两个方面：第一，坚持，勇敢，敢于献身；第二，诚信，绅士的风度，勇于直面自己的失败。还有没有第三点？你来说！

生12：他们还很团结。

师：嗯！（表示满意）

生12：因为中间写到，先是那几天当中有一个身体最强壮的人（埃文斯），因为可能摔了一跤或者其他打击，他就疯掉了，但大家还是没有想到要把他抛弃，他们也不想把他抛弃在冰原上。然后，后面奥茨在天气特别冷的时候，他冻伤了，同伙们还鼓励他，但他认为自己是伙伴们的累赘，不想拖累他们，可是伙伴们还是坚持要带他一起走。

师：大家听清楚了没有？她提到了两个人，第一个是埃文斯，另外一个是奥茨。这两个人以及另外三个人，他们相互之间的关系大家都可以读出来的。这个探险的过程，我们感受到的是团结，是集体主义精神。好，还有没有？你来说。

生13：我想说第10自然段，奥茨他"像一个英雄似的向死神走去"，而且还说到"谁也不敢说一句阻拦他的话"。第一点是奥茨首先他不想拖累他的战友，他觉得如果自己是在帐篷里死掉，只会让他的战友更加地悲伤，让他们无法走出去；第二点是他们没有说一句阻拦他的话，他们也懂得，就是他们很能够体谅对方。（说得很感动）

师：用一个字来讲，就是后面文章所说的一个字"爱"！大家有没有注意到？来，我们一起来读读最后一页第一段的最后一句话。

生（齐读）：斯科特海军上校在他行将死去的时刻，用冻僵的手指给他所爱的一切人写了书信。

师：所爱的一切人！我们就把这个"爱"字画出来！这是一个有爱的集体，有爱的人，他们当然爱他们的国家，也爱着他们的亲人，等等，无私的爱！如此，我们大家就理解了。文章在写一个探险的悲剧，告诉我们的却是什么？（学生说"伟大"）对，悲剧中所体现出来的"伟大"！（转身板书"大"，黑板上就有"大""悲"二字）

三、 结合细节讲事迹

师：他们的伟大，大在什么？大在他们的勇敢，大在他们的诚信，大在他们的坚持，大在他们无私的爱，大在他们的团结、集体主义的精神，等等。这就是这篇文章的内容和精神力量。大家课堂浏览的效果非常好。（注视全班同学）其实，我们所说的伟大的悲剧，在课文后面的"积累拓展"题中的斯科特的那封绝命书里也有体现出来。（引导学生读课后"积累拓展"题）

师（读"积累拓展"四）：斯科特在生命的最后一刻，在冰冷的帐篷里，给英国公众写下了一封绝命书，下面摘录的是这封信的一部分。这封书信，我们认真读读倒数第二段，再次感受悲剧中的伟大。

生（齐读斯科特写给英国公众的绝命书）：四天来我们无法离开帐篷——狂风在我们四周怒吼。我们身体虚弱，写字很困难。但就我个人来说，我对这次探险毫无悔意，因为它显示出英国人吃苦耐劳，互相帮助，并一如既往那样，能以坚忍不拔的伟大毅力去面对死亡的精神。我们明明知道有风险，但还是顶着风险干。是情况发生了逆转，因此我们没有理由怨天尤人，只有顺从天命；但还是决心尽力而为，至死方休。然而，既然我们是为了祖国的光荣而自愿献身于这项事业——

师：好，就读到这儿。斯科特的绝命书里面，其实已经把伟大写出来了。来，画出体现伟大的几个词。

（学生圈画出"吃苦耐劳""互相帮助""坚忍不拔""伟大毅力""尽

力而为""为了祖国的光荣""自愿献身"等短语)

师：这些词语，也在另外一个地方告诉我们，斯科特一行这次南极探险悲剧之伟大！再看下去，绝命书里，斯科特还有一个美好的愿望。请个同学读一读。

生 14（读）：如果我们能够活下来，我本来想把我的伙伴们坚忍不拔、勇往直前的事迹讲给大家听。它一定会深深打动每一个英国人的心。

师：非常好！斯科特呀，他在绝命书里面流露出了一个愿望：如果我们能够活下来，想把我的伙伴们坚忍不拔、勇往直前的事迹讲给每一个人听。自然，他的愿望达不成了，可是我们同学却可以帮助他完成这个愿望。那么，同学们，如果斯科特活了下来，在一场南极探险演讲主题的大会上，他一定想讲讲他死去的另外 4 个战友的事迹。他会把他伙伴的哪些细节讲给大家听呢？请你以"我永远难忘这一幕"为开头讲出其中的一个感人的细节。你可以用原文中的句子，也可以自己讲。好，开始练习。

（学生开始练习讲事迹讲细节）

师：长短都可以。如果斯科特活了下来，他很想跟大家分享其中感人的故事，很想跟大家讲述每一个人的南极探险细节，他会怎么说？（巡视同学们，稍等，同学们准备）我们要努力，一定要把这个感人的味道给说出来。好，有个同学举手了。

生 15：我永远难忘——（站起来就说）

师：哎，先别急，酝酿一下，站起来不要急。好，开始。

生 15：我永远难忘那一幕。"负责科学研究的威尔逊博士，在离死只有寸步之遥的时候，他还在继续进行着自己的科学观察。他的雪橇上，除了一切必需的载重外，还拖着 16 公斤的珍贵岩石样品。"（较有感情）

师：她想讲的是威尔逊的这个细节。大家找到了没有？告诉老师是第几段。

生（齐）：第 6 段。

师：第 6 段最下面。嗯，威尔逊博士的英雄事迹。好，大家一起跟着她来读一读。"我永远难忘那一幕"，预备起。

生（齐读）：我永远难忘那一幕。"负责科学研究的威尔逊博士，在离

240

死只有寸步之遥的时候，他还在继续进行着自己的科学观察。他的雪橇上，除了一切必需的载重外，还拖着16公斤的珍贵岩石样品。"

师：哎，这位女同学，你为什么会选择这个细节？

生15：因为他是负责科学研究的，然后在他即将结束自己生命的时候，他还没有忘记自己作为一个研究人员的本分，他一直有一种顽强的坚持科学研究。这一点我很感动。

师：那你告诉老师，你读过的这段句子当中，哪些词语或者说哪个短句引发了你的感动。

生15：在离死只有寸步之遥的时候。

师：嗯，这是一个。还有吗？

生15：除了一切必需的载重外，16公斤的珍贵岩石样品。

师：嗯，大家都注意到，什么？对，16公斤的珍贵岩石样品！同学们啊，冰雪中人都走不动的情况下，消耗一点体力就意味着加速死亡的情况下，威尔逊博士是怎样对待科学研究的？请你再次用演讲的方式给大家讲讲好不好？开始。

生15：最能证明这一点的莫过于负责科学研究的威尔逊博士，"在离死只有寸步之遥的时候，他还在继续进行着自己的科学观察。他的雪橇上，除了一切必需的载重外，还拖着16公斤的珍贵岩石样品"。（更有感情）

师：说得真好！请坐。好，还有没有第二个同学也想来讲一讲？像她那样，她讲的是威尔逊博士。还有没有？举手，主动一点，"我永远忘不了那一幕"，好，那位男同学。

生16：我永远忘不了那一幕。劳伦斯·奥茨为了不拖累我们剩下的三人，他像一名英雄似的毅然向暴风雪中走去，向死神走去。（有感情）

师：那你觉得最能够证明他的"毅然"，除了他的行动外，还有什么令你印象特别深刻？大家一起来说。

生（齐）：语言。

师：声音响一点。

生（齐）：语言！

师：他说的那句话真的非常不简单！所以，我们还要在演讲的过程当中，把他说话的这种原貌表述出来，重新开始。

生16：我永远忘不了那一幕。劳伦斯·奥茨在暴风雪中，为了不拖累我们，他像一个英雄似的。他说："我要到外面走走，可能要多待一些时候。"（奥茨的话说得很平静）

师：嗯，奥茨的话为什么会说得那么平淡？我们要不要把他说的这段话说得很高呢？

生16：不要，此时的奥茨很平静，很从容。

师：对，他此时说话的时候是非常平静的。他也知道说这句话意味着什么。所以，同学们，来，我们跟这位同学一起，把奥茨的这句话好好读一读。"奥茨突然站起身来"，预备起。

生（齐读）：奥茨突然站起身来，对朋友们说："我要到外边走走，可能要多待一些时候。"

师：我们再请一个同学把这句话也给大家读一读。女同学，来，你给大家读一读。

生17（读）：奥茨突然站起身来，对朋友们说："我要到外边去走走，可能要多待一些时候。"

师："可能要多待一些时候"，你想一想，他在说这句话的时候，除了平静以外，你觉得还有没有其他情绪？

生17：我觉得还有毅然，决然。

师：毅然，另外还有呢？

生18：绝望，又不能流露出来。

师：很真实，绝望，还有没有别的？

生19：对他们的不舍和愧疚。

师：对他的战友的，为什么会是愧疚？那位同学你来说。

生19：因为他之前说他会给朋友带来厄运，他觉得他可能早死会对自己的战友更有帮助，现在出去已经迟了。

师：也就是说，那种情况下，他的牺牲其实就是对这支部队的什么呀？嗯，最好贡献，是这意思吧？所以，我们思考奥茨的这句话，你们刚才说的其实都有道理，其中的情感是非常复杂的，有镇定，有愧疚，有留恋，有不舍，等等。因此，这句话得好好读。大家自读一下，"我要到外边去走走"，自己读读。

生（读）：我要到外边走走，可能要多待一些时候。

师：好，请坐。这个同学她选择了奥茨的细节讲给大家听。斯科特如果还活着，他还会说谁的细节？哦，那个同学举手了。

生20：我觉得他还会说一段关于斯科特上校的。

师：他就是斯科特呀。

生20：他想说自己的那一段经历。

师：哦，他想说说他自己的那段经历。行，你来说。

生20（说细节）：我那时候一直记日记，我的日记一直记到我生命的最后一息。（学生哄笑）

师：唉，就这句话，重新来，就你刚才说的重新说一次。没事。

生20：斯科特上校的日记一直记到他生命的最后一息。

师：刚才用"我"来说的。

生20：我的日记一直记到我生命的最后一息。（学生又哄笑）

师：就到这里，同学们为什么笑你？你知道吗？

生20：因为他自己就是斯科特，如果他没有活着回来，他就不可能会那样。

师：受限制了吧，所以我们就明白了茨威格要选择第几人称角度来写这篇文章。第几人称？

生（齐）：第三人称。

师：对了，从第三人称的视角观察整个事件的发展。茨威格选择的这种叙述角度是非常重要的。好，那么你要用"我"来讲事迹的话，就必须做改变了。对不对？好，重新来。

生20：那我能不能换另一个人活着回来？比如说威尔逊活着回来。

师：唉，也就是说，斯科特说自己还真的不容易。

生20：对。（学生笑）

师：对，如果斯科特先生死亡了，活下来的是最后三个人当中的另外一个，可能是鲍威尔，可能是威尔逊。他又会怎么说斯科特的故事呢？你来说。

生20：斯科特的日记一直记到他生命的最后一息，记到他的手指完全冻住，笔从僵硬的手中滑下来为止。他希望以后有人在他的遗体旁边发现这些能证明他和英国民族勇气的日记。正是这种希望使他能用超人的毅力把日记写到最后一刻。最后一篇日记是他用已经冻伤的手指哆哆嗦嗦写下的愿望："请把这本日记带到我妻子的手里！"但他随后又悲伤地、坚决地划去了"我的妻子"这几个字，在它们上面补写了"我的遗孀"。这个……我又看到了他又坚决地划去"我的妻子"这几个字，说明了他一种赴死的决心。

师：还有对妻子的热爱，对不对？

生20：对。

师：好，请坐。此时，他选择了威尔逊或者鲍威尔来讲事迹，来说斯科特的故事。好，谁还愿意说说"我永远忘不了那一幕"？哪位同学？我们找一个还在默默酝酿的同学。来，这位女同学。

生21：我永远忘不了那一幕。当营救队到达帐篷的时候，发现英雄的遗体已冻僵在睡袋里，死去的斯科特还像亲兄弟似的搂着威尔逊。这表现出斯科特具有团队精神而且爱他的伙伴。

师：同学们，她选择了发现遗体时的最后的那个细节。大家一起来读一读，"死去的斯科特还像亲兄弟似的搂着威尔逊"，预备起。

生（齐读）：死去的斯科特还像亲兄弟似的搂着威尔逊。他们找到了那些书信和文件，并且为那几个悲惨死去的英雄们垒了一个石墓。在堆满白雪的墓顶上竖着一个简陋的黑色十字架。

师：好，请坐。同学们，我们还会讲得更好。只是大家发现了吗？我们所选择的这些，其实都是这篇文章当中最感人的细节。细节描写！我们一起再来读一读，就读读我们大家都非常非常感动和崇敬的斯科特先生的细节。来，"斯科特海军上校在他行将死去的时刻"，预备起。

生（齐读）：斯科特海军上校在他行将死去的时刻，用冻僵的手指给他所爱的一切人写了书信。

师：再读，最后写书信的时候，手指等细节。

生（齐读）：斯科特海军上校的日记一直记到他生命的最后一息，记到他的手指完全冻住，笔从僵硬的手中滑下来为止……最后一篇日记是他用已经冻伤的手指哆哆嗦嗦写下的愿望："请把这本日记送到我的妻子手中!"但他随后又悲伤地、坚决地划去了"我的妻子"这几个字，在它们上面补写了可怕的"我的遗孀"。

师：这个细节给人的震撼力非常大。哪位同学愿意再把它好好读一读？你会怎样处理（你的朗读)？哪位同学愿意？好，你来读。

生 22（读）：最后一篇日记是他用已经冻伤的手指哆哆嗦嗦写下的愿望："请把这本日记送到我的妻子手中!"但他随后又悲伤地、坚决地划去了"我的妻子"这几个字，在它们上面补写了可怕的"我的遗孀"。（很有感情）

师：嗯，大家听出来了吗？"冻伤的手指""哆哆嗦嗦"，读，他在这几个词上面下了功夫。好，我们同学一起来读读这句话。"最后一篇日记"预备起。（生齐读这段话）

师：读过这篇文章的同学，都不会忘记这些感人的细节。文章最后一段议论，更是给它做一精神上的升华。"一个人"预备读。

生（齐读最后一段）：一个人虽然在同不可战胜的厄运的搏斗中毁灭了自己，但他的心灵却因此变得无比高尚。所有这些在一切时代都是最伟大的悲剧。

四、 天才的想象力

师：同学们想一想：刚才你们读的这些细节，茨威格先生看到了吗？他并没有参与到这次南极探险，这些细节他肯定是看不到的。请问他又是怎么写出来的？你来说。

生 23：他依靠斯科特的日记，还依靠他的……嗯，他胡编乱造的。（学生哄笑）

师：哟！胡编乱造的！这是你的理解。请坐。同学们，现在问题来了。茨威格先生写这些细节，是不是胡编乱造的呢？你来说。

生24：我觉得不是的。嗯，因为虽然探险队都不幸牺牲了，但是他们留下了大量的书信可以相互印证，可以最大程度地来还原当时的事实。再比如说，斯科特去他日记上的"我的妻子"这几个字的细节，他可以通过仔细地观察日记，然后想象啊，比对啊，可以最终得出这样一个结论。

师：请坐。来，这位同学，听了前面两位同学的观点，你支持哪一位？

生25：我支持后面一位。

师：你就从他（后面一位）的话语当中提出两个关键词。你觉得茨威格先生是怎么写出这些细节来的呢？

生25：首先是参考资料，然后再仔细观察并适当联想。

师：嗯，大家有没注意到？前面那个同学他说了一个词语叫什么？想象！太重要了，想象！茨威格，他具有天才般的想象力。而且这位同学又告诉我们，这种想象并不是胡编乱造的，而是根据——

生（齐）：日记。

师：来，我们来读课后练习三，预备起。

生（齐读）：作者在创作时，参考了大量的原始文件资料，力求真实、细致地再现历史；同时，在叙述和描写中，又加上了自己的理解和想象。

师：现在我们就懂得一点了。给他人写传记，我们可以怎么做？来，这位同学说。

生26：就是在历史的原有基础上，可以增添自己的理解和想象。

师：而且这种想象，必须是合理的、恰当的想象。好，还有哪个同学再来说？给他人写传记我们可以怎么做？你来说。

生27：打一个比较恰当的比喻，就像故宫博物院收藏的一幅画，画上的有些地方是破损的，所以就需要一些技艺高超的大师再把它根据原有的构图来补上去。那么写传记也是如此。一开始拿到的史料，虽然它不是尽善尽美的，但它也是比较详尽的，那么，对于它缺失的这一部分，就需要我们伟大的作家去经过适当的联想和补充，然后将它充实得有血有肉。（掌声）

师：听清楚了没有？她做了一个很好的比喻，像修复一幅画一样。哪位同学再来说？来，那位说"胡编乱造"的同学，你来说一下。你先来告诉老师，他还是不是胡编乱造的？（再叫生23）

生23：我觉得他还是胡编乱造。（学生们大笑）

师：你为什么说他是胡编乱造？

生23：我还是觉得茨威格是胡编乱造得的。他又不在现场，怎么会知道他们说什么做什么？比如文章中奥茨决定不拖累大家，说要出去走走，当时又没有照相机录音机，怎么就知道他是这样说的呢？这不是胡编乱造吗？

师：嗯，敢于发表自己的见解。好的，既然说到奥茨的细节，就请你读读写他的句子。

生23（读）：奥茨突然站起身来，对朋友们说："我要到外边走走，可能要多待一些时候。"（读出人物感情）

师：你为什么这样读？你觉得奥茨说的这句话和他这个人的性格、精神符合吗？

生23：我觉得……符合。

师：符合，那就不能叫胡编乱造，而是依据当时处境和他的性格特征为他设计了这么一句话，对不对？所以，我们讲，是编的，但不是胡编，是造的，却绝不是乱造。在认真考究和阅读相关资料的基础上，茨威格天才的想象力，茨威格卓越的艺术手法，为我们艺术地还原了那感天动地的一幕幕。不信，你来读一读奥茨的这句话。大家一起来读。"奥茨突然站起身来"预备起。

生（齐读）：奥茨突然站起身来，对朋友们说："我要到外边走走，可能要多待一些时候。"

师：所以，同学们，这是基于他的性格，基于探险者的人物特征，作者进行了一些艺术的加工。这样，我们就明白了，好的传记要写好细节，这样就增加了传记文学的生动性。同时，刚才有位同学又说，文章中又加入了很多的日记中的东西。这又是为了表现这个传记的——

生：真实性。

师：因此，《伟大的悲剧》是一部多么有特点的作品。这里面，我们会找到作者天才的想象力！大悲之中一定有大美！课后，大家好好地再读读文章，读读茨威格的其他作品，读读那些熠熠生辉的人。下课。

教学感言

★ "伟大""悲剧"，标题信息量很大。教学这篇课文，都会引导学生探究斯科特探险队南极探险体现出的"悲剧"和"伟大"内涵，甚至还分析出多种"悲"，如失败之悲、死亡之悲、作证之悲、孤独之悲、世人之悲等。其实，茨威格的这篇传记，抒情性强，文学味浓，虽然篇幅较长，但文字并不艰涩，七年级学生阅读起来绝无障碍。借助文中的细节描写和抒情议论，学生对"伟大的悲剧"的理解也能说到点上。那么，这篇文章教什么？除了理解"伟大的悲剧"的含义以及感悟探险者崇高的精神品质外，整合单元目标和文本特质，还要进行浏览训练，体会茨威格文学性与历史性完美结合的传记风格。

★ "能够永久流传于世的，除了伟大的人性，就是思想的光辉。"优秀传记作品的影响力，是难以估量的。清华大学国学院院长陈来先生说："大家之所以成为大家，不仅仅因为他们读了大量的经典著作——经典著作当然是他们立身处世的最基本的东西，但在另一方面，确立他们的世界观、价值观的，是那些特别能够激励他们、对他们有兴起之功，尤其是对青年人非常有益的优秀人物的传记。"梁启超谈及教子经说："读名人传记，最能激发人志气，且于应事接物之智慧增长不少，古人所以贵读史者以此。"成长的路上，每一个孩子都需要一盏明灯，去照亮未来人生，去点燃前行激情。这篇文章，就是这样一盏灯，穿越茫茫的冰雪，让我们更好地看待探索，看待生命，看待成功与失败，帮助我们找到人生榜样，获得精神力量。如文末所言："一个人虽然在同不可战胜的厄运的搏斗中毁灭了自己，但他的心灵却因此变得无比高尚。"读名人传记，在别人的生命里，多活一次。

★ 神韵缘于细节，细节是最能打动人的。一部优秀的文学作品，能让读者记忆深刻的往往是那些传神的细节描写。你看，奥茨英雄似的向死神走去，他突然站起身来，对朋友们说："我要到外边去走走，可能要多待一些时候。"你看，斯科特海军上校极其冷静地将日记记录到他生命的最后一息，他用已经冻伤的手指哆哆嗦嗦地写下"请把这本日记送到我的妻子手中"，随后又悲伤地、坚决地划去了"我的妻子"这几个字，在它们上面补写了可怕的"我的遗孀"。不忍卒读，无言感动。这样的细节就像一道闪电，将人物情感和灵魂深处的东西照得通透。一个好的细节描写有时候顶得上万语千言。所谓故事好编，细节难写，正是如此。那就多读读这些令人难忘的细节，它们不仅仅感动你的心灵，还在滋养你的文学写作。

★我注意到了教材课文后面的"积累拓展"四，这真是一个很精妙的教学抓手。斯科特在生命的最后一刻，在冰冷的帐篷里，给英国公众写下了一封感人的绝命书。读了几遍，甚至觉得这封书信就是对"伟大的悲剧"最好最真实的注解和诠释。"我对这次探险毫无悔意，因为它显示出英国人吃苦耐劳，互相帮助，并一如既往那样，能以坚忍不拔的伟大毅力去面对死亡的精神。我们明明知道有风险，但还是顶着风险干。是情况发生了逆转，因此我们没有理由怨天尤人，只有顺从天命；但还是决心尽力而为，至死方休。然而，既然我们是为了祖国的光荣而自愿献身于这项事业……"绝命书和文章交互阅读，一切都更加深刻。最重要的是书信上还留有斯科特这样的一个心愿："如果我们能够活下来，我本来想把我的伙伴们坚忍不拔、勇往直前的事迹讲给大家听。它一定会深深打动每一个英国人的心。"把伙伴们坚忍不拔、勇往直前的事迹讲给大家听！来回读着这行字，我竟然看到了一个很美丽很感人的语文教学空间……

★"茨威格是胡编乱造的！"坐在中间的一个男孩站起来，很认真地说。这节课，他有过几次发言，是个很会思考的孩子。第一个回答就是让人措手不及的"胡编乱造"！我心里咯噔了一下，脸上还是挂着微笑。南极的风雪吹进了课堂，就看你怎么把它化成满地金碎的阳光了。阅读，是学生的个性化行为。语文教学，要尊重学生的个体感悟和理解，要秉持一种欣赏与接纳学生独特感受的良好教学心态，允许学生"各言尔志"，再顺势利导，因时而化，课堂也会因此而更丰富更具魅力。这样一想，我甚至是有点感激地望着他。

★常有朋友问："肖老师，你的课堂总会发生点什么，这是为什么？"

比如学生说茨威格"胡编乱造"，比如读"店内外充满着快活的空气"时漏读了一个"外"字，比如上诗歌教学课全班学生到了现场竟然都没有教材，比如意外地来了一场震彻全场的暴雨，然后你的课堂就有了一波波的高潮。我笑笑。课堂，原本就是会产生意外的地方。你的课堂也有，可能你比我着急，比我紧张，可能你想的更多的是自己的教，缺少了专注。就这样，它们和你擦肩而过。

我在现场

★我就坐在课堂里，小男孩坐在我的右前方，个子小小的，站起来一点点高。这节课他几次举手回答问题了，很是积极。"茨威格是不可能目睹这次的探险与遇难的过程的，那他又是怎么写出这些人的相关细节的呢？"肖老师问出这个问题。他，站起来一本正经地、很认真地说："我认为他是胡编乱造的。"当时，我马上意识到好戏来了。果然，肖老师没有让我失望。第二天上午，我在肖老师的微信公众号上读到了关于这个镜头的文章，很是震惊："连夜赶回去，几点写的呀！"当我想当然地认为返程途中应该放松、应该休息时，肖老师却在车厢里复盘课堂！这就是我们与肖老师的差别！在他身上我看到了天资、热爱和勤奋三位一体的集合。这也是他能成为现在的肖老师的原因。

——苏州中学园区校　陈英

★多年以前，自己写下"丰富、简约、自然、机智"的教学信条，没想到在研读肖老师的课例之后，发现真有这样的高手——不止于"秘籍"，更深于"真功"。现场听肖老师上课，不过四次，但足以启人心扉，光引前行。山之沉稳，水之灵动，不失为其"浅浅教学"的譬喻。沉稳于牢牢抓住语言能力训练，提升学生语言的素养，"老老实实教学生读书"；灵动于在"静"与"净"中倾听众多学生的心声，瞬间"望闻问切"，因势利导。那个概括忽视了细节的同学，那个用第一人称转换人物细节为演讲词又发现问题的同学等，得以有了可见的生命拔节。当然，还有那个执念于"胡编乱造"小男孩。肖老师的教学思想智慧，似书之法帖，严谨有度，普适性广。他巧妙融通教材、文本、学生和教师等资源，融通内容与形式艺术规律，慧聚成自己的教学预设，贴着文本，贴着学生，在"不变"与"变"中浑然一体，隽永通幽。

——苏州高新区实验初级中学　苗新坤

★他的课堂里里外外挤得满满当当，慕名前来者很多都是素未谋面，大家静静地坐在教室内外，和孩子们一起，享受肖老师的语言世界和教学韵味。

进入，是一种无以言说的美妙。这样一堂大型公开课，肖老师依然不疾不徐，从容自在，以"悲"为经，以"大"为纬，编织起"大""悲"的禅衣，翻阅湮没于人类文明而又惊心动魄的那一个历史瞬间。在肖老师不遗余力的指引下，孩子们来到现场，似乎亲见了那一份失落的不甘、认输的风度、坚持的勇敢以及无畏的团结。

嫁接，是一种赏心悦目的巧妙。肖老师的课堂艺术，常在于不经意间的视角转换，如此天衣无缝，仿佛自然生长。依托于统编教材的课后练习中的那一份绝命书，"如果我们能够活下来，我本来想把我的伙伴们坚忍不拔、勇往直前的事迹讲给大家听"，讲给大家听，于是有了后面学生语言活动的设计。如此鸿篇巨制的文章，拨云见日般让细节袒露，肖老师的嫁接法浑然天成。

意外，是一种逢凶化吉的契机。一般的课堂规避"意外"，肖老师的课堂想见意外。童言无忌，当那个孩子"大胆"说出"他是胡编乱造"时，全体为之哗然，课堂的高潮不期而遇。几轮讨论，几番思索，几个回合，巧妙引出细节的缔造艺术和传记作品中想象力的运用价值。好的课堂，于无形中见匠心，于意外下显功力。

——苏州中学伟长实验部　袁菊华

★肖老师风度翩翩，上课不紧不慢，徐徐道来，沉稳中带着几分激昂，又夹杂着深思。开篇，他就抛出了问题：伟大是如何在悲剧中体现出来的？这个问题，让孩子们在浏览课文时自觉去思索，在对细节的探索中发掘灵感，在思想的碰撞中产生火花。肖老师巧妙引领，启发孩子们进入课文，成为课堂努力思索的主角。在总结"伟大"的时候，肖老师引导同学们归纳了一系列的伟大之处,这不仅是水到渠成的总结,更是把做人的道理融于其中教给孩子。

当一个孩子在课尾阶段说这篇文章是"胡编乱造"时,我会心一笑。现在的孩子,思想活跃,天马行空不受约束,仅靠老师的威严而没有合理的理由,想让孩子心服口服自是不易,我不禁期待肖老师的化解之术。肖老师见招拆招,就这个问题先让孩子们进行思索,然后开展了课堂上的一场小辩论,不仅完美解释了这篇文章不是胡编乱造,更是巧妙地引出了写传记的方法。当下课铃声响起之时,作为旁听的家长,我的脑海中,不禁泛起一句话:师者,所以传道、授业、解惑也!

——授课班级初一(3)班家长 毛异珩

名师点评

心无旁骛,且行且唱
——基于统编教材编写理念的课堂教学追求

苏州市教育科学研究院 钱建江

2003 年,我写过一篇记述永嘉山水的散文,里面有这样几句:"两岸略显开阔,稍远处的连山层峰叠翠,柔柔地映入眼帘;漂浮其间,似乎到了漓江一般。而此间的江水更浅,却又浅而不窄,山也不似漓江那边紧仄,洋溢心间的只是说不出的温文尔雅。那山似乎是情窦初开的小伙子,远远地伫立着,却总有意无意地把目光投向了你;而楠溪江呢,则心无旁骛,且行且唱……"那时候我初到永嘉,醉心于山水间,总觉得有一种跟语文相关联的美好存在于此,却又并不知道是什么。

2016 年初,我到教育部课程中心挂职。有一天翻看各地出版社送审的图书,一本《我就想浅浅地教语文》映入眼帘。这本书装帧朴素,封面折页上都没有作者照片,内文也不见一张作者上课的照片。然而,封面上字号很小的"肖培东"三个字,却像一道光让我的心豁亮起来,并获得某种顿悟:2003 年我在永嘉感受到的那份莫名的美好,答案或许就在这本书里。温文尔雅、心无旁骛、且行且唱……这不正是肖培东老师的写照吗?

在《我就想浅浅地教语文》一书里,我读到肖老师记录执教《锦瑟》的感言:下课铃声响起,仿佛人生的决绝离别,内心的灯盏在那一刻熄灭,我坐在那里,神情恍惚,很久很久不能回神,仿佛魂魄与肉体已然分离。那一刻,我完全了悟了永嘉山水里走出来的语文名师,何以始终坚守在那方土地上。

肖老师的课堂实录,我读过不少,却一直未能现场聆听他的语文课。直到2019年10月24日下午1点钟,我第一次坐在肖老师的课堂里,这一次,他执教的是茨威格创作的传记《伟大的悲剧》。

肖老师总是说他想浅浅地教语文,这不是说给别人听的,我确信。当然,他所说的"浅",其实正如钱梦龙老师所言,是"深入到了语文教学的精髓、真谛、本源"。就像这一课,它是人物传记,放在七年级下学期的第六单元,教师就应该遵循教材的内在体系以及文体特征去实施教学。(因活动主办方把这一课安排在七年级上学期来教,这并不符合统编教材的编写意图和教学要求,肖老师尊重了主办方的安排,而又没有背离教材要求)或许很多人会觉得这样的公开课活动,就不必受制于教材的要求,而应追求有创意的教学设计。在他们看来,受制于教材的要求就是"浅"的表现。我认为,肖老师恰恰是在追求这样的"浅"。我始终相信,如果肖老师顺着一种自由的状态,凭他的课堂教学造诣,那完全可以结合自己对文本的独特认知与理解,让课堂呈现别样的精彩。但是在我心目中,最优秀的老师,在使用统编教材的背景下,就是要遵循教材的内在要求,在此基础上结合自己的理解与思考来构思课堂,自然而巧妙地贯彻落实自己的教学理念,这才是对语文学科本位的坚守。

今天这节课,肖老师就是这样做的。他完全遵照统编教材需要我们去落实的,例如教学阅读的方法、阅读的策略等进行设计。他把本课的教学重点确定为:整合单元目标,紧扣文本特质,进行浏览训练,体会茨威格文学性与历史性完美结合的传记风格。课堂上肖老师一开始就让同学读预习提示,让同学们明白不管是学这个单元还是学这一篇文章,所要采用的阅读方法就是浏览,而且要通过这一节课短短的45分钟时间初步学会这种读书的方法。从本节课的教学效果来看，应该说完全实现了这样的教学意图。

理解统编教材的编写理念，还要注意怎么利用好教材所提供的学习支架实施教学。这个学习支架既包括上面说到的预习提示，也包括课后的练习等。肖老师把课后最重要的练习都融进了课堂教学中，他让我们进一步明白，编者设置这些练习不是单纯让你回答几个问题的。课后练习其实是把很多教学意图融通在里面，来帮助你更好地理解文章，包括怎样更好地掌握阅读方法和策略等，甚至我们一直在追求的读和写的融合，也都体现在里面。肖老师敏锐地捕捉到课后"积累拓展"四中的内容，创设了一个活动情境，设置了一项任务：如果斯科特活了下来，在一场南极探险演讲主题的大会上，他一定想讲讲他死去的另外 4 个战友的事迹，他会把他伙伴的哪些细节讲给大家听呢？请你以"我永远忘不了这一幕"为开头讲出其中一个感人的细节。这样引导学生对绝命书和文章进行交互阅读，用肖老师自己的话来说，就是"一切都更加深刻"。

结合肖老师这节课，我还想谈另一个同样很平实的认知：我们的课堂要以学生的学习为中心，而不是以老师的教为中心。这句话不应该只体现在口号或理念上，而应该实实在在地体现在我们的课堂当中，落实在每一个教学环节当中。今天这节课在我看来完全是以学生的学为中心的。举几个例子来说，如对文本内容的理解，是不是老师牵学生鼻子让他来理解这里写了什么，这个动作反应了什么，这里用了什么叙述视角……肖老师显然不会这样做的，而是放手让学生去讲，从一开始"浏览文章说悲剧"环节的复述，到后半节课设计的言语实践活动，也就是"结合细节讲事迹"，用"我永远忘不了那一幕"开头讲出其中一个感人的细节，都是站在学生的立场，引导学生从他们的这个角度来理解文本的内容。当然，我们会觉得可能这篇课文还有太多的内容值得去讲，需要去理解，但是肖老师没有一定要走到哪一个点上去讲，课堂上所讲到的都是学生所关注到的。有时候学生已经有所理解了，但可能还不一定理解透彻的，那就把它拿过来，引导学生做进一步深入的理解。我们看到诸如对人物形象的理解、对语言文字的品读、对细节描写的感悟等重点学习内容，都不是老师强加给学生的，都是顺着学生的思维自然引入的。例如理解"悲"的时候，有个学生讲了"坚持"，但她并没有扣住"坚持"进行阐述，而讲到了"这些人能够勇于面对自己失败的事实"上面去。肖老师没有打断她，甚至没有纠正她，而是顺着她的思路去理解。然而，到后面第8位同学发言时，肖老师似乎一下子"回过神"来了，他评价这位同学的发言不但补充了前面那个同学所说的诚信，也帮最初的女同学印证了她说的"坚持"，真给人以"草蛇灰线，伏延千里"之感。这是真正的以学生的学为中心。再比如说朗读，几乎所有朗读的句子都是因为学生讲到了这一句，老师就顺势指导他仔细诵读。我相信肖老师肯定是深刻明白这篇文章里还有更适合指导学生朗读的、有更丰富的内涵的句子，但是我们要有勇气去舍弃它。老师就是顺着学生自己读到的这个地方，来引导他读得真切、读得透彻、读得深入，去融入自己的真正的情感。课堂上很多的句子，老师会停下来指导学生反反复复地读，就是这个道理。再比如说，从写法上来说，文章采用了我们很多人所认为的上帝视角，那么这个上帝视角怎么出来的，也不是肖老师生硬地提供给大家的，而正好有学生讲到这个了，那就自然而然地把这一点带出来。如果学生没讲到这一点，我觉得肖老师可能就不会讲这个。不讲这个有什么影响？也没有什么影响，对这篇文章而言，上帝视角并不是最重要的。重要的上面说到了，比如说学会浏览，比如说抓住每一段的首句，比如说品读一些字、词、句，体会茨威格文学性与历史性完美结合的传记风格等，这才是这篇文章放在这个单元放在这个位置所要很好地去落实的。再比如说处理课堂"意外"。有个同学坚持认为作者是在胡编乱造，那么该怎么应对课堂上出现的这种"意外"？这时候肖老师并没有一下子去否定他，而是通过组织大家进行讨论，讨论的过程中正好巧妙地帮助同学体会到茨威格传记作品文学性与历史性完美结合的写作风格。后面几个同学其实也讲清了自己的看法，而且讲得很形象，大部分同学应该也是能够理解的，但那个同学还是坚持认为作者是胡编乱造。在这种情况下，肖老师继续去启发他，顺着他说到的写奥茨的细节，让他回过头来再读那句话，老师不慌不忙地引导他慢慢理解人物在那种处境下面表现出来的精神品质，就有力地证明了，其实这是有理有据的一种推断或者说想象，而不是胡编乱造。那个同学也就豁然了。在处理这种意外情况的过程中，我觉得也是体现以学生的学为中心的，而不是千方百计地要用老师的理解去灌输给他，去把他的这种思想认识扭转过来。

关于朗读，在以往的课例中我看到大家都已经一致肯定了肖老师对它的重视，就不再赘言。朗读一定要贯穿在语文课的始终，肖老师这种有针对性的、结合理解的朗读指导，整堂课每一个环节里面都有。

得肖老师信任，嘱我撰写点评。我不揣浅薄，允诺提笔。其实只是当天现场研讨发言的录音整理而已，但我自己以为对肖老师的语文教学追求是有所理解的，只是肖老师精湛的教学艺术，文字所能表达的，不逮现场感受之十分之一。

此刻，我仿佛又听到了肖老师在属于他和所有人的课堂里，用那温润的嗓音说："能够永久流传于世的，除了伟大的人性，就是思想的光辉。"

我眼前又浮现出流淌在 2003 年的楠溪江上的粼粼波光，那时候，肖老师就在江畔上着他的语文课吧。

《怀疑与学问》

没有难教的课，只有不悟的心。

——肖培东

课堂再现

执　　教：肖培东

点　　评：曹公奇

教学背景：2019 年 3 月 21 日，平湖东湖中学，浙师大百人千场送教活动。

一、改换标题明论点

师生问好。

师：这节课，我们学习九年级上册的一篇文章，这篇文章对我们学习、读书、思考等都会很有帮助。八年级同学学九年级的文章，要细细阅读，独立思考。好，一起来读一读文章的题目，预备，读。

生（齐读）：怀疑与学问。

师：作者是谁？

生（齐）：顾颉刚。（"颉"字声音明显低）

师：对，但第二个字读的声音低下去了，念 jié，在桌面上写写这个字，不能把它念成 jí。（学生写字）顾颉刚，江苏人，是我国著名的——

生（齐）：历史学家。

师：这篇文章，就是这位著名的历史学家根据自己的治学经验创作的一篇议论文。议论文，是通过议论来阐明自己对某个问题的观点、看法。这位历史学家，要给我们大家讲讲道理，说说他的观点、看法。那同学们考虑一下，像这样的文章，读的时候读快还是读慢？

生（杂）：慢点好。

师：要慢，语重心长地给我们讲道理，读得时候适当地慢一点。接下来我们再读一遍文章。读的时候，思考一个问题：如果这篇文章题目不叫《怀疑与学问》，而改用文中的某个短语或某个短句，你会用文中哪个短语或哪个短句？你们听清楚了吗？（问一女生）请你把我的问题重复一遍。

生1：如果这篇文章题目不叫《怀疑与学问》，那可以用课文中的哪个短语或哪个短句来代替呢？

师：好，老师给大家读前面三段。

（教师范读前三段，另外三位同学分别读一段，教师要求学生调整好语速，读准字音。校正了"辨伪去妄"的读音。）

师：思考刚才老师说的问题：如果文章的标题不用《怀疑和学问》，而改用课文当中的短句或短语，你会用哪个？（学生陆续举手）嗯，有同学举手了，别的还有吗？来，找一个不举手的同学，你来说。

生2：第1段，"学者先要会疑"。

师：第1段的第1句话，画出来，前面写个"1"做记号。这是我们第一个同学给出的标题，一起读。（生齐读"学者先要会疑"）

师：抢先说，要不都给别人说走了。你看，不举手的同学其实也都会有答案的。你来说。

生3：我会用第6自然段的"我怀疑，所以我存在"！

师：笛卡儿说的"我怀疑，所以我存在"。好，两个了，请大家标上一个"2"。还有没有？这位同学？

生4：我会用第2自然段里的"在可疑而不疑者，不曾学；学则须疑"。

师：你见过这么长的标题吗？（笑）

生4：那就第2自然段的最后一句话——学则须疑。

师：聪明的，马上就改出来了。一起读。

（生齐读"学则须疑"）

师：不错。第一句话有"学者"，这句也有"学则"。怎么读呢？第一句"学者"两字要连在一起，这句"学则"要分开，有明显停顿，读成"学/则须疑"。好，3个标题了。

师：还有没有？后面女同学你来说。

生5：第5自然段"怀疑的精神"。

师：第5自然段的最后一行，"怀疑的精神"，大家找到了没有？已经有4个标题了。你来说？第几自然段？

生6：第6自然段，"怀疑与修正"！

师：倒数第4行，"常常评判书中的学说，常常修正书中的学说"，"修正"这个词画出来。然后她自己改了下，"怀疑与修正"。好，还有没有？旁边同学，你来说。

生7：因怀疑而思索。

师：第几自然段？

生7：第5自然段。

师：大家找出来，"因怀疑而思索"，第5自然段的第一行。6个标题了。哪个同学还愿意再说一个？最后一个机会。好，你来说。

生8：是在第6自然段第4行，"发问和求解"。

师：第6自然段的第4行，"发问和求解"，请坐。7个标题了。（1. 学者先要会疑；2. 我怀疑，所以我存在；3. 学则须疑；4. 怀疑的精神；5. 怀疑与修正；6. 因怀疑而思索；7. 发问和求解）

师：考虑一下，哪几个标题，你觉得其实是不可以的？哪几个标题，仔细思考还是有问题的？

生9：我觉得"怀疑的精神"，这个是不可以的。

师：为什么？

生 9：这篇议论文里面主要也说了"要问"，你只有在怀疑的基础上去问。

师："怀疑的精神"，怀疑肯定有问呢，她前半句话说的还是对的。我们重点要看这个标题和这篇文章的关系怎么样，扣得紧不紧。大家考虑下，她觉得"怀疑的精神"不可以，你觉得怎么样呢？

生 10：我认为这个标题可以的。

师：为什么是可以的？

生 10：因为这篇文章主要就在说"治学需要有怀疑的精神"。

师："治学需要有怀疑的精神"！大家发现没有，她说话是怎么说的。一起说出来。

生（齐）：治学需要有怀疑的精神。

师：她在解释的时候加上哪两个字？"治学"！（面对生 10）再考虑下，你自己加上一个"治学"，再考虑下"怀疑的精神"，你觉得可不可以？

生 10：不可以，没有提到"治学"。

师：没有跟"做学问"发生联系，是不是啊，单单论述"怀疑的精神"可能还不够。好，继续说，要思考与这篇文章的关系，从文章的内容去思考。现在还剩下 6 个标题，你来说，你对哪个标题有怀疑？

生 11：第 5 个。

师："怀疑与修正"不可以，为什么？

生 11：因为"修正"是一个段落里的一点点内容，他没有很强调"修正"。

师："修正"是一个段落里的一点点内容，"修正"仅仅是做学问当中的一个环节，不能完全代表"做学问"，所以"怀疑与修正"可能还不够准确。继续说。

生 12：我认为"我怀疑，所以我存在"也不行，因为它首先有两个"我"字，这就感觉是他的个人观点，而且这和学问没有关系。

师：议论文往往都是个人的观点，关键在于什么呢？"我怀疑，所以我存在"，是讲什么和什么的关系？（生说"怀疑和自我"）怀疑和自我存在的关系！因此，跟文章的内容"怀疑与学问"还是远了一点，这个标题也不适合。继续，来，后面一个同学。

生13：我认为第一个"学者先要会疑"这个标题不对。因为"学者"只是一类人，而我们的"怀疑与学问"是面对所有学习的人。

师：有没有同学对他的这句话进行反驳？来，你来说。你觉得第一个标题可不可以？

生14：可以。

师：为什么？

生14：因为"学者先要会疑"，"学者"是作为一个榜样。

师："学者"在这里泛指做学问的人，做学问的人先要学会怀疑。我这么一解释，你觉得可不可以？你自己来说。（继续让生13回答）

生13：可以。因为我觉得那个"学者"应该可以包括所有的人。

师：哦，不仅仅是指治学大家、大学问家，其实是指所有做学问要读书的人，因此它就扣住了怀疑与学问的关系，对不对？好，自己更正，特别有意思。好，继续说。你觉得哪个标题还是有问题的？

生14：我认为第7个。因为他这个"发问和求解"只是"怀疑与学问"中的一点。

师："发问"，问问题。"发问"也不一定等于怀疑。自己想出一个问题，也是可以的。"求解"，也不能具体地指代做学问，是这个意思吗？（生14点头）这仅仅是学习过程当中的某一个步骤，也不能够完全代替"怀疑与学问"。好了，现在剩下三个了。谁还能淘汰？这样吧，剩下三个标题，请原来提出这个标题的同学站起来。（生2、生4、生7站起来）现在，你们能不能对自己提出的标题进行怀疑？"老师，听了前面四个标题的分析以后，我突然觉得我刚才提的标题，好像也有点问题。"有没有？

生7：第6个标题，"因怀疑而思索"，我现在觉得不可以。

师：咋啦？

生7：它是讲思索，思索还是在怀疑。原来的标题是"怀疑与学问"。它只有怀疑，还得有学有问。

师：强调做学问的步骤少了一点，讲的只是"怀疑与思索"的关系，所以你觉得这句话也不行。好，剩下两个了（"学者先要会疑"和"学则须疑"）。你们坚定不坚定？觉得自己提出的可不可以？（问生2与生4）

（生2与生4很坚定，表示自己的答案很正确）

师：剩下两位同学都觉得可以。现在考虑下，这两个标题为啥都可以呢？一起先把这两个标题读一读，预备起。

生（齐读）：学者先要会疑，学则须疑。

师：你觉得可不可以？

生15：可以！因为"学"就是"学问"，"疑"就是"怀疑"。

师：这两个标题都照顾到了两个关键词"怀疑"和"学问"，而且都指出了怀疑与学问之间，我们应该怎么做，也就是"治学必须有怀疑精神"。因此这就成了这篇文章的另外两个可以适合做标题的句子，很简练。好，同学们一起来读文章的原标题，预备读。

生（齐读）：怀疑与学问。

师：再读同学改出来的标题。

生（齐读）：学者先要会疑，学则须疑。

师：考虑下，你们提出的标题跟顾颉刚的标题有啥区别？你来说。

生16："顾桔刚"的那个——（"颉"字念错）

师：你看，读错了。让你写字，让你注拼音，还是读成"顾桔刚"。

生16：顾颉刚。（读音正确）原标题是找了两个词——（生16思考不语）

师：我知道同学们还没学过议论文。（安慰生16）来，那个同学，听听他的意见。

生17：我觉得"怀疑和学问"，只是说出了"怀疑与学问"，就是先表明了这篇文章要讲"怀疑与学问"的关系，但是这个"学者先要会疑"和"学则须疑"就是已经表达出了"怀疑"和"学问"的关系。

师：这个同学厉害，虽然没学过议论文，但是刚刚他有点感觉说出来了。同学们，如果这三个标题各自拿出来，让你对一个人做学习上的劝说，让他知道应该怎么做，你会用哪个标题来劝说？来，比如说你劝我——

262

生18：学则须疑！

师：再劝我——

生18：学则须疑！（更强烈）

师：还有，再换一句。

生18：学者先要会疑！（强烈）

师：但是你肯定不会用哪句话来劝我？"肖老师，怀疑与学问"，行不行？

生（齐）：不行。

师：不行！这就说明什么？原标题只是文章论题，而我们这两个标题啊，就把作者的观点与看法给说出来了，让我们明确该怎么做，那就叫论点。大家把"论点"两个字写在这两个标题旁边。边写边诵读文章的论点。

（生写并读"学者先要会疑""学则须疑"）

师：那顾老先生为啥不用这两个句子做标题？直接亮出观点多好。他为什么用"怀疑与学问"做标题？他究竟是怎么想的？（学生思考，教师叫起一个不举手的学生）

师：你来说。你的手轻轻动一动了，肯定是有想法的。能说出来吗？（生19摇头）不能，那我建议你读读顾颉刚文章的标题，读。

生19（读标题）：怀疑与学问。

师：当你听到"怀疑与学问"，你会怎么想？你有怎样的思维？很真实地说。

生19：为什么要学"怀疑与学问"？

师：还有呢？

生20：我会想，"怀疑与学问"究竟是什么关系。

师：对了，也就是说，顾老先生的标题会引导我们大家去想一想，我们提出的标题则会让我们大家惊一惊，原来要这样做！不同的标题有不同的作用。老先生就是希望我们去思考，去学习。好，再来读读文章的论点。

生（齐读）：学者/先要会疑。学/则须疑。（停顿正确）

二、 改换句子理结构

师： 对，这个中心论点是用古人的话来提出来的。古人说的话既是论点，又可以做论据证明论点。再看看，这篇文章六个段落中，哪个句子很具体地阐明了怀疑对做学问的重大意义？你能不能找出来？（学生举手）有两个女同学举手了，后面同学还都没举手。来，你来说。

生 21： 第 5 段第一句。"我们对于无论哪一本书，哪一种学问，都要经过自己的怀疑。"

师： 哎，这句话告诉我们要有怀疑。"怀疑"对做学问有什么帮助，大家还要继续找。你来说。

生 22： 第 6 自然段。"怀疑不仅是消极方面辨伪去妄的必须步骤，也是积极方面建设新学说、启迪新发明的基本条件。"

师： 前面那个同学，是你吧，（面对生 21）你现在可以比较下这两个句子阐述的内容有什么区别。好，我们大家一起读读第 6 自然段的第一句话。

生（齐读）： 怀疑不仅是消极方面辨伪去妄的必须步骤，也是积极方面建设新学说、启迪新发明的基本条件。

师： 这个句子很长。我们能不能把"必须步骤"的"必须"和"基本条件"的"基本"两个词换一换位置呢？（学生说"不能"）"必须步骤"，这个"必须"说明什么？

生 23： 说明是一定要的。

师： 真好，说明是一定要的，必须要的。"基本"呢？你来说。

生 24： "基本"条件的话就是作为辅助，第一步，然后才能促成必须。

师： 不能说是辅助，说辅助那就不叫"基本"。地基不要的话，房子能造出来吗？

生 24： 它应该是很重要的要求，就是有了这个才可以的。

师： 重要，很关键的，这个"基本"就强调它的重要性。大家可以在词语的旁边写上"重要"和"关键"。议论文的语言必须严密，用词讲究准确。

师：好的，同学们，这个句子很长，哪个同学能帮老师把这个长句子变成两个短句子呢？这么说吧，变成两个短句，就是用两个句号的句子来表达。（后排学生举手）后面同学好有本事的，我要找角落里的同学，来，那个角落里的同学把头埋下去了，你来试试。

生25：消极，必须。

师：这是叫两个词语，孩子，不是句子了。再给你一次机会，说。

生25：怀疑是必须步骤——

师：这是缩句，内容没了。来，你来说说看。

生26：怀疑是消极方面的必须步骤——

师：你中间内容不要落掉。

生26：怀疑是消极方面辨伪去妄的必须步骤——

师：这句后面是什么号？

生26：句号。

师：再来第二句。

生26：积极方面建设——

师：加上主语。

生26：怀疑是积极方面建设新学说、启迪新发明的基本条件。

师：学会了没有？好，大家一起来读这两个句子。你先来读。（叫起生27）你上课都缩在后面，怕老师提问，来，跟着老师读。第一个句子，预备起。

生27（读）：怀疑不仅是消极方面辨伪去妄的——

师：我就知道，坐在后排，要是不敢举手，声音就会弱下去。刚才那位女同学（生26）重新说一下，来。

生26（读）：怀疑是消极方面辨伪去妄的必须步骤。怀疑是积极方面建设新学说、启迪新发明的基本条件。

师：一起来说！

生（齐读）：怀疑是消极方面辨伪去妄的必须步骤。怀疑是积极方面建设新学说、启迪新发明的基本条件。

师：好，两位同学请坐。现在变成两个短点的句子了。这两个句子，

我们把它们拆开，不让它们前后挨着做同桌了。你觉得各自放在哪一段开头最好？（学生思考）

生28：第一句"怀疑是消极方面辨伪去妄的必须步骤"应该放在第4段的开头。

师：好，放在第4段的前面。请坐。那第二句？

生29：第二句应该还是放在第6段开头。

师：有不同意见吗？

生30：第一句应该放在第三自然段的前面，第二句还放第6段前面。

师：现在焦点就出来了。同学们，第二句还是放第6段前面，大家认为是这样的，对不对？（学生说"对"）现在第一句到底放在第3段前面，还是第4段前面，请同学们想一想。

生31：我赞成放在第4段的前面，因为第4段主要是讲"在消极方面的辨伪去妄"。

师：哦，第4段讲的是什么，同学们，我们还是把这段的第一句话读一读，预备读。

生（齐读）：我们对于传说的话，不论信不信，都应当经过一番思考，不应当随随便便就信了。

师：第3段的最后一句话，也读一读。

生（齐读）：但这种证据有时候不能亲自看到，便只能靠别人的传说了。

师：这三、四两段之间有没有紧密的联系？（学生自读后说"有"）有！第3自然段告诉我们"学问的基础是事实和根据，证据有的时候靠别人的传说"，第4自然段告诉我们"对于传说的话我们要怀疑"，前后是有很密切的内在的联系的。（面对生31）来，还是你自己来更正。第3自然段和第4自然段有没有内在的联系？（生31说"有联系的"）什么联系？

生31：先说那个证据不能自己亲眼看到的，要靠别人的传说，然后第4自然段立马说"对于传说的话"。就这两段，"别人的传说""对于传说的话"。

师：那你觉得第一句话应该放在第几自然段的前面？

生 31：应该放在第 3 自然段的前面。

师：好，根据这样的理解，大家发现了，原来这篇文章有几个分论点？

生（齐）：两个。

师：第一个分论点是——

生（齐读）：怀疑是消极方面辨伪去妄的必须步骤。

师：第二个分论点是——

生（齐读）：怀疑是积极方面建设新学说、启迪新发明的基本条件。

师：根据这样的理解，请同学们利用课后练习二画出这篇文章的结构示意图，可以用最简洁的语言标注。（请两个学生在黑板上画结构图，学生完成课后练习二，学生填写正确）

图示如下：

```
          ┌──────────────────┐
          │     中心论点       │
          │  学则须疑（1-2）   │
          └──────────────────┘
              │            │
    ┌─────────────┐  ┌──────────────────┐
    │   分论点一    │  │     分论点二       │
    │怀疑是消极方面  │  │怀疑是积极方面建设新  │
    │辨伪去妄的必须  │  │学说、启迪新发明的   │
    │步骤 (3-5)    │  │基本条件 (6)       │
    └─────────────┘  └──────────────────┘
```

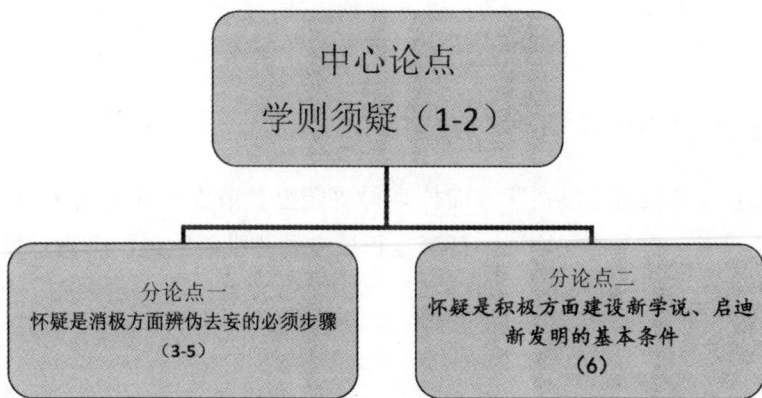

师：这样，我们就很清晰地把握了这篇文章的论证思路。1-2 段提出中心论点"学则须疑"或这位同学说的"做学问要会怀疑"，然后 3 到 5 段论证第一个分论点"怀疑是消极方面辨伪去妄的必须步骤"，第六段第二个分论点，阐明的是"怀疑是积极方面建设新学说、启迪新发明的基本条件"。学议论文，一定要懂它的论证逻辑，学会它的议论结构。文章是个什么结构？

生（齐）：总分。

师：两个分论点。接下来问题又来了，老师能不能把第六段放到第三段的前面去？

生32：我不支持。因为我觉得这篇文章告诉我们，首先要怀疑，怀疑了才可以发问。

生33：首先要"辨伪去妄"，然后呢，在这个基础上才能"建设新学说，启迪新发明"。

师：因此，第一个分论点和第二个分论点之间是什么关系？

生34：我认为是互相影响的。

师：互相影响的话就可以换位置了。（生说"第二个分论点是在第一个分论点基础上完成的"）

师：这叫作层进式。从哪个语言标志上可以看出来前后不能换？读读第六段的原句，思考。

生（杂）：是"不仅……也……"。

师："不仅……也……"，递进关系。好，这个又学会了，议论文结构、语言的严密与精准要体现出来。

三、 重点探究， 学以致用

师：文章最后一段在这方面体现得更明显。请大家快速阅读第六段。边读边思考：作者为了论证"怀疑是积极方面建设新学说、启迪新发明的基本条件"，用了哪些论证方法？

（学生自读最后一段）

生35：举例子。

师：挺好的，在议论文中叫举例论证，举了谁的例子？

生35：法国的大哲学家笛卡儿。

师：笛卡儿的事例没有举出来，倒是举出了笛卡儿的一句话，这叫引用论证了。举例论证一定是把别人经历过的事情简要说出来。举了谁的例子，你来说？

生36：举了当时戴震的例子。

师：举了戴震的例子，摆事实，其他呢，包括引用名言什么的就是在讲道理。议论文，往往是摆事实，讲道理。前面同学说笛卡尔名言的就是讲道理，你说的戴震呢，就是在摆事实。论证过程要体现出语言的严密性，课后练习三我们可以读读。

生（齐读）：一切学问家，不但对于流俗传说，就是对于过去学者的学说也常常抱怀疑的态度，常常和书中的学说辩论，常常评判书中的学说，常常修正书中的学说：要这样才能有更新更善的学说产生。古往今来科学上新的发明，哲学上新的理论，美术上新的作风，都是这样起来的。若使后之学者都墨守前人的旧说，那就没有新问题，没有新发明，一切学术也就停滞，人类的文化也就不会进步了。

师：这段话当中，哪些词最体现作者语言的严密性？你来说一个。

生37：是"一切"！

师：为什么？你把"一切"这个词去掉，看看意思有没有改？

生37：我觉得意思没改变，但是加上"一切"起到强调，表示"全部"的作用。

师：加上"一切"更有力度了，强调全部，每个学问家都要这样做。说明怀疑精神对于学问家来讲极其重要，非常重要。还有哪个词？

生38："常常"这个词。

师：好几个"常常"说明什么？

生38：就是一切学问家都要一直抱有怀疑的态度。

师：对了，你这个词其实有感觉的。"一直"，你偶尔做一做还不行，你要坚持，要把这个"怀疑精神"一直贯穿到自己做学问的生涯中，要经常这样怀疑。这些词很重要。再来看看同学们，把"常常"后面的几个动词画出来。"辩论""评判""修正"三个动词！这三个动词能不能换位置呢？你来说。

生39：我觉得不能。因为这个"怀疑""辩论""评判""修正"，是学者处理这种事情的一个顺序。

师：对了，按照我们初二同学的说法，这叫"顺序"。用议论文的知识点来讲，这叫"逻辑关系"。这样，才符合大家的认知规律。第一步，第二步，第三步，这几个动词是不能换顺序的，这也体现出了议论文语言的严密性、思维的逻辑性。（学生点头）

师：好了，同学们，顾颉刚先生提倡做学问要会怀疑，我们一定要学以致用。读老先生的文章，我们也应该这样去思考。你能就最后一段提出你的怀疑吗？写法上有无百密一疏的地方呢？比如说哪个词不够严密，哪个例子有点问题，哪句话感觉还有拗口的地方。（学生阅读思考）

生40（读）：若使后之学者都墨守前人的旧说，那就没有新的问题，没有新发明，一切学术停滞，人类的文明也就不会进步了。

师：你觉得哪个词有问题？

生40：就是"不会进步"。

师：停滞了，也就不会进步了。你再往前面读读。

师生（齐读）：古往今来科学上新的发明，哲学上的新的理论，美术上的新的作风，都是这样起来的。

生41："都是这样起来的"不准确。

师：为什么？

生41：应该不是"都是"。

师：为什么？举个例子。

生41：比如说，看见风景，突然有灵感了。

师：对，有的时候依靠思维灵感，而不是依靠怀疑，因此这个"都是这样起来的"，我们觉得作者说话太绝对化了。怎么改呢？你来改改看。

生42：应该是"几乎是这样"，"大多数是这样的"。

师：真聪明，这一改文章就更好了。再来看看，文章举了个戴震的事例，你再读读。用戴震的例子想证明什么？（学生说"许多大学问家、大哲学家都是从怀疑中锻炼出来的"）那这个例子有没有值得商榷的地方？（学生阅读）

生43：那个举戴震的例子，作者后来没有说戴震成了什么样的人。

师：同学们，有没有看出来？戴震的例子，最后一句是怎么说的？一起读。

生（齐读）：他便问宋代的人如何能知道一千多年前的著者的意思。

师：真可惜，老先生写到这个地方就戛然而止了。应该还要写上什么话呢？按照这同学的说法。你来说。

生44：戴震后来成了一个大学问家。

师：对啊，这句话不加上去，只能证明戴震善于怀疑，爱怀疑，就跟文章前面的内容是一样的。到这里，就该写："他就这样问啊，问啊，最后终于成了宋代的大学问家。"这样事例与观点才能够严密吻合，才一致。老先生写文章也还是有问题的。再来读读第一句话吧，预备，读。

生（齐读）：怀疑不仅是消极方面辨伪去妄的必须步骤，也是积极方面建设新学说、启迪新发明的基本条件。

师：有没有觉得特别拗口的，或者说特别费解的？（生多次读这句话）

生45：感觉这个"消极""积极"费解。

师："消极方面"和"积极方面"。"消极"在生活当中是好事还是坏事啊？

生（齐）：坏事。

师：但是"辨伪去妄"？

生（杂）：好事。是积极的。

师：所以无论怎样圆说总觉得拗口。我们把它们都去掉读读看，是不是好点？

生（齐读）：怀疑不仅是辨伪去妄的必须步骤，也是建设新学说、启迪新发明的基本条件。

师：你看，这样多好，文章就得让别人能读懂。（学生有所悟）

师：好，最后一个问题。如果开头两段肖老师把它们移到文章最后面去，开头两段变成文章的最后两段，怎么办呢？（学生思考）现在我读第六段的结尾，你们试着把它们移到后面去，看看谁移得好。

师（读）：若使后之学者都墨守前人的旧说，那就没有新问题，没有新发明，一切学术也就停滞，人类的文化也就不会进步了。

生46：学者先要会疑！

师：那要把"程颐"放进去，怎么办？我们再来一次。

生47（直接下移，读）：

若使后之学者都墨守前人的旧说，那就没有新问题，没有新发明，一切学术也就停滞，人类的文化也就不会进步了。

"学者先要会疑。"——程颐

"在可疑而不疑者，不曾学；学则须疑。"——张载

师： 哎，这样读起来有点别扭。我们看看这个同学的。（读）"人类的文化也就不会进步了——"

生48（读）： 所以，程颐、张载会说"学者先要会疑"，"在可疑而不疑者，不曾学；学则须疑"。

师： 多了一个关联词"所以"，就顺畅多了！这样我们就把这篇文章从总分结构变成了——

生（齐）： 分总。

师： 文无定法，议论文的结构也是多样的，可以总分，也可以分总。现在我们来一起来分总结构下。（读）若使后之学者都墨守前人的旧说，那就没有新问题，没有新发明，一切学术也就停滞，人类的文化也就不会进步了。

生（齐）： 所以，程颐说："学者先要会疑。"

师： 所以？

生（齐）： 所以，张载说："在可疑而不疑者，不曾学；学则须疑。"

师： 你看，思考，怀疑，多有用啊！下课！

教学感言

★好课一定是推动学生思维的课，好课一定是让学生学会学习的课。我们觉得难教的课文，多半是没有狠下功夫去思考学生该怎么学。我们总是站在自我的角度去推测文章的讲解和分析，却忘记了讲台下生动、清澈的眼睛。再复杂、再深奥的文章，融进了人的眼神和心思，就有了被唤醒和被催化的多种可能。阅读者最初的世界，更像是一片沉睡的原野，四处嵌着多姿多彩的、充满生机的种子，就等着春风拂过，细雨滋润。只是我们或者给不了这样的吹拂和滋养，或者就是偏了方向，错了角度。"道而弗牵，强而弗抑，开而弗达。"当你遵循着教学为学生成长助力的原则，当你对"人"这一独特的生命体有了更多的关注，那么，很多看似难教的

272

课文，其实都给你预留了切入的缝隙，而且不止一个。

★没有难教的课，只有不悟的心。解决教学难题的方式很简单，就是把你的难题交给学生。而你要做的，就是让他们不知不觉、心甘情愿又充满期待。甩下一个难题炸弹的时候，我从来都是带着微笑的。我要学会相信他们。

★议论文的教学，既要兼顾有关文体的知识点，又要对学生进行缜密的思维训练，还要引领学生品读议论文特有的严密又准确的语言，把握不好就很容易陷入枯燥、乏味，学生听得累，教师讲得荒。这跟长期以来议论文教学的心理暗示有关，也跟教师创造性思维的缺失或扭曲有关。语文教师不能挑文章来教，议论文教不出味的，其他文章估计也难教出精彩。无论哪种文体的文章的教学，都是语文的教学，都是语言的教学，都是思维的教学，都是生命的教学。你要欣然面对，要看到每个文字都发亮，每个标点都微笑，要把反映着作者思想的深刻性、独创性和严密性的议论文同样凝视成美丽的风景，甚至更美。严谨的思维外，你必须拥有让教学"活"起来、让学生动起来的念头。一只鸟飞出来了，天地渐渐就生动起来了。

★用华南师大郭思乐教授的话来说，教师应该做一个"牧者"，把"羊群"带到那辽阔的水草丰盛之处，让他们自由快乐地吃草。遗憾的是，我们常常陷于这样的尴尬：既找不到水草丰茂，又不能挥鞭驱羊欢跑，还总以为自己就是那个要吃草的羊。

★备课的时候不仅要备知识，还要精心设计足以启发学生思考的问题，创设学生生疑的种种条件，启发他们积极思维。于漪老师多次强调，语文教学应以语言和思维训练为核心。"思维是对外界事物的概括的、间接的反映，思维是借助于语言来实现的。语言是思维的工具，没有语言的思维是不存在的；思维是语言的内容，没有思维就不可能有语言。""我们在讲思维的时候，一定要跟语言紧密结合，因为语言是思维的外壳。""灵活地运用各种比较方法，培养学生良好的思维习惯，发展他们的思维能力。"

★语文教学的成果不应当只体现在记忆和运用上，更要实现在思考上。改用苏霍姆林斯基的话，真正的课堂应当是一个积极思考的王国。语言同思维相生相长，语文教学要关注学生思维训练，让学生成长在思考的课堂里。现在的语文课堂"感悟、积累"多，对学生思维品质的关注少，批判性思维更是教学的弱项。"学者先要会疑。"那我们能不能对顾先生的文章质疑呢？

★当我们真正读懂语文的秘密，我们就会觉得语文教学是简简单单的事情。所谓不忘初心，恰恰是因为初心难识。各种高大上的教学理念，纷至沓来的教学模式，外形靓丽的教育新词，并没有真正给我们带来教育教学的快乐和幸福，还常常把我们带进迷茫和困惑中去。我们需要向远方奔跑，但也要适时回头看看，我们的初心，我们的方向，想想我们为什么而出发。"语文课程是一门学习语言文字运用的综合性、实践性课程。""语文是最重要的交际工具，是人类文化的重要组成部分。工具性与人文性的统一，是语文课程的基本特点。"我们必须以语文教学的本质来审视自己的教学现象，并以此提醒自己保持朴素，遵循常识，坚守初心，回归本真。语文教学并不深奥，莫测的是这个世界和我们的心。

★我读了好多遍文章，然后就专注地盯着它想。标题，为什么是这个？还可以是哪个？结构，为什么是这样？还可以是怎样？论据，为什么举这个例子？还可以举哪个例子？文章，这样表达好不好？还可以怎样说？我按照这样的方式去想，想了很多。我又开始替换或拆分重组。比如前后两句换换位置，比如前后两段换换位置，比如两个词语调换一下，比如长句子拆成短句分别安置等。左手教师，右手学生，两种角色都尝试着进入这样的情境。教，是学的唤醒；学，是教的推进。这样看着看着，这篇文章就晃动了起来。文章"活"起来了，教学思路就有了。

★我们最需要反思的，是我们既不"怀疑"，也不做"学问"。教学的困惑和停滞源于此。

★我把每一篇文章看成天空。我站在天空下，努力把身体放大，好让自己最大限度地与星光接触。

我在现场

　　★浅浅地导入，却把学生引入深度思维中；浅浅地对话，带学生不知不觉夯实语言建构和运用；浅浅地质疑，让学生经历了一次批判性思维训练之旅。肖老师这节课，相比他以往所有课例来说，是思维训练最突出的一节课。这一课，设计新颖而不另类，结构紧凑而不局促，推进自然而不胶着，整堂课在师生款款的对话中推进。肖老师紧紧把握"语言建构和运用""思维发展和提升"两种语文核心素养，从一开始要求学生读中思，到质疑标题的合理性，顺势深入到两个分论点辨析，中间穿插言语实践训练，附带引出论证方法，最后大胆地引导学生怀疑作者、怀疑课文。整堂课，如庖丁解牛一般，酣畅淋漓，气势如虹。就这样，浅到妙处自然深，深到极处仍是浅，肖老师再一次生动地诠释了他"浅浅地教语文"的理念。

　　　　　　　　　　　　　　——浙江平湖市东湖中学　张中法

　　★我是中学科学教师。肖老师这堂课，且不说问题设置的简洁严谨、环环相扣，教学过程的逻辑严密、行云流水，单是对学生的关注与尊重就让我印象深刻。肖老师多次叫没有举手的孩子回答问题，这点我很佩服。这些孩子可能会沉默，干站着；可能会回答错误，答非所问，让教与学陷入两难之境。这样会不会倒影响正常的课堂教学，导致没法完成相应的教学内容呢？当那位学生如我预料的那么缄默时，当我为这样大型的展示课上出现如此尴尬的局面时着急时，肖老师却俯下身，循循然引导他，帮助他找到自信，最后这些孩子都敢于表达自己观点。"千教万教，教人学真；千学万学，学做真人。"我们的课堂要有深度，更要有温度。

　　　　　　　　　　　　　　——浙江平湖城关中学　富凯明

　　★作为一篇经典的议论文，如何在教学设计中推陈出新，化繁为简，对每位老师都是一个巨大的挑战。精致灵动的教学设计，尺水兴波的教学机智，化教为学，执简驭繁，肖老师呈现了一节"原汁原味"又"有滋有味"的议论文教读课。以变换标题激活思辨能力，以中心句拆分明晰议论结构，以关键词调整提升语言素养，以质疑环节培养怀疑精神。或辨识、或分析、或比较、或归纳、或概括，推动学生的思维循序渐进，层层深入，真正做到了"用教材教"。"教育的最终目的不是传授已有的东西，而是要把人的创造力量诱导出来，将生命感、价值感唤醒。"听完这节课，就想到德国著名教育学家斯普朗格的这段话。

——甘肃兰州市第六十四中学　吴宇坤

★多数老师执教《怀疑与学问》时，都是照本宣科，循规蹈矩，让学生找论点，分析论证思路，找出论证方法。肖培东老师执教这课打破常规，别出心裁，巧妙替换，让学生轻而易举地理解了议论文三要素之间的关系，把握了文本的核心内容，事半功倍，教学效果显著。整堂课，朴实自然，就一本语文书，没有任何旁逸斜出、拓展延伸，就这样触摸着文本的语言，守住课堂的有限时空，智慧的取舍替换，俾善于"思"，真正地提升学生的语文素养。语文老师当如是，深读文本，精准捕捉，巧妙引领学生走入文本的内核，用巧妙"替换"为文本注入新的生长养料，还思维一片海阔天空。

——郑州 61 中　车凤鸽

★肖老师的这一课最早是在福州我工作室的教学活动中上的，第一次呈现就让我们惊喜不已。

这篇新出炉的老课文，我无数次地在脑中"设计""教什么"：论点、论据和论证是必须教的，文章结构是必须教的，作者的言语形式是必须教的，学生的思维是必须触发的……可怎样的学习活动才能将这些内容落实到位又不让人感到"大众化"，且不让学生觉得枯燥？培东老师的这堂课，于"破坏"中重生，新颖、有趣、晓畅、通透，是我想要的议论文教学！

"改换标题明论点""改换句子理结构""探究词句，学以致用"，肖老师用精巧的问题作支架，完成这三个板块的任务。举重若轻，完美地诠释了：语文课不是"教师""讲"的课程，而是"学生""学"的课程；不是学生"学习思想内容"的课程，而是"学习语言文字运用"的课程；不是学生"识记"孤立的语文知识的课程，而是学生"综合"地进行"言语实践"的课程；是养成良好语言习惯适应各种生活实践的课程，而不是只为应付升学考试的课程。"因文悟道，因道学文，道固宜师，文尤侧重。"文道往复，螺旋提升。我是真喜欢这样的课堂。

有一个问题想与肖老师商谈。学生易将"顾颉刚"的"颉"念错，尽管老师两次强调，学生仍然如此，因为"吉祥"等读得太熟悉了，很容易读成半边字。在批评中若能结合字形、字音规律和特点，帮助学生识记，那就更好了。

——福建省三明市梅列区教师进修学校　刘菊春

议论文教学与思维品质发展
——评析肖培东执教的《怀疑与学问》

陕西宝鸡市教育教学研究室　曹公奇

历史学家顾颉刚先生的《怀疑与学问》，是统编语文教材九年级上册第五单元的一篇议论文教读课文。2019 年 3 月，在浙师大百人千场送教活动，肖培东老师给八年级同学执教这篇九年级课文，以朗读课文为基础，引导学生反复阅读；以修改标题为手段，比较两种标题的优劣，实则理解文章的中心论点；以找出文中阐述怀疑对学问作用关键语句的方式，拆分承上启下的长句，改变句子位置，梳理文章论证结构，理清作者思路，甚至变换文章的结构形式；最后又引导学生从文本中的论据上、语言上寻找值得怀疑的地方，用文中观点去质疑文本表述，培养学生的批判性思维意识。这样的议论文课堂教学，既紧紧贴着文本语言运用的学习，又牢牢抓住议论文的论证形式，发展学生思维品质，提升学生思维能力，是议论文教学的典范之课。

一、 改换标题， 明确中心， 激发学生思维活力

议论文阅读教学，让学生明确文本的中心论点，这是议论文教学的基本要求。培东老师的这节课，与学生共同阅读了这篇文章后，思考的第一

个问题就是：“如果这篇文章题目不叫《怀疑与学问》，而改用文中的某个短语或某个短句，你会用文中哪个短语或哪个短句?”这个问题，表面看似简单地更换文章标题，实则是让学生在通读全文、整体感知的基础上，明确文章的中心论点。学生共找出了七个句子做题目，在这个过程中，教师不是让学生简单地找出一半个句子而已，而是按照命制标题要求，提示学生不断简化、修改，直至完成题目。

然后，他又引导学生把找出的七个可以做标题的句子，按照段落的前后顺序读一读。再联系这篇文章的整体内容来思考，哪个标题其实是有问题的，是不可以做这篇文章标题的？学生淘汰一个，他就继续追问为什么，请讲出理由。就这样，学生一个一个地淘汰，而在讲理由的过程中，实际上引导学生对于文本内容做了进一步地阅读、思考和梳理，辨析逻辑概念，启发思维方式。淘汰了五个标题，剩下了两个题目后，学生都不愿再改，并结合文本讲清了不改的理由，明确了这就是本文的中心论点。到此还不够，培东老师又进一步让学生比较这两个题目与原文题目的不同，理解不同标题的不同作用，以及作者不用中心论点直接做标题的原因，从而探析原文标题给读者以思考空间的好处与作用。

语文教学，既要反对一味讲解的“满堂灌”，又要力戒没有思维含量的“满堂问”。好的语文课堂，一定是教师引领学生，在具体的语言情境中，带着明确的学习任务，通过具体的语文实践活动，去阅读，去思考，去完成一个个学习任务。这是语文课堂教学的真谛。培东的这节课就是这样，他以让学生改换标题为抓手，引导学生从文本中寻找能够代替标题的语句，再结合文本一一加以辨析。学生带着明确具体的学习任务，兴致高昂，思维活跃，通过改换标题这一语文实践活动，完成学习任务，从而实现了对文本的整体感知，对中心论点的明确认识，我们不能不赞叹培东教学艺术的精妙和高超。

二、 寻找支点， 梳理结构， 提升逻辑思维能力

议论文以严密的逻辑思维和严谨的论证过程见长。理解作者的逻辑思维方式，学习文本的论证过程，这是议论文教学的重点和难点。如何才能

在有限的课堂时间内，引导学生梳理论证结构，发展逻辑思维？这就需要寻找一个适宜的教学支点，这个教学支点就是对全文起支撑作用、能够提纲挈领、牵一发而动全身的关键语句，从而顺利实现对文本思维形式和论证结构的轻松把握，发展学生的逻辑思维，这是议论文教学的关键所在。

那么，《怀疑与学问》的教学支点在哪里呢？培东老师在引导学生明确了课文的中心论点，知道了本文的中心论点是用古人的话提出的，因而同时也可以做论据。再进一步引申，明确学习任务："课文中哪一句话具体阐述了怀疑与做学问的关系，怀疑对做学问的作用？"引领学生读课文，找支点。

学生通过阅读，最终找出了"怀疑不仅是消极方面辨伪去妄的必须步骤，也是积极方面建设新学说、启迪新发明的基本条件"这个承上启下的关键语句，并且进行了进一步的品味确认，这也就是找到了梳理本文论证结构的教学支点。让学生把这个长句拆解为两个短一些的句子，既是进行句式变换训练，更是理解、确认两个分论点的开始。接下来，培东老师提出："把它拆开来，你会把这两个句子各自放在哪一段的开头？"一石激起千层浪。同学们议论纷纷，分别安置这两个句子的位置，讲述各自的理由。在老师的启发、引领、追问之下，同学们对每一段的内容含意、段与段之间内在联系和逻辑关系，通过阅读、品味、辨析，完全明晰了。下来，进一步指导学生，梳理全文论证结构，明确中心论点、两个分论点之间的层递关系，画出全文的结构图表，完成教材上的"思考探究二"。通过比较两个分论点顺序的方法，理解全文的逻辑顺序，体会作者的思维形式。

紧贴文本语言，一切都从文本语言运用出发，是培东阅读教学的一大特点。在这个过程中，他特别注重对文本语言运用的品味，进而学习语言文字的运用，加深思维深度。比如，对"必须"和"基本"两个词语含义的品味、位置的界定，对"不仅……也……"句式关系的琢磨，对"一切""常常"等词语作用的理解，对"怀疑""辩论""评判""修正"等动词顺序的分析，对"才""就"副词作用的辨别，等等，都是抓住关键词语，读读，思思，品品，辩辩，这既是学习语言运用的精妙，又是理解文本内容和论证形式的有效方式。

好的教学支点，具有四两拨千斤的作用，能够起到事半功倍的效果，更能够通过这个教学支点，引导学生梳理论证结构，理解文本内在关系，发展学生逻辑思维。这也是作为执教者教学智慧和教学艺术的最佳体现。

三、 质疑文本， 学以致用， 发展审辩思维品质

审辩思维，也叫批判性思维，是一种高阶思维能力。在语文教学中培养学生的审辩思维能力，显得尤为重要，许多语文教师都做了很好的探索，特别是上海特级教师余党绪老师，在批判性思维培养和思辩读写教学实践方面，取得了很大成就。我们的学生大多习惯于接受既有的知识，对课本、对名家深信不疑，缺少审辩思维意识，而质疑正是审辩思维重要的特征之一。

顾颉刚的《怀疑与学问》一文，讲的就是做学问要有怀疑的精神，这正是审辩思维的内涵要求。培东老师在引导学生辨析了举例论证与引用论证之后，很巧妙地抓住这个契机，引导学生以怀疑的精神，对著名历史学家的《怀疑与学问》展开怀疑："你能就最后一段提出你的怀疑吗？写法上有无百密一疏的地方呢？比如说哪个词不够严密，哪个例子有点问题，哪句话感觉还有拗口的地方。"学生首先发现了"古今科学上新的发明，哲学上新的理论，美术上新的作风，都是这样的"一句，说得太绝对，语言不够严密，引导学生修改。然后又引导看课文举戴震的例子是为了证明什么，质疑这个论据存在的问题，学生进而明白了这个论据不够完整的缺陷。再引导学生分析第 6 段第一句话的拗口之处，加以修改。

最后，他又抛出一个问题："如果开头两段肖老师把它们移到文章最后面去，开头两段变成文章的最后两段，怎么办呢？"通过学生朗读，全文结构由"总—分"关系，自然改成了"分—总"关系，学生又学习了一种议论文的结构方式，学习思维达到高潮。

培东老师妙用课文内容，学以致用，用作者的观点去怀疑作者在文本中的论述，在有理有据的辨析中，有效地培养了学生审辩思维品质，这也是本节课最大的亮点。

观培东老师的课，总是回味无穷，总是感叹他的课堂，没有时尚新潮的标签，没有绚丽多彩的课件，没有激情四射的导入，没有过多的旁逸斜出，没有刻意的拓展延伸，没有精心雕琢设计的痕迹……有的只是紧贴着文本的语言，有的只是和学生的平等交流对话，有的只是引导学生的反复阅读、反复体会、反复思考、反复品味，激活思维……而这一切，都是那么自然，那么真实，是真正地引领学生学习语文，就连这么一篇普遍觉得枯燥难教的议论文教学也是如此！

整本书阅读·《傅雷家书》

![浅浅小语]

你站在书里，好像回到海洋的小雨点。深深浅浅的波涛无垠无涯，和我一起等待，一个孩子慢慢长大。

——肖培东

![课堂再现]

执　　教：肖培东

点　　评：楚　云

教学背景：2019 年 9 月 30 日，江苏扬州树人中学。

一、 话题聊天， 引出名著

师：同学们是哪个年级的学生？

生（齐）：初三。

师：初三的，和我儿子一样，他也是九年级的学生。我不知道同学们有没有这样的感觉，随着我们慢慢长大，我们和父母之间，多多少少有一些隔阂，或者说摩擦——

生 1（打断老师）：没有。

师：哦，刚才有同学说"没有"。来，你跟老师说说。你和父母之间都没有小摩擦吗？（生1站起来沉默不语，收起小调皮）你跟在场的同学们和老师们说一说，你和父母之间发生的一些小故事，好不好？（生1惭愧，不敢说话）敢说吗？不敢说的话，等下还是要叫你说的。再思考下，好不好？

师：好了，同学们，你和父母之间有没有一些小摩擦？你来说说看。

生2：有的时候，自己觉得考试发挥得已经很好了，可是父母还是不满意，于是，摩擦就来了，就是我妈妈比较喜欢拿自己家孩子和别人家孩子比。

师（点头，问生3）：你的妈妈也有这样把你和别人比过吗？

生3：妈妈在家里就是老提那些成绩好的同学，无形中就给我带来很多压力。

师：还有没有？刚刚两位同学都是扣着学习情况来说的，还有没有其他的小故事？

生4：我妈妈就是特别喜欢养花。养花以后就有很多小虫子，我家阳台就有很多小虫子在飞。

师：你也不喜欢小虫子？（生4点头）然后你和妈妈说，妈妈——

生4：妈妈无动于衷，还说这是她的爱好。

师：原来，母亲的爱好严重影响到了你。（笑）那后来怎么解决呢？

生4：没有解决。

师：到现在还没找到解决的方法。这位女同学，来，你来说。

生5：我写作业的时候，我爸会突然唱歌。（场笑）

师：那不是挺好吗？

生5：这样，有些题目我就想不出来了。

师：哦，爸爸的声音干扰到了你。

生5：然后我和他说，可他还是在唱，只是把我房门关起来了。

师：爸爸还要唱！后来这事怎么解决的呢？

生5：后来……后来我让我妈和他说了。我让他等我写完作业再唱。（场笑）

师：真是一个有音乐感的父亲，对音乐的痴迷甚至超过了对女儿学科的重视。好了，同学们，我们常说家家户户有本难念的经。尤其是在儿女成长的过程当中，我们的父母和我们总是有一些现在想想觉得也很可爱的小故事。这些小摩擦，你们都是怎么解决的呢？（学会思考）这里，我也想和大家说一个小故事。最近呢，我碰到了一个难题。我的孩子，喜欢上了手机。这个暑假一直央求我给他买一个手机，而且还必须是一个能玩游戏的手机，我在他做出保证的前提下允许他在假期看看手机。可是后来我们在手机使用时间上产生了纠纷，儿子看我不舒服，我看儿子也生气，结果父子之间就发生了冷战。我该怎么解决这个问题呢？如果你是我，该怎么办？

生6：这时候，就和他讲讲道理，跟他讲玩手机的危害，会影响学习之类的。

师：哎哟，我就是按你说的做的。跟他讲道理，讲沉迷手机的危害，还通过微信的方式给他发了一些心灵鸡汤。可他也转发给我一篇文章，文章里说，这世上最无能的父母就是反复给孩子讲道理的父母。（场笑）如果你是我，你会怎么办？

生7：我觉得就该强制性的。让他每天玩每天玩，让他玩不动了，就不玩了。

师：哎哟，这是强制性吗？

生7：我之前就是这样的，后来玩不动了。

师：那你有空给我孩子传授一下经验。（笑）同学们，后来呢，我想到一个办法了。我给我孩子发了一篇小文章，我把一位作家写给他儿子的信发给了我的孩子。（出示PPT）请大家先看一看这封信。或者我们请一位同学帮大家把这封信给读一读。哪位同学愿意？来，就请刚才那位男孩。（叫起生1读文章）

PPT展示《傅雷家书》中的一封书信：

一九五四年九月四日

聪，亲爱的孩子！多高兴，收到你波兰第四信和许多照片，邮程只有九日，比以前更快了一天。看照片，你并不胖，是否太用功，睡眠不足？还是室内拍的照，光暗对比之下显得瘦？又是谁替你拍的？在什么地方拍的，怎么室内有两架琴？又有些背后有竞赛会的广告，是怎么回事呢？通常总该在照片反面写印日期、地方，以便他日查考。

大家对你的欣赏，妈妈一边念信一边直淌眼泪。你瞧，孩子，你的成功给我们多大的欢乐！而你的自我批评更使我们喜悦得无可形容。

要是你看我的信，总觉得有教训意味，仿佛父亲老做牧师似的；或者我的一套言论，你从小听得太熟，耳朵起了茧；那末希望你从感情出发，体会我的苦心；同时更要想到：只要是真理，是真切的教训，不管出之于父母或朋友之口，出之于熟人生人，都得接受。别因为是听腻了的，无动于衷，当作耳边风！

（生1读）

师： 好，请坐。那大家想一想，作为父亲的我，给儿子发了这封信，我的目的，或者说我的意图，又是为什么呢？

生8： 作者就是希望自己的孩子能欣然接受自己提出的诸多意见。

师： 你能不能站在我的角度来考虑？不是这封信的作者的。

生8： 就是希望孩子能理解父母的想法。让孩子理解父亲对他的爱，父亲对他的关心，让他跟父亲多交流，不要有那么多的隔阂。

师： 你说的非常有道理。还有哪位同学要说说？

生9： 应该是想让他知道，所有的父亲对自己的孩子都是非常担心的。像书信里的第一和第二句，就一张照片，问得那么仔细。

师： 也就是让他感觉到，每个父亲都有一刻会喜欢唠叨，是吧？

生9： 就是希望让他们知道父亲都是非常爱自己的孩子的。

师： 嗯，你认真思考了第一段里父亲关注孩子生活细节的句子。这里确实写得唠唠叨叨的，但就在反复的唠叨中表达出了对孩子的爱。这位同学考虑得比较细。来，这位男同学你来说。

生10： 从"而你的自我批评更使我们喜悦得无可形容"中可以看出，

你呢希望自己的孩子能懂得自我反省，又从"别因为是听腻了的，无动于衷，当作耳旁风"一句中看出你希望你的孩子能认真听取某人的意见。

师：我们发现，这位同学对信的第三自然段特别有感触。一起读读。

生（齐读）：要是你看我的信，总觉得有教训意味，仿佛父亲老做牧师似的；或者我的一套言论，你从小听得太熟，耳朵起了茧；那末希望你从感情出发，体会我的苦心；同时更要想到：只要是真理，是真切的教训，不管出之于父母或朋友之口，出之于熟人生人，都得接受。别因为是听腻了的，无动于衷，当作耳边风！

师：也就说，希望我自己的孩子，通过阅读这一封信，读这几句话，能产生共鸣，体会出父亲的苦心。最好也能想到，只要是真理，是真切的教训，就要接受，不要无动于衷，当作耳边风。再有，第二小节，孩子的成功会给父母带来快乐，同时，一个孩子的自我批评也会让父母感到喜悦。当然，也有同学提到第一自然段，父亲、母亲对孩子都有一种唠叨式的话语习惯，都会对孩子生活细节方面很关注。说得很好，这确实是我的想法。结果呢，我孩子也给我发了一封信。请看PPT。

PPT展示《傅雷家书》中的一封书信：

一九五五年四月二十

长篇累牍的给你写信，不是空唠叨，不是莫名其妙的 gossip，而是有好几种作用的。

第一，我的确把你当作一个讨论艺术，讨论音乐的对手；

第二，极想激出你一些青年人的感想，让我做父亲的得些新鲜养料，同时也可以间接传布给别的青年；

第三，借通信训练你的——不但是文笔，而尤其是你的思想；

第四，我想时时刻刻，随处给做个警钟，做面"忠实的镜子"，不论在做人方面，在生活细节方面，在艺术修养方面，在演奏姿态方面。

我做父亲的只想做你的影子，既要随时随地帮助你、保护你，又要不让你对这个影子觉得厌烦。

师：请同学们默默地读完这封信。同学们开始。（学生默读）

师：看完没有？思考一个问题：我孩子给我发这封信，他的目的又是什么？（学生思考）

生11：希望父亲不要管得太多，只要随时随地帮助保护他就好。

师：你从哪句话里可以看出来的？

生11：从"既要随时随地帮助你、保护你，又要不让你对这个影子觉得厌烦"中看出来。

师：哦，是这句话，孩子借此对父亲表达希望。想表达什么呢？

生11：希望父亲不要对他管太多。

师：嗯，你也来说说看。如果你也给你的父亲发了这封信，你是希望你的父亲读了之后明白什么道理？

生12：我希望告诉父亲一些事情的道理。我希望能跟父亲、母亲一起交流，共同发表感想。

师：当作朋友，是吗？

生12：对，当作朋友，共同交流。

师：嗯，道理我们也是懂的，只是希望父母能把我当朋友。好，女孩，你呢？

生13：我希望我的父亲知道，我已经长大了，我需要父母给我一些教育和教训，但我现在也是有自己的思想的。你们管是可以管，但是不要觉得时时刻刻、哪个方面都要管。

师：下次你可以把这封信也发给你的父亲。来，后排的同学，不能缺了你，你来说。

生14：还是希望父亲管束得不要太多。

师：所以，大家都已经感觉得到，我的孩子给我发这封信，是想我这做父亲的明白这样一个道理——只想做他的影子，既可以随时随地帮助、保护，又要不让他对这个影子觉得厌烦。哎，还真是有道理。这是孩子给我发的信。

师：来，孩子们！我们父子俩都给彼此发了一封信，都希望对方从信中能读出自己对父子关系的一些思考、一些用心、一些感受。那么，同学们，这两封信，都出于一个人的著作。谁？

生（齐）：傅雷！

师：这本著作就叫作——

生（齐）：《傅雷家书》！

二、《傅雷家书》，真是好书

师：《傅雷家书》真是一本好书！当我和儿子发生矛盾、产生冲突的时候，我和他不约而同地都选择了这本书。这本书里看似唠唠叨叨的书信语句，却使我们在心灵上都获得了很多思考，懂得要对彼此有理解和尊重。这真是一本好书！那么，这本书，他的作者傅雷先生，究竟是怎样一个人呢？（学生交流后教师出示PPT，介绍傅雷先生）

师：傅雷先生是著名的文学翻译家，我们一起来读读这句话。

生（齐读）：傅雷（1908.4.7—1966.9.3），字怒安，号怒庵，汉族，上海市南汇县（现南汇区）人，中国著名文学翻译家、文艺评论家。

师：我们再来看看傅雷先生去世的时间。

生（杂）：是"文革"期间。

师：在"文革"期间，傅雷夫妇受到巨大迫害，愤而离世。同学们，抛开别的，这本《傅雷家书》是傅雷先生思想集大成的一个作品，是傅雷思想的折射，甚至可以说是傅雷毕生最重要的著作。知道《傅雷家书》的同学请举手。看过其中一点的请举手。（同学们陆续举手）来，请同学说说，你看过的《傅雷家书》，你都记得其中的哪封书信？记得哪些事情？

生15：我记得的是《傅雷家书》中，傅聪娶了妻子，生育了一个小孩，然后他告诉儿子如何精打细算，过好日子，不能让出版商剥削他的钱财。让他懂得做父亲的不能溺爱自己的孩子，要适可而止。

师：居家生活过日子还是千叮咛万嘱咐。还有没有同学来说说？

生16：我觉得《傅雷家书》中我印象最深的主要是书信上傅雷和他儿子交谈艺术这一方面的内容。比如古诗词方面，傅雷说自己喜欢谁谁谁，说为什么喜欢。我觉得这是一个父亲和孩子之间心与心的交流。

师：讨论艺术，你非常关注傅雷对孩子艺术上的教育。可以看出，家书里不仅仅有情感上的交流，而且对孩子的文化艺术也有托举之力。好，请坐，哪位同学再来说说？那位女同学。

生17：我觉得给我印象最深的是，傅聪当时处于一种很消极的状态，然后傅雷给他写了封信，告诉他，人要有进步，要把小我的苦乐化作活泼泼的力量，而不是化作消极的、愤世嫉俗的态度，要乐观积极地面对人生。我觉得傅雷先生不仅仅是对傅聪的一种鼓励，也是给了他一种正确的引导。

师：哦，《傅雷家书》我们可以读出傅雷先生对儿子在做人方面的引导，对他的人生道路给出引导。来，男生。

生18：傅雷给傅聪讲一些国内的经历，告诉他内地的建设在突飞猛进，让他更加了解祖国。

师："我是我的古老而伟大祖国的忠实儿子。"家，国，从来未曾分开。爱国情操教育。旁边的同学，你来谈？

生19：傅聪在艺术上取得一些进步的时候，傅雷告诉他不能骄傲。

师：还有哪位同学想说说的？这边的同学，不能落下你们。来，最后一次机会交给你。（叫起最角落里的同学）

生20：知道儿子遇到挫折，告诉儿子像孙悟空那样一个又一个的筋斗翻过去。

师：所以，这些家书里有很多的叮嘱，有的同学读过，有的同学没有读过，读过的同学也可能读得不够细透，也有的同学读有所思，这都没有关系。今天我们就是向大家推荐这本书的。

师：课本上有一篇导读文章，提供了两位作家给《傅雷家书》这本书以及给傅雷先生的评价语。我们一起来读一下施蛰存先生的。（出示PPT）

生（齐读PPT）：他的家教如此之严，望子成龙的心情如此热烈。他要把他的儿子塑造成符合于他的理想的人物。这种家庭教育是相当危险的，没有几个人能成功，然而傅雷成功了。——施蛰存

师：读这本书，我们可以读出傅雷先生教育孩子的一些经验和方法。在施蛰存先生看来，这种家庭教育相当危险的，少有成功，然而傅雷成功

了。他的两个孩子都培养得相当好，很优秀，一个是享誉世界的钢琴家，一个是很优秀的中学英语教师，都非常棒。所以，很多家长都会从《傅雷家书》里寻找家教、教子的方法。再来看这一段话，楼适夷先生说的，非常好的一段话。一起来读。（出示PPT）

生（齐读PPT）：这是一部最好的艺术学徒修养读物，这也是一部充满着父爱的苦心孤诣、呕心沥血的教子篇。——楼适夷

师：《傅雷家书》，一本特殊的书，是傅雷及其夫人写给儿子的书信编纂而成的一本家信集，体现了作为父亲的他对儿子苦心孤诣。家书的内容，除了生活琐事之外，更多的是谈论艺术与人生，字里行间充满了浓浓的文学气息、艺术色彩以及高尚的情操。同学们，读这本书啊，非常合算。那为什么老师说读这本书非常合算呢？

生21：因为可以读出父爱，还有很多别的道理。

师：看，我们既能从这本书读出浓浓的父爱，还可以从这本书里读出艺术修养、艺术研究方面的经验和道理，这真的非常合算。

生22：我认为这本家书可以让你有更多的生活经验，也可以让你领略对人生的思考、对艺术的感悟，它可以培养你的情操。

师：同学们，读这本书，我们会有多方面的收获。第一，同学们刚刚都说了，体会父爱。第二，在艺术的修养上得到更多经验。这本书问世以来，对人们的道德、思想、情操、文化修养的启迪作用既深且远。（教师出示PPT，PPT显示《傅雷家书》的四句推荐语）

师：因此，大家都说，这是一本——

生（齐）：一本"充满着父爱的苦心孤诣、呕心沥血的教子篇"。

师：也是——

生（齐）：最好的艺术学徒修养读物。

师：更是——

生（齐）：既平凡又典型的"不聪明"的近代中国知识分子的深刻写照。

师：可能最后一点很多同学还想不到，没关系，慢慢读就好。读《傅雷家书》会让我们走近哪个人？

生（齐）：傅雷！

师：走近傅雷，也在走近那一代中国知识分子。《傅雷家书》看起来是家常书信，更是一个知识分子内心真实的写照，读它，我们可以触摸到作者的思想精神和人格魅力。于我们，《傅雷家书》首先是一本怎样的书呢？我们可以和我们的父母一起读读这段话。

PPT呈现：

是可以使我们更好提高自身修养的一本好书，更值得父母和孩子读一读。

师：所以同学们，通过我的经验，我的孩子的经验，还有你们的阅读经验，以后再遇上和父母有摩擦有矛盾的时候，可以怎么办呢？

生（杂）：读《傅雷家书》！送一本《傅雷家书》！

师：当你的父母不理解你的时候，给他一本《傅雷家书》。当你不理解父母的时候，别急，请你打开《傅雷家书》。另外，当你生活周围，有同学和父母发生摩擦的时候，你更可以送他一本《傅雷家书》。嗯，太好了，《傅雷家书》真的是一本好书。当我们在人格修养上，在艺术修炼上，在人生道路上，我们需要一些指示需要一盏明灯的时候，我们可以打开这本——

生（齐）：这本《傅雷家书》！

师：还有，如果你的班主任，你的任课老师，也有不理解你的内心的时候，也请你送他一本——

生（齐）：《傅雷家书》！（全场笑）

师：我们再来读读这些推荐语，加深对《傅雷家书》的印象。

生（齐读）：一本"充满着父爱的苦心孤诣、呕心沥血的教子篇"，也是"最好的艺术学徒修养读物"，更是既平凡又典型的"不聪明"的近代中国知识分子的深刻写照。

三、 选择阅读， 方法引路

师：这样的一本书，值得所有人读一读！那么，怎么读呢？这就是问题了。你看，这是我刚买的《傅雷家书》一书的目录。这个版本的书，目录很奇特，它不是按照写信的时间排列的，而是分成四辑。（PPT 显示这个版本的目录。中国文联出版社 2017.2，高山编）一起来读。第一辑——

生（齐）：历练。

师：第二辑——

生（齐）：感悟。

师：第三辑，是"前行"。第四辑——

生（齐）：沉浮。

师：PPT 照片里的字有点小啊。请一位同学，把"历练"前几篇书信题目读一读。你，看得清楚吗？

生 23（读第一辑"历练"的篇目）：有些罪过只能补赎，母亲的眼泪永远是圣洁的，人生最美满的幸福。

生 24（读第二辑"感悟"的篇目）：达·芬奇登峰造极的艺术，米开朗琪罗的时代思潮，圣洛伦佐教堂与梅迪契墓，拉斐尔……

生 25（读第三辑"前行"的篇目）：一切学问没有速成的，尤其是语言；我祝贺你有跟自己斗争的勇气；一切事情都要做得妥帖；我们只求心理相当平衡。

师（读第四辑"沉浮"的篇目）：战胜你内在的敌人，一颗自由与健全的心灵，不经过战斗的舍弃是虚伪的，演奏过多则健康遭损……好了，仔细想想，现在，你最喜欢读书中哪一辑，为什么？（学生思考）

生 26：我最喜欢读"前行"这一辑。

师："前行"，为什么？

生 26：因为"前行"就是给人一种力量，让我们有勇气去面对人生，面对学习。

师：哦，给人力量，有勇气面对。好，旁边女同学，你来判断，你最喜欢读哪一辑？

生 27：嗯……我应该最喜欢读第二辑。因为我想知道傅雷对于不同的艺术修养方面有什么看法。

师：哟，你都看出来了，这第二辑都是关于艺术方面的一些内容。你一定对艺术很感兴趣，所以想知道傅雷先生在艺术修养上能给我们提出怎样的建议。请坐。后面男同学。

生28："历练"这一辑。历练，生活中有种种困难，就需要力量和营养。

生29：我喜欢"历练"，这些书信让我成长，我的人生需要历练。

生30：我最喜欢的是"沉浮"这一辑，感觉这一辑主要讲的是一个父亲对儿子的关心，让人觉得非常温暖和温馨。

师：这个版本的《傅雷家书》用书信内容和哲理的关键词来编排。同学们，《傅雷家书》，你可以随时打开，随时抽取，你不一定从头读到尾，你大可以选择你最喜欢读的那些书信来读。所以，这本书的读法非常自由。我们来看看这一单元的《傅雷家书》的名著导读告诉我们什么。

(PPT 显示八年级下册《傅雷家书》名著导读内容"选择性阅读")

师：浏览"读书方法指导"，刚才同学们从四辑中选择阅读，属于什么选择？(学生读文章，思考)

生（杂）：兴趣选择。

师：所以，读《傅雷家书》，如果你对音乐、对艺术感兴趣，你就去读与这些相关的书信。而如果对艺术比较陌生，你也可以对这一部分略而不读，没关系。第二是"问题选择"。什么叫"问题选择"呢？只关注与我思考的问题有关的内容。比如说，我想知道傅雷先生怎样教子，我就选择与这个相关的家书读；比如，我想了解《傅雷家书》对我们人生历练有什么引导作用，我就阅读这块内容。"《傅雷先生》中有关成长的话题，是不是对你很有启发呢？在阅读时，可以分门别类，以问题的形式梳理一下。"当然，我们还可以根据不同的读书目的选择不同的阅读内容来读《傅雷家书》。"想一想《傅雷家书》中的哪些内容适合以上阅读目的？如果你关注的是学习方法，你会读哪些内容？"第四是方法选择，冷读或者热读，批注读或者浏览读，等等。刚才，大家说的多是"兴趣选择"，那就依据你的兴趣去打开这本书，这本《傅雷家书》，或者，根据书中你所关注的焦点和你思考的问题来阅读，这也是一个很好的打开方式。(学生多有所悟，点头)

293

四、 品读金句， 撰写感悟

师： 好了，同学们，《傅雷家书》真是一本好书，值得你拥有。老师从《傅雷家书》中选择了一些金句，我们一起来读读。（PPT 出示《傅雷家书》金句）

师生（齐读 PPT）：

1. 辛酸的眼泪是培养你心灵的酒浆。

2. 得失成败尽量置之度外，只求竭尽所能，无愧于心。

3. 一个人惟有敢于正视现实，正视错误。用理智分析彻底感悟；终不至于被回忆侵蚀。

4. ……多思考人生问题、宇宙问题。把个人看得渺小一些。那么自然会减少患得患失之心。结果身心反而会舒坦，工作反而会顺利。

5. 永远保持赤子之心，到老你也不会落伍。永远能够与普天下的赤子之心相接相契相抱！

6. 一个人对人民的服务不一定要站在大会上讲演或是做什么惊天动地的大事业，随时随地地点点滴滴的把自己知道的、想到的告诉人家，无形中就是替国家播种、施肥、垦殖。

7. 艺术特别需要苦思冥想，老在人堆里，会缺少反省的机会；思想、感觉、感情，也不能好好地整理、归纳。

8. 艺术家最需要的，除了理智以外，还有一个"爱"字。

9. 经历一次折磨，一定要在思想上提高一步。以后在作风上也要改善一步，这样才不冤枉。

10. 赤子便是不知道孤独的。赤子孤独了，会创造一个世界。

师： 这是我读《傅雷家书》时摘出来的，我觉得对我非常有启迪作用。其中，我最喜欢的是第十句"赤子孤独了，会创造一个世界"。我们一起读读。

生（齐读）：赤子孤独了，会创造一个世界。

师：这是最令我感动的一句话。怀着赤子之心，孤独的时候，你就会思考、阅读、反省、汲取。同学们，赤子孤独了，会创造一个世界。我也希望每个同学打开这本《傅雷家书》，到这个丰富的又孤独的世界里去寻找生命的绚烂多彩，去寻找人生的亮丽多姿。赤子孤独了，会创造一个世界。认真阅读这本书，我们也要去创造一个美好的世界。傅雷先生给儿子写家书，他希望儿子走进一个怎样的世界呢？他的目的又是什么呢？我们再来读读前面那封信，一起读。(出示 PPT)

PPT 显示：

第一，我的确把你当作一个讨论艺术，讨论音乐的对手；

第二，极想激出你一些青年人的感想，让我做父亲的得些新鲜养料，同时也可以间接传布给别的青年；

第三，借通信训练你的——不但是文笔，而尤其是你的思想；

第四，我想时时刻刻，随处给做个警钟，做面'忠实的镜子'，不论在做人方面，在生活细节方面，在艺术修养方面，在演奏姿态方面。

师：同学们，这就是我要推荐给你们的《傅雷家书》。我们在阅读过程中可以通过傅雷先生写家书的目的，去思考很多内容。所以，如果你也能把这本书认真地读完，或者根据自己的选择读了某些部分，希望你也能像肖老师一样，摘出一些金句，送给自己，也送给别人。如果你读这本书，得出了一些自己的经验，或者你在人生路上有了自己的想法，甚至是有了和傅雷先生不同的一些生命体会，我希望你能写一封信给遥远又真切的傅雷先生。"我给傅雷写封信"，我们也要去创造属于我们的世界。最后，真挚地祝愿大家用心打开《傅雷家书》，打开这个美丽而真诚的世界。下课。

教学感言

★整本书阅读，如何"整"是个问题。"整"得好，阅读是"悦读"。"整"不好，更败坏读书兴致。确实，整本书阅读更符合日常生活中自然的阅读状态，我们也期待整本书阅读能为学生们的碎片化阅读纠偏，但其实，碎片化阅读在成年读者中更为普遍，很多大人在阅读面前失去了沉浸的能力。当下教育的一大怪相，是更该发生在成人世界里的很多教育现象，却偏偏重重地落在校园里，并成为一种风尚。

★"你有多久没读完一本书了？"常常，我会这样问自己。比学生疏于读书更可怕的，是我们这些做老师的已经在不知不觉地远离阅读，而且还是语文老师。不读书的我在教孩子们读书，不写作的你在教孩子们写作，竟然还教得有模有样。当我们只把最后的分数当成语文教学的全部时，语文世界的精彩与丰富就被抽空了。"赤子孤独了，会创造一个世界。"我们试图通过语文课堂引导学生创造世界的美丽，却忘记了自己的灵魂深处可能已非赤子之心。"什么是教育？就是爱读书的校长和爱读书的老师，带领着学生一起读书。"钱理群先生一语道破教育的本质。那么，请先把我们自己"整"成真正爱读书的模样，再走进整本书阅读的课堂。否则，那些用来垫起课堂的关于整本书的高谈阔论，都会在幽暗中递出鄙夷的目光。你，有多久没读完一本书了？

★就我个人而言，我更希望整本书阅读不只是课程的使命，更是内心的力量。读书，理应成为我们每个人的内源性需求。整本书阅读，旨在帮助学生养成阅读习惯，探索阅读方法，拓展阅读视野，建构阅读经验，提升阅读鉴赏能力，发展语文核心素养。教师为学生种植下的，不仅仅是某一本具体的书，更应该是一颗永远朝向名著阅读的与书香结缘的心。读书，让我们更透彻地看待自己和世界。但若有一点敷衍和功利，我们的视线就会蒙上尘埃。语文老师，本身就要成为一本厚厚的有内涵的书，磁石般地吸引着学生，让他们即便是在远离后，也想着通过更多的阅读来接近你，走进你。整本书阅读，说到底，是在培育一颗热爱读书的心，心深处，播撒着生命的种子：文化的、语言的、审美的、思想的……

★未来的人才竞争绝对是思想的竞争，是观点的竞争。让学生学会自己去读名著，拥有自己的视角和观点。教师千万不要竖起权威的大旗。名著阅读，不是为了让学生站在你的队列中，而是让学生通过阅读产生思想上的一次"越狱"。你所要做的，是想出办法，做好引导、唤醒、启发、激活他们，让他们爱读书，多读书，好读书，读好书，读整本的书。

★系统性阅读的思维强度、思考深度、理解程度，是"碎片化"阅读所无法比拟的。即便如此，学生能很真切地"碎片化"地阅读他想阅读的东西，我也都会感到高兴。虽然，我是那么希望他能读得更深刻些，更具体些，更系统些。这个资讯信息指数级增长的互联网时代，当我们的阅读习惯从书本转向屏幕，从名著转向爆文，我甚至不敢有太多的奢求。读了，就是最美好的事情。说实话，我连说服自己、拉回我自己都很困难。可是，我们又必须努力，去找回那个读书的生命，为学生，也为自己。

★整本书阅读，重在落实，并不太适宜去外地开课示范，也很难去作比较。每个人的阅读基础、理解能力以及读书状态都是不一样的。只要读的行为真切发生了，我就觉得很好。好几次公开课，我甚至想，课堂上就指导学生们安安静静地各自读书。只是不知道，那样的课，可不可以叫公开课。我是很向往的。最好时间再延长一些，就是不知道听课老师们能不能坐得住。唉，我们都太想听到点什么，却不太愿意看他们读书的姿态。

★没有最好的指导，只有最好的阅读。多想想我们自己面对名著和阅读名著的姿态，课堂教学就会更合理，更真诚。

★《傅雷家书》是一本"充满着父爱的苦心孤诣、呕心沥血的教子篇"，也是"最好的艺术学徒修养读物"，更是既平凡又典型的"不聪明"的近代中国知识分子的深刻写照。可以说，《傅雷家书》是理解傅雷的绝好材料。但是否适合作为"中学生必读书目"，还是见仁见智。不过，既然已经走进了我们的教材，我们还是要全力以赴，发挥出教师的引导智慧，帮助学生做好"选择性阅读"，走好这趟心灵的旅程，在作家独具风格与才情的语言之流里，汲取丰富的养分。

★我的孩子，又一次走进了我的课堂。那个曾经稚嫩地说掉下来的牙齿像天上的星星的男孩，已经长得瘦高瘦高的，开始用叛逆的眼神对视他的父亲和这个世界。他终于成为一个任性的孩子，那画满窗子的大地却开始退场。我欣慰，那就是成长。或者，我和他之间，缺少的就是这本《傅雷家书》。

★名著导读课，不要忘记教材提供的"名著导读"文章，那是最好的抓手。

我在现场

★他用轻松的谈话方式，很快让学生放松下来，并以与儿子的摩擦一事作为导入，把文本阅读与学生的感悟放入真实的语言情景中，自然引出了名著《傅雷家书》。接着，通过引用名人对于这本书的推介，自然而然地进入到这本书内容方面的介绍。通过目录来了解主要内容，肖老师就用平常不过的课本资源，对学生的阅读方法进行了指导。用自己阅读时的摘抄方法，启发学生在阅读时要做好相关批注和记录，并鼓励学生在读完整本书后，可以通过"给傅雷写封信"这样的方式，达到对于内容的理解和升华。最后，以傅雷的那句名言"赤子孤独了，会创造一个世界"作为结束语，祝愿学生能拥有这个世界。精心设置问题，巧妙导引，既凸显学生的课堂主体地位，又实现了整本书阅读教学的高效与灵动。

——江苏响水县实验初级中学　郑冬前

★"阅读的世界，没有差生。"肖老师在课后的对话环节一语道出了阅读的本真。阅读，就是个体在特定的情境下自觉地走进书本，并在作者的文字里获得知识、体悟情感、提升思想、历练人生的一个经历。这个经历或许平淡，或许深厚，可只要有，就是阅读者独一无二的体验。只要能够有助于其成长与发展，都是"好"的，无所谓"差"。如果能带着这样平和的心态去指导学生，那么整本书阅读必定能如静待花开般美好。肖培东老师的《傅雷家书》阅读指导课，也是完美地诠释了这一点。整个课堂，他始终让学生的思维和阅读在特定的情境中自然地发生。张原老师这样评肖老师的课：起笔、定调很巧妙，文本阅读置于学生真实的阅读体验中，解决了整本书阅读的整体性障碍，问题抛得贴切，思考有高度，落地又平实。我觉得是这样的。

——江苏盐城市滨海县八滩第二中学　高东芹

★肖老师这节《傅雷家书》的读前导引课，为老师们提供了整本书阅读的另一种范式。他由青春期的孩子与父母之间的隔阂说起，打开学生情感的闸门，然后谈及他与儿子之间因手机引发的争执，自然地带学生进入真实的学习情境。《傅雷家书》成为他们之间沟通的媒介。通过两封家书的品读，学生感受到肖老师父子间的表达意图，也生出探究傅雷与儿子傅聪之间情感密码的浓浓兴趣。自此，《傅雷家书》的大门悄然洞开。肖老师又展现出名家推荐语及作品目录，让学生自由选择期待或回避的章节，完成选择性阅读的方法指津。这堂课如春水般缓缓流淌，滋养心灵，润泽生命。

——江苏南京市金陵汇文学校　李猛

★聊天式导入，轻松入境。分类式选读，指导方法。分享式推荐，激发兴趣。肖培东老师用自己温厚的嗓音、丰富的学识、灵动的语言、超群的智慧为大家展示了一堂别开生面的名著导读课。一本《傅雷家书》开启了一段父子的心灵对话之旅，一堂《傅雷家书》名著导读课开启了学生的课后阅读之旅。他希望每位同学都能拥有一颗赤子之心，去创造属于自己的精彩世界。其实，肖老师何尝不是一位赤子？

——长沙市蒋雁鸣中学语文名师工作室　李蓉

★班级的学生课后写了这样的感受。"老师那不同寻常的开头，瞬间将我们带入了他的世界，紧张一点点消散。老师讲着他的故事，插着傅雷家书，和我们共同交流，不知不觉课就结束了。我没有用到任何死板硬套的东西，一切都是那么顺其自然。""肖培东老师的课风趣幽默又富含哲理，整节课都是层层递进。在肖培东老师的课上，我们轻松自在，完全不像老师与学生，反而像是朋友之间互诉心事。我们放下害怕与紧张，完全融入傅雷与他儿子的书信中去，领会做父母的苦心。"这节课，肖老师营造轻松的"无痕"课堂氛围，汲取深厚的"无痕"教学内容，再点缀几笔神采飞扬的"无痕"教育机智。没有过多教学环节的设计，没有太多的备课预设，随机应变，自然生成，返璞归真。他将"无痕"语文带入我们的课堂，让语文教学真正走向"随风潜入夜，润物细无声""胸中有剑而手中无剑"的无痕境界，师生的语文素养彼此都会得到更深的积淀！

——江苏海陵中学　程龙云

名师点评

一堂简约又丰盈的名著导读课

广东实验中学　楚云

我常想，肖培东老师真是一位极简主义美学的笃行者。

作为一种现代艺术流派，极简主义主张"少即是多"，追求纯粹、无杂质的表达效果，其显著的特征是用最简单的形式、最基本的处理方法、最理性的设计手段来求得最深入人心的艺术感受。

在万紫千红的语文界，肖培东老师其人、其课都是极简美学的代表。其人，活得简单而认真，谦和儒雅，如温润之玉暖人肺腑；其课，教得简约而朴实，干净纯粹，如山间清流沁人心脾。以他上的《斑羚飞渡》为例。这是一篇内涵深厚的动物小说，可以作很多渲染、很多铺垫、很多拓展，可是他却摒弃一切繁杂形式，仅提取了"斑羚飞渡，是一次＿＿＿＿的飞渡？""'它走了上去，消失在一片灿烂中'，拨开这片灿烂，你看到了什么？"这两个主问题，就带着学生借助语言文字直抵文本内核，收获了满满的感动与震撼，可谓直截了当又简明高效。这样的课例在他的专著《我就想浅浅地教语文》中比比皆是。

2019 年 9 月，我在江苏邂逅了肖老师的《傅雷家书》导读课，再一次近距离地被他的极简美学课堂所吸引。

整本书（主要是名著）阅读是当前最脍炙人口的语文话题。自 2001 年新的课程标准实施以来，名著阅读教学从课外阅读正式进入课内教学序列，名著导读成了课堂教学的组成部分。因为相关课题研究的需要，我听过不少名著导读课，它们教学内容丰富，活动设计精彩，然而导引效果并不理想，或者方法指导痕迹过重，或者词句赏析密度过大，或者断章取义浅尝辄止，或者旁征博引一味拔高。这其中也包括几节《傅雷家书》的导读课，虽然上课的老师不同，但是大多设置了傅雷生平介绍、傅雷的教子之道、傅雷傅聪父子情、"我"给傅雷写回信、书中片段赏析、作品艺术特色归纳、中考真题演练等环节，老师娓娓道来，学生应接不暇。这些课曾一度让我感到忐忑和茫然：经过老师如此用力的引导后，学生真的会远离碎片化阅读而爱上整本书阅读吗？或者说，经典名著真的能够成为孩子们的自主阅读方向，使他们走出课堂也愿意翻开来读吗？答案恐怕不尽如人意。

幸好，肖培东老师的《傅雷家书》导读课和它们迥然不同。这堂课秉承了他一贯的极简美学追求，环节简明，形式简单，内容简洁，但人文情怀浓郁，呈现出一种简约又不失丰盈、生动又不乏理性的美感。更重要的是，它让我看到了整本书的导读课应该有的样子。

一、 教师的导引全部指向学生的读

整本书导读课按照学生阅读的阶段一般分为读前导引、读中交流、读后展示三种课型，肖老师的这堂课属于读前导引课，课型特征十分鲜明。

首先看导引的流程。"在聊天中引出名著——简介作品内容和名家评价——推荐阅读方法——诵读作品金句"，这四个步骤简明扼要，环环相扣，毫不拖泥带水，它们从感悟到诵读，由整体到局部，将阅读和生活紧密地联系在一起，同时贯穿着阅读方法的点拨。越简单，越困难；越朴素，越智慧。书本之外，可供《傅雷家书》导读使用的教学资源浩如烟海，我们不难想象肖老师在课前进行了多么严谨的"断舍离"，才能把这堂课的内容和条理安排得如此精当，增之一分则嫌多，减之一分则嫌少。

尤值一提的是肖老师没有专注于某部分文字的主旨分析与词句鉴赏，而是始终立足整本书，勾连前后章节，在有序推进的交流中把《傅雷家书》全书的梗概展现在学生面前，为他们课后与书本的亲密接触奠定了基础。这种"先见森林，后见树木"的设计，使得整本书导读课与一般的语文阅读课清楚地区别开来。

其次看导引的目的。"在聊天中引出名著"消除了学生对《傅雷家书》的疏离感，"简介作品内容和名家评价"激发了学生的好奇心；"推荐阅读方法"是为了帮助学生掌握和运用读书方法、阅读策略，从而提升阅读这一类作品的能力；"诵读作品金句"是为了加深学生对《傅雷家书》的印象。当书中的名言警句变成学生琅琅上口的语句时，《傅雷家书》就不再只是"别人家的书信集"了。

最后看导引的实施者。在阅读的过程中，教师和学生都是读者。学生借助导读课来了解名著属于间接阅读，教师导引时，只能把自己定位成先读者和共读者，倘若以居高临下的评判者的身份来断定学生阅读感受、阅读方法的正确与否，难免因为个人的主观倾向导致学生对名著理解产生偏差。

很明显，肖老师在自我身份定位方面的处理是非常精准的。对于学生的见解，他总是立即表示理解、认同、支持或赞赏，以此尽可能让学生先说、多说、自由说。有时即便学生的表述出现词不达意的现象，他也只是提醒"再思考下"，不着急纠正，更不着急展示自己的精深与雅致。看来，在肖老师的心中，学生的阅读体验、阅读收获是重于一切的，所以他没有执着于把自己对书本的解读灌输给学生——尽管以他的才情，这样做易如反掌且必定也会给听课师生留下深刻印象。

一言以蔽之，在这节课上，肖老师精选的各种导引措施全都指向了学生的"读"。这给了我们一个启示：学生是阅读的主体，启动、激发、保护学生阅读的兴趣是导读课的终极目标。

二、 真实情境是名著阅读的落脚点

卢梭说："我们真正的教师，是经验、是情感，除了人在他自己的情境之中，永远学不到什么是有益于他的东西。"以此类推，没有渗透、内化到自己的学习、生活与思想情境中去的名著阅读都不能算是真阅读和深阅读。

单看这节课的导入环节，肖培东老师就是深谙此道的高人。

上课伊始，肖老师说："我不知道同学们有没有这样的感觉，随着我们慢慢长大，我们和父母之间，多多少少有一些隔阂，或者说摩擦。"这几句话语气平和、节奏舒缓，"不知道有没有"的句式带着些许试探，言辞间流动着的体贴让人安定，如同金手指轻轻叩开了素昧平生的学生的心门。孩子们以为老师一开口就会聊他们不熟悉的傅雷，没有想到老师所说的竟然是父母子女相处的日常话题。而且，老师似乎"很烦恼"，因为他"碰到了一个难题"，他的孩子迷上了手机，因为手机使用时间产生了纠纷，父子之间发生了冷战。

这个开场实在精彩！从现场反馈来看，学生瞬间忘记了他们是来上名著导读课的，讲述完自己和父母的小故事后，便开始为肖老师出谋划策了。"如果你是我，你会怎么办？"承接老师的这个问题，首先有学生义正辞严主张"讲道理，讲玩手机的危害"，其次有学生现身说法建议"强制儿子每天玩，直到玩不动为止"，在这种背景下，肖老师顺势推出了《傅雷家书》中的两封书信来为自己和儿子代言，一波三折又在情理之中，给人耳目一新之感。

这里面究竟有什么奥秘呢？我们不妨用心理学的观点来分析。主张"讲道理"的孩子对肖老师故事中迷恋手机的儿子使用了认知疗法，建议"强制玩"的孩子采用的是行为疗法。这两种做法在潜意识中都是把故事里的儿子当成可以完全控制的对象，据此进行了单向的思想和行为输入。而肖老师引入的书信交流则属于人文疗法。它建立了交流双方的情感联系，拉近了彼此的心理距离，使产生矛盾的两位主人公能在基于平等交流和温暖支持的氛围中进行真诚对话，所以解决父子纠纷的效果高下立见。毋庸置疑，这番讨论后，书信这种文体的作用、《傅雷家书》这本名著的魅力都不言而喻了。

其实，设身处地地想一想，《傅雷家书》是傅雷写给长子傅聪的书信，是"家人之间性情中的文字，不经意的笔墨，不为发表而创作"。因为傅聪在异国求学，父子分隔两地，所以家书里面的内容涉及方方面面，没有波澜起伏的情节，也没有明确集中的主题。对这样一部看似唠唠叨叨的著作，十几岁的学生估计没有多少热情和耐心去阅读。倘若没有与书中相近的生活情境的介入，没有让学生发现《傅雷家书》这样的经典名著不是

"古老、刻板、深奥、枯燥"的代名词，没有让学生意识到"读这本书非常合算"，以及送这本书也非常高雅实用，他们的阅读内驱力就不会被调动，走出课堂后自然也不可能会有高涨的阅读兴趣。

这样想来，为了把学生领进《傅雷家书》的世界，肖培东老师选择了一个极为家常的话题，简捷有趣，匠心独运，却也用心良苦。他让我们明白：名著阅读强调作品与读者生活阅历的相互交融。生活情境是名著阅读的出发点，更是落脚点。名著阅读一旦与学生的人生轨迹紧密融通，所产生的积极效应将是热烈而持久的。

三、 学生的阅读差异性必须被尊重

观摩肖培东老师的课例，我常常被他对学生无微不至的关怀所感动。例如学生回答问题时没有遵循所给的要求，肖老师婉转地询问："你能不能站在我的角度来考虑?"对于角落里的举手发言者，肖老师热情地表白："这边的同学，不能落下你们。"

更让我感动的是他对学生阅读的热情和差异性的尊重。

上课中，肖老师不断地安慰学生："这些家书里有很多的叮嘱，有的同学读过，有的同学没有读过，读过的同学也可能读得不够细透，也有的同学读有所思，这都没有关系。""可能最后一点很多同学还想不到，没关系，慢慢读就好。"多么贴心的"没有关系"！多么珍贵的"慢慢读"！肖老师把阅读的主动权还给了学生，他让学生按照自己的阅读节奏自如地参悟，没有功利地取代或缩减学生的独立感知过程。

我还注意到他与学生对话时，"可以"一词出现的频率非常之高。"《傅雷家书》我们可以读出傅雷先生对儿子在做人方面的引导。""读这本书，我们可以读出傅雷先生教育孩子的一些经验和方法。""我们既能从这本书读出浓浓的父爱，还可以从这本书里读出艺术修养、艺术研究方面的经验和道理。""读它，我们可以触摸到作者的思想精神和人格魅力。"类似的句子还有很多。细细品读，"可以"这个词语表达的是协商、选择和参考的含义，传递给学生的则是开放、民主、平等、信任的温度。听着这样温和的话语，感受到被人尊重的快乐，孩子们阅读的时候，内心想必

是无比惬意的吧？

温儒敏教授曾指出，整本书阅读首先要保护学生读书的热情，而不是老师的架空指导。回想我自己在学生时代与名著的亲密接触，或者是起于好胜心，起于对偶像的崇拜，起于对某个话题或人物的好奇，起于同伴的介绍，抑或只是起于看到封面与书名时的一念心动。然后，就是不分白昼黑夜地沉浸在书本之中，非得一气呵成读完才安心。有时读着读着，产生了新的思考——哪怕肤浅而幼稚，仍然快乐、自豪得无与伦比！我们的学生何尝不是这样呢？倘若在阅读之前，先让他们对作品产生了敬畏感，还有哪个孩子能够轻松愉快地享受阅读呢？

可能正因为这个原因，肖培东老师的《傅雷家书》导读是有所节制的。在内容上，他没有急于深度挖掘，也没有忙于过度升华；在交流时，他没有急于自我展示，也没有忙于全员推进。这种分寸感的把握体现的正是他对学生的大爱。因为老师的克制和甄选，学生对作品的好奇心及想象力都得到了呵护，这一点难能可贵。

我想，社会文明不断进步，开放包容、兼容并蓄已经成为时代的特征。阅读本质上是一种私人化、个性化的实践活动。每个人的阅读动机不同，阅读的兴趣点不同，阅读的方式和阅读的收获也各不相同。我们应该允许孩子们有各自的阅读偏好与习惯，也应该时刻抑制自己对学生的阅读体验进行臧否或指责的冲动。毕竟，名著导读课最重要的意义还是在于提供一个开放的平台，把经典著作与学习情境、生活情境等要素联结和融通在一起，让孩子们在自由阐发见解和与同伴交流分享时发现阅读很好玩、成长有支持、生命不孤单。

"删繁就简三秋树，领异标新二月花。"真正的极简美学不是为了简化而舍弃，而是深思熟虑后的返璞归真。简单到极致，便是大智；纯粹到极致，即为大美。傅雷说："赤子孤独了，会创造一个世界。"肖培东老师这样一位大智大美的语文赤子，也用自己的初心在笃定前行中创造了一个洋溢着人文情怀的世界。

作文教学·《好久不见》

![浅浅小语]

一只鸟，站在你的窗台，你却望着最高的树，抱怨天空看不到飞翔的翅膀。时间流过我们的生命，你们错过我的眼睛。庆幸的是，美好的相遇，终于恰逢其时。

——肖培东

![课堂再现]

执　　教：肖培东

点　　评：樊智涛

教学背景：2017 年 10 月 27 日，南京 29 中，第四届苏派作文教学名师精品课堂观摩与研讨活动。

2017 年 10 月 27 日，南京 29 中，第四届苏派作文教学名师精品课堂观摩与研讨活动。课前五分钟，学生们已经坐上报告厅的讲台准备上课。此时，问询到这个班级前天刚完成以"好久不见"为题的作文写作，肖老师思考五分钟，开始上课。

一、《好久不见》你们都写了什么？

师：同学们好。天气很好，你们很好，能和你们在一起学习写作我觉得更好。这节作文课，老师也没有刻意准备，就问问大家：最近我们班级写了什么作文？

生（齐）：写了《好久不见》！

师：好久不见！是说我吗？（同学们笑）什么时候写的呢？

生（齐）：前天。

师：好，那下面咱们来说一说，你写的都是和谁和什么好久不见。大家回忆一下，前天的文章《好久不见》你都是写什么内容的。

生1：我写的是我和一篇小说好久不见了。

师：什么小说呢？

生1：就是主人公与汉字之类的东西好久不见。

师：嗯，与一篇小说好久不见，有意思。好，前排的这位同学，麻烦你拿着笔走到白板前，帮老师把同学们的回答记下来。（指定一位学生在白板上记录：一篇小说好久不见）

师：我再来问。这位女同学，你写的内容是什么？

生2：我写的是与家乡，还有与家乡的习俗好久不见了。（学生板书：家乡的习俗好久不见）

师：与家乡的习俗好久不见了，看来是在怀念家乡那些留在你印象中的习俗了。这个男同学，你来说。

生3：我写的是与老家的一株花草好久不见。

师：和老家的一株花草好久不见。好，记录的同学你再记，"好久不见"四个字你可以省略。（学生写下板书：家里的一株花草）同学们继续说。

生4：我曾经的同学好久不见了。

师：曾经的同学？哪个同学呢？

生4：小学同学。

师：那跟老师说说看，最想哪个小学同学了？

生4：他现在在29中初二（23）班了。

师：哦，男同学还是女同学呢？（台下笑，生腼腆）

师：小学同学，好久不见。（学生板书：小学同学）嗯，这位同学记

录得非常好，字也写得很端正。来，你告诉我，你好久不见的是？（教师走进学生中间）

生5：是我儿时一个非常非常好的玩伴。（学生板书：儿时的玩伴）

生6：我写的也是我的一个小学同学。（学生板书：小学同学）

师：也是一个小学同学，好久不见，继续说。

生7：我写的是与我的小学老师好久不见。（学生板书：小学老师）

师：哎，你还惦念着小学的老师，真好。

生8：我写的也是小学同学。（学生板书：小学同学）

生9：我写的是与老家好久不见。（学生板书：老家）

师：老家好久不见，多久没去了？老家在哪儿呢？

生9：老家在宿迁，已经三年没有回去了。

师：宿迁，两三年不见了，没去老家了，有时间还是要去走一走的。"老家好久不见"。来，还有哪位同学说说？后边角落里的同学，不能孤立你，你大声说说。

生10：我写的是故乡的草木好久不见了。（学生板书：故乡的草木）

师：噢，你与故乡的草木好久不见。来，前排的女同学，你来说。

生11：我的初中同学，好久不见了。（学生板书：初中同学）

师：初中同学，好久不见。好了，黑板上已经有这么多文章内容了。来，这位记录并板书的同学，先回到你的座位。其实学会记录，是一种很好的语文学习方法。

师：来，同学们，我们一起来看一看板书。我们这个班的同学，随机抽取，文章《好久不见》他们都写了什么呢？（师读板书）一篇小说好久不见，家乡的习俗好久不见，老家一株花草好久不见，小学同学好久不见，儿时的玩伴好久不见，小学老师好久不见，小学同学好久不见，小学同学好久不见，老家好久不见，故乡草木好久不见，还有初中同学好久不见。哪位同学还想说说？有吗？哎，你记录的，不能把你给忘记，也让你上上榜。（师指向记录的同学，即生12）

生12：我写的也是我的两个初中同学好久不见。

师：初中同学，好久不见。好的，写上。（板书：初中同学）

此时黑板左侧板书如下：

一篇小说好久不见
家乡的习俗好久不见
家里的一株花草
小学同学
儿时的玩伴
小学同学
小学老师
小学同学
老家
故乡的草木
初中同学
初中同学

师： 同学们，我们来看一下，这十二位同学写的《好久不见》的文章内容。有什么共性？前天写的作文，看看，同学们在写作上面，他们的共同点是什么？想好了，就举手。

（生作思考）

师： 来，这位同学，手举了一半。来，你就来说说。

生13： 都是以前和自己有关系的，比如说以前的同学、以前的老师、以前遇到的事情，等等，现在好久不见了。以前都是自己经常看见的，但是现在不能经常遇见的了。

师： 把你的话概括一下，也就是，写的都是自己的生活经历，是这个意思吧。好，请坐。写作文，要写自己亲自经历的，你才会特别有感觉，特别有感情，因为它离你最近，和你的心也贴得最近。还有没有什么共同点呢？（学生思考）来，你来说。

生14： 大多数同学都写和自己关系比较亲密的人。

师： 哦，大多数同学写的都是与自己关系亲密的某一个人。这个亲密的人，是谁？哪一种身份的人最多？

生（齐）：同学。

师：哦，小学或初中的同学，我们点点看，有几个？（师生点数）哇，六个！十二个同学当中，有六个同学在写小学或者初中的同学玩伴的，都是很重同学友情的。那同学们考虑一下，这又说明了什么？你来说。

生15：这么多人都写小学同学哈，每人写文章的关注点我觉得应该不一样才好。

师：也就是说，如果你要想让你的"小学同学"在这么多文章当中脱颖而出的话，你这篇文章就要写出不一样的味道。好，我们再来问一问文章《好久不见》里写小学同学的，你们都写了哪些事？

生5：曾经经历过的一些事情。

师：比如说——

生5：就是放假一起出去玩。

生6：我写的是我们两个人在一起学习。

师：一起玩，一起学习，真情实感，是能打动人心的。当然，最后也要感动你的阅卷老师。不过，泛滥的共性也可能导致审美疲劳。这十二篇文章有六篇是在写和小学同学好久不见，一起玩，一起读书，还有的吵吵架，闹闹矛盾。（按照这个概率）老师改这个作文，有一半的时间在看你们出去玩，出去打篮球，逛街，等等等等。同学们，这里面，是不是还有一些需要我们去思考的东西？（学生思考）再来看，除了写小学同学的，还有什么内容写得也比较多？

生（齐）：故乡。

师：噢，故乡。故乡的草木，家里的一株花草，家乡的习俗，其实都是乡愁情结。故乡情结在感动着、驱使着我们去写这篇文章。好了，各位同学，这十二篇文章多是写小学同学、初中同学还有故乡等，这还能让我们想到什么？

生16：我觉得就是，他们写的——（犹豫不决，表达不出）

师：那如果再给你一个机会，你会不会改变你的写作策略，或是写作内容？

生 16（有所悟）：会。

二、 我们还有哪些"好久不见"？

师：写与自己有感情关系亲近的东西，是写作的好事情。只是，当大家都集中在小学同学、儿时玩伴上去写作的时候，我们得想想，我们的世界是不是可以扩大一点，我们的视野是不是还可以宽广一些？我们能不能从大家共同写作的内容中走出来，寻找更多更有意味的"好久不见"？好了，同学们，想一想。好久不见的，除了小学的同学、儿时的玩伴，我们还有哪些东西是好久不见的？这个世界，我们再去思考。（生思考）

师：怎么想呢？我想请靠窗边的老师，把窗帘拉开。（会场的教师拉开窗帘，露出天空、树等）来，先来看看，透过窗我们看到外面的这个世界。你觉得哪些东西是我们好久不见的？（学生凝望，思考）来，你来说。

生 17（真诚地说）：其实我觉得随着我每天（忙忙碌碌）早出晚归，似乎对美丽的景色也觉得好久不见了。

师：这句话说得有道理。所谓好久不见，其实好久都在见，只是自己没有留心去凝视过它。所谓好久不见，其实又是经常会见到的，却又往往会被你忽略掉。好，我们就顺着他的思路去思考。哪些东西常常见？哪些东西又从来没有认真凝视过它，认真去看过它？请同学们望望窗外，从狭小的窗口望向广阔的空间，你想一想，一定会有"好久不见"的。（学生凝视，思考）

师：来，你（原来记录板书的生 12）继续充当我的记录员。接下来，又让同学们说了。请说具体，说到一个点上，告诉老师，"好久不见"的是什么。

生 18：一片天空。

师：加一个修饰词，一片怎样的天空。

生 18：一片湛蓝的天空，好久不见。

师：雾霾包裹下的日子，一片湛蓝的天空已经是好久不见。这篇文章可以写出你对童年清澈天空的怀念，还可以表达，你对今天环境的忧虑。来，同学，把这个句子写在黑板中间这一列。（学生板书：一片湛蓝的天

311

空)

师：还有什么？我们要像这个同学一样，细致到湛蓝的天空。还有什么会好久不见，你来说。

生19：一片茂密的树林，好久不见。（学生板书：一片茂密的树林）

师：一片茂密的树林，好久不见。你没有看过一片茂密的树林吗？

生19：很少了，现在到处都在砍伐树木，大盖楼房什么的，树木越来越少了。

师：是环境开发的问题，也是人心的问题。即便是有茂密的树林，甚至有些人距离这片树林就很近，可是他有没有时间去看呢？

生（齐）：没有，太忙碌。

师：我们忙忙碌碌，奔波行走，却从来没在眼睛里装过这一片茂密的树林。好，请坐。你来说说。

生20：我们的教室，好久不见。（学生板书：我们的教室）

师：我们的教室好久不见，为什么？

生20：因为教室里的很多东西，我们每天都不太注意。

师：是的，我们在某个空间里待习惯了，就会忽略这个空间的构成。我们往往会忘记教室里的灯，教室里的墙，教室里的黑板报，角落里的盆景，而未来某个时候，这些都可以幻化成我们最温暖的记忆。我非常喜欢他说的这个词组，叫"我们的教室"（强调"我们的"）。同学们，彼此做三年同学不容易，大家一定要记住！谁的教室？

生（齐）：我们的教室。（强调）

师：哎，"我们的教室"！还有没有？这个女同学举手了，好，你谈。

生21：一级级清爽的台阶。（学生板书：一级级清爽的台阶）

师：清爽的台阶，你怎么会想到台阶呢？

生21：每天的大课间，我们都要去操场上做运动，我们每天都会走这个台阶。台阶很干净，走上去很清爽，也像我们一样活力四射的。

师：你坐着，阳光就撒在你的台阶上，你坐在那里跟你的同学在聊天，你坐在台阶上，望着你的校园，看着时间慢慢地流逝。你突然发现，陪伴你初中生活的，其实就是这些一级级不说话的台阶。很好，"一级级清爽的台阶"，多有意思呀。同学们，还有没有？来，最后面的那个女同学。

生22：野生的那些小动物，好久不见了，很想念。

师：森林里，田野间，那些自然生长的小动物。来，我们把小动物具体一下。比如说，落在我们这棵树上的一只小鸟？草丛间的某一只蟋蟀？（学生板书：树上的鸟儿）初中了，读书这么忙，突然觉得，人应该去听听鸟的叫声，感受一下田间的蟋蟀的鸣唱。来，把田间的蟋蟀也写上，看看"蟋蟀"两字还会不会写？（学生板书：田间的蟋蟀）还有哪位同学再来说？望望窗外，想一想窗外的世界。这个女同学，你来说。

生23：一个阴凉的亭子，好久不见。（学生板书：阴凉的亭子）

师：一个阴凉的亭子，你给老师说说看，这个亭子间发生过怎样美丽的细节呢？

生23：下课，学习学累了，同学们就会一起成群结伴去亭子里休息。夏天乘凉，秋天闻到香味，冬天也在里面看看亭外面的树木什么的，感觉很舒适。

师：哎，你说得非常好。一个阴凉的亭子，这个亭子里有同学一起休闲的记忆。所以，我们写对同学的想念，不一定就要写具体的玩啊吵架啊，还可以通过亭子、台阶、我们的教室等，慢慢传递出这种温暖的情感。接下来，同学们，再把我们的路走得远一点，走出我们的校园。还有哪些东西，好久不见？（学生思考）

师：比如说，同学们都爱写故乡，那我们的故乡，写的时候能不能把故乡具体到某一个点上，细致到某一个物体上？故乡，它的什么好久不见？

生24：故乡，清新的空气，好久不见。（学生板书：故乡清新的空气）

生25：故乡的天空，到夜晚可以看到美丽的星星，美丽的月亮。（学生板书：故乡的星星、月亮）

生26：我与故乡的田野好久不见了。现在过度开采，乡村的大片田野都变成了高楼大厦，田野不见了。原来的田野都生长着粮食。（学生板书：故乡的田野）

师：田野的炊烟，草间的露珠，故乡的绿色，好久不见了。

生 27：故乡快过年的时候，院子里飘着烟火的味道，还有奶奶做的饭食味道，在院里弥漫开来，让人想起很多事情。

师：她说的有一个关键词——味道。故乡的味道，儿时的味道，好久不见。请坐。（学生板书：故乡的味道）同学们，发现了没有，我们打开了通往故乡了的道路。故乡，视觉，嗅觉，味觉，舌尖上的记忆出来了。这，也是好久不见的。

生 28：我觉得家人之间的温暖的亲情也可以写。

师：好，家人温暖的亲情！是不是还可以说得具体一点，可以凝聚在一根白发、一个拥抱、一个眼神上。很好，我们开始说人了，看看我们温暖有爱的家人。你来说。

生 29：每次回家，总能看到父母忙碌的身影，现在学习很忙，有时顾不上，所以，觉得父母忙碌的身影好久不见。（学生板书：父母忙碌的身影）

生 30：爷爷奶奶爽朗的笑声，好久不见。（学生板书：爷爷奶奶爽朗的笑声）

师：院子里的桂花树，桂花树下的笑声，还有田间劳作的身影，都好久不见了。最后，没有发过言的同学，你举手的样子这节课上好久不见了。来，就是你了，手举一半不敢举了。

生 31：爷爷奶奶粗糙的手，很久不见。（学生板书：粗糙的手）

师：嗯，粗糙的手，生活当中，我们都被一双双粗糙的手拥抱过。那双手抱着我们，然后，我们慢慢慢慢地在这样温暖的襁褓中长大。

师：好了，记录的同学回到你的座位上去。（指着先前写的左侧板书）这是左边，我们前天作文写的东西。（指着刚完成的板书）这是这节课上，我们慢慢慢慢思考出来的新东西。来，我们一起读一遍这些句子。预备起——

生（齐读板书，有感情）：一片湛蓝的天空；一片茂密的树林；我们的教室；一级级清爽的台阶；树上的鸟儿；田间的蟋蟀；阴凉的亭子；故乡清新的空气；故乡的星星月亮；故乡的田野；故乡的味道；父母忙碌的身影；爷爷奶奶爽朗的笑声；粗糙的手。

此时黑板中间板书如下：

一片湛蓝的天空

一片茂密的树林

我们的教室

一级级清爽的台阶

树上的鸟儿

田间的蟋蟀

阴凉的亭子

故乡清新的空气

故乡的星星月亮

故乡的田野

故乡的味道

父母忙碌的身影

爷爷奶奶爽朗的笑声

粗糙的手

师：现在想想，这一边和那一边（板书的两个部分）相比，有什么不同？哪位同学起来说一说？噢，这位同学要说话。

生32：右边比左边的那些更加详细了，每个景物每个情境都更加细微更加细小，都是随处可见的。

师：也就是说不让自己的写作落空，有了一个具体的点、具体的物、具体的场景，可以盛放我们的感情，而且它变得似乎更小更平常了。是不是这个意思？

生33：左边的应该一般是文章应该表达的主旨（比较空泛），而右边的这一列通过间接的方式来表达我们要写的一个中心思想。

生34（小声）：左边的我们平时已经写得很多了。

师：让感情有所寄托。左边这一列的东西，我们平时写得多不多？

315

（生说"多"）从小学开始写同学，写到初中，初一写，到初二还写，确实不够新鲜了。而右边的这一列，相比更具体了，更细腻了，更有味道了。真的，好久不见！

三、"好久不见" 属于更多的"我"

师：再考虑，我们还可以想得更多。刚才写下来的这些"好久不见"，又有什么共同点？你的手举一半了，你说。

生35：右边的（刚想出来的"好久不见"）角度很多样。

师：角度很多样，更加丰富多姿。但和它们好久不见的都是谁？大家有没有发现，写这些"好久不见"的时候，都是从谁出发的？都是从谁的眼光来看的？

生（齐）：自己。都是我们自己。

生36：我自己。

师：对，都是我们自己，这个"我"，就是现在坐在班级教室里的那个你自己。"好久不见"这个作文题，我们写的都是"我"与什么的好久不见！我们能不能换个"我"呢？现在，跟着肖老师，我们换个"我"。这个"好久不见"，不一定就得写你自己呀。比如说，天上的一只小鸟，它也好久不见什么了？地上的一只蚂蚁，它也好久不见什么了？我们变换一下"我"。好，现在，跟着肖老师说话。树上蹲着一只鸟，它好久不见什么？来，你来说——

生37：鸟儿好久不见了天空。

师：原来写一片湛蓝的天空，不一定要写"我"好久不见湛蓝的天空，可以写——

生37：一只鸟儿！

师：这样，文章就可以从那棵有鸟的树开始写。树上，"我"（鸟）努力地望啊望，"我"已经好久没有望到湛蓝的天空了。它拍拍翅膀，它要叫出它的呼唤。因此，我们可以通过鸟儿来写《好久不见》。（学生在黑板右侧板书：鸟儿好久不见天空）接下来，能不能把《好久不见》这篇文章的"我"换一下，用另外的"我"来写写说说。（学生思考）

316

生 38： 鸟儿好久不见茂密的树林。

师： 好的，树林前面都出现过了，我们现在能不能不用它了？

生 38： 由于人们的砍伐，我们没有了茂密的树林，天空也被阴霾遮住了，鸟儿也好久不见美丽的月亮了。（学生板书：鸟儿好久不见月亮）

师： 鸟儿好久不见月亮了，月亮被灰暗的雾霾给遮住了，鸟儿要去寻找它的月亮了。好，接着说，不一定都是鸟儿。来，这位同学。

生 39： 鱼儿好久不见清澈的水流。（学生板书：小鱼好久不见清澈）

师： 一条小鱼曾经是在清澈的湖水里游动过的，可是如今，清澈不见了。

生 40： 一棵树，好久不见它的茂密的树叶了。

师： 树，为什么好久不见茂密的树叶了呢？这个想法很奇特。就像人，怎么会看不到自己的头发了呢？（生笑，愣住了，有学生小声说"秋天"）

师： 一棵树好久不见了它的树叶，它以为熬过这个秋天，熬过了冬天，到了春天，就会又看到叶子的。可是，春天到了，树上还是没有长出了叶子。时间？空间？剥夺了一棵树长叶子的权利？究竟是什么，让它即便在春天也看不到自己的叶子？我觉得这位同学说的很有想法，请坐。

（生坐，全班同学思考）

师： 老人会和树说，这个秋天熬过了，叶子落了，再熬一个冬天，春天一定会长出漂亮的美丽的树叶的。这个树啊，它就等待，它就努力，可是春天来了，春天依然像秋天那样绝望，夏天来了，夏天依然像冬天那样严寒。突然发现，那些叶子都不在了呀。原来，这个世界已经混乱了所有的季节！（学生点头）想一想，是不是有意思。学会构思，我喜欢这句话！来，写上"树好久不见自己的树叶"。（学生板书：树好久不见自己的树叶）还有没有？这个女同学，你举手，太好了。

生 41： 故乡的麦子好久不见天上降下的瑞雪了。以前，故乡每到冬天，天都会下厚厚的雪，给麦子盖上棉被，瑞雪兆丰年。可是现在，天气越来越暖了，没有了雪。（学生板书：麦子好久不见雪花）

师： 不被雪盖过的冬麦，真的不叫麦子，是吧。（笑）雪落不到麦子身上，雪怎么能做一床大棉被呢。所以，同学们，我们要寻找真正的冬天，别让无雪的冬天陪伴我们。因此，她就写了"麦子好久不见雪花了"。还能不能写出比她写的更有意思的？

生42：我觉得可以写，故乡的花猫好久不见爷爷奶奶爽朗的笑声。

师：这是为什么呢？

生42：这是因为爷爷奶奶，他们单独在乡下，爸爸妈妈和我不常回去看他们，他们比较孤独。只有猫在陪伴他们。有一次，我们回去看他们，他们感到很幸福。

师：聪明，写爷爷奶奶，不用"我"去观察，而改写小花猫。是的，以前的时候，爷爷奶奶看到猫，都会笑起来。现在，是谁把爷爷奶奶的笑容给摘走了的呢？因此，这位同学在写空巢老人的孤独。聪明。（学生板书：猫好久不见爷爷奶奶的笑容）最后两次机会，谁说？这个同学，顽强地举起手了。

生43：我觉得，黑板上，好久不见粉笔的痕迹了。

师：黑板上，好久不见粉笔的痕迹了。你想跟大家说一个什么事呢？

生43：我觉得现在老师都太喜欢用PPT了。（台下老师惊讶）我觉得还是要寻找那种古朴的痕迹，就是用粉笔来上课。（瞬时安静，台下鼓掌）

师（感动）：台下的每个老师都有可能是带着羞愧给你鼓掌！黑板存在，是为了留下教育的痕迹的。老师，你的文字、你的书写在哪儿？别只让我仰着头看PPT。这个同学说得真好，教学就要有教学真实的痕迹。因此，"黑板已经好久不见文字了"，来，把这句话写上去。（学生板书：黑板好久不见文字）最后一次机会，你来说。

生44：蚂蚁已经很久不见芬芳的土地。（学生板书：蚂蚁好久不见芬芳的土地）

师：为什么？

生44：在很久以前，土地还是土地的样子，没有现在的混凝土，泥土里混杂着各种的芳香，蚂蚁在地上闻到的都是一种自然的气味。现在，都是建设后的一种怪怪的味道。

师（感动）：再也嗅不到黝黑的土地里自然的芬芳，蚂蚁现在闻到的是一个城市钢筋水泥混凝土的味道，是城市里拥挤喧嚣的人流和车流的声音气息。蚂蚁已经很久不见芬芳的土地了。哎呀，我很久不见学生有这样的思维力了！

师：我们现在深情地来读一读这一列板书的文字。来，一男一女两个同学认真地读。女同学读第一行，男同学读第二行。题目就叫"好久不见"。

（男女生朗诵）

生（合）：好久不见

生 45（女）：鸟儿好久不见天空。

生 46（男）：虫儿好久不见月亮。（很自然地把"鸟儿"改为了"虫儿"，避免了重复）

生 45（女）：小鱼好久不见清澈的水流。

生 46（男）：树木好久不见自己的树叶。

生 45（女）：麦子好久不见雪花。

生 46（男）：猫，好久不见爷爷奶奶的笑容。

生 45（女）：黑板，好久不见文字。

生 46（男）：蚂蚁好久不见芬芳的土地。

（学生读得很动情，很感人）

师：多好听啊，就像诗歌一样，我们一起来读一遍。鸟儿好久不见天空，预备起。

（生齐读板书，深情）

　　　　鸟儿好久不见天空。

　　　　虫儿好久不见月亮。

　　　　小鱼好久不见清澈的水流。

　　　　树木好久不见自己的树叶。

　　　　麦子好久不见雪花。

　　　　猫，好久不见爷爷奶奶的笑容。

　　　　黑板，好久不见文字。

蚂蚁，好久不见芬芳的土地。

师：最后我再添上一句"我们好久不见这样美丽的世界"。

生（齐读）：我们好久不见这样美丽的世界。

师：这就是我这节课的标题！（教师板书：我们好久不见这样美丽的世界）同学们，原来《好久不见》这个作文，除了身边的某个同学，某个老师，这个世界还有很多美好的东西等待着你来开掘。你看，多有意思，这样写出来的文章，会更加清新，更多意义，我们对这个世界真诚的爱也全部都寄托其中。（学生感动，全场安静）

四、 换写《我们又见》

师：接下来，我把作文题目再变一变，改成"又见_____"。（教师板书"又见"）好久不见后，又见什么？请同学们拿起笔，写出几句话，简单地写出你的构思。

（生思考，写，教师巡视）

师：好的，同学们，把笔放下去。从这一排开始，说说你们的"又见"。要求不能重复前一个同学的内容。

生47：又见读书笔记本上自己的文字。

师：哎，对那些常年不读书不写字的同学，提出一点建议，又见笔记本上自己的文字。

生48：我又见小时候外公骑着自行车带我出去玩。

师：想到外公骑着自行车带我出去玩，亲情流淌。你在不知不觉中，把江苏省高考作文题都完成了。（2017年江苏高考作文题"车来车往"）

生49：又见神秘的星空。

师：谁见到的？你会见到，小鸟也会见到的，小树也会见到的。（生点头）

生50：我写的是又见家乡的小桥流水，没有城市的烟火味。

师：又见家乡熟悉的小桥流水，家乡的炊烟。

生51：鸟儿又见湛蓝的天空。

师：这个"又见"让我们反思，鸟儿带着我们飞翔。

生52：锅铲又见到了锅。（大家惊讶）

师：怎么写锅铲又见到了锅了呢？

生52：现在的生活节奏十分快，大家都在订快餐，订外卖，很少有人在自己的锅台上做饭，家没家的感觉。（掌声）

师（感动）：所以，这个锅铲被孤独地冷落很多遍。该让锅铲来发挥它的作用了，让灶重新升起温暖的炉火，一个家庭的温暖，是一定要让锅铲见到锅的。（全场掌声）

生53：又见金黄的稻田。

师：又见金黄的稻田，美丽的秋天真的来了！

师：同学们，最好的写作，就是写写我们好久不见、好久又想见的东西。我们好久不见这样美丽的世界了。只要你学会凝视，好好思考，好素材、好文章，又能与你相见。下课！（全场掌声）

教学感言

看得到起点，看得出提升

"这是一堂'粗糙'而又真实的作文课！没有精美的课件，没有曲折的课堂情节，没有令人震惊的课堂预设，可见其'粗糙'；5分钟前了解学生的习作，课堂上学生真实的回答，老师对作文立意由浅至深的引导，可见其真实！"《好久不见》作文课后，有老师发来这样一段真诚的文字。学生习作中的"好久不见"，教师引导下更广阔的"好久不见"，这节粗糙又真实的作文课，实质上是在引导学生观看世界，关注生活，体察自我。

写作，要基于学生的写作实情。建构主义学习理论认为，学习过程是从对感觉经验的选择性注意开始的，学习者以自己的经验为基础来构建"现实"。作文教学的出发点应该根据学生写作的实际确定，从学生视角出发，围绕学生作文中出现的问题，为学生写作搭建写作支架。《好久不见》这节课，正是基于学生最近一次写作《好久不见》的经验展开的。虽然只有短短五分钟的教学思考时间，但这五分钟内，我迅速做出了两方面的思考：学生可能会写哪些"好久不见"，还可以哪些"好久不见"。这两点思考，都是从学生出发，想的不是我要教什么，而是基于学生写作实情我能教什么。应该说，这五分钟粗糙的教学思考，为后来的课堂教学打下了较为扎实的基础，基本吻合学生的前次写作实情。而在具体的课堂教学中，教学不是从教师眼里的"好久不见"说起，而是就学生的上次写作做出的耐心的调查与恰当的分析而展开的。12篇学生习作，有6篇是写与小学同学或儿时玩伴好久不见，内容也仅限于玩耍打闹等，其他几篇也多是言之不深，写得不细。应该说，学生确实是在写他们熟悉的人或事，但写作角度单一，写作素材容易撞车，而且写作多泛泛之谈，少有细腻的表达。这样，本课教学就有了起点，更有了张力，学生在教师的引导下开拓出更广阔更丰富的写作空间，原来，我们可以这样写《好久不见》。邓彤老师说过，有效的写作教学需要具体的基于学生需求的写作知识，这些知识都来自对学生写作学情的探测分析。通过分析学情，可以确定写作教学目标、开发写作教学内容、设计写作学习支架，同时还需要对这些目标和内容进行微型化处理。（邓彤《点穴式：一种微型化的写作教学范式——以说服类议论文写作为例》，2016.6 语文教学通讯 A 刊）教学《好久不见》写作，首先要见到学生的《好久不见》，需要分析学生的写作样本，分析他们的写作行为，这样，从关注写作知识转向关注学生的写作情况，使"教"为"学"有效服务。

写作，要基于学生的写作动机和情感态度。初中生写不好作文，有技法的问题，也有学生写作动机和对待写作的情感态度等方面的问题。学生缺乏对写作文的强烈动机，写作情感态度不积极，作文课堂缺少愉悦的情感体验，这样写作教学必然低效或无效。写作教学不可能毕其功于一役，如江苏省特级教师蔡明老师所言，"更为重要的目的，是让每一次的写作训练过程都能成为学生生命成长和精神发育的一次唤醒，一次推动，一次升华"。作文指导课，先要把学生带入写作情境，引入写作状态，这要求教师在作文教学的每个环节都突出学生的主体地位，从学生的实际能力、实际素养、实际需求出发。《好久不见》这节作文指导课，以"有效的学生写作——发现学生的写作问题——分析学生的写作问题——提供支架材料帮助学生攻克写作障碍——学生再次写作"为教学路径，营造了良好的写作课堂这一生态场，这样的教学考量的是教师的组织实施能力与引导调控的智慧。比如几次文章素材的分析，全以学生为主体，让他们主动思考并归纳同学写作的共同点，这样，就激活了学生。启发学生思考生活中更多的"好久不见"的事物时，我请靠窗的老师拉开窗帘，露出天空、树等，让学生透过窗口看到外面的这个世界，给学生适当的刺激，启动学生的情感和思绪。当学生还没完全想清楚就说出"一棵树，好久不见它的茂密的树叶"时，给学生季节上的相关思考，把这个话题带向更深的写作中去。这堂课后半段，学生写作思维完全打开，妙想连篇，如"故乡的麦子好久不见天上降下的瑞雪了"，如"黑板上好久不见老师的粉笔痕迹"，如"蚂蚁已经很久不见芬芳的土地"，如"锅铲又见到了锅"等，看似偶然，其实是"唤醒"后的必然。

　　写作，要基于学生的写作思维去提升。课标说，写作教学应着重培养学生的观察能力、想象能力和表达能力，重视发展学生的思维能力，发展创造性思维。作文教学是思维与语言的训练，良好的思维品质对于作文审题、立意、选材和谋篇等都是至关重要的，抓住写作思维这个核心，才能抓住学生作文的关键。初中生写作，往往容易拾人牙慧，或平庸肤浅。所以，怎样指导学生去观察去积累，怎样培养学生多元思维和求异思维，培养学生的想象思维，怎样培养学生感悟能力，都是我们在教学中需要思考的。《好久不见》这课，分为四个环节，由学生习作分析到看到世界更多的"好久不见"，由"我"看到的世界到更多的其他的"我"看到的世界，这样，世界在丰富在拓宽，"我"也在增多，学生对世界对社会对生命的理解更为深刻，对自我的思考也越发成熟。蔡明老师在阐述"生态写作"时说，写作"必须跳出写作学科的范畴，必须进入生命、生活、生长的方方面面"。只有大力培养学生思维的广度，拓展其思维的深度，训练其思维的灵敏度，我们学生的作文才会具有更大的立足地和更强的生命力。"其实我觉得随着我每天（忙忙碌碌）早出晚归，似乎对美丽的景色也觉得好久不见了。"学生的这一思考，就使得写作从眼前景转到了心中景，感悟到了身边具体而微又容易被人忽略的存在。"'好久不见'，是一种感喟，一种惦念，一种发现，一种生命深处的思省、怅然和呼唤，一种震得灵魂的翅翼簌簌作响的爱与哀愁。不仅如此，更是冲破冷漠、麻木、幽闭、僵滞的起点！"一位听课教师的课后留言，说的也正是这样的感触。

教学还是粗糙的，但能看得到起点，看得出提升，能真实地省察自我，真诚地凝视世界，就是此课教学的真实意义。我们总以为我们已经看到了这个世界的样子。其实，我们错过的，才是世界。作文课，能不能这样说，我不是在教你们写作，而是教你们发现与凝视这个世界。

我在现场

★这是一节在上课前五分钟构思的课。这是一节让现场听课老师频频产生共鸣的课。这是一节引起广泛轰动，甚至江苏省两大作文赛事的选题竟然都有"好久不见"的课。这节课没有技法，却让我至今还在想念。蔡明老师评价说："这是一节原始的生态作文课堂，是一节连肖老师自己都难以复制的课堂。"

一节课，肖老师宛若一个深藏不露的农人，用一汪质朴而清澈的"源头活水"，慢慢地牵引，寻找，碰撞，渗透，升华，直到还原那个最初的"好久不见"的"天清地宁"的世界。在这样的世界里，天地大美，万物素朴，师生精神明亮。

课早已结束，但肖老师的声音一直都在。一遍遍听着录音，回溯，再回溯，以探寻这样真实震撼的作文课，到底是怎样上出来的。

——南师大附属徐州市大学路实验学校　陈海波

★一节真正好的作文课，应该有这样几个特点：1. 学生喜欢，思维得到阶梯式训练。每个孩子的思维都可以由一个腾空的过程，由不知道到喜爱，由说不出到说得好，由俗到雅，写作的思维被打通，独特的写作视角自然而然被挖掘。2. 听课老师喜欢，从课堂上勾联生活的记忆。执教者一石激起千层浪，唤醒的不仅是学生的记忆，更多的是听课教师的记忆。关注生活，关注人生，关注成长，关注自然生态，关注本善人性，这是我们多久都不能偏离的作文初心。3. 参会时认同，离会后意犹未尽。课堂上的作文引领，不仅是写作技巧和方法的引领，也是每个人精神成长和生命状态的引领。

好课留给教师的是思考、模仿和成长，是认同、敬重和期待。肖培东老师的课就是这样的好课。喜欢这样的课堂，期待这样的课！

——江苏省新沂市黑埠中学　何计凤

★肖老师在课堂上引领着学生走出单调狭隘的世界，扩展视野，走向广袤的大地、宽阔的海洋、无垠的天空，让学生将自己融进晶莹的露珠、细碎的虫鸣、游移的尘埃，也让我们融进这美好世界的点点滴滴之中。

肖老师在课堂上拉开窗帘，让学生去看窗外那些好久不见的景物。打开的是窗户，而其实打开的是学生的心灵，打开的是学生的视野，打开的是学生感知这个世界的能力。当一个老师把课上到把自己、把所有人都感动得眼睛湿润的时候，这节课带给学生的长远影响就不言而喻了！

好久没有因一节课而流泪，这个夜晚，动容感慨的同时，也是要和这个世界，和自己，好好谈谈……

——河南省南阳市实验学校　彭红

★这节作文课融讲评和指导于一炉，既把学生的思维引向纵深开阔，又教给了他们立意，还带给他们美好的享受。这是一节美的课，美在教师的语言，美在学生的发言，美在教学的设计。备课五分钟，但是课堂效果好到惊艳，令人叹为观止，全场数百位挑剔的与会老师全都不约而同、经久不息地鼓掌。

这节课是一首清亮澄澈、自然流淌的诗歌，这节课是一篇让人爱不释手、百读不厌的散文，这节课又是一篇师生共同创作、让人常读常新的童话。这节课让我知道了每个孩子都应该是写作的天使。这节课让我明白了熟悉的地方有风景，平淡的生活也有诗意。这节课让我顿悟未经审视的人生是没有价值的，未经凝视的生活是没有意义的。

——江苏丰县实验中学　张伟

★一堂《好久不见》作文课震撼全场。这节写作课，学生主体意识更是突出。肖老师用聊天的方式，让学生充分回忆起自己所写的内容，也能让教师抓住学生问题存在的关键。课堂的起点，落在学生。课中，也是随时针对学生的问题来教学。他发现班上选材趋同、狭隘和平庸，随即温和地给予引导。"我们能不能从大家共同写作的内容中走出来，寻找更多更有意味的'好久不见'？"这样，激发写作的内驱力，唤醒沉睡的灵魂，最是需要我们努力去做的。肖老师是站在学生的角度，自然地构建和推进课堂。教师很好地超越了文字的"线性的"约束，让学生多情地感受着这个"立体的"世界。每个学生，在他的熏染下，打通了生活与写作的关联，简直个个都是诗人。

——江苏省江阴市青阳中学　殷邦来

★如果说"好久不见"是在告诉我们要珍视生活中那些被忽略的美好，那么课堂最后一个环节"我们又见"就是在启示人们：只要足够用心，生活处处皆美好。从"不见"到"又见"，学生的思维需要来一个大逆转。而肖老师就是要考量一下学生们应对"问题"的灵活程度，看看他们的思维是否有了"质"的飞跃。经过思考后，学生们的立意为：又见读书笔记本上自己的文字、又见神秘的星空、又见家乡的小桥流水……其中一个学生的立意最与众不同：锅铲又见到了锅。是啊，"锅铲又见到了锅"，意味着充满烟火味的家庭温暖的回归。大家在对学生创造性思维称赞的同时，不得不钦佩肖老师的教学之道——我们真切地听到了"核心素养"落地、开花的声音！

——河北省黄骅市教师发展中心　刘秀银

名家点评

教学无痕　升格无限

江苏省东台市实验中学　樊智涛

"好久不见"成了这次作文研讨会的主题词了，成为这一届全体参与人员共同的永恒的记忆。

一堂作文课，火了"好久不见"，因为它点燃了在场所有人——学生、老师们内心深处的情感，点燃了大家对真善美的追求。这就是语文的魅力！

《好久不见》课堂仍历历在目，是的，生命和生活是写作的真谛，我们都应该来回首……

课后，微信朋友圈里"好久不见"刷屏了！肖老师的作文讲评课《好久不见》，感染了学生，令听课老师惊艳。师生如诗的对话灵动了整个会场，一切都那么的自然，环环相扣，层层拔节。学生的视野在课堂上一点点延展，狭小的世界一点点敞亮，师生参与的激情一点点绽放，台上台下，所有的人都沉浸在语文的世界里，享受创作的快乐，体验课堂生成的喜悦。

作文教学课究竟该怎么上？德国哲学家海德格尔提出的"让学引思"的教学理念值得大家去尝试。海德格尔倡导课堂教学教师要追求"让""引"精当得法，学生要追求"学""思"辩证统一。肖老师的这节作文课给我们做了很好的示范。这节作文讲评课是一节真实生成的有深度的生态课堂。虽然备课时间只用了短短 5 分钟，但是课堂中所呈现出的"让学引思"的教学理念以及"以生为本"的教学行为值得广大一线老师去反思。没有长期对课堂教学艺术的执着追求，没有扎实的语文素养，没有厚重的生活底蕴，怎可能出现如此的精彩？备课又何必拘泥于时长与地点？只要心中有课，哪里都是备课场，它应贯穿于我们职业生涯的每一天。

肖老师的这节作文课，给我以下三点体会。

一、 以学定教， 无痕的点拨促进学生发展

肖老师的作文课充分尊重学生，从学生的实际出发，以学生学习起点作为课堂的起点。课堂教学中师生不是"牵牛式"地赶路，而是"牧羊式"地轻松愉悦地交流，放手让学生去说，去思考。肖老师以漫谈的方式尝试着走近学生，去了解学生的真实状态——真实的写作状态，真实的情感世界。这样的师生谈话是温暖的，他不是师道尊严的居高临下，而是与学生平等的交流，帮助学生打开视野，完善思维。也许学生的回答只是一时兴起，具体的写作思路并没有，但肖老师总能顺着孩子的思维，引领着

他们将不可能变成可能。当学生回答：树好久不见树叶了。所有人都蒙了。肖老师机智地接问：树，怎么会好久不见自己的叶子？就像人，怎么就看不到自己的头发了呢？叶子去哪里了呢？树叶，秋天会凋零，熬过冬天，万物复苏的春天呢？蓬勃旺盛的夏天呢？是谁剥夺了它们的生命？学生没料到，他的回答竟成就了一种深刻与新颖。男孩带着满足自信地坐下了。师生沟通的美好境界感动着每个听众。学生在轻松的气氛中敞开了心扉，插上了想象的翅膀。

肖老师的课堂语言是举重若轻的。提问、追问、倾听、点评等绝不流于形式，无痕的点拨促进了学生发展。他的课堂提问大体分为两种类型：一类是引导学生归纳，发现规律。如：12 位同学的作文，有什么共性？6 个学生写小学同学，这说明什么？对比两组句子，有何不同？这些提问都指向于学生的思维训练，训练学生比较分析的能力，达成理性思维的深刻。另一类是延展学生思维的。如：视野再开阔一些，再次思考，还可以写些什么？将路走得更远一点，走出我们的校园。若想脱颖而出，要写出味道，你们都会写些什么？这样的提问旨在突破学生视野的局限，打开学生狭小的心灵世界，去看、去怀想、去构建好久不见的缤纷世界。学生在肖老师的点拨下，世界变得丰富了。那些日渐远离我们生活的场景、那些熟视无睹的风景走进了我们的视野。

二、 以生为本， 有痕的板书见证课堂的生成

肖老师的作文课体现了"以生为本"的教育教学理念，追求学生身心进步的真实发生，追求学生学习状态的真诚呼应，追求学生核心素养的真正养成。肖老师的课堂板书，即是很好的见证。

黑板上的板书分为三块。最左边是 12 名学生《好久不见》习作内容的原生态记录（学生随机汇报写作内容，由一名学生当场记录），学生的选材基本局限在小学同学、老师、家乡的草木……这些写作内容雷同现象严重，且事情基本集中在玩耍上，少有打动人心的。

中间部分是经过肖老师启发引导之后的选材内容，黑板上出现了阴凉的亭子、故乡清新的空气、田间打斗的蟋蟀、亮闪闪的萤火虫、父母忙碌

的身影、爷爷奶奶爽朗的笑容……这些内容较之前选择的内容具体了，有了鲜明的特征；选择的角度多样了，人、景、物都丰富起来了，学生的视野走出了教室，走向了生活与大自然。文章的立意也变得多元而深刻。

最右边是教师引导学生变换叙述主体，换一个"我"来选定的写作内容。黑板上出现了鸟儿好久不见天空；麦子好久不见雪花；背板上好久不见老师的文字；树好久不见自己的叶子……诗意的语言在课堂流淌，学生灵动的想象在喷薄，课堂在生态中自然生成。

这节课，让我们看到老师对学生的思维引导。肖老师始终遵循学生的思维认知规律，带着学生分析问题，引导学生沿着清晰的路线拾级而上。黑板上留下的三组板书，就像一个慢慢打开的世界，让我们尘封已久的心灵一点点化开。正如肖老师所言，我也许无法教你写作，但我可以引领你去看世界。他是这样说的，也是这么做的，而且做得如此自然灵动。

而反观我们当下的语文课堂，过于追求表面的热闹喧嚣。纷繁复杂的学生活动，声光影的视频播放，使得课件成为课堂的必需品。我们在刷屏的时候，课堂变得匆匆，学生停留思考的时间越来越少，黑板上的板书越来越少。学生的学习过程是疑似学习的过程，甚至是伪学习的过程。学生的思维水平根本没有得到应有的发展。而肖老师的课堂板书，见证了课堂的有效生成，成为当下课堂的"珍品"。

三、 以情动人， 理性的引领激活情感的升华

谁说考试扼杀了孩子的性灵？当我们埋怨工作的繁琐，冷漠于时间的流转时，你可知道，我们的学生还拥有那份纯净，每个学生都可以成为诗人。只是我们过于急躁，缺少静候花开的耐心，对学生回答的内容简单应付成为课堂教学中的通病。而肖老师是敏感的魔术师，他善于发现平凡中的不平凡，他总是呵护着孩子稚嫩的心灵，珍惜着孩子童话般的话语，在他的引领下，万物都是有灵性的，直抵我们的心灵。每个孩子都成为创作的参与者，学生说出的话语，自然成诗，芳香了整个会场。

学生的才情在师生的碰撞下激情绽放，"好久不见"的哀婉在课堂中弥散。是的，生活中那么多的美好远离了我们的生活，淡淡的哀伤在流

转。但是肖老师的高明就在于他没有将这种伤感肆意弥散，他站在思想的高度，启发学生领悟生活的真谛，形成正确的价值观，让学生以积极的心态去预见更为美好的世界。课堂结束前 10 分钟，他话锋一转，如果题目改成《又见》，你准备写什么呢？写作视角的转换，展开了作文思路的五彩斑斓，课堂一下子变成了一个敞亮明媚的世界。是的，生活中会有灰色，但是明天依然值得期待，湛蓝的天空、清澈的小溪、灿烂的笑容……美好的事物依然会重现，我们在审视批判中满怀希望迎接未来。"锅铲又见到了锅"的真诚声音洗涤着所有人的灵魂，那一刻的课堂，面朝大海，春暖花开。

　　肖老师的作文课堂真实地体现了"让学引思"的教学理念，老师让得有度，引得精当，学生学习效率与思维品质的提升动态生成。教学无痕，升格无限。那些天衣无缝的对话衔接，以生为本的教学行为，叩动心灵的情感触碰，无不萦绕着我们，去审视自我，奔向远方。

尝试创作 · 《怎样写诗》

![浅浅小语]

每一片被秋风带走的衰叶，都有机会回到春天的枝头。
每一滴遗忘在草尖上的残露，天空召唤着它汇入溪水的奔流。
爱，就是信任和等待。

——肖培东

![课堂再现]

执　　教：肖培东

点　　评：董明实

教学背景：2019 年 9 月 26 日，新疆克拉玛依市第一中学，新疆自治区第三届中学语文青年教师学科素养大赛暨第四届现场课比赛观摩课。

一、 献给祖国的诗歌

生（齐）：老师好！

师：请坐。打开我们的课本，看一看，九年级的语文学习是从哪个单元开始的？

生（杂）：诗歌，现代诗。

师：对，现代诗，中国现代诗，我们九年级的语文学习是从诗歌开始的。这个单元学过了吗？（学生说"学过"）嗯，同学们，很快就要国庆了吧。今天几号呀？

生（齐）：9月26号。

师：再过几天，我们就要迎来我们伟大的共和国70周年华诞了。那么，同学们，如果从我们第一单元选出一首诗献给我们的共和国，你会选哪首诗？你来说。

生1：我会选艾青的《我爱这土地》。

师：好，赤子之心。还有没有？

生2：我会选毛主席的《沁园春·雪》。

师：你会选《沁园春·雪》，江山多娇。你呢？

生3：我觉得，我会选，我也会选《沁园春·雪》。

师：艾青的《我爱这土地》，毛主席的《沁园春·雪》！其实我们第一单元诗歌都能献给我们伟大的共和国，是不是？

生（齐）：是。

师：你看，如果你是一位海外游子，你想（为祖国）读什么？

生（齐）：读《乡愁》。

师：还有，同学们，十月的祖国美如画。如果我们想把祖国写成美丽的诗，我们会把它想成人间美丽的——

生（齐）：四月天！你是爱，是暖，是希望，你是人间的四月天！

师：好，既然大家首选《我爱这土地》，我们就进入《我爱这土地》诗歌朗诵当中。打开课本，哪位同学愿意把艾青的这首诗给大家读一读？刚才谁选《我爱这土地》的？哦，你！你读，听听你有多爱这土地。大家认真听。

生1（读《我爱这土地》）：

假如我是一只鸟，

我也应该用嘶哑的喉咙歌唱：

这被暴风雨所打击着的土地，

这永远汹涌着我们的悲愤的河流，

这无止息地吹刮着的激怒的风，

和那来自林间的无比温柔的黎明……

——然后我死了,

连羽毛也腐烂在土地里面。

为什么我的眼里常含泪水?

因为我对这土地爱得深沉……

(整体读得较好,结尾句读得有点随意,情感欠缺。读完学生鼓掌)

师(叫起一鼓掌的学生):你为什么鼓掌?

生4:因为我觉得他读得特别有感情。

师:你觉得他哪句话读得特别有感情?

生4:因为我对这土地爱得深沉……

师:其实,我们还就觉得他这句话读得不够有感情,不够深沉。这最能抒发情感的两句诗,读的时候一定要注意。"为什么我的眼里常含泪水",一起读,"因为我对这土地爱得深沉"。(教师范读)

生(齐读):因为/我/对这土地/爱得深沉

师:读好一首诗啊,需要你处理好重音、轻音、长音、短音等,处理好语速、语调,等等,最重要的是你要用真心,动真情。请坐。(叫起另一生)哎,你刚才也鼓掌了。你为什么给他鼓掌?站起来说吧。

生5:我觉得他读得流畅,读得连贯。

师:你的意见呢?

生6:读得快了点。

师:读得流畅,连贯,是吧。他的问题又恰巧就在这里,连贯吧,又太连了,太快了。他把每一个句子都读成同一个节奏,没有明显的停顿。"这无止息地吹刮着的激怒的风,和那来自林间的无比温柔的黎明",你看这个"黎明"后面是什么标点符号?

生(齐):省略号。

师:下一句前面又有什么标点符号?

生(齐):破折号。

师:说明这两句之间你得有个停顿,长长的停顿。你要让那只鸟在那个无比温柔的黎明尽情徜徉。来,同学们,我们一起来读读。"假如我是一只鸟，我也应该用嘶哑的喉咙歌唱"，预备，读！

（生有感情地齐读，改变明显）

师：你看，你们这个读很容易就学好了，马上就有改变了。好了，同学们，谁愿意再把这首诗读一遍？（学生纷纷举手，有个学生手举得很犹豫）看到你了！好，来，你来！

（生7读《我爱这土地》，很有感情）

二、 散落一地的秋叶

师：这就是我们献给国庆最好的声音。好了，同学们，一只鸟死了以后，也要把羽毛腐烂在土地里面，以表达它对土地的忠贞与眷恋。同学们，生活当中，这样来表达爱的事物还有很多。哪些事物在自己生命里告别的时刻，还会把自己交给土地呢？除了一只鸟，还有吗？你来说。

生8：落红不是无情物，化作春泥更护花。

师：嗯，"落红"，指的是落花，当然还有秋天的——

生（齐）：落叶。

师：落叶！瞧，落叶来了！（出示PPT，呈现一首诗歌《秋叶》）

PPT：

秋叶

坡上
坡下

───────

散落一地

师：这是一首关于落叶的诗。这首诗不长，哪位同学愿意来读一读？你来。

生9（读《秋叶》）：坡上／坡下／散落一地（第三句空格，犹豫了一下）

师：感觉少了一句是吧。这首诗一共有四句，老师隐藏了一句。少一句，我们就先读三句，好不好？"坡上/坡下"也要读起来有弹性的。"坡上"预备起！

生（齐读）：坡上/坡下/散落一地

师：散落一地，那么第三句应该是什么散落一地。一定是什么？一起说！（学生说"落叶"）落叶，秋天的叶，秋天的落叶，对不对？我们把"秋天的落叶"换在第三句上，读。"坡上/坡下/秋天的落叶/散落一地"，起！

生（齐读）：坡上/坡下/秋天的落叶/散落一地

师：现在问题来了。这首诗，这位诗人，他的第三句，你觉得他会不会写成"落叶"，或"秋天的落叶"，或"秋天的叶子"呢？（很多学生举手，又叫了一个举手犹豫的学生）你手举了一半，你说吧！

生10：我觉得不会！

师：理由？

生10：因为如果写得好的话，不写成"落叶"，即使我不知道这首诗的题目，我也会读出诗歌的意趣，读出是秋天的落叶。这样，才是真正有意境的感觉。

师：哦，你觉得用落叶成诗不够有意境，对吧？好，请坐。来，角落里的同学，你来说一说。你觉得会不会呢？

生11：我觉得也不会。

师：哦，理由。

生11：就是他写首诗，应该就是要表达出他的情感。如果他加"秋叶"这个词就太明显了，没味道。

师：用你的话来说，就太直白了，没韵味。是这意思吧？

生11：嗯。

师：好，请坐。来，那个角落里的同学，你来说说。诗人会不会用"叶子""落叶"或"秋天的落叶"？

生12：我也觉得不会。题目就是"秋叶"，如果还用秋叶的话就有点太单调了。

师：太单调了，题目已经是"秋叶"，所以应该避开叶子来写叶。是吧？

生12：是。

师：请坐。这三位同学的意见是不是全班同学的意见呢？（同学们点头）那么，同学们，这个第三句应该怎么写呢？或者说，让你来写这第三句诗，你会写什么？表达的是秋天的叶子，但诗句中又不能出现"叶子""落叶"等明显的词，你觉得你会写什么呢？想一想。（同学们思考）坡上，坡下，究竟是什么散落一地呢？有想好的吗？你来说。

生13：零碎的金黄，散落一地。

师：零碎的金黄，为什么？

生13：因为秋天的叶子就是金黄色的，又飘飘散散，给人一种凌乱的感觉！

师（转向另一同学）：他这么一说，你眼前是不是有一幅画面了？

生14：是，就可以想象到，秋天的时候，地上铺满金黄的落叶。

师：也就是说，他拿落叶的颜色来写落叶。来，同学们，一起来帮他读读这首诗。"坡上，坡下，零碎的金黄"，预备起。

生（齐读）：坡上/坡下/零碎的金黄/散落一地

师：好，零碎的金黄！还有没有？坡上，坡下，究竟是什么散落一地呢？嗯，这位女同学，你来说。

生15：一片一片，散落一地。

师：你这句诗很简单，怎么就会想到"一片一片，散落一地"？

生15：因为叶子很轻盈，很轻巧。

师：哦，就是用数量词来写。那你的"一片一片"里有没有逗号？

生15：有。

师：有？你读读看？

生15：坡上/坡下/一片，一片/散落一地

师：你为什么要在中间加个逗号呢？

生15：因为落叶飘的时候是有节奏的。

师：哦，落叶飘的时候是有节奏的。你看，你写诗根本就不需要人教

啊，你就是诗歌。这个逗号加进去非常有味道。同学们，仿佛每一片落叶的飘落，都在我们眼前展开，一片，一片，又一片，又一片……这个节奏，好像是一个故事一样呈现在我们眼前。同学们读她写的诗。来，一起，预备，开始。

生（齐读）：坡上／坡下／一片，一片／散落一地（读得很有节奏感）

师：一片，一片，散落一地。好，第三片，谁来写？前两片落叶都不错，都有特点，很形象生动。你们会写诗，把手举得高高的！哦，你来。

生16：我想的是，"哗啦啦地，随着秋雨"，散落一地。

师：哗啦啦地，随着秋雨，散落一地。你重新把这首诗读一下。

生16（读）：坡上／坡下／哗啦啦地／随着秋雨／散落一地（读得声情并茂）

师：我喜欢，她这首诗是从自己心里面流出来的。就是给个建议，她其实是把这首四句诗改成了五句诗。哗啦啦地，随着秋雨，散落一地。大家觉得哪句可以去掉呢？

生17：我觉得"随着秋雨"可以去掉！

师：干脆就把这句话去掉，是不是好一点呢？就让读诗的人去想，这哗啦啦的，究竟是秋雨呢，还是秋风。诗歌呀，不要写得太满，要留有想象的空间。好了，来，你自己骄傲地把你的这首诗读一读！

生16：坡上／坡下／哗啦啦地／散落一地（很有感情）

师：哗啦啦地，散落一地，这哗啦啦的，是风中的落叶，还是风中的一首歌。就让你慢慢地去感受。（有学生举手）好了，接下来其他同学的诗句该哗啦啦地来了！

生17：我想的是，坡上，坡下，秋风带蝶，散落一地。（声音轻）

师：啊，你得让我听清楚点。

生17：秋风带蝶，就是秋风带着金黄色的蝴蝶，飘到了地下。

师：秋风带着蝶，大家知道吗？蝶是蝴蝶。你怎么会想到蝴蝶的呢？

生17：我觉得山坡上树有很多种，树叶也有很多种形态，就像一只只蝴蝶，在风中飘落到地上，树上叶子就没有了。

师：从树叶飘落的姿态，他写出了这句诗。来，同学们，我们读读他的这首诗。"坡上,坡下,秋风带蝶",预备读。

生(齐读):坡上/坡下/秋风带蝶/散落一地

师:继续,你来。

生18(读):坡上/坡下/随风摇曳/散落一地

师:嗯,随风摇曳,散落一地。这是想表达什么呢?

生18:因为叶子散落一地的话,肯定就需要有外部因素。首先秋天是一个生命的轮回,叶子死亡,会掉下来,但是还有外界原因,就是风吹,可能会使它落到地上。

师:嗯,我发现你阐述的句子当中,还有一句诗非常好,"生命的轮回,散落一地"。你读读看!"坡上,坡下,生命的轮回,散落一地。"

生18(读):坡上/坡下/生命的轮回/散落一地

师:你们觉得什么样?(生鼓掌)

师:说明你还可以写出更多更好的诗。而且,他还告诉我们什么呢?他在解释"随风摇曳"的过程中,不知不觉地陷入到了生命的思考中去。所以,这飘落的,不是落叶,其实是一个个鲜活的生命个体。每一片落叶让我们看到生命的轮回、生命的痕迹、时光的印记。所以,同学们,慢慢地走进更深刻的思考当中去吧!"坡上,坡下,时光的印记,散落一地。"所以,随风摇曳的是生命,是记忆,是很多很多我们可能还无法触摸到的一些思考。好,继续。还有没有?现在开始走向抽象思考了。时光的痕迹,生命的轮回,还有没有?来,你来。

生19:我觉得可以是"轻盈的舞者"。

师:读一下。

生19(读):坡上/坡下/轻盈的舞者/散落一地

师:你为什么用"轻盈的舞者"来写?

生19:落叶一片一片,它非常轻巧,在飘的时候,有风的话就像在跳舞。

师:对。叶子就是跳舞的人。叶子的离去,在这位诗人的眼中,变成了舞蹈者的轻盈姿态。所以同学们,用心去爱这个世界,我们在窗外会理解到许多生命和生命的哲理。再读一遍。

生（齐读）：坡上/坡下/轻盈的舞者/散落一地（有感情）

师：这就是我们对叶子的崇敬！好，继续。没有发过言的要开始举手了。好，手举得那么高，肯定想发言。来，你来说。（叫起一个未举手的女学生）

生20：我觉得……是……坡上坡下……（断断续续，思考）

师（鼓励）：想想啊。

生20：嗯，我还没想好。（很羞涩，尴尬）

师（微笑）：哦，同学们，她的诗已经写出来了！你听！"还没想好的诗句，散落一地"，可不可以？

生20（惊讶）：我觉得可以！

师：怎么就可以了呢？

生20：因为刚才说的这句。

师：对，此时，谁是诗人？叶落的时候，谁是诗人？谁在想诗？

生20：我。

师：你，也就是那棵秋风中的树。它也想写一首秋天的诗，写呀写呀，它对自己写的诗，都不满意。不满意了以后干什么了呢？

生（杂）：扔纸团！

师：还把它揉碎，一揉碎，抛撒下来，就变成了满天满地的落叶。天哪！这位同学！你这首诗是最美的诗！大家一起来读一读。"坡上，坡下"预备起！

生（齐读）：坡上/坡下/还没想好的诗句/散落一地（读得很兴奋）

师：写诗，简单吗？同学们？没想好的都可以变成好诗句了！这节课还没有举过手发言的，你！

生21：我觉得可以是"金黄的记忆"。

师：金黄的记忆！告诉老师这份金黄色的记忆里都有什么。如果你是一个远方的孩子，金黄的记忆里有什么？

生21：小时候在家乡在父母身边的美好回忆。

师：嗯，家乡的回忆，眺望家乡的那个眼神！所以，这哪是落叶，这分明是游子的呼唤，是回归大地的期待！因此，金黄的记忆里有无尽的思念。好，请坐。大家一起来读读"金黄的记忆"。

生（齐读）：坡上/坡下/金黄的记忆/散落一地

师：金黄的记忆，散落一地。无尽的思念，散落一地。归家的期待，散落一地。接下来，最后两次机会！还有没有？噢，举手了。

生22：坡上，坡下，突然注意到它，散落一地。（生笑）

师："突然注意到它，散落一地"？！你怎么写一首诗，节奏感跟我们都不一样呢？（师微笑）你看，大家写的都是什么散落一地，你怎么是"突然注意到它，散落一地"？

生22：因为我觉得秋叶这种不是特别重要的事物，我可能突然才注意到它。

师：你这句话，就是想说，秋叶，平时我们是冷落它，今天当它散落一地的时候，我们突然发现它其实是非常美的。（生22点头）同学们，他的思考其实告诉我们：只有关注生活当中的平凡事物，才能找到和找回你的那颗失落的诗心。是这样吧！秋叶是一首诗，再把你这首诗读一读吧。

生22（读）：坡上/坡下/突然注意到它/散落一地

师：突然注意到它，散落一地。干脆你就把"突然注意到它"再改改。"注意到"去掉，突然它，散落一地。读读看。

生22（读）：坡上/坡下/突然 它/散落一地（"突然"后面停顿了一下）

师：是不是比你原来的好一点？

生22：是，感觉更有诗味了。

师：哎，这说明我们斟词酌句，可以把诗歌改写得更有味道。好了，同学们，想不想知道诗人的原句？

生（齐）：想。

师：他写的可能还没有你的好。他是这么写的。"坡上/坡下/秋天的微笑/散落一地"，写的真不一定比你们好。读读。

生（齐读）：坡上/坡下/秋天的微笑/散落一地

师：这首写《秋叶》的诗歌，秋叶不见了，我们换成了微笑，换成了眼泪，换成了思念，换成了写不出来的诗句。可能每一张秋叶都是一封写给冬天的请帖，可能每一张秋叶都是写给来年春天的邀请书，这样都可以。考虑一下，这告诉我们写诗应该怎样。你来说。

生23：写诗我觉得应该写与它有关联的，有代表的。

生24：写诗要发挥想象。

师：说得非常朴素，非常真诚。来，我们大家看看这个单元《诗歌创作》。翻到课本第13页《怎样写诗》，请位同学给大家读一读。来，你给大家读一读第一段。

生25（读）：诗歌是情感的抒发，生活中的人、事、物都可能触发我们的情感，将这种情感分行写出来，就有诗的模样了；如果再适当融入联想和想象，就有诗的味道了。

师：哎，这就是刚才我们这个同学说的，寻找和它相关的一些东西。再来读下面一段的第一行。

生25（读）：写诗可以直抒胸臆，也可以借助具体可感的形象来书写情志，更多的时候二者是有机地结合在一起。

师：好，同学们一起来读读这句话，"写诗可以直抒胸臆"，预备起。

生（齐读）：写诗可以直抒胸臆，也可以借助具体可感的形象来书写，更多的时候二者是有机地结合在一起。

师：记住，写诗可以直抒胸臆。比如说刚才那首诗，"突然"，他其实就是表达自己内心的一种惊喜。而更多的同学，则是寻找到了具体可感的形象，比如蝴蝶，比如金黄色，比如眼泪，比如痕迹等。写诗更多的时候，二者是有机地结合起来的。好，一起来读读我们刚才写的《秋叶》。你最喜欢哪一句，你就读哪一首，好不好？想起来了吗？刚才那些诗。来，你来读！你最喜欢刚才同学写的哪一首诗？

生26（读）：坡上／坡下／哗啦啦的／散落一地。

师：这就是你写的吧？我突然想到了这就是你写的！所以，你就非常符合诗人的气质。"我"写的诗就是最好的！（生笑）

师：好，同学们读读我写的诗吧。刚才我跟这位女同学一起创作了一首诗，我们一起来读读。来，大家跟着我们读，"坡上，坡下"，预备起！

生（读）：坡上／坡下／想不出的诗句／散落一地（生20读得特别响）

师：看，别的同学都不愿意跟你读了。知道为什么吗？他们想不出这句好诗。（笑）

三、秋天来了

师：同学们，一句《秋叶》的诗会写了，秋天就真的来了。（PPT出示）肖老师这首诗，我写了第一节。这首诗叫《秋天来了》。来，你帮我读一读这节诗。

PPT：

    叶儿黄了
    秋天来了

生27（读）：叶儿黄了/秋天来了（读得很平淡）

师：好像不是我写的诗，我的诗歌是有节奏的，我的诗歌是有韵律的，有感情的。来，你再来帮我读读这首诗。

生27：叶儿黄了/秋天来了（读得有进步）

师：同学们，秋天是伴随着叶子金黄而来的。秋天来了，叶儿黄了。这是第一节。如果我继续写下去，我该怎么写？秋天是怎么来的呢？除了叶子的黄。嗯，你来说。

生28：叶儿落了/夏天走了

师：哦，是秋天来了，这首诗都是写"秋天来了"。你看我这首诗的题目叫《秋天来了》。不过，我觉得你这两句诗也很有诗味。你就跟着我打"叶子"仗了。（笑）好，我们能不能再换一个场景？什么，秋天来了，好不好？来，刚才读得很好。

生28：果儿红了/秋天来了

师：果儿红了，秋天来了。那要是咱家果儿不红，怎么办？（生笑）有些果好像不是红的呀，可不可以用"红"字？

生28：可以的。

师：我也觉得可以！红代表着你心中的成熟和丰收的色彩，是不是？

342

好，那我们就一起把这两节诗来读一读。"叶儿黄了"，预备起。

生（齐读）：叶儿黄了/秋天来了/果儿红了/秋天来了

师：请坐。继续下去！还有没有？秋天是怎么来的呢？来，你来说。

生29：花儿谢了/秋天来了

师：嗯，继续，秋天究竟怎么来的？叶儿，果儿，花儿。说说看！

生30：雨儿下了/秋天来了（生笑）

师：春天不下雨吗？考虑一下可不可以？

生30：我觉得行。

师：你觉得行那就行了。诗歌很专注自己的内心感受。可能你对这场雨有特别的体验。好了，还有没有？你来。

生31：天儿凉了/秋天来了

师：那真是的，风一吹，天一凉，秋天就来了。你来。

生32：农民笑了/秋天来了

师：请坐，来，你还想说。

生33：秋衣穿了/秋天来了

师：现在我们大家看看，都挺有意思的。写诗看来挺简单的，不怕。现在有叶儿，果儿，还有花儿，还有天凉了等。好，我们就选个三节吧。叶儿，果儿，风儿凉了，好不好？现在我们一起来读读，"叶儿黄了"，预备起。

生（齐读）：

叶儿黄了

秋天来了

果儿红了

秋天来了

风儿凉了

秋天来了

师：那同学们，如果我想把"果儿红了"，改动一个字，你觉得我会改哪个字？你来说。

生34：可以把"红了"改成果儿"熟了"。

师：那我宁可不改。（生笑）"红"改成"熟"，我还真是不改。"红"还可以改什么呢？你看"叶儿黄了"，这个"黄"已经是——

生（杂）：是颜色。

师：已经是色彩了。咱们能不能换个？来，你来说。

生35：果儿落了。

师：果儿落了，也很直观，有动感了。还有没有？

生36：我觉得可以说果儿"笑"了，因为成熟了。

师：嗯，它为什么笑？每个果儿都笑了，因为它成熟了。可以，还有呢？（有学生说"果儿香了"）所以，同学们，这就告诉我们什么呢？看《怎样写诗》，我们大家看看。第三节，你给大家读一读。

生37：写诗还要注意语言的简洁凝练。

师：也就是说，写诗，要找到最能表现诗意诗味的那个字。所以，写诗呢，对语言非常讲究。好，我们就用"果儿笑了"，好吧。一起来读。

师生（齐读）：

叶儿黄了

秋天来了

果儿笑了

秋天来了

风儿凉了

秋天来了

师：你看，叶儿黄，是视觉。果儿笑——

生（齐）：听觉。

师：是听觉，当然也有视觉状态。那么风儿凉——

生（齐）：触觉。

师：这样，角度就有不同。假如我这首诗一共只有四节，我的第四节应该是什么？叶儿黄了，秋天来了；果儿笑了，秋天来了；风儿凉了，秋天来了。第四节，秋天是怎么来的呢？想一想，不着急。来，你来。（学生思考）

生38：麦儿香了/秋天来了

师：好，他还是坚持写麦儿。好，还有谁？你来说。

生39：鸟儿远了。

师：鸟儿远了，这个"远"很有意境。第四节再写秋天的这些景物，当然都可以。还有没有另一种写法呢？来，孩子，你来说。

生40：游子归了/秋天来了（深情）

师："游子归了，秋天来了。"为什么想到游子？

生40：因为秋天的时候，我觉得，特别是乡下，有很多打工的人都回家帮忙收割。

师：同学们，你从他的这节诗里面悟到什么呢？

生41：我悟到了他对团圆的渴望，对家人的思念。

师：也就是说，前面所写的三节诗，其实都在为最后一节情感抒发做铺垫。所以后面如果你再写秋天的景物，自然也是诗，但转到人上去，可能会有另一种深沉的感觉。风儿凉了，秋天来了，他写的是游子，你呢？还有吗？你来说。

生42：没想好。

师：没想好。这次没想好，可不行哦。（笑）你告诉老师，风儿一凉，你们家谁老在唠叨？

生42：我妈。

师：妈都唠叨什么？（生说"要穿衣"）穿秋衣秋裤，是不是？哎，母亲唠叨了，秋天来了。可不可以？读读看。风儿凉了，秋天来了——

生42：母亲唠叨了，秋天来了。（读得很有感情）

师：哎对，母亲唠叨了，这个时候这句话要读得有感觉。风儿凉了，秋天来了——

生（齐读）：母亲唠叨了/秋天来了

师：他写游子，你就写母亲。好，同学们，这就说明什么呢？诗歌最重要的是情感的抒发。一起来读读第一节，预备起。

生（齐读）：诗歌是情感的抒发，生活中的人、事、物都可能触发我们的情感，将这种情感分行写出来，就有诗的模样了；如果再适当融入联想和想象，就有诗的味道了。

师：所以，顺着风儿凉，你可以再想下去。在风儿凉的背后是母亲的眼睛，是故乡的召唤，是游子的期待……还有没有？你来说。风儿凉了，秋天来了——

生43：没有想好。

师：没有想好，这就是诗歌了。"男孩沉默了，秋天来了！"（生笑）人到了秋天，特别有心事的，所以男孩他没有想好也是对的，也是秋天的诗歌哦。（鼓掌）

师：同学们，这就是我们写下来的诗歌。现在我们再回到我们刚才写的那首诗《秋天来了》，一起来读一读。女同学，读"叶儿黄了"，男同学，读"果儿笑了"，女同学，读"风儿凉"，男同学读"母亲唠叨了"，然后齐读"母亲唠叨了"。我们先请班里一男一女同学来完成我们这首自创诗歌的朗诵。

生（诵读）：

（女）叶儿黄了
　　　秋天来了
（男）果儿笑了
　　　秋天来了
（女）风儿凉了
　　　秋天来了
（男）母亲唠叨了
　　　秋天来了
（合）母亲唠叨了
　　　秋天来了（掌声）

四、 假如我是一枚秋叶

师：读自己的诗，特别有意思。回过头来再回到艾青的诗上。（PPT

346

艾青的《我爱这土地》）现在我们把这首诗的第一句话改一改，"假如我是一枚秋天的叶"，请你写下去。你可以仿照，也可以用自己的语言来写。三两句就可以，好不好？因为时间关系我们不写长诗了。"假如我是一枚秋天的叶"，开始。拿出笔和纸，或者就写在你的书上。（学生写诗练习）

师：请同学读一读你自己写的诗。

生44：假如我是一枚秋天的叶/我也应该用最后的生命舞蹈/为这凄冷的寒秋/添上我的华章（掌声）

师：诗写得真不错，不过更应该读得铿锵有力些，因为那是生命的宣言。

师：你来。

生45：假如我是一枚秋天的叶/我也应该在最后的旅程中起舞

师："我也应该/在最后的旅程中/起舞"，分行更有味。把诗的感觉读出来。你来。

生46：假如我是一枚秋天的叶/我也应该欣赏自己的美/徜徉在无边的麦浪/醉倒在秋天的果实中/抗击着凛冽的风/不屈地为生命奉上赞歌/然后/我/零落。

师：他最后来了这么一个结尾，"然后我零落"。读得那么低调，真好。诗歌是从内心发出来的。所以同学们，你是怎样的，诗句就是怎样的。来，女同学。

生47：假如我是一枚秋天的叶/我也应该用力地挥动着枯萎的枝干/向着/侵蚀着我亲爱的大树的蛀虫

师：我特别喜欢"挥动着枯萎的枝干"，像树长出翅膀一样，好句子！

生：假如我是一枚秋天的叶/我也应该用自己的姿态装扮田野/这被喜悦所笼罩着的土地/是人们丰收的身影（掌声）

师：再给最后一个机会，给谁呢？你举手了！（叫起举手的同学）请你告诉我，你想推荐哪个同学的诗？（生笑）

生48：我想推荐自己的诗。（生笑）

师：你自己的诗？那行！下次要推荐同学的诗！好，你读读！

生：假如我是一枚秋天的叶/我也应该在生命的尽头呼唤/向着凄凉的

地/留下我的念！

师："留下我的念"，看起来《你是人间的四月天》感受很深。所以，同学们看吧，这就是诗。可能你觉得这些诗歌还太稚嫩，没关系。你看，课本第12页有一段话，我们请同学来读一读。

生49（读）：也许写诗并不如想象的那么容易，也许你的诗还很稚嫩，这都没有关系，大胆尝试，体会一下诗歌创作的快乐吧！

师：所以同学们这都没有关系，你写的诗，也许只是你心里的诗，但是最重要的是，你用自己的诗句来表达了自己。所以，同学们这节课，重在尝试，重在体会写诗的快乐。最后，让我们大家一起来读一读。"台上，台下，秋天的诗句，散落一地。"齐读！

生（齐读）：台上，台下，秋天的诗句，散落一地！

师：下课！（全场掌声）

教学感言

★九年级语文是从诗歌开始的，或者可以这样说，语文就应该从诗歌开始，因为我们最初都是以诗歌的姿态来到这个世界上的。呱呱坠地的第一声啼哭是诗，襁褓中的呀呀学语是诗，蹒跚学步的摇摇晃晃是诗，清澈的眼眸、粉嫩的面容、稚嫩的叫唤以及认真的哭泣等，都是诗。每一首诗，都是生命与世界的一次意外的邂逅。而在童年的眼眸里，世界就是诗歌，日月星辰、草木虫鱼都是诗句。生命，从诗歌的啼唱起步，最后回归诗歌的大地，这才是诗意的人生。爱尔兰诗人希尼说："在某种意义上，诗歌的功效等于零……但在另一种意义上，它是无限的。"我不知道，在这个物质主义浪潮汹涌、一切以"有用"为是求的时代，我们终究会回到怎样的世界。只是我庆幸，还有这样的一堂课，让我们可以真诚又愧疚地承认，我们曾经接触过、拥有过诗歌。

★九年级上册第一单元中国现代诗"活动·探究"单元，任务三就是"尝试创作"。要求选择一个对象，写一首小诗，抒发自己的情感，写作中注意句式和节奏。我特别喜欢"尝试""创作"这两个词。你是在"创作"，你就是诗人，你的生命开始和艺术创造相连，你有这个潜能，也配得上拥有这个过程。"尝试"，不用畏惧，不用羞涩，你尽管去写你自己的诗句，这个世界总会承认你最初稚嫩的诗行，就像承认你最初不成语句的言语和摇晃不定的学步。而且，"尝试创作"，也在提醒我，学生是有创作潜能的，甚至，不需要你去教他们写诗，在课堂上，你要做的就是，想尽办法把他们放飞到诗歌的天空中，不让他们的诗心打瞌睡，或者昏昏沉沉。至于他们用翅膀写诗，还是用眼睛写诗，一切出于他们的内心。

★诗歌阅读，是帮助我们培养诗心；诗歌创作，就是表达你的诗心，就是向世界证明你的诗心。

★你别老想着去教学生写诗，即便你很会写诗。里尔克说："在世间万物中我都发现了你。"最要紧的，是给他们发现诗歌的眼睛，帮助他们学会保留一颗诗心。"诗者，在心为志，发言为诗。"诗歌，是你对生活的感悟和表达，表现的是你的心。有心，无论你在凝望什么，诗歌都在等待你。

★我喜欢秋天的落叶，而且越来越强烈。威尔士诗坛泰斗托马斯的代表作《农村》里有我很喜欢的一句诗："因为围绕着你，慢慢转动着一个世界。"对着秋天金黄的落叶，我也想读这句诗。好多次，落叶飘进了我的课堂，"辽阔而富于意义"。

★我不是来教写诗的，我是来和你们一起来寻找诗歌的，我们要领略到它带给我们的无比温暖与美好的感觉。你一定要站在可以想象、可以感动的地方写诗。你不需要急于向谁证明你写的就是诗歌，你要相信自己写的就是诗歌。生命本该和诗歌相融。写出，很正常。写不出，才是惭愧。不过，你怎么可能写不出来呢？你这样的年龄，本身就是诗呀。或者，我们不是在创作，而是在找回。

★"也许写诗并不如想象的那么容易，也许你的诗还很稚嫩，这都没有关系，大胆尝试，体会一下诗歌创作的快乐吧！"你看，教材里写得多么明确，多么美好。主动参与，亲身实践；下有底线，上不封顶；渐进的，知行统一式的。让每个学生都在活动与探究中享受学习的快乐，教师则重在策划、组织与调控。"活动·探究"单元要的就是让全体学生动起来，"活动"是这个单元教学的本质。

★看到克拉玛依的学生那么认真地走进诗歌的秋天，我特别感动。这枚秋叶飘过许多地方，留下新疆的教学版本，就是想告诉我们，无论何时何地，我们的生命都需要诗意的镶嵌。可是，我也很久没有写诗了，走下讲台，我很羞愧地想。如果说决定着诗之内涵的厚重的是诗人的责任感、知识层次、感情的深浅、驾驭文字的功力等，那么，当我们在岁月的磨砺中专业素养达到了更高的层次而诗歌不见，只能证明，这么多年我们的责任感在丢失，我们的心日渐麻木与冷漠。教学，也是对自己的审视和救赎。"所以我写诗，为了凝视自己，为了让黑暗发出回声。"希尼是这样说的。他，还有一段轻盈澄澈的话："诗是在将要发生的和我们希望发生的夹缝中，抓住我们一时的注意力，它的功能不是让我们对现实心慌意乱，而是让我们凝神观照，看清梦想和现实的区别，让我们在诗所表现的生活中参照现实，有所领悟。"

★下次，我也想在课堂上和学生们一起写诗。"活动·探究"单元的教学，教师更要融在其中。我们是课堂的一部分，是诗歌的一部分，也是尝试的一部分。读诗和写诗，我们都不能抽身于外。你只有为写诗做好了吃苦的准备并经历了这样的过程，你才能感同身受地体验到学生写诗的快乐。

我在现场

★把语文课堂当作一个有趣的事业来做，在听肖老师《尝试创作》这堂课时，这样的感受尤为强烈。肖老师要求学生添诗句完成创作，学生的思维在肖老师的引导下逐渐展开，蹦跳出许多新意优美的写秋叶的诗句，语言和思想的火花不断碰撞。最妙的是有学生答不出来的时候，肖老师鼓励学生把这尴尬的宁静写成了诗歌："坡上，坡下，还未想好的诗句，散落一地。"学生心中沉默的思绪竟成了诗的语言！这不仅鼓励了学生，也让课堂如涓涓细流潜入在场的每一个人的心田。由具体意向到抽象思维再到复杂微妙的情感，层层深入，学习在这样的课堂上似乎变成了有快感有

350

价值有收获的游戏。

——乌鲁木齐市第七中学　娜丽玛·拜山

★肖老师是有诗人气质的人，他多情，对天地万物有透亮的敏感，他不安生于眼前的实在，遥远的星空是其永恒的守望。他告诉孩子："用心爱这个世界，我们会有许多对生命的思考。"当学生没有自信回答问题时，他会打趣地说："这堂课还没有发言的请举手！"学生听到这样的指令，通常情况下会举起手示意，这个时候老师又顺着叫起未发言学生回答问题。关注到每个学生，课堂气氛一下子就活跃起来。当学生不自信地说"我还没有想好"的时候，肖老师巧妙化解："不急，不急！同学们，他的诗歌已经写出来了！坡上，坡下，还没写好的诗，散落一地。"一个优秀的老师，眼中有语文，心中有学生，他对文字的敏感让原本不是答案的答案成为最妙的答案，让原本尴尬的学生成为最令自己骄傲的人。

——新疆库尔勒实验中学　侯江丽

★从未想过诗歌创作课竟可以上得既轻盈若风又充实丰满。课堂上一派春色，活色生香。"秋叶"，肖老师用这个貌似清浅却又意蕴无限的题目，不经意间就点醒了学生懵懂的诗意情怀。"秋天的微笑，散落一地。""离开母亲的孩子，散落一地。""想不出来的诗句，散落一地。"这些唯美的文字，氤氲的不仅仅是现场，更是全体师生日后的情思，轻悠，绵长，沉落每个人的心底。课堂上单有学生妙句的迸出，那也算不得出奇。肖老师还巧妙穿插了诗歌创作的小技巧，适时又实用；还不断引导学生进行多种方式的背读，激情又实效；还通过《假如我是一枚秋天的叶》的练笔让学生品尝到了诗歌创作的快乐，自然又神奇。"叶儿黄了，秋天来了。果儿熟了，秋天来了。霜花结了，秋天来了。母亲唠叨了，秋天来了。"学生悠悠的朗读声中，溢出的不仅仅是秋天的斑斓，更有夏的饱满，春的明媚。四十五分钟的课堂转瞬即逝，不舍中，忍不住感慨：能做肖老师的学生，是件多么"幸甚至哉"的事啊。

——山东昌乐县鄌郚镇中学　杨明明

★点、拨、提、问之间，字字皆有心，句句皆温暖。课堂上没有说教和灌输，只有濡染和浸润，用诗质的语言，轻轻点拨，引导学生去观照自然、思考成长、思考离别、思考生命、思考宇宙，这就是语文，关乎语言、关乎文学、关乎生命。一节课不可能教会学生所有，也不必教会学生所有。肖老师立足学生视角，尊重学生的体验，课堂不着急，不推着学生走，不会读的教会学生读，不会写的耐心地等待，先写一句诗再写一段诗，真真切切地体现以人为本的关怀。这不仅仅是教写诗，而是教体验秋意、体验生命，体验宇宙洪荒之哲思，不知不觉中学生完成了由读到写、由景到情、有形象到抽象的跨越，这是能力的迁移，更是情感和精神的提升。用诗的方式去读诗，用诗的情态去表达，整个课堂变得文艺而灵动，深切而美好。

——海南海口市龙华区教研室　林惠萍

★提起笔，我们开始谱写自己的诗篇。经过肖老师一节课的指导，秋，在我们眼中，仿佛更加诗意了。而我们正是从诗的世界里归来的旅人。那缀满果实的麦穗，那枯落满地的黄叶，那萧瑟的风，那些生活中简单而又微小的事物，此时，都如春暖花开般美好。他们正以那独有的诗意，装点着我们的心灵。在诗的世界里，肖老师带着我们，去面朝大海，去看春暖花开，去以诗意拥抱生活……

我望向肖老师。他的发间已有些灰白，可他的脸上，看不到生活的忧愁与烦恼。他双眉舒展，一抹微笑挂于脸上，声音平缓、柔和，仿佛一个少年，对生活充满了美好的希望。他的生活大约也跟他的课一样诗意，我想。是不是懂诗的人，都能把自己的生活过得这般诗意呢？哦，此刻，坡上，坡下，我们的诗句，散落一地。

——广东实验中学 2019 届初三（1）班学生　张芃林

🌿 **名家点评**

点画秋景成诗境

新疆教育科学研究院　董明实

诗歌创作是中学教学的难点，也是写作教学的难点。写作教学之难在于不知如何写，诗歌创作之难不仅在于不知如何写，还在于不知何为诗，所以是难上加难。2019 年秋天，新疆阿尔金山黄叶漫天，秋色正酣。肖培东老师应邀参加新疆中语盛会——学科素养暨现场课大赛的活动。他骨秀玲珑，诗风倜傥地登上克拉玛依一中的讲台，一堂《怎样写诗》的课尽展诗情与风采，玉珠落盘莲花开，点画秋景成诗境，堪称单元主题教学之典范，令人耳目豁然，击节赞叹。

何为诗？《尚书·舜典》曰："诗言志，歌永言，声依永，律和声。八音克谐，无相夺伦，神人以和。"《毛诗正义》曰："诗者，志之所之也。在心为志，发言为诗。"而西方人也是众说纷纭。雪莱说"诗是最快乐最良善的心灵中最快乐最良善的瞬间的记录"，别林斯基说"诗歌是最高的艺术体裁"，艾略特说"诗歌是生命意识的最高点"，凡此种种，不一而足。对于中学生而言，我们是不需要过于严苛地追求"什么是诗"的准确定义，而是要让学生在中学时代对诗能有感性的体验。诗是关乎生命体验的文学样式，是人类认识世界的重要方式。中国作为诗的国度，曾经创造过辉煌灿烂的诗篇，无数脍炙人口的作品流传于世。作为中国人，诗的基因是深深植根于我们的血脉里，学会欣赏诗歌、学着创作诗歌是中学语文学习的重要内容。

诗是语言艺术的最高形式，是与生命体验相关的高级艺术。对于中学生而言，学诗要掌握好三个基本的内涵：一是高超的语言表达技巧，二是生动美好的艺术形象，三是深刻的生活体验。这是诗歌入门的台阶，中学生对于诗歌的学习不可能一步登天，所以中学语文课堂上诗歌欣赏和创作的教学都要循序渐进，要有章法。肖老师对诗的理解是很到位的，他深刻地把握住了诗歌的结构之美与空灵的特点，将学生的诗的灵感与激情点燃了。

肖老师的这堂课的思路是非常清晰的，他力图将这样一堂高难度的课化为平易浅近的课，循序渐进，顺势而为。这堂课分为三步走：第一步是意象训练，让学生在空白处填写上合适的意象，使诗句上下文能连接起来；第二步是在选择意象的基础上进行扩展，补写诗句，使诗歌完整；第三步就是以仿写的方式进行整首诗的创作，是对诗的意境的锤炼。这个设计非常合理，完全符合这个年龄阶段的学生的认知特点。

　　一堂好课，不是有了精巧高效的设计就可以了，它是需要内容，需要细节的。肖老师先由单元内容作引，结合即将到来的国庆节，让学生选出一首诗献给共和国，并引导学生说出理由。这个环节推进很快，但内容极其丰富，有简单的赏析，有诵读的指导，甚至有对标点符号的理解。然后，他巧妙地从艾青的《我爱这土地》导入本堂课，他抓住的正是诗的核心——意象。"一只鸟死了以后，也要把羽毛腐烂在土地里面，以表达它对土地的忠贞与眷恋。""生活中，这样来表达爱的事物还有很多。哪些事物在自己生命里告别的时刻，还会把自己交给土地？"寥寥数语，既有情感的引导，又有事理的认知，还有明确的指向，学生自然而然地想到了"落红"和"落叶"。

　　在诗歌的意象的选择上，学生的思维经历了由普通思维向诗的思维的跃升的过程。从"秋天的落叶"到"零碎的黄金"，其实只是借喻的修辞格的使用，"一片一片"则瞬间升华了课堂，肖老师还提示学生加上一个逗号，这真是神来之笔。这个学生的回答本无诗意可言，但在肖老师的点化之下，诗意就升华了出来。紧接着学生给出的"哗啦啦地，随着秋雨"本是一个有点啰嗦的答案，肖老师却给予了极大的尊重。他说"这是从她的心里面流出来的"并建议删去"随着秋雨"一句，这一删又是化腐朽为神奇，一个堆得很满且有些杂乱的画面，瞬间诗意流淌，从上句的视觉效应转向听觉效应。肖老师恰到好处地教导了学生一句，"诗歌呀，要留有想象的空间"。如此引导，学生的思维得以提升，美妙的答案纷至沓来，"生命的轮回""轻盈的舞者"，沿着这个思路，学生可以铺排出许多来。就在这时，一个学生打乱了节奏，慌乱又羞涩地说"我还没想好"，这本是令课堂尴尬的时刻，肖老师再次施展他的魔术之手，不仅化解了这个学生的尴尬，还让课堂在这里上了一个台阶。"同学们，他的诗已经写出来了！你听！还没有想好的诗句，散落一地！"这一刻是令人激动不已的，学生自己都惊讶不已，诗人的主体性已经充分彰显出来，这就是诗。最神奇之处是肖老师瞬间的思维跳跃，这样一改，诗的抒情主体由人而变成了树，树就是诗人，满地的落叶就是诗人觉得不满意而揉碎一地的诗稿！这

354

让全班学生的内心为之一震！

　　肖老师的脚步并没有在这里停下来，他带领着学生在诗歌创作的大路上一路向前。一个学生又出现令人沮丧的回答，"突然注意到它，散落一地"，这个回答不仅语意模糊，就连节奏也不对，所以话音甫落，教室里就传出笑声来。肖老师却没有放过，追问之下，学生的回答让他捕捉到了诗意和哲理。秋叶很普通，并无特别，只是今天它飘落，让人突然注意到它，"突然注意到"这几个字，使诗人的主体性从另一个角度再次彰显出来，这都是进行文学创作的大关节，肖老师没有让它从指缝中溜走。他再次发挥魔术之手，对这个诗句进行了删改，他只去掉了三个不必要的字"注意到"，改成了"突然，它，散落了一地"。它是什么？意象顿时变得无比丰富，"注意到"的意味依旧隐藏在其中，此时的诗无论内容还是节奏都非常美妙了。

　　诗歌创作的单元活动从教材设计上本来就分为三个步骤：自主欣赏、自由诵读、尝试创作。这本是三位一体的设计，即文本借鉴、实践体验、表达呈现，这三个阶段既是一个整体又层层推进。肖老师不动声色却严格地按照教材的意图教学，真是做到了"大象无形""大音希声"。单元活动教学就是要深刻领会教材设计的意图，并能从中抽象出方法论来，再由这个方法论，衍生出千姿百态的教学现场。

　　他的第二步环节中，引导学生从视觉、听觉、感觉多角度观察体验生活，然后由具象到抽象，由物及人，让学生懂得创作的最终目标是表现人。他展开他对生活的理解，带领学生徜徉在诗的国度里。"叶儿黄了""果儿笑了""风儿凉了""母亲唠叨了""游子归来了""男孩沉默了"，这些从生活中发现提炼出来的意象，转化成了优美的诗句，如春风一般，飞入每一个学生的心田。"诗歌是情感的抒发，生活中的人、事、物都可能触发我们的情感，将这种情感分行写出来，就有诗的模样了；如果再适当融入联想和想象，就有诗的味道了。"这是教材上的一段话，这段话对于学生而言依旧是抽象的，但肖老师用具象的课堂诠释了这段话的内涵，这就叫"情境化"。"情境化"在他的教学中体现得非常鲜明。诗本身就是人多维感官的综合体，虽然创作课上我们不用告诉学生深奥抽象的创作理论，但老师的教学行为却要在这些理论的指导下进行。肖老师显而易见是一个熟悉并精通诗歌创作的人，他的课堂看似平淡浅易，正如他自己的教学理念"我就要浅浅地教语文"，但通过对课堂的观察就能发现，他的课上得浅，但他的课一点也不浅，相反，在每一个看似清浅之处，都蕴藏着一般人难以企及的深。

最后一个环节是根据艾青的《我爱这土地》进行整首诗的创作，"假如我是一枚秋天的叶"开头，往下续写，这是一个很不错的设计，依据教材，符合时令，前因后果，一气呵成。在前面课堂铺垫的基础上，学生的思维已经打开，对诗的理解基本到位，对诗的写作技巧也有了一点感觉，所以，好的作品的出现已经是必然的事了。果然，学生拿出了自己的佳作，这些作品的质量是超出一般听课者的预期的。老师艰辛的付出收获了丰硕的诗意的成果。

语文教学是严肃的事，是一门严谨的科学，是理性与感性完美结合的产物。《义务教育语文课程标准（2011年版）》在"课程性质"中说："语文课程是一门学习语言文字运用的综合性、实践性课程。""语文课程是实践性课程，应着重培养学生的语文实践能力，而培养这种能力的主要途径也应是语文实践。"又强调了"积极倡导自主、合作、探究的学习方式"。每一个语文老师都应当认真理解这些话，并深入地思考这些方针，思考如何将这个方针转化到具体的课堂，转化成具体的教学行为。单元主题的教学也应当以单元知识模块的方式进行准备，教师要对整个单元活动教学需要的知识进行系统的梳理，根据自己的所长设计教学方案。比如九上第一单元诗歌单元中的活动就需要提前进行诗歌理论及文学创作理论方面的专题准备，教师本人也要积极参与到诗歌创作的实践中来，对诗歌语言及诗歌的表达方式做到心中有数。有了这些底子，才能去引导学生进行诗歌创作的实践，否则，就是"盲人骑瞎马，夜半临深池"，是危险的做法。

教师教学是要分两类的：一是知识性教学，即从知识到知识，全然是知识的传递，由所知到所知；而另一种是实践性教学，这要比前一种复杂得多，即教师自己从知识到能力，然后再将此能力转化成知识教给学生，指导学生转化成能力，这是由所能到所能。诗歌创作的教学即是这种实践性的教学，这对老师的能力要求比较高，需要教师下很大的功夫。

肖老师的这堂课提供了一个范例，给人深刻的启示，将自己所能转化成学生所能，这需要智慧和能力，更需要灵性和体验。肖老师在下课的时候带着同学们一起大声读："台上，台下，秋天的诗句，散落一地！"九月的新疆秋色如染，诗意满怀，大匠神工轻落笔，诗歌妙境自生成。新疆留给肖老师的是无边的诗意，肖老师留给新疆的，是高妙的楷范！

《周亚夫军细柳》

语文的眼眸，既朝向深邃，又接收清浅。很多生命为远方不顾一切，我要做的，却只是春天的遇见。

——肖培东

课堂再现

执　　教：肖培东

点　　评：潘庆玉

教学背景：2019 年 11 月 15 日，山东大学附中。

一、　自读正音

师：好，同学们，我们上课了。来，一起把我们今天课文的标题读一读。预备，起。

生（齐读标题）：周亚夫军细柳。

师：这是司马迁巨著《史记》中的一个故事，大家把课本打开，读读"阅读提示"里对《史记》的评价。"《史记》是我国的第一部纪传体通史，对后世的传记文学有深远的影响。"看一看，《周亚夫军细柳》这篇文章在这个单元里是一篇自读文章还是一篇教读文章？

生（杂）：教读的。

师：到底是自读还是教读？要看教材目录。有没有打星号？（生说"有"）有，也就是说它是一篇——

生（齐）：自读文章。

师：自读文章，你得自己学着读。怎么自己读呢？第一遍读，建议大家轻声读，要求把字音读准，文章读顺。"文帝之后六年"，轻轻读，自由读，开始。

（生按照要求自由轻读。师巡视）

师：好，声音低下去了，说明大家第一次读已经完成了。接下来，把声音放大，再读一遍。这次的读，希望你能读出一点文言文相对舒缓的语气来。"文帝之后六年"，预备，自由朗读，开始。

（生按照要求自由朗读）

师：好，第二遍读完了。接下来，请同学思考：两次读后，这篇文章当中，哪一个字，你觉得最容易读错？你得提醒你的同学：哪个字最容易读错？

（一生举手）

师：来，你来说。哪个字最容易读错？

生1：我觉得第2段的倒数第2行，"介胄之士不拜"，这个"胄"字。

师：容易读成哪个字？

生1：读成"胃"字。

师：哎，这个字长得就有点像"胃"字。大家看到没有？来，一起来读读这句话。"介胄"，预备，读。

生（齐读）：介胄之士不拜。

师：这个"介胄"在句中是什么意思？

生1："介胄"它是有注释的，就是"铠甲和头盔"，这里用作动词。

师："介胄"，铠甲和头盔，这里要用作动词，指披甲戴盔。名词用作了动词。那么"介胄之士"怎么理解呢？哎，就是戴上头盔、穿上铠甲的将士。大家懂了吗？（生点头）这样，我们就明白了。请坐。好，继续，像他这样说。（一生举手）

师：来，这位同学你来说。

生2：应该是第133页第1行，"军士吏被甲"，这个"被"字容易读错。

师："军士吏被甲"，这个"被"字容易读成什么？

生2：读成"被子"的"被"。

师：那你知道，这个"被子"的"被"在这里为什么读"披"音呢？

生2：应该是一个通假字。

师：大家看注释，这就是一个通假字。"被"通什么？对，同"披"。解释为？

生2：穿着。

师：穿着。好，一起跟他读一读，预备，起。

生（齐读）：军士吏被甲。

师：好，这个"被"字，读准了。继续，还有举手的吗？

（一生举手）

师：来。

生3："将以下骑送迎"，还有后面的"谓从属车骑曰"，这个"骑"字，有读 qí 的，有读 jì 的，一定要分读。

师：哎哟，你真是一个非常会读书且有文化的同学。"骑"字在很多古诗文里，都曾经读 jì 音。这位同学知道这个旧读，说明他古诗文学得好，懂文化。不过呢，这个字现在统读为 qí，就只读这一个音。当然，你自己心里可以藏着 jì 音，"一骑红尘妃子笑"，读 jì 可能更有古诗文的韵味。好，继续说。前面都是男同学举手，女同学呢？

（一女生举手）

师：这边有个女同学举手了，你来说。

生4：我觉得文末那个"至于亚夫，可得而犯邪"，这个"邪"字是要读 yé，而不是 xié。

师：因为它是一个什么词？

生4：语气词。

师：哎，很好，这是一个疑问语气词，相当于现代汉语中的"吗"或

"呢"。"可得而犯邪"，一起来读读这句话。"至于亚夫"，预备，起。

生（齐读）：至于亚夫，可得而犯邪！

师：还有没有？好，你来说。

生5："军士吏被甲，锐兵刃，彀弓弩，持满。"这里"彀弓弩"的"彀"字，读"够"音。

师："彀弓弩"的"彀"，这个字难写，又难读，当然我们还要把它的意思搞清楚。什么叫"彀弓弩"？

生5：彀，是"张开"的意思。

师：嗯，把弓箭怎么样？对，张开。好，"彀弓弩"，一起来读一读这个句子。

生（齐读）：军士吏被甲，锐兵刃，彀弓弩，持满。

师：还有没有？（一生举手）好，这位男同学，你来说。

生6：我觉得"于是天子乃按辔徐行"中的这个"辔"字容易读错。

师：嗯，这个"辔"字，写也难写，写写看。（生写字）那你知道这个"辔"字什么意思吗？

生6：这个"辔"下面有注释，是"车马"的意思。

师："辔"是马的缰绳，这就借代"车马"。"按辔徐行"，控制住车马慢慢前行。好，请坐。

（一生举手）

师：噢，你想说，那你给大家提个醒。哪个字？

生7：最后一段那个"曩者霸上"的"曩"字，读第三声。

师："曩者霸上"的"曩"，字也特别难写，"先前"的意思。请坐。好，同学们，大家想一想，这些难读的字往往是什么字。（生说"通假字""多音字"等）对，或是通假字，多是多音字，多是难写的字。有的在具体语境中还发生了词性的变化。所以，在读古文的时候，一定要注意这些字。

二、 自读释词

师：好，接下来我们请一个同学认真地把这篇文章再读一遍。谁愿意读？（前面举过手的男生再次举手）来，男同学，又是你举手。这次你就推荐其他同学，不要把机会都留给自己。（该男生于是指向左前方的另一位男生）哦，你推荐这位同学，我也觉得好。

（生8朗读全文，文中人物的几次对话没有读出感觉，教师暗暗记住）

师：好，请坐。字都读准了，接下来，语气和语调呢，就要通过对文本的深入触摸，学着去感受和体悟。同学们，三次读了，接下来的任务：你觉得哪个字最容易翻译错误？哪个字哪个词最容易解释错误呢？哎，你也得给大家提个醒。前面拼音自己解决得很好，找难解释的字词，就更见古文阅读的水平了。来，哪个字？

（之前举过两次手的男生再次举手）

师：好，还是这男同学。这次不推荐别人了，你来说。

生1：我还推荐一个吧。

师：还推荐？你先说，我得看看你有没有资格推荐。（众笑）

生1：好的。第2段的第一句话说"上自劳军"，这个"上"字与平时的意义是不一样的。注释说"上自劳军"是皇帝去慰劳军队，所以这个"上"指皇上。

师：嗯，现在的"上"是方位名词，对不对？（生点头）

师：你一下子就拿住了一个和现在意义不同的词，我觉得你有资格推荐了。你想推荐谁？

生1：我想推荐……那位戴眼镜的同学。（手指向那位同学）

师：好，戴眼镜的同学，就是你了。

生9（惊讶）：啊？我啊！

师：整篇文章当中，哪个字你得提醒大家？（学生沉默）

师：不能随便找一个字，自己要知道哪个字是重要的。（学生继续沉默）

师：可以吗？

生9：我觉得……看第三段"其将固可袭而虏也"，我觉得这个"固"很重要，是"必，一定"的意思。

师：哎，这个字找得很好！这个"固"是"必定"的意思。他们的将

362

领必定会被别人偷袭而被俘虏的呀。"固"字你找得很准。再看看标题，你觉着哪个字也需要注意？

生9："军"字。

师：哎，这个"军"怎么解？

生9：这个"军"是"驻军、驻扎"的意思。

师：哎，作动词用，"驻军"的意思。请坐。这样就找出来了。好，继续，继续。（一生举手）你来说。

生10：这句"于是上乃使使持节诏将军"，两个"使"的意思是不一样的。第一个"使"是动词，是"派"的意思。第二个"使"应该是名词，是"使节"的意思。

师：找得真好！"上乃使使"，这两个"使"一定要注意。第一个"使"是什么呀？"让、派"的意思。第二个"使"呢？"使臣、使者"的意思。紧紧挨着，一词多义，一定要注意。

（又一生举手）

师：哎，你再来说。

生11：我想说的是"将军令曰""军中闻将军令"，这两个"令"的意思也不一样。第一个"令"是动词，是"下令"的意思。第二个就是名词，是"军令"的意思。

师：嗯，也注意到这个短短的句子当中一词多义的现象，非常好！继续，还有没有？（一生举手）来，这位同学，你来说。

生12："已而之细柳军"，这里"已而"的意思是"不久"，而"之"则是"到、往"的意思。

师：这两个词找得有水平。尤其这个"之"，在这里要解释为什么词性，同学们？

生（齐）：动词。

师："之"一般多是什么词？

生（齐）：助词。

师：嗯，助词或者代词。但是文中这句话里的"之"是什么意思？

生（杂）："到""去""往"的意思。

师：看看，我们同学学习越来越好了。还有没有？（教师巡视）这面的同学举手少了一点，来，这位男同学你来说。

生13：这个……"居无何"是"过了没多久"，"居"一般是"居住"，这个地方是用做那个"经过"，然后"无何"呢，是"不久"的意思。

师：你又发现了一个也解释为"不久"的词，"无何"。大家注意了没有？他还提醒我们要掌握了一个多义词"居"。好，继续。再给两次机会，好不好？（一生举手）来，你来说。

生14：我要说的是"天子且至"的"且"。这个"且"一般来说我们会翻译成"而且"，但在这里的意思是"将要"，这整句话的意思可以翻译成"天子将要到达了"。

师：嗯，这个"且"字注意到了。好，最后一次，还有谁？（一生举手）你来，大声说吧。

生15：一共是两个。一个是"称善者久之"，这个"之"的意思是音节助词，是不用翻译的。

师：嗯，漂亮！"称善者久之"的"之"都能知道！这个"之"是一个音节助词。非常好！继续。

生15：还有，那个"乃以宗正刘礼为将军"中的"为"是"作为"的意思。

师："为"是"作为"的"为"，那请问"天子为动"中的"为"又是什么意思？

生15：它那个"为"是表被动。

师：嗯，非常好。"天子为动"，天子被感动了。好。请坐。

师（望着全班同学）：同学们，这节课上其实还有一个老师，他比我更厉害的，他就藏在你们的课本里，他的名字就叫作四个字——"思考探究"。

（PPT显示教材文章下的四道思考探究题）

师：这个叫"思考探究"的老师给我们提出了四个问题。来，我们先把第三个问题解决掉。（师指向屏幕"思考探究"第三题，即四个多义词的解释）你跟着他学就行了。

PPT：

三、解释下列加点词的含义。

1. 以宗正刘礼为将军，军霸上
军中不得驱驰

2. 上自劳军
劳其筋骨

3. 已而之细柳军
军中闻将军令，不闻天子之诏

4. 居无何
居天下之广居

（学生做题，而后校对，把握这四个词的多义理解）

师：发现吗？这道题把文中有多义现象的词给我们整理出来了，也就提醒我们在自读的时候一定要注意这些词，我们得强化一下，包括一词多义、词类活用、通假字等。

三、 复述故事——周亚夫之"真"

师：接下来，我们再看看这位"思考探究"老师给我们提出了怎样的自读要求。一起来读"思考探究"一。

生（齐读"思考探究"一）：熟读课文，简要复述文中的故事。想一想汉文帝为什么称周亚夫"真将军"，与同学交流。

师：好，接下来我们就按照"老师"的要求去做。熟读课文，简要复述文中的故事。我们就来讲一讲汉文帝到细柳军营劳军的事情。文章第几段啊？

生（齐）：第2段。

师：好，熟读第2段，我们就来讲这个故事。"上自劳军"，预备，自由读，开始。

（全班同学自由朗读第2段，师巡视）

师：好，接下来，同桌之间两两互说故事。注意，是简要复述，所以要求不是很高，你别担心。可以先看文本，然后再脱离课本，自己复述这个故事。"不久皇上来到了细柳军营"，开始复述，练习说。

（学生纷纷开始自己练习复述故事）

师：好，我们请一同学简要复述细柳军营的故事，给在场的一些还没读过这个故事的老师说说这个故事。汉文帝是怎么进入周亚夫的细柳军营并去慰劳军队的？谁来说？有没有举手的？

（一位男学生举手）

师：好，你先来！尽量不看课文，大家听好了。

生16：老师，把第2段都复述一遍吗？

师：可以。

生16（不看书复述）：皇帝他到了周亚夫军营中，军营里是戒备森严的，要进去的话是不让进的。因为在军中只听将军的命令，不听皇上的命令。然后，皇上只好派使节去告诉那个将军说，我要去慰问你们。将军对皇帝说："我呢，穿着甲胄不好，不能给你行这个跪拜礼了，只好行军礼了。"皇帝大为感动，就觉得这是个非常认真的将军，然后做一些礼仪，应该就是非常庄重了。然后也是使人称谢，说皇帝是来军营亲自慰问，就是真的是很好的。

师：好了吗？

生16：好了。

师：好，复述得很口语化。要想说得清楚些，最好还要把慰问过程当中的"几进"给说清楚。大家看看，第一次是谁想进？

生（齐）：先驱至。

师：先驱至，结果怎么样？

生（齐）：不得入。

师：不得入。第二次呢？（生说"上至，又不得入"）第三次，怎么样？

生（齐）：上乃使使持节诏将军。

师："使使持节诏将军"，就引出了一系列的事情。记住这三步。为增强效果，文中人物的语言，你甚至可以用原文来表达。好，谁愿意再把这个故事简要复述一遍？刚才是一位男同学，这次我希望是一位女同学。

（没有女同学举手）

366

师（目光看向之前举过多次手的男同学）：你又想推荐了？（众笑）好，这次还是你推荐。你推荐哪位女同学？

生1：老师，我推荐这位女同学。（指向自己左边的女生，众笑）

师：噢！感情深。（众笑）好，开始。

生17：这个皇帝他一开始就是找一个人（天子先驱）先去，但是没有进去。然后他又找了一个，他自己进去，然后他还是没有进去。然后他最后找了一个使节说"吾欲入劳军"，然后这个传令这个人之后，传给周亚夫之后，然后周亚夫的部下又说"将军曰，军中不得驱驰"，然后天子就改变了进去的方式。然后他进去之后，周亚夫又说"介胄之士不拜，请以军礼见"。然后就是，周亚夫没有跪拜见皇上，就是用这个军礼的仪式见皇帝。然后皇上很感动，神色严肃，完成了劳军离开了。

师（微笑）：你知道你一共说了几个"然后"吗？你说了整整八个！（其实是九个）在不该出现"然后"的时候说"然后"，故事就会变得零碎了。所以，大家一定要注意，复述的时候要把话说完整，说流利，不要随意地去停顿。故事情节记心里，复述就能够说好。我们可以借助"阅读提示"，在此基础上增加一些关键细节，简要复述就能做好。一起读读"阅读提示"中对文章内容概括的语句。"主要记叙"，预备，读。

生（齐读"阅读提示"）：主要记叙汉文帝到周亚夫的细柳营慰问军士的事。周亚夫没有迎接天子，最后才露面，且只说了一句话。然而，汉文帝出军门后不由得说"此真将军矣"，赞赏有加。

师：好，就是这个故事，概括得很简要。出了军门，群臣皆惊。汉文帝却发自肺腑地称赞了周亚夫。一起来读一读那句称赞的话，预备，起。

生（齐读）：嗟乎，此真将军矣！（略快，感情平淡）

师：此~真将军矣！这个"此"字后面适当延长些，再读好语气词，感觉会更好。再来读，"嗟乎"，预备，读。

生（齐读）：嗟乎，此~真将军矣！（感情充沛）

师：你看，就是不一样吧。语气拖长，感觉就是不一样。那么请问，周亚夫"真"在何处？怎么他就是个真将军？（生思考，举手）来，你来说，还在思考的孩子。（师示意第一排不举手的一个男生回答）

生 18： 他应该是"真"在……他没有因为这个皇帝来看他，没有因为他是天子，就破坏了军中的规则。

师： 说得对，哎，你能不能用几个词来形容你的同桌说的内容？（师示意男生的同桌概括）没有因为是天子就破坏军中的规则，说明周亚夫——

生 19： 他是一位有原则的将军！（有同学说轻声说"刚正不阿"）

师： 对，有原则，不因为是天子是皇帝就破坏军纪，刚正不阿！很好，两个词语都会了，都写上去。写"有原则、刚正不阿"。（教师板书：真"正"）

师： 继续说，周亚夫还"真"在什么地方。作为一个统率将士的将军，他还"真"在什么地方？

生 20： 我觉得他对自己的军队管理非常有方法。

生 20（读）： 军士吏被甲，锐兵刃，彀弓弩，持满。

师： 嗯，治军有方。

生 20： 很严格。

师： 那是真严格。看看他的将士，看看他的军营戒备，细柳军营的一切都说明周亚夫治军有方，很严格。（教师板书：真"严"）

师： 还有没有同学想补充的？（一生举手）你来说，周亚夫"真"在什么地方。

生 21： "真"在他能够严格地按照法律来，他治军有法，有方，而且他的军营上下齐于一心。他能够在军中可以不听皇上的命令，他，军营中只听军令。

师： 军令如山，军纪严明，周亚夫真"严"。讲原则，不畏权，刚正不阿，不因为是天子就轻易地改变自己军营的规矩，周亚夫真"正"。这真是真将军！一起再来读读皇帝对他的称赞。"嗟夫"，预备，起。

生（齐读）： 嗟夫，此真将军矣！

师： 注意句末标点，是什么？

生（齐）： 感叹号。

师： 好，所以这种感觉还得更强烈。预备，起。

生（齐读）：嗟夫，此真将军矣！（感情更为充沛）

四、 如何写周亚夫

师：这就是由衷的赞叹！那么，既然是写周亚夫的故事，这篇文章直接描写周亚夫的是哪些句子？（师走到一位没举过手的学生面前）你找到了没有？直接描写周亚夫的语句？

生22：直接描写的有这句。"至营，将军亚夫持兵揖曰：'介胄之士不拜，请以军礼见。'"（读得很随意，漫不经心的）

师：你能把句子读得好听一点吗？（众笑）好，重新再来读一遍。

生22（读）：至营，将军亚夫持兵揖曰："介胄之士不拜，请以军礼见。"（读得认真了，但"持兵揖"三字读破了）

师：你这句话读得不好，主要就是三个字没读好，"持兵"后面什么？

生（齐）：揖。

师："持兵"是一个动作，手执兵器，"揖"呢，是另一个动作，拱手行礼。"揖"是和"拜"完全不同的一种礼仪。我们不能读成"持/兵揖"，而要读成"持兵/揖"，要记住古代的文化现象。两个动词，来，再读一遍。

生（齐读）：至营，将军亚夫持兵揖曰："介胄之士不拜，请以军礼见。"（读顺畅了）

师：这就好多了。文章是写周亚夫的故事，可是直接写周亚夫的就只有一个动作，一句话。那么，问题来了，其他的文字在干什么？（生私语讨论，一生举手）

师：哦，两只手都举起来了。你说说。其他文字在干什么呢？

生23：其他文字应该在衬托，在对比。

师：找出一个例子。

生23：就是最后一行："曩者霸上、棘门军，若儿戏耳，其将固可袭而虏也。至于亚夫，可得而犯邪！"

师：想说什么？

生23：皇帝说的这一句，应该就是说用其他军营的将领和周亚夫来做对比，突出了周亚夫的真将军形象。

师：前面两个军营若儿戏耳，周亚夫的军营戒备森严，一对比，马上就知道了前者军纪涣散，后者治军严明。这样的对比很多。请坐。其实，出军门后，司马迁还写了一句话，写出大臣们的神色。

生（齐）：群臣皆惊。

师：这个"惊"字很值得玩味，大家可以细细去读。大家甚至都以为皇帝要发怒了，结果皇帝却对周亚夫赞赏有加。还有吗？（一女生举手）那位女同学，你来说。

生24：第二段有一处衬托，就是"军士吏被甲，锐兵刃，彀弓弩，持满"，这里可以看出细柳军在周亚夫的治理下军纪严明，周亚夫治军有方，是非常严明的。

师：说得真好，同学们，这里周亚夫不出现，但是写他的军士吏，其实就在写谁？

生（齐）：周亚夫。

师：你就来读读这句话。

生24（读）：军士吏被甲，锐兵刃，彀弓弩，持满。（读的速度比较慢）

师：要想读出他们戒备森严，很紧张，这几个句子建议读的速度可以稍微——（学生说"快一点"）对，快点，再读读。

生24（读）：军士吏被甲，锐兵刃，彀弓弩，持满。（速度加快，但紧张感还未出现）

师（笑）：快也不是这么快的，快，节奏还是要读出来。来，同学们，快得有弹性，有节奏，突出紧张森严感。（师示范读）"军士吏被甲，锐兵刃，彀弓弩，持满"，预备，读。

生（齐读）：军士吏被甲，锐兵刃，彀弓弩，持满。（朗读好多了）

师：是不是不一样了？好，再来读读看，好不好？这位同学，你再读读。

生24（读）：军士吏被甲，锐兵刃，彀弓弩，持满。（有进步，读出军营的戒备森严，随时待发）

师：哎，好多了，有感觉了，请坐。对了，这节课上第一位读书的男同学，我记得很清楚哦。（走向这个男生）请你站起来读读。你是天子先驱，你来到军营，说了一句什么话？

生8（读）：天子先驱至，不得入。先驱曰："天子且至！"（"天子且至"一句读得很平淡）

师：大家说说看，他像天子先驱吗？

生（杂）：不像！不威风！

师：你好好地看课文，看这句话的标点。如果你是天子的先驱，你来到细柳军营，你是怎么说话的呢？

生8（读）：天子且至！（声调高了，拖长了，语气加重了）

师：为什么要这么读？有一个标点要看出来。

生（齐）：感叹号。

师：对，感叹号，大家一起来读。预备，起。

生（齐读）：天子且至！（读出了威风和气势）

师：再看看，同样是手下人，周亚夫的下属又是怎么说的？（面向生25）你来读。

生25（读）：将军令曰："军中闻将军令，不闻天子之诏。"（读得沉稳又平和）

师：大家有没有发现，编者是非常懂他们的语言的。周亚夫的军门都尉说的这句话，没有用感叹号结束，而是用了句号。那能不能把感叹号和句号换个位置呢？

生（杂）：不能。

师：说理由。（一生举手）你来说。

生26：我觉得如果把这两个感叹号和句号换个位置的话，第一句话的语气感觉就特别平和，然后第二句话就感觉是像是见到了一些大人物之后非常惶恐，不，是非常高傲。如果前面用感叹号，后面用句号，就能看出周亚夫将军军营里的这些士兵，他们是非常沉稳的，不卑不亢的，也可以侧面看出周亚夫他治军有方，刚正不阿。

师：有没有道理，同学们？我们先试试看好不好？来，天子先驱，他

371

们是怎么喊的？预备，起。

生（齐读）：天子且至！（傲慢，威风）

师：下面，周亚夫的军队，"军中闻——"，预备，起。

生（齐读）：军中闻将军令，不闻天子之诏。（平和，稳重）

师：大家发现了吗？一个高傲狂妄，得瑟；一个沉稳有礼，不卑不亢。两句对话，就可以形成对比，衬托出周亚夫的真将军的形象。这就是作者写作之妙。我们来看，"思考探究"老师是怎么提醒我们的。读"思考探究"二。

生（齐读"思考探究"二）：《史记》写人时常"用两种突出的性格或两种不同的情势，抑或两种不同的结果，作为对照"。细读课文，说说文中哪些地方使用了对比、衬托的写法，对刻画人物起到了什么样的作用。

五、 探究天子之真

师：文中运用对比、衬托的地方还很多，我们自己要学会读懂这篇文章的手法。我们一起来看看，正是这样一个周亚夫赢得了皇帝发自肺腑的赞美。让我们一起再来读读这句赞叹，用心读好。

生（齐读）：嗟乎，此真将军矣！（感情充沛）

师：这句赞叹话，周亚夫有没有听到？

生（齐）：没有。

师：没有，皇帝是在出军门后对他的群臣说的，周亚夫是肯定听不到的。但是我想，周亚夫望着天子离去的那个背影，周亚夫一定也会像天子赞美他一样，对天子也说上一句赞叹。你觉得，周亚夫会说一句什么话？（示意旁边的一个女学生）如果你是周亚夫，你会对这位天子说一句什么话？

生27：嗟乎，此真天子矣！（语气较轻。）

师：哎呀，女将军就这样，这气度。（众笑）你来。

生28：嗟乎，此~真天子矣！（语气加重）

师（示意前面读过"天子且至"的男生）：你来。

生8：嗟乎，此~真天子矣~！（感情特别充沛）

师：你看，当了天子，说话感觉就不一样了。（众笑）那周亚夫为什么会赞天子是一个"真天子"？这个天子又"真"在什么地方？（询问一女同学）

生29：天子没有因为周亚夫他没有，就，没有，就是周亚夫没有就是好好款待，就是，就是天子，就是周亚夫觉得天子并没有因为……（生语无伦次）

师：别急，别急，先把心情调稳。慢慢说，来，开始说话。

生29：就是周亚夫觉得，天子并没有因为周亚夫没有好好地来款待他而感到生气，反而赞赏他治军有方。

师：嗯，说明这个天子——

生29：说明这个天子非常的明智。

师：明智，明君，是不是？好，请坐。还有谁再来说？你来，这节课好像你没举过手吧。（师手指向一位学生，众笑）皇帝又"真"在什么地方？

生30：他是一个明君，没有因为周亚夫不让他进来，不像霸上和棘门的军官那样去迎接他（而生气），他也没有去惩罚他们。

师：这是一个方面。继续说说天子之真，你来说。

生31：天子还真在他的心胸宽广。

师：怎么说呢？

生31：就是说，周亚夫虽然在我们这样看来，他是有些无礼的，但是天子并没有惩罚他，所以说他的心胸是比较宽广的。

师：周亚夫是无礼吗？

生31：他其实没有做错，没有做错，他按照原则办事。

师：如果用前面两个军营的方式来对照，周亚夫好像对皇帝不够礼貌的，但皇帝却并没有生气，而是就原则来办事。所以——

（一生举手。）

师：哎，你想说什么？

生32：我觉得这个文章中，还有一个对比的地方，就是最后一个，

"既出军门，群臣皆惊"。臣都特别惊奇，怕皇帝发怒，但是皇帝他自己没有发怒，在这里就可以看出皇帝的心胸宽广，可以发现人才。

师：那叫知人善用。

生32：对。

生33：还有一个，深明大义。皇帝在军中"不得驱驰"，他也就"不得驱驰"了。

（一生举手）

生34：看第2段倒数第2行，"天子乃按辔徐行"，前面这里他的士兵说"军中不得驱驰"，所以他就很听，很遵守军营中的规矩，也就慢慢前行，后来他又"改容式车"。他就是对于这个，就是这个，还有那个……（生有些表达混乱，在翻书，教师微笑示意学生慢慢说）就是周亚夫的这个军营的规矩他很遵守。还有对周亚夫表示敬意，就证明天子他没有因为自己的身价就摆出一种架子来。他就很，对，就很平等待人。

师（点头示赞）：哎，这个同学还想说。来，你来说。

生35：对于这个皇帝是明君还有一点，第2段开头说"上自劳军"，就说这个皇帝亲自去慰劳这个军队。因为很多皇帝专于朝政，可能不会到边疆去慰劳一下军队，但是这个汉文帝就做到了。

师：真是一个细读文本的高手。"上自劳军"的"自"，亲自。这个皇帝，亲为躬行，真不容易啊。同学们，他们把我们要说的话基本上都说出来了。皇帝深明大义，皇帝知错就改，皇帝知人善用，皇帝勤于政事等等。因此，周亚夫也一定会这样赞美汉文帝。一起来赞美他吧，"嗟夫"，预备，起。

生（齐读）：嗟夫，此真天子矣！

师：对，我们就会发现，《史记》真是一本难得的好书，不但主要人物熠熠生辉，而且次要人物也写得那么有光芒，这些都是归功于司马迁高超的写作艺术。我们来看，"思考探究"四是怎么说的，你来读读。

生36（读"思考探究"四）：《史记》长于记人，书中记述了许多各有特色的历史人物。从廉颇、蔺相如、屈原、项羽、张良、韩信、李广等人中任选一位，借助注释与工具书阅读相关的本纪、世家或列传，了解其生平事迹，领略人物的风采，感受《史记》的写人艺术。

师：所以，我们读了《周亚夫军细柳》，就得回去好好地找哪本书读读？

生（齐）：《史记》！

师：由一篇文章的阅读，达成一本书的阅读，再把《史记》当中这么多有意思的故事讲给你周围的人听，这就叫作"嗟夫，此真学习矣，此真读书矣"。所以，全文就说了一个字，"真"！做真人，做真事，做一个真正的学习者。最后，我们一起再来读一读周亚夫被皇帝所赞美的那个句子，"嗟夫"，预备，起。

生（齐读）：嗟夫～，此～真将军矣～！

师：看到了吧，自己学习，多么快乐，下课！

教学感言

★我们常说文言文教学存在着这样两种极端：或死于章句，或废于清议。要找到两者之间的平衡点，既要夯实基础，落实文言词句中的语言因素，又要灵活教学，引导学生分析思想内涵与文化价值，实现"言"与"文"和谐共生，使得文言文教学兼具"山的沉稳"与"水的灵动"，确实说起来简单，做起来极难。不解决疏通文意的障碍，最后往往山水都不见。它考验的不仅仅是你的智慧、学识、灵性，还有自信、耐心和承受力。那些能上出点感觉来的、学生乐学又好学的文言文公开课，多半在文章的选择上已经占了点优势。幸好，《周亚夫军细柳》就是这样一篇文章，编者给的文字注解实在详细，谢谢。我说的是实话。

★文言文教学要实现文字、文章、文学、文化的统一，是高境界。但如果生硬、机械地去拼凑，去缝制，那件文言的衣袍肯定是七零八落、不成形状的。教学追求不能脱离教学实际。一节课，扎扎实实地做好一节课能做到的事情，多读读，多体悟，千万不要好高骛远，架空文本分析。语文课重在语感的培养，在文字、文章还生疏的状态下好于阐发，侈谈文学、文化，往往是去得了远方，回不了故乡，最后课堂里散成一堆的只是抽象、空玄的人文思想的碎片。慢慢来，不急，踏踏实实地把学生引向言意结合、读思相伴的文言文阅读的高境界。

★真正好的教学不能降低为技术，但有时问题恰恰就是支撑课堂教学的技术还不具备。教师不读书，不学习，想要在教学路上走出遥远和阔大，是不可能的。你在经典面前还少有自信。其实，我们根本没有自己想象的那么优秀。

★但我们必然要有更多更高的追求。于漪老师说："我们的教课，我们的育人，不仅是个技术问题，还要带着理想情怀，要有责任担当。我们在传授知识的同时，必须传播思想，传播真理，让我们的孩子在自己的心中点亮一盏明灯，知道自己的人生怎么走。"司马迁留在《史记》中的，是故事和人物，更是思想和精神。经典文本不能成为风干的语言标本，必须让它"真"发光，照亮学生，"真"阅读，"真"思考，"真"感悟，"真"提升，不断领会无尽神韵。嗟乎，此真学习矣！

★《周亚夫军细柳》自读课文的教学，怎么体现"自读"，如何借助教材资源实施"自读"，是备课过程中我们要着力思考的问题。统编本教材的文言文，凡属自读的，都没有提供旁批，而是给出了辅助学生自主阅读的"阅读提示"和"思考探究"，实际上就是换种形式提供自读内容、自读方法、自读路径和自读步骤。尤其文言文后的"思考探究"很值得引入课堂，帮助我们搭建自读环节。《周亚夫军细柳》课后"思考探究"有四，细细推敲，其实是从不同角度（内容、手法、文言词语、拓展阅读）对学生自读进行有针对性的指导。以此组织教学，从学习规律、内容范畴以及思维层次方面引导学生进行独立自主与合作探究学习，目标明晰，重点突出，步骤清楚，可以有效地推动学生的阅读和思考。读透教材资源，读懂编写意图，即可以简化教学内容选择的程序，又有利于教学内容的整合。利用教材资源"真"教"自"读，教学就是很轻松的事了。巧借力，语文老师要学会"偷懒"。

★自读课，教师无论选取怎样的教学模式，都必须紧紧抓住学生"自读"来实践和实现，所有的教学策略和方法都是为了保障和促进学生自读。用最简单的话来说，自读课，必须明显看得见学生"自读"，而且，这种"自读"正在不断增值。我们要相信学生，也要相信自己。给他们机会，给他们信任，给他们勇气。自读吧，自读吧，人总要学着自己长大。

★2019年10月20日上午，在郑州举行的全国名家论坛"第十届核心能力视角下的深度学习研讨（系列二）与名师课堂引领培训会"上，《周亚夫军细柳》这课让我惊出一身窘汗。八（上）的课结果来的是七（上）的学生，中学文言文的阅读才刚开始，教材竟然又是电脑上下载的，没有一个注解。"尽管肖老师临时调整了教学思路，尽管肖老师及时减轻了学习任务，但不可避免的事实是，课堂一下子掉进了由一个个生僻字词组成的黑暗漩涡，学生走不出来，老师也无法走出来！——直到下课，连最基本的字词理解、文意疏通都未达成。"课后，河南范通战老师还专门写文章为我支了三招："我"就是注释，不会，请向"我"提问；不会，请到前边的电脑前，查一下百度；从台下请上几位听课的教师，分到各学习小组中去，充当"活的注释资源库"。我对他提出的第三个方法尤感兴趣。当时我怎么就想不到呢？我给范老师留了言，向他表示感激，也表达自己的惭愧。高手到处有，留心多学习。我常常会想起这个镜头，语文路上我需要这样真实的导引和提醒，感谢这样的声音。

我在现场

★肖老师巧妙地构思了一份"简简单单"的教学设计，从落实字词、分析人物、探究手法、拓展阅读四个环节完成本节课教学，四个教学环节分别对应了课后布置的四道思考探究题，环环相扣，层层递进，引导学生顺利完成自读任务。看似简简单单，实则独具匠心，深刻体现了他的一贯风格，紧贴文本教学，用教语文的方法教这篇古文。整堂课就是以"读"为切入点，带着学生读透文本，读懂人物。没有复杂的环节，没有花样的教法，既是一堂优质课，又是一堂常态课。针对学生学习习惯，把四个问题的顺序稍稍做了一点调整，层层递进，步步落实，浅入真出！带着学生浅浅地读，深深地走进文本，体验真真切切的语文之美。整堂课朴实无华，却又语文味十足。

——杭州师范大学2019级教育管理专业　刘建伟

★一节文言文自读课，在平实无华的表象之下，肖老师流畅自然地呈现、示范了教什么的"精准"和怎么教的"有效"。

——福建泉州市教育科学研究院　谢贵荣

★自读课语文教学一需定位，二需导航。定位就是坚持以生为本的教学原则和注意引导学生构建知识体系，克服学生在学习过程中的盲目性和随意性。导航就是可以让学生按照课后习题的思维层次进行阅读训练，从而实现学生将知识转化为能力的转变，培养学生核心素养的形成与发展。肖培东老师在上课伊始，就点明《周亚夫军细柳》一课是自读课文，从属性上对本篇课文作了定位，引导学生自主朗读和理解课文内容。肖老师巧妙地挖掘和利用了课后思考探究这个隐蔽的"老师"，突出教材意识，将学生的目光聚焦于课文本身，学会自主挖掘课文研讨练习的价值，掌握自主学习策略，为以后自读课文的阅读学习提供了一把实用性的钥匙。

——山东师范大学文学院 2019 级研究生　周梦真

★自读文本的学习与常规文本的学习，老师的角色区别的界限在哪里？如果这篇课文不是自读课文，老师可能会详细地从情节紧张松弛处、人物心理转折处着手落笔。比如说，"上自劳军。至霸上及棘门军，直驰入，将以下骑送迎"，军营重重防守，皇帝长驱直入，毫无障碍，皇帝此时的心理是怎样的？"已而之细柳军，军士吏被甲，锐兵刃，彀弓弩，持满"，此时皇帝的心理又是怎样的？场面的紧张程度如何？这些都是有趣有用的课堂设计点。这里可以用到潘庆玉老师的"借助想象进行情境还原"的设计。《史记》读来有趣的地方要凸显出来，单篇课文的学习为整本书的阅读埋下伏笔，为形成自主学习能力的形成提供一个"想象"抓手，积累文言文阅读体验，文言字词的积累渐渐趋向自觉。在这个意义上说，群文阅读无处不发生。

——山东师范大学文学院 2019 级研究生　刘亚琦

★看似漫不经心组织的一堂课，实则处处布下"机关"，肖老师驾轻就熟地引导学生高效地完成了教学目标。他在课堂中充分地调动了学生学习的积极性，课堂气氛活跃，把枯燥的文言文教学课上得有声有色而不露痕迹，并且有效地兼顾了各个层面的学生学习动机的培养和学习效果的检验。学生在课堂上勇于展示自我价值，争先恐后地举手发言，尤其是他们的口语表达能力得到了很好的锻炼。学生在课堂上是自主的、开放的。真教，真学，真课。

——安徽凤台四中　程素兰

★肖老师始终惦记的是文字、语言和学生，引领学生真实有效地学习是其课堂的显著标签。今天的课一如往常的"素"，根据自读课型特点，充分利用课程资源，巧妙地将"阅读提示"和"思考探究"化为阅读的方法与路径，在丝丝入扣的教学推进中将其匠心独运的教学艺术展现的淋漓尽致。比如文言字词的落实，肖老师是基于学生的真实学情而提问，而非老师的强行输灌，是真实有效的自主学习。比如对于人物的理解，肖老师不只是锁定周亚夫一人，还敏锐地看到了站在将军背后的"真天子"汉文帝，把文本的宽度延展开来，课堂的厚度与深度也自然就出来了。还有在落实对比衬托这个知识点时，肖老师是这样来提问的："这样一篇文章直接写周亚夫就只有这两句，那么司马迁是怎么写出他的'真'的呢？"不是直接提问，而是需要学生转个弯，从"思维""审美"的层面有效落实语文核心素养。这样，文字、语言、人物、作者、学生乃至行文章法都行云流水般地完美融合在一起，自读课成了一场真实的盛宴。

——浙江省慈溪市慈吉中学　吴卫新

名师点评

自然随性不失精致，温和细腻深潜内力

山东师范大学文学院　潘庆玉

肖培东老师的《周亚夫军细柳》一课，自然清新，简洁流畅，看似教得浅浅，不甚着力，不求新奇，只是娓娓道来，缓缓推进，在文本里走来回，在对话中寻发现，但课堂上学生却学得兴趣盎然，轻松自如，脑洞大开。这是一堂看似平常平淡，却深蕴着语文教学的智慧与情怀的好课！这一堂课，有以下几点值得注意。

一、 尊重教材、 活用练习

语文课程改革以来，"用教材教"而不是"教教材"，已经成为语文教育界的共识。用教材教，赋予语文老师很大的教学权和自由度。教材不再是唯一的权威的学习材料，除了教材，其他的学习资源同样具有教学价值。但是，毋庸讳言，在所有的学习材料中，教材无疑还是最重要的、最值得研究的知识文本。由于对"用教材教"的过度强调，教学实践中出现了不少偏差。比如，有的学校为了搞项目化教学，就对语文教材动大手术，进行跨年级、书册、单元的调整和改编，教材内容面目全非，原编写意图荡然无存。语文教材是专业化很强的特殊文本，凝结了大量的优秀语文教师、学科专家、学科编辑们的心血和智慧，无视教材的专业性和权威性，肆意删减取舍，怎能保障语文教学的基本质量？

《周亚夫军细柳》是部编本教材八年级上册第六单元的课文，是一篇自读课文。这是教材中的基本定位。很多老师在讲公开课时，认为自读课无法体现自己的教学创意和能力，就把它作为"教读"课来处理。当然，从公开课本身的需求来讲，这样的处理大家都能理解，毕竟公开课带有一定的示范性和展示性。当我发现肖培东老师一上来就明确这篇课文的"自读"性质时，心里不禁一惊：难道肖老师要上成一节自读课，这不是给自己出难题吗？是的，这节课就是按照自读课来上的，肖老师抓住自读课文的定位，耐心从容地引导学生进行自主朗读和理解课文。课堂大部分时间是学生在读、在说、在思考，老师只是在倾听、纠正、引导、激疑、点拨、鼓励……可是，我们却分明从学生诵读的动情之处、思维的拔节声中发现了教者隐匿的身影。原来，自读课，有别样的精彩！切记，教读的目的，就是为了达到"不需教"的"自读"能力。教师的淡出与隐身，恰是这堂课最成功的地方。敢于淡出自己，让学生走进课堂中心，成就他们的精彩，这是师者温厚的情怀。

肖老师对教材的尊重，还表现在对课后练习——"思考探究"的灵活运用上。教材是最好的教学资源，导语、注释、插图、旁批、练习等，既可以作为学习的工具和支架，还可以作为教师教学设计的内容线索、重难点依据和灵感来源。优秀的语文老师应该善于跟教材编写者学习教学设计，利用好教材中提供的主题信息、注释旁批、知识补白，还原文言文自读课文教学的真实过程。肖老师在学生三读课文之后，引入了课后"思考探究"四道题目。他不是机械地按照题目顺序来一一作答，而是调整了顺序，先易后难，先语言基础，再思想内容，最后聚焦艺术形式。这个设计不是为了寻找正确答案，而是借着问题线索搭建学生的思维框架：复述故事——发现真将军——发现真皇帝——发现对比衬托——总结写人艺术。肖老师慧眼独具，巧妙借力，不动声色地引导学生完成了语言的积累与建构、思维的飞跃和提升、文化的理解与渗透。

二、 尊重学情、 指点迷津

借班上课，又是自读课，学情的把握至关重要。《周亚夫军细柳》是一篇文言文，学生的文言文基础如何？我想学情的分析与把握应是教师备课的一个重要方面。如何了解和把握学情，有很多方法，但都需要提前做调查、作检测；即便充分了解了学情，也并不一定能依据学情做出针对性强、效果好的设计。因为学情不是静止的，而是随着教学进程发展变化的。教学会生产出新的学情、新的期待、新的可能性！

肖培东老师是如何处理学情的呢？"引而不发，跃如也。"肖老师没有在课前作学情的调查与检测，而是巧妙地利用两个探测支架让学充分地呈现了真实的学情："读了两次以后，这篇文章当中，哪一个字啊，最容易读错？你得提醒你旁边的同学，哪个字最容易读错？""接下来的任务是，你觉得哪个字最容易翻译错误？"一石双鸟，通过两个问题，老师充分了解了这个班文言文学习所处在的水平，又唤醒了学生学习文言文的参与感和成就感。你看学生的回答多精彩，几乎把这篇文章中的学习难点、重点和盲点都找到了。肖老师对于学情的尊重，体现出了对学生学习态度与能力的信任、对文言文教学规律的遵循。

肖老师对于学情的尊重，还体现在问答过程中不失时机地对学习思路进行引导、对学习方法进行点拨。强烈的"方法意识"贯穿整个课堂。指导学生读，他说："第一遍，轻声的读，要求大家呢，把字音给读准。"

"再读一遍。这次的读呢，希望你能稍稍读出一点舒缓的语气来，开始自由读。"当学生说容易读错的字是"胄"时，肖老师趁机补充道："这里指铠甲、头盔，要做什么词性？动词，对不对？名词要做动词，也就是说戴头盔，穿铠甲。介胄之士，就是戴上头盔、穿上铠甲的将士。"当学生说"辔"是指"车马"时，他纠正道，"辔"应该是"缰绳"，那么是车上的缰绳，这就代指"车马"。最后肖老师总结说："这些难读的字要么就是通假字，是不是？或者就是难写的字，或者还发生了一些词性的变化。因此，在读古文的时候呢，一定要注意这些字。"肖老师在引出课后"思考探究"时，是这样说的：这节课上有一个老师，他比我还厉害的，他就藏在你们的课本里，他的名字就叫作四个字，"思考探究"。把"思考探究"看作藏在课本里的很厉害的老师，这是指给学生学习语文的途径和方法。肖老师整堂课中的真诚对话，都体现着明晰的"方法意识"，通过机智的插话和点拨，融知识的学习于方法的指导与习惯的养成之中。

三、 尊重文本， 深挖细节

文言文教学最常见的问题是，支离破碎的字词句机械翻译会在无形中瓦解掉文本自身内在的节奏、气韵与格调。文言文教学必须重视对文本的细读，落实对语言文字的品味和探究。通过抓住文本细节、矛盾和空白，设置巧妙的问题，引导学生沿着语言的脉络和纹路深入文本内部，透视凝结在环境描写、故事情节与人物形象之上的语言的形式意味。一篇经典的文章，作者的叙事技巧、美学趣味及价值诉求往往都隐藏在一些不起眼的字眼里、不经意的语气里、不着痕迹的运思中。自读课文，如何引导学生去主动发现细节中的秘妙，释放文本解读的想象力与探索精神，对语文教师而言，是一个不小的挑战。

肖培东老师在该课例中体现了对文本内在品质的尊重，对文本细节的关注。他对语言细节极其敏感，常常能抓住文本中的一个字、一个细节，甚至一个标点符号，引导学生深入挖掘其中蕴藏的思想情感，推开进入文本世界的另一扇大门，发现语言表达的形式力量。他指导学生读"嗟夫，此真将军矣！"，抓住了"此"处的短暂停顿和"！"，突出和强调了"真将军"的"真"。他指导学生读"将军亚夫持兵揖曰",把系列动作一一还原:"持兵"是一个动作,"揖"是一个动作,"揖"有一个文化常识,行礼,所以你不要把它读成"持/兵揖"。"持兵/揖曰",来,重新再读一遍。指导细致到位,不苟且,不含混!指导学生读"天子且至!",抓住"!",要读出盛气凌人。接着进行比较:"你再看看,同样是手下人,周亚夫的下属是怎么说的?"学生说:"军中闻将军令,不闻天子之诏。"师问:"大家有没有发现,编者非常懂他们,这句话当中,有没有用感叹号结束?"生说:"没有"。师又问:"我现在就问你,能不能把这两个感叹号和句号换个位置?"生大声说:"不能。"一个学生陈述理由:"我觉得如果把这两个感叹号和句号换个位置的话,第一句话的语气感觉特别平和,然后第二句话就感觉是像是见到了一些大人物之后非常惶恐。这样的话,如果前面用感叹号,后面用句号的话,能看出将军军营里的这些士兵,他们是非常沉稳的,也可以侧面看出周亚夫他治军有方,刚正不阿。"四两拨千斤,小小的"!""。",居然隐藏着这么深刻的识见和用意,肖老师的设计之精,激疑之智,令人叹服。而在教学完"真将军",分析得出周亚夫当时并没有听到皇帝给他"真将军"的评价,肖老师话锋一转,说"但是我想,周亚夫望着天子离去的那个背影,周亚夫一定也会像天子赞美他一样,对天子也说一句。你觉得,周亚夫会说一句什么话?""嗟乎,此真天子矣!"学生脱口而出。肖老师从文本的叙事空白处切入,合乎情理地打开文本世界的另一扇门,推动学生发现隐藏在"真将军"后面的"真天子",带着发现的惊喜重返文本,再读细节,一个心胸宽广、知人善任、勤政有为的皇帝形象浮现眼前。肖老师对于文本细节的把玩和揣摩,对于课堂引导精益求精而又浑然天成的设计,展现了敏锐的语感、深厚的学养和不凡的悟性。

　　总之,浅浅地教语文,其人、其课、其思,以浅为桥,道不远人,抵达的是语文世界的深邃与广袤、自然和温厚。

特别收录·《愚公移山》

很多平凡的生命，争先恐后地为语文活着。他们用衰老又纯真的眼睛，铺垫成坚实的河床，目送我们流向远方。

——肖培东

执　　教：钱梦龙　黄厚江　肖培东

教学背景：2016 年 12 月 7 日，浙江省永嘉中学，楠溪语文论坛。钱梦龙、黄厚江、肖培东三位特级教师"同台续课"，共教《愚公移山》。三代语文人，一片赤子心，同上一篇文，共谱愚公志。尤其，耄耋之年的钱梦龙先生能亲自登台执教，更是深深感动全场教师。

一、《愚公移山》 钱梦龙老师教学部分

师：同学们好，听到我苍老的声音，你们就会用一个字"老"来形容我了。你们猜猜我今年大概多大年纪。提醒一下，我跟《愚公移山》中的老愚公年纪差不多。

生（纷纷）：将近 90，大概 90 岁了。

师：为什么说将近 90，大概 90 呢？

384

生（纷纷）：年且，"且"字，将近。

师："且"就是将近的意思。我也是"年且九十"，今年我是87岁。所以今天你们是跟一个和老愚公同龄的老教师来学习老愚公的故事，这种概率在全中国都不太有。那么，我先请你们把课文看一看。我做个调查，已经看过的、而且理解的同学请举手。

（学生大多举手）

师：还不太懂的请举手。

（少数学生举手）

师：有的同学两次都没有举手。两次都没有举手的同学，你现在举举手看。（有生举手）你为什么刚才不举手？

生1：有些不理解。

师：那你刚才要举手呀，有不理解也很正常。那么，"年且九十"的"且"字你知道吧？

生1：知道，是"将近"的意思。

师：那么我们现在来看看，愚公要移两座大山，谁知道是两座什么山？

生（纷纷）：太行山，王屋山。

师：这两座山大不大？（学生说"大"）从哪里知道？

生2：方七百里，高万仞。

师：我觉得这个句子有点奇怪。"方七百里"，这两座山是方的吗？"方"是什么意思啊？

生3：不是，"方"是"方圆"。

师：高有多高？

生4：万仞。

师：有多少人参加移山？

生5：有三个子孙，还有一个孩子。

师：三个怎样的子孙呢？

生6：会挑担的。

师："荷担者三夫"，什么意思？知道吗？

生7：挑担的三个人。

师：愚公家里头作劳力，能挑担的，是三个人。还有谁啊？

生8：还有一个七八岁的小男童，还有一个寡妇。

师：还有一个寡妇啊？

生8：还有一个寡妇家剩下的小男童。刚才说错了。

师：这样是四个人。他说四个人，有不同意见的请举手。

生9：我觉得是五个，愚公自己也是的。

师：你怎么知道愚公自己也是？

生9："遂率子孙荷担者三夫"，愚公是率领三个挑担的人，说明他自己也参加了。

师：哦。这句话前面少了点什么东西？

生9：少了"愚公"。

师：愚公遂率子孙荷担者三夫，还有一个小孩子，几岁？哦，七八岁，跳跳蹦蹦，去参加移山了。我测试一下同学们啊，我在问大家之前，你们就已经知道是五个人的请举手。

（生举手多）

师：好，说明很多同学都懂得这个句子。移山队伍一共五个人，而且这个五个人中真正能移山的劳力只有三个，另外两个，老的老，将近九十岁，小的小，只有七八岁。这么一个队伍，去移这么两座大山，任务真艰巨，想都不敢想，但是愚公呢，坚持要移山。有一个人很反对愚公移山，谁啊？

生（纷纷）：智叟。

师：愚公的"公"什么意思啊？老男人，对吧。那么愚公就是愚笨的老男人。这个智叟呢？"叟"是什么意思啊？

生10：老头。

师：一个是聪明的老头，一个是愚笨的老头。今天我们要学的就是这两个老头的故事。那么我这个老头要讲的故事接下来就交给小愚公，请肖培东老师继续来跟你们学习这个故事。

386

（观察者语）

导入灵巧问题梳理
——钱老师之《愚公移山》

"你们猜猜我今年大概多大年纪？"钱老师亲切地问学生，学生立刻用文中的"年且九十"来回答。一个"老愚公"要讲"愚公移山"的故事了。此一开篇导入，正是钱老师愚公之心、赤子之情之体现。钱老师就这样不着痕迹地把学生领进课堂。钱老师用非常生活化的问题来让学生进入文本，平易近人，也给我们展示了导入新课的精湛艺术。

钱老师在帮助学生整理文章内容时，并没有请学生整体梳理，而是通过提问的方式来理清文章的主要内容。"愚公要移的是哪两座山？""这两座山是怎么样的山？""有多少人参加移山？"钱老师通过这类看似浅显的问题，让学生从文本中寻找答案。不仅如此，为了让学生掌握必要的文言知识，钱老师通过反面设问引发学生思考。如理解"方七百里，高万仞"的"方"字，钱老师问学生"两座山是方的吗"，在反向思考中，学生便对"方"的正确意思更加记忆深刻了。

"问题是撬动思维的杠杆"，好的问题设计能引起学生兴趣，激发学生思维，引导学生走进文本，通过自己思考在文字中找寻答案。感谢钱老，让我们如此亲近语文。

——绍兴市柯桥区教师发展中心　李莉

二、《愚公移山》 肖培东老师教学部分

师：刚才，我们的老愚公已经把这篇文章当中的人物给梳理清楚了。现在我再来检测一下大家掌握了多少。来，故事中的小男孩几岁？

生11：七八岁。

师：你怎么知道是七八岁？

生11："始龀"，刚刚换牙齿，指七八岁。

师：这个"龀"字特别难写，你到黑板上写一写好不好？（生11写）

大家也一起写写。"公"是老头，"智叟"怎么就是老头子呢，你又从哪个字看出来？

生12："叟"字。

师：这个"叟"字也很难写，你也去写一写好不好？（生12写）

师：五人的移山队伍中，还有这个七八岁的小男孩，那他去移山，他爸爸肯不肯的？

生13：他没有爸爸。

师：他怎么没有爸爸呀，你又是怎么知道的？

生13：他妈妈是"孀妻"，就是已经失去丈夫的。

师：好，大家都已经读出来了。你再把"孀妻"的"孀"字也写到黑板上，好吧。（生13写）

师：刚才在钱老师的引导下，大家已经知道了，愚公也去了移山。这是通过哪个句子看出来的呢？

生14（读）：遂率子孙荷担者三夫。

师：你翻译一下。

生14：愚公就带着三个能挑担的子孙。

师：你在翻译的时候，把"愚公"放到"遂率"前面去了，说明这是一个什么句子？对，省略句，省略了主语。你看，又懂了一个句式。

师：山是那么的高，人是那么的少，在对待移山这件事上，大家的态度就有所不同。你们再读读，故事中有两人说的话特别像，但态度是不同的。知道是谁和谁吗？

生15：愚公的妻子和智叟。

师：我们一起读一读愚公的妻子和智叟说的话。愚公的妻子是怎么说的？

生（齐读）：其妻献疑曰："以君之力，曾不能损魁父之丘，如太行、王屋何？且焉置土石？"

师：再来读读，智叟又是怎么说的？

生（齐读）：智叟笑而止之曰："甚矣，汝之不惠。以残年余力，曾不能毁山之一毛，其如土石何？"

师：这两人说的话特别相近，你又从哪里看出他们的态度是不同的呢？

生16：我觉得智叟是反对愚公去移山的，愚公的妻子还是赞成的。

（生16再读这两句话）

师：哪里不同？这两个句子不是很像的吗？

生16：一个认为还是可以削平这座山，一个则是认为连一毛都削平不了，别说什么土石了。

师：连一毛都削平不了，"一毛"？

生16：就是草。

师：连山上的一根草都拔不掉，你还能够怎么样！好，同学们再读读两人说的话。

生（齐读两人说的话）：如太行王屋何，且焉置土石？曾不能毁山之一毛，其如土石何？

师：这里有一个相同的句式"如……何"，哪个同学知道怎么翻译？

生17：把……怎么样。

师：两人都用"如……何"来说话，具体的话语中又有什么不同，大家细细比较一下这两句话。

生18：智叟前面加了个"其"，这个"其"加强了反问语气，表示蔑视。

师：很蔑视，所以他要加上这个"其"，加强了反问语气。你读读，读出这样的语气。

生18（读）：曾不能毁山之一毛，其如土石何？（读出强调、蔑视的语气）

师：再仔细读读，还有什么不同？

生19：一个对象是魁父这样的山，一个对象是太行山和王屋山。魁父这座山是比太行山、王屋山小得多的，要矮得多。

生20：愚公妻子说愚公不能削平魁父之丘，智叟认为的是不能销毁山上的一根草。所以这两个人对愚公的能力判断是有很大差距的。

师：从他能销毁的对象，就可以看出来他们态度上的不同。所以呢，智叟说话是带着强烈的——

生（纷纷）：嘲讽、轻蔑的语气。

师：好，你读读看，把智叟话语中轻蔑的语气读出来。

生（几个学生轮流读）：曾不能毁山之一毛，其如土石何？（个别同学还不能读出味来）

师：这句话，读的时候，哪几个词要特别重读的？

生21："其""如……何"，还有"曾"字。

师：好，我们再一起来读读看，把智叟对愚公的那种嘲笑、轻蔑的口吻全都读出来。

（生多次读，越读越好）

师：接下来再找，还有什么不同？

生22：智叟先说"甚矣，汝之不惠"，先是否定了他，你太不聪明了。

师：哦，智叟还多了一句话。这句话按照正常语序，应该是怎么说的？

（生22难以回答）

师：谁能帮助他解决？

生23：汝之不惠，甚矣！

师：汝之不惠，甚矣！这是一个倒装句。你太不聪明了，智叟一开口就在嘲笑他。好，还有没有？

生24：愚公的妻子在说话前是提出疑问，是带有问他的语气。而智叟呢，先笑了，然后再去说，智叟完全是在嘲笑愚公。

师：同学们，他抓住了两个动词，愚公的妻子"献疑曰"，智叟呢，是"笑而止之曰"。一个是献疑，一个是笑。你能在"笑"前面再加一个字，也组成两个字的词吗？

生（纷纷）：嘲笑，讥笑，讽笑。

师：愚公的妻子是"献疑曰"，为什么是"献"？

生25：因为她觉得愚公还是可以移山的，但有实际困难，所以她献疑，让愚公把计划想得更全面一点。

生26：还有对愚公的担心。

师：支持，担心，所以在读的时候，要读出作为妻子的关心、担心。

生26（读）：以君之力，曾不能损魁父之丘，如太行、王屋何？且焉置土石？（读出关心，读出担心）

师：谁还能具体说说吗？

生27：愚公妻子最后还问愚公把这些挖掉的土石放到哪里，妻子是同意移山的，但智叟是完全反对且嘲讽的。

生28：妻子并不是否决愚公移山，而是给愚公出主意。

师：哦，要为愚公出主意，这个问题非常关键，而智叟却是在嘲讽愚公连一根草都移不掉。再想想看，他们说的话，还有哪些不同？

生29：妻子讲的是"以君之力"，比较有礼貌的，智叟用的是"以残念余力"，就是讽刺他老了，干不成事了。

师："以君之力"，很有礼貌。哪个词看出她很有礼貌？

生（纷纷）："君"字。

师："君"！愚公的妻子对愚公称呼的是"君"，再看看智叟呢？

生（纷纷）："汝"字。

师：谁知道"君"和"汝"有什么不同？

生30："君"是对男子的尊称，但是"汝"就没有尊敬的意思了。

师："汝"是怎么用的？大家看看，课文当中还有没有用到这个"汝"字？

生（齐读）：吾与汝毕力平险。

师：这句话是谁说的呢？

生31：愚公对子孙说的。

师：愚公对他的子孙说的，那能不能从这句话中想出"汝"的用法呢？

生32："汝"，有上级对下级的命令语气在的。

生33："汝"，长辈对晚辈说的。

师：对，一般用在地位高的对地位低的，辈分高的对辈分低的。那么大家想想看，智叟跟愚公说话用了一个"汝"字，恰不恰当？

生（纷纷）：不恰当。

师：称呼不同，还有没有不同？

生34：愚公的妻子是支持的，但有担心，所以她说"且焉置土石"，智叟是讽刺嘲笑，根本是竭力反对。

师：各种不同都在话语中。接下来考虑一下，如果你是愚公的妻子，这句话你是怎么说出来的？你是智叟，又是怎么说话的？

生（自由读）：其妻献疑曰："以君之力，曾不能损魁父之丘，如太行、王屋何？且焉置土石？"智叟笑而止之曰："甚矣，汝之不惠。以残年余力，曾不能毁山之一毛，其如土石何？"

师：好，接下来一起连一遍。先读妻子说话，再读智叟说话，注意语气语调。

生（齐读）：其妻献疑曰："以君之力，曾不能损魁父之丘，如太行、王屋何？且焉置土石？"智叟笑而止之曰："甚矣，汝之不惠。以残年余力，曾不能毁山之一毛，其如土石何？"

师：所以钻到文本的语言深处，就会发现，看起来差不多的句子其实还真的是有很多的不同之处的。文言文好好学起来真是很有味道的。那么愚公移山的主张，家里其他人同不同意呢？（生纷纷说"同意"）哦，都同意，哪个词可以看出？

生35："杂然相许"，都答应了。

师："许"，答应的意思。你还能从哪里读出小男孩对移山也是非常喜欢的？

生35："跳"字。

师：大家都响应的移山主张，智叟却认为是愚蠢的，这又说明了什么呢？愚公移山会带给我们怎样的思考？下面由黄老师给你们继续讲课。

（观察者语）

品读精巧声情并重
——肖老师之《愚公移山》

肖老师徒承师意，续上课文，非常精彩地演绎了这个过程，在一次次揣摩语气的朗读中，读出词意，读出情义，读出深意。看似浅浅地玩味字词，却是真正地品味语言，揣摩文意。

肖老师抓住愚公妻子与智叟的话进行品读，以比较两人的态度贯穿文本内容。在课堂活动中，学生思维活跃，找到多处不同，发现并思考不同表达的内涵。肖老师让学生畅所欲言，但又不是毫无章法。两句话的比较，有句式、短语，甚至一个字的比较，使学生从简简单单、大体相同的两句话中读出了两人不同的情感态度，掌握了人物形象。肖老师非常注重文言文的朗读，注重对朗读的指导。学生通过文字感受情感，通过朗读加深对情感的理解，把"虚"的情感外化为朗读时具体的语气、表情，更全面地进入文本。肖老师在该环节中让学生们真正体会到咬文嚼字的乐趣，走进了小文段中蕴含的大世界。

疏通文言文词义是课堂的必要内容，但如何让学习词义变得不再机械枯燥，是不少教师的疑惑。肖老师的词义教学是贯穿在学生的内容理解、情感体验之中的。如学生在比较时，找到了妻子称愚公为"君"，智叟则称他为"汝"。肖老师则继续引导学生找到文中其他用到"汝"的地方，学生发现愚公对子孙也用了"汝"，有命令的语气。肖老师在学生感受的基础上，总结了"汝"的意义和用法。在文言文教学中，肖老师把词义理解寓于文本的内容、情感中，先让学生感受，再以提问、总结等方式强调词义，激发了学生学习词义的热情，也更易于学生对词义的理解和记忆。

——绍兴市柯桥区教师发展中心　李莉

三、《愚公移山》 黄厚江老师教学部分

师：这真是一个耐人寻味的、很有意思的故事。钱老师呢，带领大家把很多基本的词语都疏通了。肖老师呢，主要是品味愚公妻子和智叟两个人的话。他是怎么来品味两个人态度和想法的不同的？主要是从哪些地方看出他们的不同的？

生（纷纷）：语言。

师：对，语言。黄老师也关注到一个字，那个字出现了 3 次，有没有注意到？

生（思考，纷纷发言）："曾"字，妻子说"曾不能毁山之一毛"。

师：对了，这个字怎么读呢？（学生读准了字音）有兴趣的同学可以琢磨琢磨。这个"曾"字什么意思？

生36："竟然"的意思。

师：大家看看注释怎么说的。

生（纷纷）：加强语气，连……都。

师：是的，那个同学说成"竟然"，对不对呢？

生37：也对。

师：非常好。同学们千万不要以为注释上注的就是唯一的，其实我们把它解释成"竟然"，也是可以的。好的，第二次用这个字的是哪一处？

生38：智叟说的，"曾不能毁山之一毛"。

师：还有哪一处也用过这个字啊？

生39：愚公说，"曾不若孀妻弱子"。

师：这三个人都用了相同的字，而且都是用来强调语气，很有意思吧。从这个字中可以看出三个人对挖山的不同态度。他的妻子是什么态度？其妻献疑，是关心，担心。这件事你是可以做的，但太困难了。智叟用这个字主要表达的态度是什么呢？

生40：嘲讽！

师：对啊，是嘲讽。愚公虽然被说成"愚"，但是不是懦弱的人？（学生摇头）他用这个"曾"表示什么态度？首先对智叟表示坚决的回击，对不对？你这个人竟然连小孩子都不如。同时也表达他挖山的决心。当然，有决心不一定就把事干得成。愚公最后把山挖掉了吗？认为愚公最后把山挖掉的同学请举手。（没人举手）哦，一个都没有。那就跟着你们的思路来吧。我们学习都是要讲道理的，为什么说愚公没有把山挖掉呢？

生41：它最后是被大力神搬掉的。

师：大力神为什么要把山移掉？

生41：愚公移山的精神感动了他。

师：愚公的精神感动了大力神，然后大力神把山搬走了，这跟愚公没有关系么？

生41：有的。

师：对啊，怎么能说愚公没有把山移动呢？尽管是大力神搬的，大力神谁派的？

生（纷纷）：天帝。"告之于帝"，"帝感其诚"。

师：这个"其"是谁？对，愚公！所以说，根本的原因还是愚公感动了天帝。那个大力神把山搬到哪里去了？

生42（读）：一厝朔东，一厝雍南。

师：他们一家当时讨论的时候，打算把山搬到哪里去啊？

生42（读）：投诸渤海之尾，隐土之北。

师：来，都把课文中的句子找出来，读读。"投"后面一个字怎么读呢？

生（纷纷）："诸"。

师：相当于"之于"，将来到高中呀，我们会慢慢学到这一方面的知识。古代汉语呢，有一种语言现象，就是一个字相当于两个字。我们读的时候呢，可以把它读成两个字"之于"。大家一起来读一读。

生（齐读）：投之于渤海之尾。

师：好了，山也挖了。其他人看到老愚公挖了山以后啊，会不会有一些想法，想跟愚公表达表达？你想想，如果文中这个小孩遇到愚公，他会说什么呢？如果智叟再遇到愚公，又会说什么呢？愚公的妻子，等等。同学们自己选一个角色。你们最适宜选什么角色呢？选这个小孩对不对？好，现在在黄老师代替一下愚公，你是"始龀"的小孩。山已经挖掉了，你会说什么呢？请注意，一定要紧扣文本内容，尽可能地运用文本的原述。读完书以后就是要把它整合到自己的表达里面去，这样才会成为我们的营养。我们再把写小孩的句子读一读，好不好？

生（齐读）：邻人京城氏之孀妻有遗男，始龀，跳往助之。

师：好，现在你是这个小孩。山搬完以后，你遇到愚公老爷爷了，你会怎么说？

生43：老爷爷，谢谢你，当我小的时候，你就帮我把山挖走了。

师：课文内容用得上吗？没有用上。而且我觉得也不一定是小时候，这个山也没挖多长时间，然后就感动上帝了，对不对？这位同学，你说说看。

生44：爷爷，我原本就相信你能挖走，现在真的挖走了。

师：你根据课文哪个地方？

生44："跳往助之"这句。

师："跳往助之"跟他有关系？

生44：相信他，所以才去帮助他。

师：哪个同学能跟课文内容联系得更紧一点？

生45：我觉得这个小孩是不是说"真好玩"，因为文章这里说"跳往"，就是说比较活泼。"老爷爷，挖山真的是很开心啊！"他应该这样说。

师：好，看来同学们理解词语是比较容易的，但要站在人物的角度去理解，可能还真是有点难，要求很高的。还有没有同学可以说说？

生46：老爷爷，你把山挖走了，我们走路就可以不用绕来绕去了。

师：跟课文有关系么？

生47：老爷爷，我们的努力没有白费。"寒暑易节，始一反焉"，这说明他们很努力。

师：对，可以说。看来同学们还没有我这个小爷爷有童心。挖山成功了，再看到老爷爷说，我们的努力没有白费，或者说，老爷爷，老爷爷，你山挖掉了，也有我一份功劳！

师：那现在我们是愚公妻子。山挖完了，妻子会怎么说呢？我们的要求仍然是紧扣课文内容，要让你的表达从课文中找到依据。哪位同学来试试看？

生48：老伴儿，当时我十分担心你不会成功，但没想到你坚持不懈，最后真的搬动了这两座大山。

师：嗯，她是根据课文内容来说的，大家也联系课文，再来看一看。当时妻子怎么说的？"以君之力，曾不能损魁父之丘。"我当时以为你啊，连那个小魁父山丘都挖不了，你怎么才能挖得了这两座大山呢？没想到老头子你啊，真的带着孩子们把山挖得差不多了，最后感动上帝了。好，估计最难的就是智叟了。如果智叟主动找愚公或是遇到愚公，他会怎么说？

这个要求是有点高的。我们先把课文内容读一读。

（生读文段）

生49：我当时真的是——

师：智叟怎么称他呀？愚公妻子称愚公"老伴儿"，智叟当年又是怎么称他的？

生（纷纷）："汝"字。

师：当年称他"汝"，现在就是"你"，接下去怎么说呢？

生49：我当时真的是太顽固了，不相信你能以残年余力把太行王屋铲除，没想到你真的带着你的子孙，把太行王屋山给铲除了。

师：好的，这个同学课文联系紧密，但稍有不足，有翻译的味道。谁再愿意尝试一下？

生50：智者千虑，必有一失，这是我的错，我向你道歉。你使我明白一个道理：坚持不懈，没有什么事情是不行的。这增添了我的智慧，我要向你道谢。

师：很好。这个同学态度很好，向愚公道歉。有没有觉得智叟还是不大服气的？

生51：如果是喜马拉雅山、珠穆朗玛峰呢，而且附近也有住人，难道你也能把它移走么？这是不科学的。（全场笑）

师：这位同学的想法就不一样了。生活里有困难，我们可以绕着走。但是老师要告诉你们，生活中，大部分困难是绕不开的。人人生活里都有困难的山，很多山是无法绕的，绕不开就一定要挖的。相信在我们挖山的过程中，一定也会有一个天帝，会受我们的感动，帮我们去挖掉那座山！好了，我们再用课文中的内容，完成最后一次作业。这篇课文几个老师上的呀？

生（纷纷）：三个老师，一个88岁，一个58岁，一个38岁。（学生分别猜三位老师的年龄）

师：三位老师，三代人。请你们用课文里的一句话来概括今天这堂课的特点。

生（齐）：子子孙孙，无穷匮也！

师：我们一起再说一次。

师生（齐）：子子孙孙，无穷匮也！

师：我希望，在座的同学们跟着钱老师，跟着我，跟着肖老师，跟着你们的老师，一起向语文的殿堂走过去，让我们的母语教育"子子孙孙无穷匮"也！下课！同学们。（掌声）

（观察者语）

设问趣巧解读深刻
——黄厚江之《愚公移山》

黄厚江老师的课堂总是洋溢着轻松、幽默的氛围，这与黄老师趣巧的问题设计有很大关系。他的问题能让每位学生都有话可说，而这些话都是学生基于文本发现而组织起来的。"愚公移山之后，如果小孩遇到愚公，如果智叟遇到愚公，如果愚公妻子遇到愚公，会说什么？"学生很快进入角色，表达自己的想法。学生的想法非常多，但黄老师有一个非常明确的要求——与课文有关。黄老师以一个灵巧有趣的问题让学生再次走进文本，又从文本中走出来，用自己的语言进行表达。这不仅使学生加深了对文本的理解，还提高了解读与表达的能力。

读课文，不仅要读课文的内容，还要读课文的思想。课文中所蕴含的思想价值不是单一的。黄老师所教的文本思想并不是教师硬塞的，也不是请学生概括主题思想，而是以一种非常平易自然的方式引发出来的。如黄老师问"愚公有没有把山移掉"，有学生回答"没有，是大力神移掉的"，此时，黄老师继续追问"大力神为什么要移山"，学生认为是愚公的精神打动了天帝，黄老师便以"帝感其诚"告诉学生们要相信努力，在自己努力的同时，要有美好的期望，相信有人会来帮助我们的。有学生以智叟的角色质疑愚公："如果是喜马拉雅山、珠穆朗玛峰呢，而且附近也有住人，难道你也能把它移走吗？这是不科学的。"黄老师也告诉学生在生活中有很多山是无法移动的，要相信生活中有绕不开的山，但也会有战胜困难的力量。

黄老师的结束语尤其让人感动。三位名师共上《愚公移山》，教学各有特色，都让我们感受到语文课的魅力。三代语文人，一片赤子心，语文教学的意义尽在其中。

——绍兴市柯桥区教师发展中心　李莉

教学感言

一次幸福的课堂体验

黄厚江

"我想创造机会让老爷子再上一次课。"

有一次和培东在一起聊到语文教学活动，他对我说。

老爷子是钱梦龙老师。培东是他的弟子，也是他很得意的弟子，有人说是他的关门弟子。

我心中也一直把钱老作为我的导师。当我还是一个毛头小伙的时候，家乡的"语文三老"之一万恒德先生就期望我成为苏北的"钱梦龙"。钱梦龙先生的教学思想和课堂教学对我影响非常大。在一次发言中，我说："我是喝着钱梦龙先生思想的乳汁长大的。"培东硬说我没有"思想"两个字，笑话了我很长时间。我曾写过一篇文章《向钱梦龙先生学习教语文》，后来被人大复印资料《中学语文教与学》全文收入。——所以我和培东一起谈到钱老师，常常喜欢称他为老爷子。

"他自己愿意吗?"钱老已经 88 岁的高龄，还要让他上课，我有点担心。

"我看他是想上的，"培东有点狡黠地说，"他说，他上不动了，就让我接着上。"

我说："这倒是挺有意思的。"

"要不，你也一起上?"培东问。

"好啊!"我几乎不假思索地说，"上什么课文呢?"

"上老爷子的成名课——《愚公移山》。"

《愚公移山》是先生的代表课。不仅在二十世纪的八十年代，就是在

399

今天，无论是教学理念还是教学活动设计和组织，仍然是非常具有引领价值的课。这节课对我的课堂教学影响也很大。

我有些犹豫，也有些期待。

12月，培东在永嘉组织了一个全国性的活动，让我去上一节课，只是告诉我老爷子也去，没有再说要三人上课的事。到那边一看日程安排，最后半天有一节课的执教者是钱老和培东。我以为肯定不要上场了。

第二天上午，我和培东陪钱老一起坐车去活动的学校。路上说到要上的课。培东对钱老说："你能上多少就上多少。你累了，就我来。不过，你尽量多上一点，大家都希望你多上。"

"我上不了多少。以你为主。"钱老说。

"好吧，"培东说，"不过，我会上还有许多事务。"

"要不，黄厚江也来一起来上，"钱老突然掉过头来对坐在后排的我说，"三个人上吧。"

尽管心里并没有底，我也不能再退缩了——其实我也真的不想退缩，能和钱老一起上同一节课，是一件多么幸福的事啊。本来想在课前理一理怎么接他们的课，但也并不知道他们会怎么上，也理不出什么头绪。心想，等听了他们的课再说吧。

上课前，我和钱老坐在一起。看得出他对走上课堂的企盼，眼睛中闪烁着兴奋的光彩。我正要问他要不要含片，他已经掏出一粒塞进嘴里。前一节课下课的铃声刚刚响起，他就要往台上走去，有老师拉着他说："还有一段时间，再休息一会儿。"他才又重新坐了下来。

又过了一会儿，他就整顿衣裳走上台去。铃声一响，便准时上课。他仍是一贯的风格，循循善诱，曲问导读，在引导学生掌握了关键字词和把握了全文大意之后，便交给了培东。培东在检查了学生对一阶段学习内容的掌握情况之后，主要引导同学们讨论比较了愚公之妻和智叟两个人对愚公移山这件事态度的异同。培东既鲜明地承继了钱老导读的教学思想，也体现了他善于引导学生对文本进行细读、在细读中深入理解文本的特色。

正在我被培东的课所吸引的时候，只听他对同学们说："刚才我们一起抓住关键的字词比较了愚公的妻子和智叟这两个人对愚公要移山这件事态度的同和不同。下面请黄厚江老师和大家一起继续学习这篇课文。"

容不得犹豫，我便走上了舞台。我先引导同学们关注了课文中三次出现的"曾"（后来觉得也不是特别必要，因为三个句子中的"曾"意思基本是一样的），接着和同学们一起简要回顾了故事情节，在确认"愚公移走了两座山"这个结果之后，组织了两个活动：一是让同学们以孀妻之子、愚公之妻和智叟三个不同角色的口吻对愚公说说得知这个结果之后的感想，要求是立足于文本的内容组织表达。第二个活动是针对学生"可以绕山而行"和"愚公自己并没有移山而是上帝派人背走了山"等观点，引导大家讨论如何对待生活中的"山"和生活中有没有"上帝"这两个问题。最后，我让同学们根据我们三个人的年龄差距，从课文中找一句话概括今天这节语文课的特点。

同学们近乎异口同声地说："子子孙孙无穷匮也。"

我说："是的。一个语文老师88岁，一个语文老师58岁，一个语文老师38岁（学生认为），我们三个人一起带着大家学习《愚公移山》，我想在座的同学们跟着跟着钱老师，跟着我，跟着肖老师，跟着你们的老师，一起向语文的殿堂走过去，让我们的母语教育子子孙孙无穷匮也！"

一节课在大家鼓励的掌声中结束了。

下课后，有人热心地为我们三个人拍照留念。我想，这节课其实也就是一张三人合影的照片。若论它的意义，不在语文教学，也不在课堂教学研究，而在于纪念。

能和钱梦龙老师同上一节课，这是我本不敢奢望的幸福。

我们和我们的语文
肖培东

"老师，您就上十分钟，不不，五分钟也可以。"我在电话里慢慢地磨着。

每次见到钱梦龙老师，听他深深浅浅地说着语文事儿，我都会在心底涌起这个想法。如果可以，他能再次站在讲台上，融进课堂，慈眉善目地望着那些可爱的学生，和他们一起读着语文课本，于我们，这会是多么幸福的事情，而且学的是《愚公移山》！

　　钱老师的《愚公移山》教学实录，我读了不知多少回，个中细节熟烂于心，但我一直遗憾没有在现场目睹老师"移山"。这里程碑式的经典课例，把文与道、文与言交融得如此自然熨帖，改变了老师的教育人生，也深刻地影响着语文路上的后来者。三十多年过去，老师"年且九十"，"语公"已到"愚公"之年。时光老去了容颜，因语文而生的儒雅睿智却随岁月更为浓郁。有缘再看老师"移山"，感受"学生为主体，教师为主导，训练为主线"的教学理念，是我，也是很多语文老师尤其是年轻一代语文人的一大梦想。甚至，愿望简单到只想看到老师再次走进学生中间，一个眼神，一句对白，都会带我们走进那遥远又熟悉的经典，语文路上很多绚烂的镜头就会重温。那种幸福，绝不仅仅是视觉存储，一定是会深植到我们的内心深处。

　　"镜里朱颜无计驻，为伊心上留春住！"这个浮躁的年代，我们需要温习真诚，我们需要寻找意义。

　　终于有一天，我大着胆儿说了出来。2016年12月，我的故乡浙江永嘉，楠溪语文论坛，纯公益的语文教学活动，老师，您能再上讲台吗？

　　"培东，我怕是反应跟不上了。"这一听，我就觉得老师还惦记着他的课堂。

　　"您就上十分钟，后面的三十分钟我来续着。这会是我们最美好的记忆。"我担心的只是他的身体。

　　几天后，我收到了老师发来的微信："我试试。"我知道，我们的《愚公移山》有戏了。再过几天，我又电话老师确定这事，老师说："我已经想好了怎么上，到时候看你怎么接下去！"我不敢笑，但心里乐极了，真爱语文的人，永怀赤子之心。我开始神往我们一起教学此课的情景，反反复复地回放，交接时的仪式感尤其让我觉得神圣、庄严又紧张。黄厚江老师听说了，也很真诚地说："培东，要是来得及备课，我也上十分钟！"我暗喜，却没回答，我觉得，秋日的楠溪江，一定会有更特别的风景。

　　那天上午，阳光很好，千人的报告厅座无虚席。

《愚公移山》课排在上午第三节，第一节是永嘉中学周康平老师的课，他的课一结束，钱老师就站了起来，脱下黑色的大衣，做好上讲台的准备。我告诉他，他的课是第三节，还没呢，别急。老师这才恍过来，调侃地说，"我还以为接下来就是我上课了呢。"我感动地问老师："老师，您激动吗？"钱老的肩明显地抖动了一下："我很期待，好多年没有讲课了。"他没回头看我，只是盯着台上。讲台的背景，是永嘉山水风光，左上角是石桅岩奇崛的山，右下角是楠溪江秀美的水，恍如仙境的山水间，一只孤舟穿梭其中，披着蓑衣的渔翁支起了竹篙。老师不再挺拔的身影融进这样的背景，突然间，我觉得，我做对了一件事。"当年敢有愚公志，祇觉移山兴味长。"（钱梦龙诗句）仿佛高枝上迎向阳光的翅膀，他自有高远和幽深。这样的人，只愿在语文的缝隙里逐渐清晰。这样的生命，只享受语文课堂里外的挣扎、蜕变与升华。那些光灿辉煌，再耀眼，也抵不了学生清澈的眼眸和纯真的笑容。

　　终于，老师站上了讲台，苍老的声音写满温暖："同学们，你们猜猜我今年大概多大年纪，提醒一下，我跟《愚公移山》中的老愚公年纪差不多。"这一问，台下响起很多惊叹声！真好，自然，亲切，对话式的开场很自然地吸引学生走向"年且九十"的老愚公的故事。教学的智慧是不会逃逸的，爱语文大的人，岁月是关闭不住他的课感的。"且，就是将近的意思。我也年且九十了，今年我是88岁。所以今天你们是跟一个和老愚公同龄的老教师来学习老愚公的故事，这种概率在全中国都不太有。那么，我先请你们把课文看--看。我做个调查，已经看过的、而且理解的同学请举手。"依旧是不急不慢的流淌，让学生主动地学习，让教学真实地发生，让语文实实在在地存在。心中有学生，眼中有未来，我瞬间想起心理学家朱智贤先生主编的《心理学大词典》里对钱老的"语文导读法"的解释："一种引导学生真正学得主动、在学习过程中积极思考、从而锻炼自读能力的新型教学法。"充分肯定学生在教学过程中的主体地位，注意发挥学生本身的自主性、能动性和创造性，唤醒他们的自我意识，激活他们的主体精神，距离杭州"西湖笔会"三十多年后的今天，在浙南小城镇，耄耋之年的钱老师再一次告诉我们，语文就是老老实实地教会学生读书。

我目不转睛地盯着老师，生怕漏过一个细节。会场上所有的人，都沉浸在老师沧桑的声音里。这堂课，震撼我们的，甚至不是语文本身，是语文坚守者的"语公"精神。尤其，我们在现场。偶一回首，很多人，眼含泪光。

　　"那么我这个老头要讲的故事接下来就交给小愚公，请肖培东老师来继续跟你们学习这个故事。"老师说完，面带微笑，巍巍站立，像极了翩然于楠溪山水间撑篙行舟的渔翁。我整整衣衫，恭敬地走上台，面对老师，微微一鞠，然后就是一个轻轻的拥抱。后来，很多老师说起这个镜头，还是禁不住地感动。

　　这个拥抱，是代表所有语文老师。而我和我们要走的路，还很远很长。

　　等到黄厚江老师突然被我请上台续上《愚公移山》的时候，窗外的阳光越发灿烂了。语文的讲台真辽阔。

　　特别喜欢黄厚江老师上这课的结束语："我想在座的同学们跟着钱老师，跟着我，跟着肖老师，跟着你们的老师，一起向语文的殿堂走过去，让我们的母语教育'子子孙孙无穷匮'也！"三人同台共教一课，绝非追新逐奇，而是希望用一种站立和行走的姿态，告诉语文，我们永远真诚在路上。

　　这是一堂精神意义的语文课！

　　没有永恒的传奇，只有永不停歇的前行，我们和我们的语文！

后　记

凝视之后，必有回响/肖培东

谈及语文，我很想说说我的父亲和他的菜地。李政涛教授曾说他对教育最深的理解与感知，"不是来自教育学的课堂，也不是来自书本，而是来自家庭生活"。我深以为然。

我的父亲四年前走了，老屋也拆了，屋旁的那块地已经被废墟埋得看不出形状了。

路过时，我常常会伫立在路边，隔着围墙眺望那熟悉的地方。废墟湮没的地方，是生命萌动、拔节和摇曳的地方，父亲的身影、足迹和他的思想就种植在那里。废墟湮没了稀疏的绿色，覆盖住被阳光晒皱了的黑土，可是，看着看着，我总会看到父亲弯着的腰、弓着的背，还有面对土地止不住深情的昏黄的眼。看久了，想深了，记忆中一季季的绿，就都成了我深深浅浅的语文。

1990年9月，我刚上讲台，父亲就在家门口附近刨出了这一畦畦散地，边边角角的，种上了各式各样的蔬菜。我看着他松土，播种，施肥，浇水，悠悠闲闲，轻轻松松，侍弄得春光无限，再看看一天高过一天的绿色惬意地在风中站立，就觉得种菜是个简单活。父亲总说我是拿不起锄头的人，我不服气，偶尔也会扛在肩上晃悠悠地走几步，父亲就会很得意地说，拿锄头的养出了拿粉笔的，他这辈子最大的收成就是我。"你好好教书，像我种地一样。"父亲一边挖地，一边回头说。黄昏中，几只小鸟飞得老高老高的。

可是，年轻的我没能听进去这样的告诫。

教书没多久，一种职业厌倦感悄悄进驻心头，我开始埋怨我的学校，埋怨我的学生，埋怨我从事的职业。每天一个节奏地上课、批改，每天要找这个喊那个学生或家长谈来谈去，每天要盯着教室里晃动的脑袋和走神的眼睛，每天要在鸡毛蒜皮的琐事中送走太阳迎来月亮，我觉得单调又烦躁。最危险的是，我竟然不喜欢语文课了，那一篇篇美文被我讲得越来越无趣，越来越没有水分。我只把教参上的内容抄到备课本上，抄到黑板上，学生把我写在黑板上的再抄到笔记本上，几番折腾，最后，我们在试卷上再次相遇，语文和语文教学，如此而已。面对学生，背靠黑板，每天摊开满是粉笔灰的手掌，看着青春慢慢流逝，再想想窗外的五颜六色、鲜艳生动，我的眼睛里就写满了黯淡。

我不想教书了，没意思。我这样和父亲说。

"看看这块地，你就是没好好看过。"父亲不理会我，径自低头侍弄他的田地。

父亲的地？我没好好看过？地里，一簇簇嫩葱骄傲地仰视我，我愧疚地缩回了眼。我的眼睛从来都是随意掠过这片土的，那被父亲精心整饬过的土地是怎么样铺展绿意的，我还真的没细细思量。这水泥路边留出的土，几经碾压拨弄，粗糙随意，歪瓜裂枣般的，算不得好土，不厚实，不湿润，不肥沃，父亲却硬是把它修改整理成一畦畦盎然的绿意，菜蔬欢腾，可劲地生长。我只见那水灵灵的绿色的菜，却很少去阅读它们的土地，那些貌似干硬冷峻的土块是怎么样温柔地滋养这些生命的，我更是无暇思考。我的眼光朝下，父亲用锄头轻拨着土块，一边和我说着种菜经验。"要看到深，做什么事都一样道理。"父亲不紧不慢地说着，眼朝大地，一脸庄重。家乡方言里，"深"与"心"同音，我自然地理解成"要看到心"。父亲透过冰凉看到蕴藉的生命热情，是穿越粗糙触摸到了生命世界的丰富多姿，他的开垦，就永远有活力有诞生。看到深处，看到心深处，用心去看，去发现彼此的使命，父亲是用凝视的眼光去阅读他的土地，而我呢，则是匆匆扫视，浮光掠影，心神不定，自是见不到教育的绚烂，屏蔽了语文的美丽。

"要看到心，做什么事都一样道理。"父亲的絮叨之语，值得轻轻摩挲，不期然间触摸出了坚硬而厚实的质感。那些曾被我弃置于晦暗之处的诸多道理，生活的，教育的，语文的等等，都开始呼之欲出，幽暗中闪烁着光芒。父亲的地呢，黑暗里，它们也在勤恳生长，这是一件多么美妙的事，仿佛自我的觉醒。

好好看看，就是用心凝视，朴实的父亲用他的朴素的种植教育着我。扫视，灵魂不在场地浮夸地走过，只会让你收集世界的粗糙轮廓，然后简单地用个人喜好去评判你根本无法预见的丰富。万物皆有情，凝视，就是交出你的心，浸润你的魂，去探知，去融入，去酝酿，去创造。凝视，你就会拒绝平庸，选择深刻，你就会不惮单调，谱写绚丽。这个浮躁喧闹的世界，各种精神的硬壳、硬茧在一层层地积累，把我们的生命包裹得愈发密实和功利。对世间事物，我们的感知越来越粗糙，越来越苟且，我们无力凝视，更无力回响，走得漠然，走得茫然。唯有看到心，我们的心灵才有辽阔与广大，我们的精神边界和灵魂疆域才有拓展。就像李政涛教授说的那样，"倾听之后，必有回响"，真诚的凝视，也必然给我们的生命和教育带来灵魂的悸动与增生。凝视，你会看得更深，看得更远，看得更生动。凝视教育，把自己的心灵交给每一寸土壤，每一株生长，你才会在每日行走的校园里采摘到感动和热烈，你才会透过那些琐碎寻找到生命的萌动、精神的交融、崇高的孵化。凝视教育，你才不会只让委屈、烦恼和忧伤铺满你的世界，你才愿意擦拭泪水微笑地走向校园的灯盏。凝视教育，你更会抖落片片抱怨，在繁忙中冷静思考，潜心阅读。凝视，你读懂了生命，读懂了使命，读出了教育的本质，读出了讲台的意义和艺术。凝视，对着世界，也对着自己的心。不躲避，不敷衍，不畏惧，诚心面对，相看两不厌，就像父亲在路边旮旯里的每一次挖掘，我们终究会开辟出我们的价值。

我静下心来，我提醒自己，我也有一块土地等待开掘，等待种植，等待绽放。那块土地，叫语文。

一定是我浮躁地走过语文，没有看到彼此的心，才会有那么多肤浅的抱怨和粗俗的不平。我开始认真地凝视"语文"，我一遍遍地读《语文课程标准》，我要把语文的理解定位准确。语文课程是"一门学习语言文字运用的综合性、实践性课程"。"义务教育阶段的语文课程，应使学生初步学会运用祖国语言文字进行文字交流沟通，吸收古今中外优秀文化，提高思想文化修养，促进自身精神成长。""工具性与人文性的统一，是语文课程的基本特点。"这几段有关语文课程性质的阐述，是每一个语文教师必须要深深凝视在心底的，我读得最多也最用心。它明确地告诉我们，语文课就是教师引导学生学习语文的课，是学生学习理解和运用祖国语言文字的课，是学生听、说、读、写的综合实践课，是引导学生提高语文综合素养的课。语文课程的特性，决定了语文教学要以语言运用为核心。真实、纯粹的语文课，要致力于培养学生的语言文字运用能力，以语言为核心，以语文活动为主体，以语文综合素养的提高为目的，以此深入到语文教学的真髓、真谛、本源。我又在很多语文大家名师的著作里读到他们对语文的理解。叶圣陶先生说："学生须能读书，须能作文，故特设语文课以训练之。最终目的为：自能读书，不待老师讲；自能作文，不待老师改。老师之训练必须做到此两点，乃为教学之成功。"于漪老师告诫我们："至于脱离语言文字，空讲内容，无限拓展、延伸，不是对人文的误解，就是故作高深，哪还是什么语文课！"黄厚江先生说："把语文课上成语文课，用语文的方法教语文。"原来，语文教学简简单单，就是钱梦龙先生常常提醒的，"语文课就是老老实实地教会学生读书"。

要看到深，要看到心，理解了语文课程的性质，把握了语文课程的任务，我开始鉴别、思考自己昔日觉得好看的语文课堂。那些机械搬运、空话连篇的教学，或者貌似鲜艳实质干瘪的课堂，原来都不是真实的语文课。我的第一堂高中语文公开课是《景泰蓝的制作》。为了制造点新鲜的色彩，我参考了语文杂志上的一个很是新颖的教学设计，然后像模像样地在课堂上复制了出来。"本着学习和实践原则，以班为单位组织景泰蓝制作管理者协会。协会设生产部、财务部、公关部三部门，每一位同学都可以自由选择，参加到自己感兴趣的部门去大显身手。"很快，学生们热情高涨，身为"董事长"的我则不失时机地对全体"员工"提出"了解景泰蓝制作"的要求，引导学生从整体上把握全文，认识说明对象及特点。而后请各部门在限定时间内写就一份"可行性报告书"，巧妙完成了对说明顺序、说明详略、说明特征的理解，使学生得到了听说读写全方位的训练。课得到了诸多称赞，可其实那时的我并不懂得这样设计的真正妙处，只觉得外形亮丽的"创新"课堂最能调动氛围，课堂热闹了就是好课。后来的很多课，我都刻意求新，尽想着些花样招数把课堂整热闹。当教学偏离了语文本体，我一度被异化了。"在'创新'的口号喊得最响亮的时候，我回归常识性思维；在常识性思维支配一切的时候，我致力于创新。"钱梦龙老师的话如醍醐灌顶，原来，我们既要有所创新，又不能违背语文教学的基本规律。面对繁华似锦的新课改，语文教学教什么？通过本真追寻，我们还是应该把教学落实到语言文字训练上来，落实到学生实质性的语文学习上来，这是语文的根。语文课堂不能片面追求热闹，它需要的是"闹"与"静"的有机结合，是"学有所得"的实效。少些浮华喧嚣，多些宁静自然，洗尽铅华始见真。凝视，让我有了语文教学的回归，而且，再未动摇。

2000 年的秋天，浙南片语文教学观摩会在丽水举行，我执教汪曾祺先生的散文《胡同文化》。教参告诉我，《胡同文化》是汪曾祺先生对北京"胡同文化"的批判和否定，"胡同、四合院，是北京市民的居住方式，也是北京市民的文化心态"，"胡同文化是一种封闭的文化"。我就抓住教参提供的教材解读，引导学生向这"西风残照，衰草离披，满目荒凉，毫无生气"的胡同做最后的告别。我以为自己上得很精彩。可是没多久，我读到了史绍典先生关于《胡同文化》的一篇文章。"他没有对胡同文化进行批判的，完全没有批判的意思。对胡同文化，他有一种依恋、一种感伤、一种怀念，还有一种无可奈何。"史老师说，很多教师对文章的文体，都忽略了。《胡同文化》是汪曾祺为《北京胡同》这本摄影集写的"序言"。这本摄影集就叫《北京胡同》。《北京胡同》本身，有一种强烈的保护北京特有胡同的情绪。"我们老师一般没有理会这一点。为什么这个'序言'要这么写？它是在批评、批判胡同文化吗？"这儿行字，赫然在我眼前晃动。"尽信书则无书"，我的阅读竟然是如此浅薄与鄙俗，我羞愧极了。我这才知道，语文教学上的凝视是与深厚的阅读连体的，是与深刻的思考相伴的。胸中有沟壑，眼里见山河。岁月悠长，唯有阅读和思考才会让我们的灵魂变得丰厚饱满、魅力动人。苏霍姆林斯基说过："要天天看书，终生以书籍为友，这是一天也不断流的潺潺小溪，它是充斥着思想的河流。"阅读是我们的呼吸，那些美丽的文字更需要你凝视的眼睛去发现，去品味，去感悟。凝视语言文字，你才懂，文字的神奇组合，精神的伟大召唤，心灵的神圣回归。我开始静心读书，在文字里流连、停驻、取暖。《孔乙己》中掌柜和酒客们说话的语气语调，《猫》中"自此，我家永不养猫"的人性回归，杨绛写在《老王》末段中的"愧怍"，宗璞嵌在紫藤萝花上的"我在开花"……就像父亲在土地上细细翻捡每一块土块，就像父亲在菜园里轻轻留下每一痕足迹，我才发现，碧波深处有珍奇，走进语言深处的语文课堂，才是一个瑰丽无比的世界，而它，全在你我最深沉的凝望中。只在文章表面徘徊的人，是怎么也走不出这一路繁花的。语文，语言，阅读，思考！正是凝视，让我对语文教学有了越发清晰的认识。

凝视，其实是在寻找初心！

好好教书，像种地一样！教育在考查我们作为一位教师的智慧、使命与追求。看到深，看到心，不仅是在热爱，在发现，更是在省视，在丰富，在对自己庸常状态做超越，把自己和教育教学的世界紧紧联系。我试着用凝视的眼睛去阅读我的职业、我的课堂、我的学生，我竟然欣喜地发现，校园里的每一张脸庞都是生动的故事，连同每一片落叶，每一滴汗水，每一盏灯黄，那些教学故事中必须要经历的反反复复、斑斑驳驳都可以装帧成风景。就像父亲无法离开他的菜地、他的蔬菜和他的锄头一样，渐渐地，我也喜欢上了，痴迷上了，离不开了。而语文教学上的成长，也就是水到渠成，如风吹绿叶。因为，所有的凝视与回响，都会回到自我，都是对自我的凝视，对自我的回响，因而最终成为对自我的确认和重铸。

黑格尔说："萌芽虽然还不是树本身，但在它自身中已有着树，并且包含着树的全部力量。"凝视，灯在一盏一盏地亮起，即便微光，我也能实实在在地感受到我在继续生长。

而今，和语文老师聊语文，我常常会感动于他们这样的提问："教了那么多年的语文，发现自己越教越不会教，怎么办？"在这个纷繁复杂、快速变迁的时代，揣有这样真诚的忧虑，至少证明我们是极其认真地行走在语文教学的路上，而且是发自内心地希望自己能够走得更踏实更美好。

410

"不言春作苦，常恐负所怀。"从教多年后，我们能否保持职业激情，能否有观察思考的意识，有没有研究问题的趣味，确实很重要。要想以最持久的热情与心力去照亮前程，我们就要勇于晒出自己那颗迷茫、犹豫的心，去朝向寥廓又纯粹的语文世界，在时间的罅隙中认清自己，深悟语文。如何解决"越教越不会教"的困惑？我做不出特别好的回答，我最想和朋友们聊聊还是我的父亲和他的菜地，我最想告诉他们"看到深"的凝视对我们有多么重要。苏格拉底说："未经省察的人生是毫无意义的。"曹文轩说："未经凝视的世界是毫无意义的。"我们是否也可以说，未经凝视的教育是毫无意义的。信息化时代，社会的浮躁必然影响到我们的语文课堂。初心易得，始终难守。作为语文教师，我们有必要去追问什么是真实的语文教学，何以成为好的语文教师，我们的课堂从哪里来，要到哪里去。而这一切，离不开凝视的眼睛。

凝视之后，必有回响。原来，父亲，是最好的老师，土地，是最深沉的课堂。

30年后的今天，我更加读懂了父亲的土地，明白了我想要的语文和语文课堂。我稳健地朝着这样的方向行进，那些深深浅浅的脚印，真诚记载了我语文路上诸多羞愧、尴尬、惊喜和感动。我依然是浅薄的，也从不掩饰自己的粗陋。我和我的语文是在真实成长的，这才是最令人欣喜的。继一本《我就想浅浅地教语文》后，我又整理了近几年关于统编本初中语文教材的若干个课堂教学实录。读着这些深深浅浅的教学镜头，就像回到了那块浸染着父辈血汗的土地，嗅到了渗进土壤里的那些不适、疼伤和迷惘，自然，还有缕缕芬芳、声声回响。我通过语文与这个世界相连，就像那些绿色的摇曳，植根在此，却能在孤独的况味里瞥见生命的永恒。我更加用心了，我必须要对得起一直凝视我、懂我心的人，对得住这些善良、美好的名字，还有那些我在网络上搜索来的现场真实声音。熟悉的，或者陌生的，赞美的，或者批评的，他们都温暖地站立在我的书页中，站在他们同样热爱并熟悉的土地上，和粗粝而温暖的柴垛一起，凝视着一个语文生命的抽穗、吐芽、拔节和挺立。每次看到，我内心深处都会涌动出一种仪式感。他们微笑着，祝福着我成为风的孩子，穿越着每一个世俗和庸常的时光。他们清澈而温良的眼睛像河水一样，让我获得许多前行的力量，一路潺潺而歌。

我接收着这样温暖的期盼。我一直惦念着他们的眼睛，凝视着的，有光泽的。

我很努力，也很忐忑。

加缪说："如果有灵魂，不要误以为我们得到的是成品。灵魂需要一辈子的时间来成型。"语文的灵魂，需要我们用一辈子的热爱、浇灌和凝视去维系。那特别收录的与钱梦龙先生、黄厚江先生接力完成的《愚公移山》的教学实录，三代人同续一课，其意义就是让我们铭记这样的责任，传承这样的凝视。凝视，让我既走向深刻，又葆有清浅，让我既接纳丰富、斑斓，又心怀纯粹、善良。凝视，改变了我的语文课堂，也让我懂得远离功利、浮躁、嫉恨和抱怨，去努力拥有一颗真诚、感恩、宽容、向善的心。心怎样，土地怎样，语文怎样，生命怎样。清波安澜，浅浅深深，都是语文，都是我们。

这样，好多次，当我对语文教学迷茫倦怠的时候，我总会想起父亲的菜地。那些蓬勃生长却又静默在阳光下的绿色，那些扑扇着翅膀执意远方的小鸟……想着想着，宛然置身在我的语文课堂上。

就以这样深情的凝视，以这样简单的回响，献给你们，献给我的教学30年。

2020. 6